江苏水事案例选编(第二辑)

JIANGSU SHUISHI ANLI XUANBIAN

江苏省水政监察总队 编

长江出版社

图书在版编目(CIP)数据

江苏水事案例选编.第二辑/江苏省水政监察总队编.
武汉:长江出版社,2008.11
ISBN 978-7-80708-548-5

Ⅰ.江… Ⅱ.江… Ⅲ.水法－案例－分析－江苏省
Ⅳ.D922.665

中国版本图书馆CIP数据核字(2008)第178054号

江苏水事案例选编.第二辑	江苏省水政监察总队 编

责任编辑:高伟
装帧设计:刘斯佳
出版发行:长江出版社
地　　址:武汉市汉口解放大道1863号　　　邮　编:430010
E-mail:cjpub@vip.sina.com
电　　话:(027)82927763(总编室)
　　　　　(027)82926806(市场营销部)
经　　销:各地新华书店
印　　刷:湖北通山金地印务有限公司
规　　格:880mm×1230mm　　　1/32　　14.25印张　　360千字
版　　次:2009年5月第1版　　　　　　2009年5月第1次印刷
ISBN 978-7-80708-548-5/TV·96
定　　价:36.00元

(版权所有　翻版必究　印装有误　负责调换)

序

水,是基础性的自然资源和战略性的经济资源,是人类社会赖以生存和发展的生命之源。江苏地处江、淮、沂沭泗流域下游和南北气候过渡带,滨江临海,河湖众多,水系复杂,特殊的地理位置和水系特点,既给江苏带来丰富的水资源优势,也使江苏频临水患灾害的威胁。长期以来,在党和政府的正确领导下,江苏人民坚持不懈努力,团结治水,不仅建立了具有较高标准的防洪保安工程体系,而且实现了长江、太湖、淮河和沂沭泗四大水系的互调互济,为江苏经济社会又好又快发展提供了有力的水利基础支撑和保障。

但是,随着工业化、城市化进程的加快推进,江苏经济社会发展中出现了许多新的问题,甚至已经成了制约经济社会可持续发展的重要瓶颈。突出表现在:河湖淤积、水系受阻,严重影响河湖的引排能力;非法围垦、侵占水域,严重削弱河湖的调蓄功能;水体污染、生态恶化,严重威胁城乡人民的饮水安全。这几年江苏水利围绕解决现代经济社会发展中的水问题,服务更高水平的小康社会建设的发展大局,认真贯彻落实科学发展观,积极践行可持续发展治水思路,加快推进以"安全水利、资源水利、环境水利和民生水利"为主要任务的现代水利建设。实践证明,发展现代水利,既要依靠科学治水,也要坚持依法治水,建立全面、协调、配套的水法规体系,建立公正、高效、权威的水行政执法体系,是现代水利发展的重要特征。

围绕依法行政、依法治水,江苏水利坚持一手加强水法规制定,一手加强水行政执法。在水法规建设方面,先后颁布实施《江苏省水利工程管理条例》、《江苏省水资源管理条例》、《江苏省湖泊保护条例》、

《江苏省人民代表大会常务委员会关于加强饮用水源地保护的决定》、《江苏省水文条例》、《江苏省河道管理实施办法》等一系列地方水法规,在涉水事务的各个方面,基本做到有法可依。在水行政执法方面,我们通过开展水法制宣传教育,加强水行政执法能力建设,依法查处各类涉水违法案例,严厉打击严重危害社会安全和公共利益的涉水违法行为,有效地维护了水法规的权威。

为了加强水法规宣传教育,也为水行政工作者执法办案提供示范案例,江苏省水政监察总队曾在2005年编辑出版了《江苏水事案例选编(第一辑)》,该书以案释法,在普及水法规知识、增强全社会水法制意识、促进依法治水等方面取得了积极效果。经过近几年新的工作实践,他们又编辑出版了《江苏水事案例选编(第二辑)》,通过对选择的57件水事案例进行剖析和点评,深入剖析涉水违法活动的社会根源和当事人的思想动机,并把依法处理作为解读、宣传水法规的过程,作为水行政主管部门依法行政、规范执法的范例,值得大家特别是水利工作者阅读学习。

依法行政、依法治水,任重而道远。我愿此书在建设江苏法治水利的伟大进程中成为一颗闪亮之星。

2009年5月

《江苏水事案例选编》（第二辑）编委会

主　　任　张小马

主　　编　徐殿洋

执行主编　袁永富

编　　委　王贵勤　季永东　刘　民

　　　　　秦文秋　伍天明　曹建华

　　　　　王建平　陆秦祥　刘加模

　　　　　吴芝山　曾万余　厉传进

　　　　　王吉伟

前　言

继 2005 年 8 月编辑出版《江苏水事案例选编》之后，江苏省水政监察总队在 2006 年 10 月对全省水事案件档案检查的基础上，选编和出版《江苏水事案例选编（第二辑）》。本辑共选编水事案件 57 例，分为违法建筑案篇（8 例）、违法采砂案篇（8 例）、违法凿井案篇（10 例）、规费征收案篇（6 例）、防汛清障案篇（13 例）、违规取土案篇（7 例）和其他案篇（5 例）。基本达到案例种类俱全、13 个省辖市和部分省直管理单位均有案例选入的"点"和"面"结合的要求。

编辑出版本书的目的是：认真总结近几年来江苏全省水行政执法的经验和教训，树立依法治国、依法治水和有法必依、执法必严、违法必究的指导思想，更好地发挥各级水政监察队伍为全省水利事业的发展和建立法治江苏、和谐江苏保驾护航的作用。在选编的案例中，凡属共性的问题，以重要提示的形式在篇首概括点出；凡属法律规定应当做而大多数单位易忽视以及在办案中既符合法律规定又紧密联系实际有创新的，在案例评析中先以亮点点出，然后将存在的问题依次进行评述。对基本达到适用法律正确、事实清楚、程序合法要求的案例，案例评析中不再进行点评，对存在问题较大的将重点评述。评述不针对任何行政机关和具体办案人员,每个评述将依据有关法律的规定,指出其错在哪里、应当怎么办,实用性强。因而,本案例选编也是一册水法律知识普及教育和查处水事案件的培训教材,供全省水行政执法人员在工作中参考。

  由于编者的法律知识和对案情的理解能力有限,在案例的点评上错误难免,希望广大水政监察人员提出批评和指正,共同将水行政执法工作搞好。

江苏省水政监察总队

2008 年 10 月

目 录

违法建筑案

案例1：江阴高成房地产开发有限公司擅自占用西横河管理范围案 ·· 3

案例2：苏州市光福镇人民政府擅自侵占太湖水面湖滩建停车场案 ··· 13

案例3：陈茂芝擅自在里运河南堤背水面建围墙案 ············· 23

案例4：无锡聚江房地产有限责任公司侵占桐桥港河道建房案 ··· 27

案例5：无锡金南汽车驾驶培训有限公司擅自在锡澄运河南侧违法建筑案 ·· 33

案例6：无锡市坊前房地产开发公司擅自在寿山坟浜建房和建围墙案 ·· 42

案例7：丁凤明在拉马河闸管理范围内违法建筑案 ············· 48

案例8：吕瑞平擅自在洪泽湖大堤迎水坡建房案 ··············· 55

违法采砂案

案例9：张家港市保江建设有限公司在长江水域违法采砂案 ····· 63

案例10："浙临海采1983号"采砂船在长江太仓水域违法采砂案 ·· 69

案例11：葛双龙等人在长江南京段太平圩水域违法采砂案 ······· 74

案例12："宁高工66号"大型采砂船擅自在仪征、世业洲交

界水域采砂案 ··· 79

案例13：如皋港务集团有限公司在长江皋张汽渡段违法采砂
吹填案 ·· 84

案例14：江都市宏亮疏浚有限公司在长江嘶马段违法采砂吹
填案 ·· 89

案例15：孙德胜在禁采期内未按指定地点停放采砂船舶案 ········ 95

案例16：王敏在沭阳县新河镇沙河村段岔流河违法采砂案········ 99

违法凿井案

案例17：常熟市福润纺织工贸有限公司违法凿井案 ············· 110

案例18：江苏亚太铝业有限公司违法凿井取用地下水案········ 117

案例19：常州市红星灯具厂擅自扩大取水违法凿井案 ············ 122

案例20：常州市正航装饰材料有限公司擅自凿井取用地下
水案 ·· 127

案例21：南通市亚联针织染整有限公司违法凿井案 ············· 132

案例22：扬州万达羽绒制品股份有限公司违法凿井案 ············ 138

案例23：响水博霖医药化工有限公司违法凿井取用地下水案 ··· 143

案例24：江苏炜赋集团建设开发有限公司擅自凿井取用地下
水案 ·· 153

案例25：宿迁市银陆食品有限公司擅自凿井取用地下水案 ····· 158

案例26：常州武进鑫成纺织品整理有限公司未在限期内封井
违法取用地下水案 ·· 166

规费征收案

案例27：连云港市新浦区宁海乡自来水厂拒缴河道堤防工程
占用补偿费案 ··· 173

案例28：扬州大洋造船有限公司拒缴河道堤防工程占用补偿费案 ………………………………………………………… 180

案例29：泗洪县大柳巷船闸管理所拒缴河道堤防工程占用补偿费案 ………………………………………………… 188

案例30：淮安清江变压器有限公司拖欠水资源费案 …… 201

案例31：南京达丰羽绒有限公司拖欠水资源费案 ……… 209

案例32：姜堰市化工助剂厂倒装计量水表案 …………… 213

防汛清障案

案例33：灌云县顺云酒业有限公司擅自在新沂河新建排污口案 ……………………………………………………… 221

案例34：赵红专等二人在长江镇江大港段违法填埋滩地兴建码头案 ………………………………………………… 236

案例35：常州亚能热电有限公司违法在三山港河堤敷设热网管道案 ………………………………………………… 247

案例36：无锡新路稀浆封层养护工程有限公司擅自向河道排放泥浆案 ……………………………………………… 265

案例37：余荣强擅自占用南京秦淮新河滩地建砂场案 …… 269

案例38：淮安市宏杨建材有限公司擅自在废黄河南堤建码头案 …………………………………………………… 278

案例39：南京板桥钢渣有限责任公司在长江滩地违法建码头案 …………………………………………………… 321

案例40：南通市宏强钢结构件厂在江堤上违法建房案 …… 333

案例41：南通市常海食品添加剂有限公司擅自在长江堤防建造水处理池案 ………………………………………… 342

案例42：上海远东国际桥梁建设有限公司如皋沿江一级公路

项目部危害江堤案 ………………………………………… 347
案例43：付吉保等二人损毁磨山翻水站引河左堤案 ………… 356
案例44：阜宁县恒茂纸业有限公司擅自在淮河入海水道埋设
　　管道案 ……………………………………………………… 364
案例45：苏州天宁消防有限公司违法填堵古塘河道案 ……… 369

违法取土案

案例46：江苏亚龙航务打捞有限公司违法在长江取土和弃置
　　淤泥案 ……………………………………………………… 374
案例47：朱杰在排淡河左堤违法取土案 ………………………… 381
案例48：何树清在兴石河内违法取土案 ………………………… 389
案例49：阜宁县众兴建材有限公司违法取土案 ………………… 394
案例50：王宗胜在石梁河水库主坝后戗台违法取土案 ………… 398
案例51：泗洪县长江物流有限公司在濉河左堤违法取土案 …… 402
案例52：宿迁市龙河镇大芦砖瓦厂违法取土案 ………………… 406

其他案

案例53：史洪科等八人在洪泽湖区内违法圈圩案 ……………… 415
案例54：王士来在新龙河凌城送水河管理范围内擅自开挖
　　鱼塘案 ……………………………………………………… 420
案例55：万文来在洪泽湖大堤违法砍伐防护林木案 …………… 425
案例56：盐城市东环市政工程有限公司擅自向小洋河排污案 … 432
案例57：王家俊在废黄河郑集分洪道违法种植案 ……………… 435
编后 ………………………………………………………………… 440

违法建筑案

重要提示

行政机关对违法行为人的违法行为适用《中华人民共和国水法》第六十五条第二款、第六十六条和第七十二条实施行政处罚时应当注意的有关问题

《中华人民共和国防洪法》(以下简称《防洪法》)经第八届全国人民代表大会常务委员会第二十七次会议通过,于1998年1月1日起施行,是我国专门为防治洪水、防御和减轻洪涝灾害,维护人民生命财产安全,保障社会主义现代化建设顺利进行的第一部法律。这部法律的"法律责任"中共有十二条(第五十四条至第六十五条)列举了多种违反《防洪法》的行为,并对违法行为采取的行政措施和应作出行政处罚的种类、幅度等作了明确规

定、条理清晰、操作性强，为水行政主管部门提供了强大的执法武器。

《中华人民共和国水法》（以下简称《水法》）自 1988 年 7 月 1 日施行后，尽管操作性不够强，但在规范水事秩序上发挥了重要作用。十多年后，经第九届全国人民代表大会常务委员会第二十九次会议通过修订，于 2002 年 10 月 1 日起施行。修订后的《水法》施行已距《防洪法》的施行有 4 年 9 个月的时间，这期间又发生了许多需要由《防洪法》调整的新的情况，在修订《水法》时一并纳入《水法》的部分条款中。行政机关对违反《水法》有关规定的违法行为依据《水法》第六十五条第二款、第六十六条和第七十二条（均作了"且防洪法未作规定的"提示）对违法行为人实施行政处罚的，应首先在《防洪法》中找依据（这些情况都应由《防洪法》调整的），凡在《防洪法》中已作出具体规定的应从其规定，《防洪法》中未作过规定的，才能按照《水法》中上述条款的规定实施行政处罚。否则，应视为适用法律错误。

案例 1

江阴高成房地产开发有限公司擅自占用西横河管理范围案

■ 案情简介 ■

2006年3月初，江阴市高成房地产开发有限公司（以下简称高成开发公司）在西横河北岸璜土镇小湖村段建造商品房时，擅自占用河道滩地面积4256平方米（266米×16米）。5月11日，江阴市水政监察大队接到报告后，迅速赴现场调查，并发出责令停止违法行为的通知，经调查、询问和现场勘察，高成开发公司的违法行为属实。5月29日，江阴市水利农机局（以下简称市水利局）经过对此案会审，决定依法对高成开发公司处以拆除违法建筑、恢复河道原状和罚款8万元的行政处罚。6月12日，市水利局向高成开发公司发出行政处罚告知书和听证告知书，高成开发公司于当日向市水利局作出了7条陈述意见。6月14日，市水利局对高成开发公司的陈述做了复核，认为该公司的补救措施可行，同意保留已建部分别墅，并于6月15日作出罚款8万元的行政处罚决定。

法律文书文件摘录

2006年5月11日江阴市水利农机局向江阴市高成房地产开发有限公司发出的《责令停止水行政违法行为通知书》（澄水停字〔2006〕第04308号）

经查，你单位未经水行政主管部门批准，擅自在西横河北岸璜土镇小湖村段建造房屋，违反了《中华人民共和国水法》第三十七条第二款的规定，现责令立即停止违法行为，听候处理。

2006年5月29日江阴市水政监察大队对江阴市高成房地产开发有限公司违法占用西横河管理范围内堤防及水域修建别墅案作出的《水行政违法案件调查报告》

案情经过： 5月初，江阴市水政监察大队河道中队发现江阴市高成房地产开发有限公司在别墅施工中，占用了西横河管理范围内堤防及水域。5月11日，河道中队进行了调查，发现该工程于2006年3月初开工，在开工前未经水行政主管部门批准，擅自向河道中延伸10米左右，长度约266米，占用面积约4256平方米（266米×16米），严重影响了河势稳定，影响了河道引洪排涝能力，河道中队当即责令高成开发公司停止违法行为，听候处理。5月22日，高成开发公司两位负责人来我局要求协调协商处理，同时反映他们是按照有关部门的批复进行施工的。他们是在不知情的情况下违反了水法律法规，并且在接到《责令停止水行政违法行为通知书》后已停止施工，希望妥善处理此事。5月29日，江阴市水政监察大队及河道中队执法人员再次赴现场进行调查取证，收集了国土及规划部门的有关批复材料复印件等资料。同时，高成开发公司也表示他们正在进行研讨，考虑通过修建驳岸、疏浚河道以增加流量，或将西横河与小区景观河道接通进行分流来解决汛期泄涝问题。

调查结论及拟处理意见：修建项目严重影响了河势稳定和河道引洪排涝能力，违反了《中华人民共和国水法》第三十七条第二款的规定，根据《中华人民共和国水法》第六十五条第一款的规定，拟处理意见：(1)强制拆除违法建筑物，恢复河道原状；(2)罚款8万元。

所附证据材料：(1)笔录；(2)水事违法案件现场勘测笔录；(3)现场取证照片；(4)国有土地权挂牌出让文件；(5)市发展计划局建造商品房项目的批复及建设工程设计方案审查意见；(6)营业执照复印件。

2006年5月29日江阴市水利农机局对江阴市高成房地产开发有限公司违法占用西横河管理范围内堤防及水域修建别墅案研究后作出的《案件会审记录》

案情简介：2006年5月11日，江阴市水政监察大队河道中队发现江阴市高成房地产开发有限公司于3月初未经水行政主管部门批准，擅自占用西横河管理范围内堤防及水域修建别墅，占用面积约4256平方米(266米×16米)。

调查结论：修建项目严重影响了河势稳定和河道引洪排涝能力，违反了《中华人民共和国水法》第三十七条第二款的规定。

承办人意见：根据《中华人民共和国水法》第六十五条第一款的规定：(1)强制拆除违法建筑物，恢复河道原状；(2)罚款8万元。

会审意见：(1)同意上述处罚意见；(2)河道处进一步加强日常监管，监督河道恢复情况。

2006年6月2日江阴市水利农机局向江阴市高成房地产开发有

限公司发出的《责令改正通知书》(澄水改字〔2006〕第001号)

经查,你单位于2006年3月初未经水行政主管部门批准,擅自占用西横河璜土镇小湖村段河道管理范围内堤防及水域修建别墅的行为,违反了《中华人民共和国水法》第三十七条第二款的规定,根据《中华人民共和国行政处罚法》第二十三条及《中华人民共和国水法》第六十五条第一款的规定,现责令你单位于2006年6月9日前自行拆除违法建筑物,恢复河道原状。

逾期不履行的,本局将依据有关法律法规予以处罚。

2006年6月12日江阴市水利农机局向江阴市高成房地产开发有限公司发出的《行政处罚听证告知书》(澄水罚听告字〔2006〕第003号)

因你单位未经水行政主管部门批准,于2006年3月初,擅自占用西横河璜土镇小湖村段河道管理范围内堤防及水域修建别墅的行为,违反了《中华人民共和国水法》第三十七条第二款的规定,根据《中华人民共和国水法》第六十五条第一款的规定,本机关拟对你单位作出如下处罚:(1)强制拆除违法建筑物;(2)罚款8万元。

根据《中华人民共和国行政处罚法》第四十二条规定,你单位有权要求听证。如你单位要求听证,可在听证告知书的送达回执上签署意见,也可在收到本告知书之日起3日内将回执送(寄)江阴市水政监察大队。邮编:214431;地址:江阴市文化路269号市行政事业中心263、267室;联系电话:86862263、86832267。

逾期视为放弃听证权利。

2006年6月12日江阴市璜土镇人民政府向江阴市水利农机局作出的《关于江阴市高成房地产有限公司占用河道的处理建议》

江阴市高成房地产有限公司是我镇2003年引进的常州较具

实力的服务企业,所拍得的482.82亩地块位于高速公路南侧、永汇河藻江河沿岸,并与常州恐龙园相接,地块用途为房地产开发。在建设过程中,对河道管理规定不清,未经相关部门批准,擅自在离河岸5~8米不等的河道中建设石驳岸,造成了占用河道的事实。璜土镇党委、政府获悉后及时与市水利局联系,现场察看并进行了批评教育,责令停工。现企业高层已深感过错,开发已全面停工。

江阴市高成房地产有限公司于2005年已启动预售,当年上缴各类税金2400万元,列全市服务型企业上缴税金额前10名,是我镇引入的最成功的外来企业,对我镇的财政收入作出了较大贡献,企业还将在今后的经济、招商和社会事业方面贡献力量;常州与我镇相邻地块已规划为房地产开发,房地产潜力巨大,故我镇将逐步向常州推出商业地块开发,如何妥善处理该事宜将影响璜土镇今后发展大局;高成开发公司开发地块在高速公路南面,无农田村庄,地势较为低洼,在防洪方面应不会造成隐患,且该企业在高速公路拓建及绿化带扩种等方面配合政府做了较大让步(占用了该企业的100亩土地)。

鉴于上述情况,我镇将积极配合市水利局做好工作,提出如下处理建议:

1. 未建部分今后严格报批手续,按规定执行。
2. 已建部分河段由我镇水利农机站负责疏浚,加大清淤力度,确保流量充足和航道畅通。
3. 责成高成开发公司在开发小区内建景观河道与永汇河道贯通,适时分流。
4. 由高成开发公司负责妥善解决与常州市水利部门的相关事宜。

以上建议妥否,望贵局予以考虑。

2006年6月12日江阴市水利农机局向江阴市高成房地产开发有限公司发出的《行政处罚告知书》(澄水罚告字〔2006〕第003号)

因你单位未经水行政主管部门批准，于2006年3月初擅自占用西横河璜土镇小湖村段河道管理范围内堤防及水域修建别墅的行为，违反了《中华人民共和国水法》第三十七条第二款的规定，根据《中华人民共和国水法》第六十五条第一款的规定，本机关拟对你单位作出如下处罚：(1)强制拆除违法建筑物；(2)罚款8万元。

根据《中华人民共和国行政处罚法》第三十一条规定，你单位可在收到本告知书之日起3日内，到江阴市水政监察大队进行陈述和申辩。

逾期视为放弃陈述、申辩权利。

2006年6月12日江阴市高成房地产开发有限公司向江阴市水利农机局所作的《水行政违法案件陈述申辩笔录》

陈述内容：在接到《责令停止水行政违法行为通知书》后，我公司才知道我们的行为违反了水法律法规。随即立即全面停止了涉河部分的项目施工。并于5月22日赴贵局进行了协商，希望能够妥善处理此事。下面我公司陈述一下实际困难和准备采取的补救措施：

1. 别墅于2005年已启动预售，如不能按时交房的话，我公司损失太大。

2. 我公司在高速公路拓建及绿化带扩种等方面配合政府做了较大让步，共计约100亩。

3. 我公司2005年上缴各类税金2400多万元，列江阴市服务型企业前10名。

4. 所开发地块位于高速公路南，无农田村庄，地势较为低洼，在防洪方面应不会造成隐患。

5. 我公司积极配合查处工作，未建部分今后严格报批手续，按规定执行。

6. 已建部分河段拟由璜土镇水利农机站负责疏浚，加大清淤力度，确保流量充足、航道畅通。

7. 拟在小区内建景观河道与原河道贯通,适时分流。

2006年6月14日江阴市水政监察大队对江阴市高成房地产开发有限公司的陈述作出的《水行政违法当事人陈述意见审查表》

案由: 江阴市高成房地产开发有限公司未经水行政主管部门批准,擅自占用西横河璜土镇小湖村段河道管理范围内堤防及水域修建别墅。

陈述前处理意见:(1)强制拆除违法建筑物、恢复河道原状;(2)罚款8万元。

主要陈述内容及要求:(1)别墅2005年已启动预售,如不能按时交房的话,高成开发公司损失太大。(2)高成开发公司在高速公路拓建及绿化带扩种等方面配合政府做了较大让步,共计约100亩。(3)高成开发公司2005年上缴各类税金2400多万元,列江阴市服务型企业前10名。(4)所开发地块位于高速公路南,无农田村庄,地势较为低洼,在防洪方面应不会造成隐患。(5)高成开发公司积极配合查处工作,未建部分今后严格报批手续,按规定执行。(6)已建部分河段拟由璜土镇水利农机站负责疏浚,加大清淤力度,确保流量充足,航道畅通。(7)拟在小区内建景观河道与原河道贯通,适时分流。

陈述后拟处理意见: 考虑到该公司能积极配合我局查处工作,且后续补救措施到位,可以考虑保留已建成部分别墅,罚款8万元必须到位。

2006年6月15日江阴市水政监察大队作出的《水行政违法当事人未要求举行听证情况说明》

违法当事人江阴市高成房地产开发有限公司在我局以澄水听告字〔2006〕第003号向其下发《江阴市水利农机局行政处罚听证告

知书》后，因未在规定期限内将要求听证回执送（寄）我局，故可视为已放弃听证的权利，特此说明。

2006年6月15日江阴市水利农机局对江阴市高成房地产开发有限公司作出的《行政处罚决定书》（澄水罚字〔2006〕第003号）

现查明你单位未经水行政主管部门批准，于2006年3月初擅自占用西横河璜土镇小湖村段河道管理范围内堤防及水域修建别墅的行为，违反了《中华人民共和国水法》第三十七条第二款的规定，根据《中华人民共和国水法》第六十五条第一款的规定，决定给予以下行政处罚：罚款8万元。

上述罚款，被处罚人在接到本决定书之日起15日内，到江阴市农村商业银行营业部缴纳。如到期未缴纳罚款，每延期1日，按罚款数额的3%加处罚款。

如不服本处罚决定，可以在接到本决定书之日起60日内向江阴市人民政府或无锡市水利局申请复议；也可以在3个月内直接向江阴市人民法院提起行政诉讼。逾期不申请复议或不向人民法院起诉又不履行本决定的，我局将申请江阴市人民法院强制执行。

2006年6月20日江阴市水政监察大队向江阴市水利农机局呈送的《水行政违法案件结案审批表》

简要案情：江阴市高成房地产开发有限公司未经水行政主管部门批准，于3月初擅自占用西横河璜土镇小湖村段河道管理范围内堤防及水域修建别墅的行为，占用面积4256平方米（266米×16米），严重影响了河势稳定和河道引洪排涝能力，违反了《中华人民共和国水法》第三十七条第二款的规定。

处理结论：（1）立即采取补救措施；（2）罚款人民币8万元。

执行情况：(1)补救措施到位；(2)罚款于 2006 年 6 月 16 日到位。

■ 案例评析 ■

该案的查处有两个亮点：

一是江阴市水政监察大队在江阴市高成房地产开发有限公司接到听证告知书 3 日内没有作出举行听证的要求后，随即对此作出文字说明入档的做法值得提倡。罚款 8 万元属于较大数额的罚款，根据《中华人民共和国行政处罚法》第四十二条的规定，行政机关凡对违法行为人作出属于听证范围内的任一内容时，都应当向违法当事人发出告知。有举行听证要求的，应当听证；逾期未有听证要求的视为放弃听证权利。该告知而未告知的为程序违法。在以往的诸多诉讼案件中，违法行为人往往为此纠缠不清，如行政机关举不出听证告知及其结果的证据会带来麻烦。

二是在高成开发公司对行政处罚作出陈述和申辩后，江阴市水利农机局根据《中华人民共和国行政处罚法》第三十二条第一款的规定，对高成开发公司的陈述进行了复核，采纳了该公司的补救措施，改变了部分处罚决定。其结果既不影响西横河功能的发挥，也减轻了该公司的重大经济损失。

该案在查处过程中也存在以下问题：

一是行政处罚决定书中未按规定载明江阴市高成房地产开发有限公司违法行为的事实和证据。该案根据高成开发公司的违法情节以及实施处罚的具体情况，适用《中华人民共和国防洪法》第二十二条第二款和第五十六条第(一)项更为贴切；行政处罚决定书中应根据法律的规定，首先责令其停止违法行为和应将采取补救措施的具体内容列上，然后再作出罚款的决定。

二是高成开发公司已实际占用西横河滩地面积达 4256 平方米，不论其如何采取补救措施，都没有退出其所占的滩面。水行政机关在审查其不影响行洪的情况下，可视情况根据《江苏省河道堤防工程占用补偿费征收使用管理办法》第二条第一款的规定，由高成开发公司提出占用申请，经西横河的主管机关批准，领取占用证，并按规定缴纳占用补偿费或一次性补偿。不应因为该企业曾经为高速公路拓建作出过贡献和上缴较多的税金而任意或无偿占用河道滩地。

案例 2

苏州市光福镇人民政府
擅自侵占太湖水面湖滩建停车场案

■ 案情简介 ■

苏州市吴中区光福镇人民政府(以下简称光福镇政府)于 2005 年 8 月乘整治长浮山以北太湖船餐市场之机,擅自在原船餐周围筑围堰,又于 2006 年 2 月中旬将临时堆放在湖中的泥土推平修建停车场,占用太湖水面和湖滩约 4000 平方米。3 月 10 日,苏州市水政监察支队和吴中区水政监察大队接到报案后,到达现场经调查取证,证实光福镇政府违法侵占水面和湖滩的行为属实,随即发出责令停止违法行为通知书。经苏州市水利局案件审理委员会讨论,决定给予光福镇政府退出侵占的水面、对占用的湖滩采取补救措施和罚款 1 万元的行政处罚。2006 年 4 月 21 日,光福镇政府作出整改方案,苏州市水利局对整改方案作出批复并成立验收小组。经光福镇政府整改后,验收小组于 6 月 27 日按照批复意见对其进行了验收。

■ 法律文书文件摘录 ■

2006 年 3 月 13 日苏州市水利局向吴中区光福镇人民政府发出的

《责令停止水行政违法行为通知书》（苏市水责字〔2006〕第2号）

经查，你单位擅自在太湖水域围湖造地的行为，违反了《中华人民共和国水法》第四十条、《中华人民共和国防洪法》第二十三条的规定，现责令立即停止违法行为，听候处理。否则，追究法律责任。

2006年4月21日苏州市水政监察支队对苏州市吴中区光福镇人民政府擅自侵占太湖水面修建停车场案作出的《水行政违法案件调查报告》

案情经过：2005年8月，光福镇政府为整治长浮山以北太湖船餐市场，委托光福镇水利站在原太湖船餐周围筑围堰（未经水行政主管部门批准），提高水位，重新调整船餐位置。11月，工程结束，在拆除围堰时，为方便围堰泥土的去处，擅自将围堰泥土堆在湖中。今年赏梅期间，游人车辆较多，他们为解决就餐停车问题，于2月中旬将临时堆放在湖中的泥土推平修建停车场，侵占太湖水面约4000平方米。3月8日，水利部太湖流域管理局苏州管理局向我们通报了此事；3月10日，太湖流域管理局苏州管理局、苏州市水政监察支队和吴中区水政监察大队等有关人员赴事发地进行了执法检查，了解情况，并口头下达了立即停止施工的通知；3月13日，苏州市水政监察支队和吴中区水政监察大队在光福镇水利站对该镇分管领导人大主席、副镇长、水利站站长进行了询问，被询问人对未经批准修建停车场的事实供认不讳。根据调查情况，苏州市水政监察支队当场下达了《责令停止违法行为通知书》。4月10日，苏州市水政监察支队根据调查情况进行了立案查处；4月14日，苏州市水利局、市水政监察支队和吴中区水利局、区水政监察大队等相关人员根据调查了解的情况再次赴事发地查勘现场，并听取了光福镇有关领导的汇报；4月18日，太湖流域管理局苏州管理局、苏州管理局水政监察支队和苏州市水利局、市水政监察支队以及吴中区水利局、区水政监察大队等相关人员又到事发地进一步调查了解有关情况，认为光福镇政府未经批准，擅自修建停车场4000平方米，违反了《中华人民共和国防洪法》第二十三条的规定，依法予以查处。

调查结论及拟处理意见：吴中区光福镇政府未经批准，擅自侵占太湖水面修建停车场的行为，违反了《中华人民共和国防洪法》第二十三条的规定，根据《中华人民共和国防洪法》第五十七条的规定，拟给予下列处罚：(1)罚款人民币1万元；(2)退出侵占的太湖水面，恢复原状；(3)对占用的太湖滩地和鱼池采取补救措施。

所附证据材料：(1)照片；(2)询问笔录。

2006年4月21日苏州市水利局案件审理委员会在分管局长的主持下，政法处和水政监察支队负责人参加，对吴中区光福镇人民政府擅自侵占太湖水面修建停车场案的处理作出的《讨论记录》

光福镇政府为整治长浮山以北太湖船餐市场，委托镇水利站重新调整船餐。整治过程中，将围堰用的泥土堆放太湖岸边修建停车场，侵占太湖水面4000平方米。案发后，太湖流域管理局要求我们执法检查。经调查，我们发现该工程未经水行政主管部门批准，擅自侵占太湖水面修建停车场。我们于3月13日向当事人下达了《责令停止水行政违法行为通知书》，并多次到现场调查取证，按照《中华人民共和国防洪法》第五十七条，建议罚款1万元，退出侵占的太湖水面，对占用的太湖滩地采取补救措施。

当事人根据我们的要求已经停工，目前正等待处理决定，本着当地实际情况和需要，可以考虑当事人采取补救措施如占补平衡，既符合法律规定，又方便当地需要，又减少了当事人的损失。

《中华人民共和国防洪法》第五十七条设定的罚款额度是5万元以下，考虑到本案并未造成严重后果，在采取补救措施的前提下，适当给予罚款以教育当事人是比较妥当的。因此，赞成从轻给予1万元处罚的意见。

案发后当事人比较配合我们的调查，并按要求落实，希望我们考虑当地的实情。

大家发表了意见，认为能采取补救措施，可以依法办理，再给予1万元罚款，以警示教育。

结论： 经会议商讨研究决定给予当事人1万元处罚，并采取有关补救措施。

2006年4月21日苏州市吴中区光福镇人民政府向吴中区水利局报送的《光福镇太湖船餐街停车场整改方案》

太湖船餐市场于1993年由太湖渔村村民在镇政府的支持下开始建办。10多年来，太湖船餐市场繁荣，餐船逐渐增多，但餐船大小不一，停放参差不齐，周边环境杂乱，水岸线高低不平，严重影响了光福乃至度假区的整体形象，各级领导和社会各界人士，以及当地船餐业主纷纷呼吁要加快对船餐市场的改造、整治。对此，我镇党委、政府十分重视，投入较大的财力、物力、人力，在上级领导及有关部门的大力支持下，经过船餐办移船工作组全体人员的共同努力，于2005年9月份把大小船餐有序停放，切实为船餐业主和太湖渔民办了一件实事，不仅得到了社会各界的好评，而且为提升太湖船餐市场的品位打下了基础。

今年，随着苏州市旅游业的不断发展，一年一度的梅花节以及"品太湖船餐，赏香雪海梅花"已成为华东地区游客的习俗，致使在3月份到光福镇赏梅的游客每天达一两万人次，使得品船餐的食客天天成千上万，车辆络绎不绝，再加上苏州市65路公交车的延伸，700多辆汽车停放到马刀湾，并常有数小时堵车现象发生，使得食客产生不满情绪。因此，今年船餐办为解决上述之矛盾，把原停车场边的临时堆土区暂作停车场，缓解停车之急。其中，临时堆放占用鱼池3.8亩、滩地1.3亩、芦苇地3.6亩，占用水面4亩，共12.7亩。这样的违规操作，及时得到了市水利局等主管部门的指正，并多次到现场督查。我镇领导对此高度重视，召开了专题会议并立即停止了停车场的一切作业。

4月20日上午，由苏州市水利局会同太湖流域管理局苏州管理局、吴中区水利局、光福镇人民政府等有关领导，对太湖船餐市场提出了整改措施和整改实施意见。一是要求按规定退还水面，做好防洪挡墙，并搞好周边绿化；二是小部分滩地实施置换办法，保留一部分停车场；三是要求镇政府立即制定出整改方案，向上级主管部门汇报；四是为了使太湖船餐市场合理合法经营，到市区主管部门办好立项报批手续。我镇并按照市、区主管部门的意见提出了太湖船餐市场停车场的整改实施方案。

一、太湖船餐市场停车场原状

1. 原滩地、鱼池、芦苇、水域面积。太湖船餐停车场沿湖岸线弯曲不直，根据原状，驳岸下是鱼池3.8亩、滩地1.3亩、芦苇地3.6亩、桥以内水域面积为8亩，共16.7亩。

2. 临时占用面积。根据现场测量，临时占用鱼池3.8亩、滩地1.3亩、芦苇湿地3.6亩、水面为4亩，合12.7亩。

二、太湖船餐市场停车场整改实施方案

为提升太湖船餐市场品位，以做美做强船餐市场为目的，我们将坚决执行上级主管部门提出的整改意见，确保原太湖水面。

1. 退出占用面积及保留用地。根据上级要求，退出占用面积7.6亩，申请保留用地为5.1亩，其中鱼池3.8亩、滩地1.3亩，并马上实施退田还湖的办法。

2. 置换占用面积5.1亩。拟在邓尉村坎上5组（玄墓山前）村民的自留地和村民责任田退田还湖，并由上级主管部门督办。

3. 增设防洪挡墙。由于原来停车场无防洪挡墙，我们将根据停车场整改施工方案，拟从停车场北侧到人行桥退出35米，停车场东侧到人行桥为30米距离，西侧约10米距离。水域总面积11.6亩左右。防洪挡墙总长约300米，高为5米（吴淞高程），1.5米宽为绿化带，停车场的二角为圆弧形，水面以植荷花为主。

三、太湖船餐市场补办手续

同时为了使太湖船餐市场规范并合法经营,将在短期内到上级主管部门补办手续。

以上太湖船餐市场停车场的整改实施方案当否,请上级主管部门进一步指正,在施工过程中,希望上级主管部门和领导进一步指导和督促,我们将尽快实施,早日竣工。

2006年4月28日苏州市水利局向苏州市吴中区光福镇人民政府发出的《水行政处罚告知书》(苏市水罚告字〔2006〕第1号)

经查,你单位于2005年12月20日在光福镇长浮山以北擅自侵占太湖水面修停车场的行为,违反了《中华人民共和国防洪法》第二十三条的规定。根据《中华人民共和国防洪法》第五十七条的规定,拟给予处罚如下:(1)罚款人民币1万元整;(2)退出被侵占的太湖水面,恢复原状;(3)对占用的太湖滩地和鱼池采取补救措施。

根据《中华人民共和国行政处罚法》的规定,你单位依法享有陈述和申辩的权利。请在接到本告知书之日起3日内到我局陈述、申辩并提出证据。否则,视为放弃陈述或者申辩的权利。

2006年4月29日苏州市水利局召集有关单位负责人进行研究作出的《关于光福镇太湖船餐街停车场侵占太湖滩地采取补救措施的会议纪要》

根据2006年4月18日水利部太湖流域管理局苏州管理局、苏州市水利局、吴中区水利局对光福镇太湖船餐街停车场侵占太湖滩地进行执法检查的研究意见,苏州市水利局于2006年4月29日在吴中区光福镇组织召开了光福镇太湖船餐街停车场侵占太湖滩地采取补救措施的工作会议。参加会议的有水利部太湖流域管理局苏州管理局、江苏省水文水资源勘测局苏州分局、吴中区水利局、吴中区光福镇人民政府及镇水利站等单位代表共8人。与会人员听取了光福镇人民政府及镇水利站关于太湖船餐街停车场侵占太湖滩地采取补救措施的汇报,查看了现场,审阅了有关文件、方案、图纸、资料,经认真讨论,形成会议纪要如下:

1. 吴中区光福镇人民政府按照等效等量、占补平衡的原则,提出的补救措施方案《光福镇太湖船餐街停车场整改方案》基本可行。

2. 补救措施方案基本落实了各级水行政主管部门提出的意见和处罚要求。

3. 补救措施方案所提供的资料基本齐全,提出的施工设想基本可行。

4. 建议:(1)进一步优化、完善补救措施方案;(2)严格按照补救措施方案进行施工;(3)依法办理相关手续。

2006年5月10日苏州市吴中区水利局向苏州市水利局作出的《关于转呈〈光福镇太湖船餐街停车场整改方案〉的报告》(吴水呈〔2006〕24号)

2006年4月18日,我局协同水利部太湖流域管理局苏州管理局和苏州市水利局等上级水行政主管部门对光福镇太湖船餐街停车场建设项目进行了执法检查,针对该项目违反有关水法律法规的建设内容提出了整改意见。根据水行政主管部门提出的整改意见,光福镇人民政府制定了《光福镇太湖船餐街停车场整改方案》。现将该整改方案呈上,请予审核。

特此报告,请予示复。

2006年5月12日苏州市水利局向吴中区光福镇人民政府作出的《水行政处罚决定书》(苏市水罚〔2006〕第1号)

现查明你单位于2005年12月20日未经水行政主管部门批准擅

自在光福镇长浮山以北侵占太湖水面修停车场4000平方米的行为，违反了《中华人民共和国防洪法》第二十三条的规定。根据《中华人民共和国防洪法》第五十七条的规定，决定给予以下行政处罚：(1)罚款人民币1万元整；(2)退出被侵占的太湖水面，恢复原状；(3)对占用的太湖滩地和鱼池采取补救措施。

当事人在收到处罚决定书之日起15日内到苏州市工商银行缴纳罚款，到期未缴纳罚款的，从到期之日起每日按罚款数额的3%加处罚款。

如不服本决定可以在接到处罚决定书之日起60日内向苏州市人民政府或江苏省水利厅申请复议，也可在3个月内直接向当地人民法院起诉。逾期不申请复议或不向人民法院起诉又不履行本决定的，我局将依法强制执行或申请人民法院强制执行。

2006年5月23日苏州市水利局向吴中区水利局发出的《关于〈光福镇太湖船餐街停车场整改方案〉的批复》（苏市水〔2006〕114号）

你局转呈的吴水呈〔2006〕24号《关于转呈〈光福镇太湖船餐街停车场整改方案〉的报告》收悉，经研究，现批复如下：

1. 原则同意整改报告中提出的整改方案。请建设单位严格按照整改方案进行整改，整改工作须在2006年6月20日前完成。

2. 在整改方案实施过程中建设单位须接受水行政主管部门的监督检查，由你局对整改方案的实施进行现场监督。

3. 在整改方案实施过程中，建设单位要将填入湖中的土石等清理干净，至湖底1.0米(吴淞高程)。

4. 由于本项目建设已破坏原有临湖一侧的堤防，建设单位在退出占用水面时应考虑自身的防洪安全，做好防洪挡墙；太湖发生大洪水或有较大风浪时，要采取有效措施，必要时应予停业，确保安全。

5. 停车场占用的滩地、鱼池不得用于其他开发，如遇水利部门根据防洪及水资源的需要进行退地还湖时，建设单位应无条件服从。

6. 占用的5.1亩滩地、鱼池，按照占补平衡、等量等效的原则就近进行补偿。

7. 整改方案实施完成后，须及时报当地水行政主管部门组织验收，经验收合格后，办理相关占用手续。

8. 实施整改方案同时，船餐市场应同步向水行政主管部门报批。

2006年6月27日整改工程验收小组作出的《光福镇太湖船餐街停车场整改验收意见》

吴中区光福镇人民政府在整治长浮山太湖船餐街施工中，未经水行政主管部门批准，擅自将太湖围堰泥土填入湖中，修建停车场约4000平方米，违反了《中华人民共和国防洪法》第二十三条的规定，属违法行为。苏州市水利局依照《中华人民共和国防洪法》第五十七条的规定进行了处罚，并根据《中华人民共和国防洪法》的有关规定要求光福镇人民政府对占用的太湖滩地和鱼池采取补救措施。吴中区光福镇人民政府提出了《光福镇太湖船餐街停车场整改方案》，并经专家组审查通过。2006年5月苏州市水利局以苏市水〔2006〕114号文件对整改方案给予了批复。

2006年6月27日，苏州市水利局在光福镇组织召开了光福镇太湖船餐街停车场整改验收会。参加会议的有太湖流域管理局苏州管理局、吴中区水利局、吴中区光福镇人民政府、光福镇水利站等单位的代表和有关专家共13人，会议成立了验收小组（略），与会代表和专家听取了建设、测量、监管等单位的有关情况汇报，查看了现场，审阅了有关资料。经认真讨论，形成验收意见如下：

1. 建设单位能按照苏州市水利局批复文件要求组织实施。整改实施中退出占用水面面积，保留占用鱼池、滩地的置换面积，防洪挡墙建设等经江苏省水文水资源勘测局苏州分局测量，基本达到整改方案的要求。

2. 验收小组同意光福镇太湖船餐街停车场整改实施通过验收。

3. 建议：(1)加强防洪挡墙的管理，注意自身防洪安全。(2)及时办理临时排污口延期手续。(3)进一步完善有关资料。

附：光福镇太湖船餐街停车场整改工程验收小组成员名单(略)

■ 案例评析 ■

该案的查处有两大亮点：

一是苏州市水利局成立由局长、分管执法工作的副局长和政法、工程管理及水政监察支队等机构负责人为成员的水事案件审理委员会，对重大水事案件通过集体讨论，力求作出公正的行政处罚决定。

二是光福镇人民政府修建停车场侵占太湖水面和滩地面积达4000平方米，属重大水事案件。为切实达到整改目标，苏州市水利局专门成立有水利部太湖流域管理局苏州管理局、苏州市和吴中区水利局等负责人参加的"光福镇太湖船餐街停车场整改工程验收小组"，对整改工作实施监督和整改工程的验收，做到有始有终，确保行政处罚执行到位。

该案在查处过程中存在以下问题：

一是在《水行政违法案件调查报告》中"被询问人对未经批准修停车场的事实供认不讳"，用词不当，应予改正。

二是行政处罚决定中未按规定载明违法行为的事实和证据。

三是行政处罚种类的排序，罚款不应排在前面。其一，所有法律法规的罚责中都是将采取的行政措施放在前，罚款放在后；其二，体现行政处罚的目的是制止和改正违法行为，将罚款放在首位有重罚款、轻改正措施之嫌；其三，处以罚款是根据违法行为人的违法情节裁量的。先作出行政措施然后再作出罚款较为适宜。

案例 3

陈茂芝擅自在里运河南堤背水面建围墙案

■ 案情简介 ■

2006年春节前,淮安市楚州区村民陈茂芝家中被盗,为防盗陈茂芝于大年初六擅自将原靠猪圈用砖码的简易围墙拆掉后,重新构建砖混结构的围墙,长33米,占地面积66平方米。大年初七被村委会派人制止(尚未完工)。2006年2月13日,淮安市楚州区水利局对其立案调查,通过询问和现场勘验,陈茂芝违法建围墙的事实清楚。为慎重起见,楚州区水利局局长于2月18日召集两位副局长和区水政监察大队的负责人对这起违法案件进行分析讨论,形成限期拆除违法建筑、恢复原状的处罚意见。楚州区水利局于2月23日分别向陈茂芝发出行政处罚的陈述、申辩和听证的告知,于3月1日作出行政处罚决定,陈茂芝在规定的限期内自动拆除了违法建筑。

■ 法律文书文件摘录 ■

2006年2月13日淮安市楚州区水利(务)局向陈茂芝发出的《责令停止违法行为通知书》(楚水责字〔2006〕第017号)

经查,你未经批准,擅自在里运河南堤背水面管理范围内建设围墙33米、计66平方米的行为违反了《江苏省水利工程管理条例》第八条的规定，现责令你立即停止违法行为，听候处理。

2006年2月18日淮安市楚州区水利局局长召集两位副局长和水政监察大队的负责人对陈茂芝违法建围墙案讨论形成的《水事违法案件领导人集体讨论记录》

陈茂芝户春节前家中被盗4000多元，于是把自家原有砖砌围墙拆除后，建砖混围墙。施工时，村委会曾派人阻止，一直停工至今，现在仍未完工。我们建议，责令该户停止违法行为，限期自行拆除违法建筑，恢复堆堤原状。

同意刘大队长提出的处理意见，要求水政监察大队在处理过程中严格按法律程序进行，不得违反程序。

考虑到陈茂芝户在拆除围墙后，可能有上千元损失，告知该户有要求听证的权利。

综合今天讨论结果，对该户违法建设要进行拆除。但是，要求按照有关法律、法规进行处罚，注意工作方法，切忌粗暴执法，同时，告知他有要求听证的权利。

2006年2月23日淮安市楚州区水利（务）局向陈茂芝发出的《行政处罚事先告知书》（楚水罚告字〔2006〕第3号）

你未经批准擅自在里运河南堤背水面水利工程管理范围内建设围墙长33米、66平方米的行为，涉嫌违反了《江苏省水利工程管理条例》第八条第（六）项的规定，依据《江苏省水利工程管理条例》第三十条第（一）项之规定，我局拟作出：（1）责令你户于2006年2月27日前自行拆除违反水法规建设的围墙；（2）警告的行政处罚。

根据《中华人民共和国行政处罚法》第三十一条、第三十二条之规定，你可在接到本告知书之日起3日内到我局水政监察大队进行陈述和申辩，逾期视为放弃上述权利。

2006年2月23日淮安市楚州区水利(务)局向陈茂芝发出的《行政处罚听证告知书》(楚水听告字〔2006〕第002号)

你未经批准,擅自在里运河南堤背水面水利工程管理范围内建围墙长33米、计66平方米的行为,涉嫌违反了《江苏省水利工程管理条例》第八条第(六)项的规定,依据《江苏省水利工程管理条例》第三十条第(一)项之规定,我局拟作出:(1)责令你户于2006年2月27日前自行拆除违反水法规建设的围墙;(2)警告的行政处罚。

根据《中华人民共和国行政处罚法》第四十二条第一款和《江苏省行政处罚听证程序规则(试行)》第二条之规定,如要求举行听证,可在接到本告知书之日起3日内到我局水政监察大队提出书面申请。逾期视为放弃要求举行听证的权利。

2006年3月1日淮安市楚州区水利(务)局对陈茂芝作出的《行政处罚决定书》(楚水罚字〔2006〕第3号)

经查,你未经批准擅自在里运河南堤背水面水利工程管理范围内建围墙长33米计66平方米的行为,涉嫌违反了《江苏省水利工程管理条例》第八条第(六)项的规定,依据《江苏省水利工程管理条例》第三十条第(一)项之规定,我局拟作出:(1)责令你户于2006年2月27日前自行拆除违反水法规建设的围墙;(2)警告的行政处罚。

告知被处罚人在法定时间内可向楚州区人民政府或者淮安市水利局申请复议,也可在法定时间内直接向楚州区人民法院起诉。

■ 案例评析 ■

里运河是淮河下游重要的水利工程,在里运河管理范围内居住的居民在1986年9月9日《江苏省水利工程管理条例》颁布前堆砌的围墙及其他建筑物,属历史遗留问题。对于这些居民居住的房屋及其他建筑物不得自行拆后重建,更不得扩大面积。陈茂芝未经批

准擅自将原简易的围墙拆除重建的行为显然违法,必须依法查处。淮安市楚州区水利局对此案的查处较好,主要体现在以下三个方面:

一是适用法律正确。只是处罚的依据应为《江苏省水利工程管理条例》第三十条第一款第(一)项。

二是违法事实清楚。时间、违法地点和主要情节,尤其是现场勘验笔录详细明了,连同现场照片等,证据确凿。

三是程序合法。尤其是楚州区水利局负责人经过集体讨论对陈茂芝作出拆除所建围墙的决定程序。

但该案的查处也存在以下问题:

一是应当规范使用行政机关的名称和用词。法律文书名称前所冠的行政机关,凡楚州区前应先冠淮安市,水利后加"(务)"与所使用印章不符,应规范为"淮安市楚州区水利局"。未经主管机关批准,擅自在水利工程管理范围内建围墙的行为是明显的违法行为,不存在"涉嫌"的问题。

二是违法行为人对行政机关所作的行政处罚享有陈述、申辩权和要求举行听证的权利都是法定的,但不是所有的行政处罚都要经听证程序。《中华人民共和国行政处罚法》第四十二条第一款规定,只有行政机关对违法行为人给予"责令停产停业、吊销许可证或者执照、较大数额罚款"三种情形的行政处罚,违法行为人方可依法享有要求举行听证的权利。而淮安市楚州区水利局对陈茂芝作出的限期拆除所建围墙的处罚不属于上述规定的听证范围。对其发出陈述、申辩的告知即可,而无须告知其听证权。违法行为人是否享有要求举行听证的权利,决定于行政机关给予违法行为人行政处罚的内容是否在规定的范围内,而不是陈茂芝因为拆除围墙可能要损失上千元或者其他原因由行政机关确定想给就有、想不给就没有的权利。

三是对违法行为人的告知,档案中对告知后当事人的态度和结果均无记载。《行政处罚决定书》不应以存根栏入档。

四是《行政处罚决定书》的告知不规范。其中的"法定时间"是行政机关应当告知的内容。结果是不仅未告知,反而限被处罚人在"法定时间内"如何如何,岂不是把被处罚人搞糊涂了吗。

案例 4

无锡聚江房地产有限责任公司
侵占桐桥港河道建房案

■ 案情简介 ■

2004年2月3日，无锡市水政监察支队接到举报，于次日到现场调查证实，无锡聚江房地产有限责任公司（以下简称聚江房地产公司）未经水行政主管部门批准，在建造春江花园二期商品房工程时，侵占桐桥港河道建房和砌驳岸达1500平方米（300米×5米）左右。无锡市水利局决定给予其罚款1.5万元和要求其及时办理有关水行政审批手续的行政处罚。6月1日，无锡市水利局向聚江房地产公司发出告知书，该公司于6月3日向无锡市水利局作了陈述和要求给予从轻处罚的报告。6月8日，无锡市水利局对该公司的陈述意见进行了审查，认为陈述的理由不符合从轻处罚的规定，于6月11日作出处罚决定。但聚汇房地产公司拒不履行罚款的处罚决定。无锡市水利局于10月11日向无锡市中级人民法院作出强制执行的申请，市中级人民法院于12月17日作出准予执行行政处罚决定的行政裁定。聚江房地产公司于2005年4月29日缴纳了罚款。

■ 法律文书文件摘录 ■

2004年2月4日无锡市水政监察支队对无锡聚江房地产有限责任

公司侵占河道建房和砌石驳岸案作出的《水行政违法案件调查报告》

案情经过： 无锡市河道堤闸管理处在河道检查中发现，桐桥港河道内有单位擅自侵占水面建房，建石驳岸，于2004年2月3日向无锡市水政监察支队举报。2004年2月4日，无锡市水政监察支队即赶赴桐桥港河道实地勘察，并向现场施工的无锡聚江房地产有限责任公司副总经理了解情况。经实地勘察并向当事人了解情况得知，无锡聚江房地产开发有限责任公司在建设春江花园二期商品房工程时，未经水行政主管部门批准，擅自在桐桥港边建石驳岸300余米，商品房建设过程中虽有无锡市规划局批文，但实际施工与市规划局定点范围有出入，均超出市规划局批准红线外，占用了部分桐桥港水面。为此，无锡市水政监察支队随即进行了调查取证工作，并制作了调查笔录，还口头责令无锡聚江房地产有限责任公司立即停止水行政违法行为，恢复河道原状或到水行政主管部门办理相关手续。市水政监察支队曾多次催促该公司主动到水行政主管部门办理手续，但该公司至今未到水行政主管部门补办手续。

该单位的上述行为，违反了《中华人民共和国防洪法》第二十七条的规定。

调查结论及拟处理意见： 经调查取证，询问当事人、现场察看，该单位违法事实清楚，证据确凿，根据《中华人民共和国防洪法》第五十八条的规定，拟作出处罚：罚款人民币1.5万元整。附：补办相关水行政审批手续

所附证据材料：（1）调查笔录（1份）；（2）相关照片（3张）。

2004年6月1日无锡市水利局向无锡聚江房地产有限责任公司发出的《行政处罚告知书》（锡水罚告字〔2004〕第7号）

因你单位未经水行政部门审批同意，擅自在桐桥港河道管理范围内建房、建石驳岸的行为违反了《中华人民共和国防洪法》第二十七条的规定，依据《中华人民共和国防洪法》第五十八条，本机

关拟对你单位作出罚款人民币1.5万元整的行政处罚。

根据《中华人民共和国行政处罚法》第三十一条的规定，你单位可在收到本告知书之日起3日内，到无锡市水政监察支队进行陈述和申辩。地址：无锡市永乐路南河浜12号水利大厦13楼，联系电话：5043423。

逾期视为放弃陈述、申辩的权利。

2004年6月3日无锡聚江房地产有限责任公司向无锡市水利局作出的《报告》

关于我公司在未经水行政部门审批同意擅自在桐桥港河道管理范围内建房、建石驳岸，违反《中华人民共和国防洪法》第二十七条规定的行为，我公司一接到贵局通知已立即停止施工。我公司当时考虑到河道边杂草丛生，既影响河道环境美观又影响春江花园小区住户视觉效果，自愿自出资建造驳岸，改造河道环境。由于不熟悉《中华人民共和国防洪法》的有关规定，未及时向贵局申报有关审批手续。望贵局考虑我公司良好的出发点及未造成不利影响且接到通知立即改正错误行为，给予从轻处罚。

2004年6月9日无锡市水利局对无锡聚江房地产有限责任公司的《报告》作出的《水行政违法当事人陈述意见审查表》

主要陈述内容及要求：（1）接到市水利局通知后立即停止了施工；（2）自筹资金建造驳岸，改造河道环境，未造成不良影响，要求从轻处罚。

陈述后拟处理意见：鉴于上述陈述理由不符合《中华人民共和国行政处罚法》关于从轻处罚的规定，拟维持原罚款。

市水政监察支队审查意见：建议不予从轻处罚，按原处理意见，罚款人民币1.5万元整。

2004年6月11日无锡市水利局对无锡聚江房地产有限责任公司作出的《行政处罚决定书》（锡水罚字〔2004〕第4号）

现查明你单位未经水行政主管部门审查同意，擅自在桐桥港河道管理范围内建房、建驳岸违反《中华人民共和国水法》第二十七条的规定，根据《中华人民共和国水法》第五十八条的规定，决定给予以下行政处罚：罚款人民币1.5万元整。上述罚款，被处罚人在接到本处罚决定之日起15日内，到无锡市商业银行市区任一网点缴纳。如到期未缴纳罚款，每延期1日，按罚款数额的3%加处罚款。

如不服本决定，可以在接到处罚决定之日起60日内向无锡市人民政府或江苏省水利厅申请复议，或在3个月内直接向南长区人民法院起诉。

逾期不申请复议或不向人民法院起诉又不履行本决定的，我局将申请人民法院强制执行或依法强制执行。

2004年10月11日无锡市水利局向无锡市中级人民法院作出的《行政违法案件行政处罚强制执行申请书》（锡水罚强字〔2004〕第1号）

2004年6月11日我局下达了锡水罚字〔2004〕第4号无锡市水利局《行政处罚决定书》。因被处罚人无锡聚江房地产有限责任公司（地址：凤光里1号）逾期不履行本机关所作罚款人民币1.5万元整的处罚决定，根据《中华人民共和国行政处罚法》第五十一条的规定，特申请你院强制执行我局作出的罚款人民币1.5万元整的行政处罚决定。

2004年12月17日无锡市中级人民法院对无锡市水利局《强制执行申请书》作出的《行政裁定书》（锡非诉行审字〔2004〕第011号）

无锡市水利局申请我院执行锡水罚字〔2004〕第4号行政处罚

决定，本院已依法受理，并组成合议庭对该行政处罚决定的合法性进行审查，现已审查完毕。

本院认为，无锡市水利局作出的锡水罚字〔2004〕第4号行政处罚决定，有事实根据和法律依据，无其他明显违法。该处罚决定符合执行的条件，应当予以执行。依照最高人民法院《关于执行〈中华人民共和国行政诉讼法〉若干问题的解释》第九十三条的规定，裁定如下：准予执行锡水罚字〔2004〕第4号行政处罚决定。

■ 案例评析 ■

无锡市水利局在对无锡聚江房地产有限责任公司的陈述进行复核时能坚持原则，认为该公司陈述的理由不符合《中华人民共和国行政处罚法》中减轻处罚的规定，仍按原处罚意见作出行政处罚决定。有别于其他案例中凡违法行为人只要对告知作出陈述或申辩，不论其理由是否符合法律规定，都以"认错态度好"为由减轻处罚。这种坚持原则的做法值得称道。但是，无锡市水利局在查处聚江房地产公司侵占桐桥港河道建房和砌石驳岸案中存在以下问题：

一是适用法律错误。在行政处罚决定中，把《中华人民共和国防洪法》误写成《中华人民共和国水法》（无锡市中级人民法院也未审查出来）。《中华人民共和国水法》的第二十七条、第五十八条与本案的案情是驴唇不对马嘴，即使是适用《中华人民共和国防洪法》第二十七条和第五十八条也是错误的。

其一，聚江房地产公司侵占桐桥港河道管理范围是建造商品房和砌石驳岸，这与《中华人民共和国防洪法》第二十七条所讲的"建设跨河、穿河、穿堤、临河的桥梁、码头、道路、渡口、管道、缆线、取水、排水等工程设施"不是一码事。任何工程凡涉及河道的不论是经规划部门批准或按照设计图纸施工的，都是无效的，必须经水行政主管部门批准方为合法。因此，聚江房地产公司的行为是侵占河道的违法行为。

其二，依据《中华人民共和国防洪法》第五十八条对聚江房地产公司实施行政处罚也是错误的。首先，它不属于该条所列的工程设施，无法补办审查同意或审查批准手续；其次，没有经过权威部门对侵占河道建房和砌石驳岸的行为作出是否严重影响防洪或影响行洪但尚可采取补救措施的结论；第三，因是侵占河道管理范围建造商品房和砌石驳岸，根据聚江房产公司的陈述，已"接到通知立即改正错误行为"不可信，毁掉石驳岸是可能的，但把已建的商品房拆除掉而恢复河道原貌可行吗？行政机关没有对此行为进行检查、核实和验收，难以让人相信。

针对聚江房地产公司的违法情节，应认定其行为违反了《中华人民共和国防洪法》第二十二条第二款中关于禁止在河道管理范围内建设妨碍行洪的建筑物、构筑物的行为。依据《中华人民共和国防洪法》第五十六条第(一)项的规定作出责令停止违法行为，排除阻碍(限期拆除)或采取其他补救措施，由无锡市水利局据情裁量处5万元以下的罚款。如聚江房地产公司所建商品房不影响防洪，也不可能拆除，可依据《江苏省河道堤防工程占用补偿费征收使用管理办法》第二条第一款的规定，由聚江房地产公司提出占用申请，经有管辖权的河道主管机关批准，领取《河道工程占用证》，并按每月每平方米0.5~1元的标准和实际占用面积缴纳河道工程占用补偿费。

二是处罚不到位。无锡市水利局对聚江房地产公司侵占河道建房和砌石驳岸的行为(且侵占的面积达1500平方米)，不论依据哪个水法律法规对其实施行政处罚，都应对其侵占河道和砌石驳岸的行为采取改正违法行为等补救措施。该案仅处以罚款，是一种以罚款代替行政措施的行为。依据《中华人民共和国防洪法》第五十八条的规定可处1万元以上10万元以下的罚款，罚款1.5万元裁量过低。

案例 5

无锡金南汽车驾驶培训有限公司擅自在锡澄运河南侧违法建筑案

■ 案情简介 ■

无锡金南汽车驾驶培训有限公司(以下简称金南汽培公司)于2004年11月擅自在锡澄运河黄石大桥南侧创建汽车驾驶培训公司,然后于2005年初用铁栅栏建围墙176米及简易房5间,面积150平方米。2005年8月30日被无锡市水政监察支队巡查时发现,并对其发出《责令停止水行政违法行为通知书》,限其1周内向市行政审批中心水利窗口办理相关手续。无锡市水利局立案后经调查、取证,证实金南汽培公司违法建筑属实,于10月9日发出拟罚款1万元的告知。10月11日金南汽培公司作出陈述说明,无锡市水利局未予采纳。无锡市水利局于11月14日对金南汽培公司作出处罚决定,但该公司拒不履行。2006年4月27日,无锡市水利局向无锡市中级人民法院递交强制执行申请。经法院庭外调解,10月19日金南汽培公司履行了罚款1万元的处罚决定。

■ 法律文书文件摘录 ■

2005年8月30日无锡市水利局向无锡金南汽车驾驶培训有限

公司发出的《责令停止水行政违法行为通知书》（锡水停字〔2005〕第26号）

经查，你单位未经水行政主管部门审批，擅自占用锡澄运河黄石大桥东南面河道管理范围建临时用房、铁栅栏、围墙。违反了《中华人民共和国防洪法》的规定，现责令立即停止违法行为，听候处理。

附：限1周内(2005年9月6日前)到市行政审批中心水利窗口办理相关手续。

2005年9月27日无锡市水政监察支队对无锡金南汽车驾驶培训有限公司违法建筑案向无锡市水利局作出的《水行政违法案件调查报告》

案情经过：2005年8月30日，市水政监察支队在锡澄运河巡查时发现，无锡金南汽车驾驶培训有限公司未经水行政主管部门审查同意，擅自在锡澄运河黄石大桥南侧建造围墙两面，铁栅栏176米，并在河道管理范围内建简易用房5间约150平方米。市水政监察支队随即进行了调查取证工作，并询问了该公司高××常务副校长，下发了《责令停止水行政违法行为通知书》（锡水停字〔2005〕第26号），要求该单位于2005年9月6日前到市行政审批中心水利窗口办理相关手续。高××当场表示认可。2005年8月31日，该公司高××副校长到水政监察支队详细介绍了该公司成立情况，占用河道管理范围建围墙、铁栅栏、简易房的情况。并表示，立即补办与水利有关手续，该围墙若影响防洪，尽快拆除。同时表示愿意接受处理。2005年9月6日，由分管局长批准，同意立案查处。

无锡金南汽车驾驶培训有限公司未经水行政主管部门审查批准，擅自在锡澄运河河道管理范围内建围墙、铁栅栏、简易房的行为，违反了《中华人民共和国防洪法》第二十七条的规定。

调查结论及拟处理意见：经调查取证，无锡金南汽车驾驶培训有限公司违法事实清楚无误,证据确凿,鉴于当事人经教育在规定期限内答应补办相关手续,拟从轻处罚。依据《中华人民共和国防洪法》第五十八条的规定,拟罚款人民币1万元整。附:两侧围墙尽快拆除。

所附证据材料:(1)调查笔录(1份);(2)相关照片(4张)。

2005年10月9日无锡市水利局向无锡金南汽车驾驶培训有限公司发出的《行政处罚告知书》(锡水罚告字〔2005〕第4号)

因你单位未经水行政主管部门审批同意,擅自在锡澄运河黄石大桥东南面建简易房、铁栅栏、围墙的行为违反了《中华人民共和国防洪法》第二十七条的规定。依据《中华人民共和国防洪法》第五十八条的规定,本机关拟对你单位作出罚款人民币1万元整的行政处罚。

根据《中华人民共和国行政处罚法》第三十一条的规定,你单位可在收到本告知书之日起3日内,到无锡市水政监察支队进行陈述和申辩。地址:无锡市永乐路南河滨12号水利大厦13楼,联系电话:5043423。

逾期视为放弃陈述、申辩权利。

2005年10月11日无锡金南汽车驾驶培训有限公司向无锡市水利局作出的《陈述说明》

无锡金南汽车驾驶培训有限公司是无锡新东南物流有限公司用场地投资的方式成立的汽车驾驶培训企业。公司坐落在广石路88号(黄石大桥南堍),因场地紧靠锡澄运河南岸,经常有船民和一些不良分子从河岸进入公司场地,已发生多起车辆电瓶等部件被盗和一些基础设施被损坏的现象。公司为保障安全,防止盗窃,在河岸上安装了防盗防护栏,又考虑合理利用有限场地,在堤岸旁搭建了5

间临时用房,用于学员休息,这些工程均在原有基础上修建,决不可能影响防洪堤的防汛安全,有些地方的混凝土加固,甚至对防洪堤起到加固作用。恳请水利管理部门根据本公司的实际困难以及公司对《中华人民共和国防洪法》相关条款的不了解,请免予处罚,公司将积极补办相关手续,确保设施建设合理合法。特此陈述,望批准为盼。

2005年11月14日无锡市水利局向无锡金南汽车驾驶培训有限公司发出的《行政处罚决定书》(锡水罚字〔2005〕第3号)

现查明你单位未经水行政主管部门审批同意,擅自在锡澄运河黄石大桥东南面建简易房、铁栅栏、围墙,违反了《中华人民共和国防洪法》第二十七条的规定。根据《中华人民共和国防洪法》第五十八条的规定,决定给予以下行政处罚:罚款人民币1万元整。上述罚款,被处罚人在接到本处罚决定之日起15日内,到无锡市商业银行市区任一网点缴纳。如到期未缴纳罚款,每延期1日,按罚款数额的3%加处罚款。

如不服本决定,可以在接到处罚决定之日起60日内向无锡市人民政府或江苏省水利厅申请复议,或在3个月内直接向南长区人民法院起诉。

逾期不申请复议或不向人民法院起诉又不履行本决定的,我局将申请人民法院强制执行或依法强制执行。

2006年3月7日无锡市水利局向无锡金南汽车驾驶培训有限公司发出的《友情提醒》

我局于2005年11月21日将《无锡市水利局行政处罚决定书》(锡水罚字〔2005〕第3号)送达你单位,对你单位擅自在锡澄运河黄石大桥东南面建简易房、铁栅栏、围墙的行为,处以1万元的罚款。你单位在规定时间内尚未履行处罚决定,并且也未办结河道堤防占用手续,我局再次提醒你单位务必在3月14日前自行履行处罚决定并办结手续。否则我局将申请人民法院强制执行,并依法追加滞纳金,对沿河设施将依法予以强制拆除。

2006年4月27日无锡市水利局向无锡市中级人民法院递交的《行政违法案件行政处罚强制执行申请书》(锡水罚强字〔2006〕第1号)

2005年11月21日我局下达了锡水罚字〔2005〕第3号《无锡市水利局行政处罚决定书》。因被处罚人无锡金南汽车驾驶培训有限公司(地址:无锡市广石路黄石大桥南堍)逾期不履行本机关所作罚款人民币1万元整的处罚决定,根据《中华人民共和国行政处罚法》第五十一条的规定,特申请你院强制执行我局作出的罚款人民币1万元整的行政处罚决定,以及每日按罚款数额的3%加处的滞纳金4.17万元(2005年12月7日至2006年4月24日),共计5.17万元。

2006年7月5日无锡金南汽车驾驶培训有限公司向无锡市水利局作出的《申请说明》

无锡金南汽车驾驶培训有限公司是中外合资无锡新东南物流有限公司用场地投资的方式成立的汽车驾驶培训企业。公司坐落在广石路88号(黄石大桥南堍),因场地紧靠锡澄运河南岸,经常有船民和一些不良分子从河岸进入公司场地,已发生多起车辆电瓶等部件被盗和一些基础设施被损坏的现象。公司为保障安全,防止盗窃,在河岸上安装了防盗防护栏,又考虑合理利用有限场地,在堤岸旁搭建了5间临时用房,用于学员休息,这些工程均在原有基础上修建,决不可能影响防洪堤的防汛安全,有些地方的混凝土加固,甚至对防洪堤起到加固作用。并且公司已补办好相关手续。恳请水利管理部门根据本公司的实际困难以及公司对《中华人民共和国防洪法》相关条款的不了解,请免予处罚。特此申请,望批准为盼。

2006年7月6日无锡市水利局作出的《关于同意庭外调解的决定》

我局就无锡金南汽车驾驶培训有限公司违反《中华人民共和国防洪法》的规定,擅自在锡澄运河黄石大桥东南面建简易房、铁栅栏、围墙一案,作出罚款人民币1万元的行政处罚决定,但该单位在限期内未依法履行。2006年5月16日,我局向无锡市中级人民法院递交《行政违法案件行政处罚强制执行申请书》(锡水罚强字〔2006〕第1号),申请对无锡金南汽车驾驶培训有限公司强制执行我局作出的处罚决定。经无锡市中级人民法院行政庭调解,该公司已认识到错误,并采取了补救措施,于2006年6月30日办理了相关河道占用手续,缴纳了占用费。鉴于该单位能自觉改正错误,并配合我局查处,经研究决定,我局同意与该单位就此处罚达成庭外调解。无锡金南汽车驾驶培训有限公司立即履行我局作出的罚款人民币1万元整的处罚决定。

2006年7月17日无锡市水利局向无锡市中级人民法院作出的《撤销申请》

2006年5月16日,我局向你院递交的《行政违法案件行政处罚强制执行申请书》(锡水罚强字〔2006〕第1号),就无锡金南汽车驾驶培训有限公司违反《中华人民共和国防洪法》的规定,擅自在锡澄运河黄石大桥东南面建简易房、铁栅栏、围墙一案,申请对当事人强制执行我局作出的罚款决定。经庭外调解,当事人无锡金南汽车驾驶培训有限公司已将罚款人民币1万元的处罚决定履行完成,现向你院申请撤销我局的强制执行申请。

2006年10月19日无锡市水政监察支队向无锡市水利局作出的

《水行政违法案件结案审批表》

　　简要案情：无锡金南汽车驾驶培训有限公司未经水行政主管部门审批同意，擅自在锡澄运河黄石大桥东南面建简易房、铁栅栏、围墙的行为，违反了《中华人民共和国防洪法》第二十七条的规定，受到我局查处，罚款人民币1万元整。当事人一直未履行，也未提出相关诉讼，故我局依法申请无锡市中级人民法院强制执行，后经庭外调解，当事人履行了处罚决定。

　　处理结论：依据《中华人民共和国防洪法》第五十八条的规定，罚款人民币1万元整。

　　执行情况：现已执行到位。

　　结案建议：建议结案。

■ 案例评析 ■

　　无锡金南汽车驾驶培训有限公司擅自在锡澄运河黄石大桥南块的水利工程管理范围建房5间（面积150平方米）、铁栅栏围墙176米，事实清楚，是一起明显的未经水行政主管部门批准的违法建筑案。该行为违反了《中华人民共和国水法》第三十七条第二款关于"禁止在河道管理范围内建设妨碍行洪的建筑物、构筑物"的规定，应依据《中华人民共和国水法》第六十五条第一款的规定，责令其停止违法行为，限期拆除违法所建的简易房5间和铁栅栏围墙，恢复原状；如逾期不拆除、不恢复原状的，强制拆除，所需费用由金南汽培公司承担，并处1万元以上10万元以下（视其违法情节裁量）的罚款。或者该行为违反了《江苏省水利工程管理条例》第八条第（六）项关于"禁止擅自在水利工程管理范围内盖房、圈围墙"的规定，依据上述条例第三十条第一款第（一）项的规定，责令其停止违法行为，拆除违法所建的简易房5间和铁栅栏围墙的补救措施，处以1万元以下的罚款。

　　如果金南汽培公司确因经营需要占用水利工程管理范围用地，

在履行以上行政处罚后,应依照《江苏省河道管理实施办法》第二十一条的规定程序办理占用河道堤防工程的有关手续。

无锡市水利局在查处该案中存在以下问题:

一是适用法律错误。行政处罚决定中认为金南汽培公司擅自建围墙、铁栅栏、简易房的行为违反了《中华人民共和国防洪法》第二十七条的规定,该条共两款,其中第一款中称"建设跨河、穿河、穿堤、临河的桥梁、码头、道路、渡口、管道、缆线、取水、排水等工程设施",金南汽培公司的行为与上述哪一条能搭上边?无锡市水利局错误地依据该法的第五十八条实施行政处罚也就不足为奇了。

二是无锡市水利局于2005年8月30日在到达金南汽培公司的违法现场后,对其发出《责令停止水行政违法行为通知书》中又加了"附:限1周内(2005年9月6日前)到市行政审批中心水利窗口办理相关手续"不合适。这里有两个问题:其一,无锡市水利局尚未对该案作立案调查,在对金南汽培公司违法行为的具体情节尚无确切的证据前,责令其限期办理手续,依据何在?对违法建筑需补办批准手续无法律规定,也不是由行政机关随意决定的;其二,限期办理相关手续,这个"相关"指的是什么含义?违法行为人如何去履行这项行政决定?

三是行政处罚决定中没有依照《中华人民共和国行政处罚法》第三十九条第一款第(一)项的规定载明金南汽培公司违法的事实和证据。

四是《水行政违法案件处理审批表》的"拟处理意见"栏内,承办人签署了"鉴于当事人已在补办相关水行政审批手续,建议从轻处理,拟罚款人民币1万元"的意见不合适。把当事人是否补办相关审批手续作为对其衡量处罚轻重的标准,依据何在?如金南汽培公司还未办理相关审批手续,是否就要对其从重处罚?

五是《友情提醒》并不"友情"。无锡市水利局自2005年11月21日对金南汽培公司作出行政处罚决定至2006年3月7日作出书面的《友情提醒》,时间长达3个半月,表明金南汽培公司无意履行行政处罚的义务。无锡市水利局是水行政主管部门，金南汽培公司是违法行为人，法律地位不对等，不应用此名称。对违法行为人一错再错的行为，可作出催促其尽快履行行政处罚决定通知的法律文书，而不应用"友情提醒"这类不规范的标题。实际的结果是无锡市水利局给了其"友情"，但金南汽培公司并不领情，仍然我行我素。

六是免除加处罚款不妥。对到期不缴纳罚款的，每日按罚款数额的3%加处罚款是《中华人民共和国行政处罚法》第五十条第(一)项的规定，无锡市水利局在行政处罚决定中，已对金南汽培公司作了告知和警告，在向市中级人民法院作出的强制执行申请中坚持了这一法定原则是正确的，并计算出了执行总标的为51700元。但遗憾的是，无锡市水利局又在庭外调解中放弃了这一法定原则。从档案中查不到市中级人民法院是如何调解的，但无锡市水利局接受这种放弃原则的调解是不妥的。

根据金南汽培公司的违法情节和一再拒绝履行行政处罚决定的表现，行政处罚中未对其违法建筑物采取相应的行政措施是对违法行为人的姑息行为。对其罚款1万元的行政处罚是畸轻的，加之无理由地放弃加处罚款起不到对一个赢利企业的违法行为实施公正处罚的目的。

案例 6

无锡市坊前房地产开发公司
擅自在寿山坟浜建房和建围墙案

■ 案情简介 ■

2001年至2004年底,无锡市坊前房地产开发公司(以下简称坊前开发公司)在建设鑫博花园别墅时填河建房,其中73号别墅北墙体紧靠寿山坟浜河道,东西两侧沿河道建成围墙。直至2005年9月19日接网上举报,无锡市水政监察支队派员前往现场勘察,认定上述违法行为属实。无锡市水利局随即对坊前开发公司发出《责令改正通知书》,并于11月7日发出《行政处罚告知书》,于11月26日作出处以罚款1万元的行政处罚。坊前开发公司于11月29日缴纳了罚款。

■ 法律文书文件摘录 ■

2005年9月20日无锡市水利局向无锡市坊前房地产开发公司发出的《责令改正通知书》(锡水改字〔2005〕第12号)

经查,你单位于2005年9月20日在建设鑫博花园过程中建房屋和围墙擅自占用寿山坟浜河道的行为,违反了《中华人民共和国水法》、《中华人民共和国防洪法》的规定,根据《中华人民共和国行政处罚法》第二十三条及《中华人民共和国防洪法》第二十七条的规定,现责令你单位于2005年9月30日17时前到市行政审批中心水利窗口办理有关水行政审批手续。逾期不履行的,本局将依据有关法律法规予以处罚。

2005年9月26日无锡市水政监察支队对无锡市坊前房地产开发公司擅自在寿山坟浜建房屋和围墙案作出的《水行政违法案件调查报告》

案情经过:2005年9月19日,无锡市水政监察支队接无锡市水利局办公室转来网上举报,称太湖大道东端鑫博花园别墅在建设过程中填河建房。20日,市水政监察支队前往调查。经查,鑫博花园位于太湖大道东端,其北面为寿山坟浜河道。该河道为锡山区东亭镇与新区坊前镇交界处的界河。鑫博花园的建设单位为无锡市坊前房地产开发公司。根据现场察看,鑫博花园73号别墅(综合楼)北面墙体紧靠寿山坟浜河道,73号别墅东西两侧寿山坟浜河道上也沿河岸建成围墙。沿河围墙和房屋沿河道弯曲建设,根据规划图纸和河道图纸,建设单位紧靠河道建设的事实比较清楚。据查,无锡市坊前房地产开发公司在建设鑫博花园的审批过程中,由于当时规划部门对沿河建设未要求到水行政主管部门进行审批,所以建设单位未经水行政主管部门审批便擅自在寿山坟浜沿河进行建设。一期工程于2004年12月完成。经过初步调查后,已向建设单位无锡市坊前房地产开发公司发出无锡市水利局《责令改正通知书》(锡水改字〔2005〕第12号),要求建设单位根据《中华人民共和国水法》、《中华人民共和国防洪法》的规定,于9月30日前办理相关水行政审批手续。

调查结论及拟处理意见:无锡市坊前房地产开发公司未经水行政主管部门审批同意,擅自在寿山坟浜河道管理范围内建房屋和围墙,其行为违反了《中华人民共和国防洪法》第二十七条的规定,依据《中华人民共和国防洪法》第五十八条的规定，拟作如下处罚：罚款人民币1万元整。

所附证据材料：(1)调查笔录1份。(2)现场照片3张。

2005年11月17日无锡市水利局向无锡市坊前房地产开发公司发出的《行政处罚告知书》(锡水罚告知〔2005〕第5号)

因你单位未经水行政主管部门审批同意，擅自在寿山坟浜河道管理范围内建房和围墙的行为违反了《中华人民共和国防洪法》第二十七条的规定，依据《中国人民共和国防洪法》第五十八条，本机关拟对你单位作出罚款人民币1万元整的行政处罚。根据《中华人民共和国行政处罚法》第三十一条的规定，你单位可在收到本告知书之日起3日内，到无锡市水政监察支队进行陈述和申辩。地址：无锡市永乐路南河浜12号水利大厦13楼，联系电话：5043423。

逾期视为放弃陈述、申辩权利。

2005年11月25日无锡市水政监察支队办案人员作出的《水行政违法当事人未进行陈述申辩情况说明》

违法当事人无锡市坊前房地产开发公司在我局以锡水罚告知〔2005〕第5号文向其下发无锡市水利局《行政处罚告知书》后，因未在规定限期内进行陈述和申辩，故可视为已放弃陈述、申辩权利，特此说明。

2005年11月26日无锡市水利局对无锡市坊前房地产开发公司作出的《行政处罚决定书》

现查明你单位未经水行政主管部门审批同意，擅自在寿山坟浜河道管理范围内建房和围墙，违反了《中华人民共和国防洪法》第二十七条，根据《中华人民共和国防洪法》第五十八条的规定，决定给予以下行政处罚：罚款人民币1万元整。上述罚款，被处罚人在接到本处罚决定之日起15日内，到无锡市商业银行市区任一网点缴纳。如到期未缴纳罚款，每延期1日，按罚款数额的3%加处罚款。

如不服本决定，可以在接到处罚决定之日起60日内向无锡市人民政府或江苏省水利厅申请复议，或在3个月内直接向南长区人民法院起诉。逾期不申请复议或不向人民法院起诉又不履行本决定的，我局将申请人民法院强制执行或依法强制执行。

2005年12月15日无锡市水政监察支队对无锡市坊前房地产开发公司违法建房和围墙案作出的《水行政违法案件结案审批表》

简要案情： 无锡市坊前房地产开发公司未经水行政主管部门审批同意，擅自在寿山坟浜河道管理范围内建房和围墙，违反了《中华人民共和国防洪法》第二十七条的规定。

处理结论： 罚款人民币1万元整。

执行情况： 罚款已执行到位。

结案建议： 建议结案。

■ 案例评析 ■

该案查处的亮点是：无锡市水利局在查处无锡市坊前房地产开发公司违法建设案中，对被告知人在告知后未进行陈述和申辩的情况作出书面说明的做法值得提倡。行政机关在作出行政处罚决定前，将拟给予的处罚项目和处罚内容告知违法当事人是一项法定程序，也是尊重违法行为人依法享有的权利。如当事人对行政处罚有异议而陈述或申辩，行政机关应当复核，合理部分应当采纳，对行政处罚作出相应的修改，也是行政机关对作出的具体行政行为自我救济的一种途径。告知是法定程序，该告知而未告知是程序违法，应当引起行政机关的重视。从全省整个水事案件的案卷来看，大部分案卷对告知后的情况既无说明也无记载，容易引起不必要的麻烦，这是水事案件案卷归档的一个不可忽视的问题。

该案在查处中存在以下问题：

一是适用法律错误。无锡市水利局认为坊前开发公司擅自在水利工程管理范围内建房和围墙的行为违反了《中华人民共和国防洪法》第二十七条的规定，依据《中华人民共和国防洪法》第五十八条的规定实施罚款1万元的行政处罚。违法的标的物是建房和围墙，这与《中华人民共和国防洪法》第二十七条第一项所指的"建设跨河、穿河、穿堤、临河的桥梁、码头、道路、渡口、管道、缆线、取水、排水等工程设施"不符。该法第五十八条规定，对违法行为有三种处罚方法，其一是不影响防洪的，责令停止违法行为，补办审查同意或者审查批准手续；其二是严重影响防洪的，责令限期拆除，逾期不拆除的，强行拆除，所需费用由建设单位承担；其三是影响行洪但尚可采取补救措施的，责令限期采取补救措施，可以处1万元以上10万元以下的罚款。该案对违法行为人罚款1万元显然是将其定为第三种，但未见补救措施。

二是违法事实不清。行政处罚决定书中没有依法载明违法行为的事实和证据。在案卷中，办案人员只作了一个调查笔录，拍摄了现场照片和勘察图。但是坊前开发公司建设的73号别墅楼北面墙体紧靠寿山坟浜河道的距离、填塘面积、沿河所建围墙的长度、高度，以及占用管理范围内面积等均无记录，怎能认定为证据确凿？

三是坊前开发公司的违法行为延续时间长达三四年之久而未被发现，可见执法巡查制度未得到有效落实。

四是无锡市水利局在开展调查前的9月20日就向坊前开发公司发出于9月30日前"到市行政审批中心水利窗口办理有关水行政审批手续"的《责令改正通知书》的法律依据何在？该审批手续是按《中华人民共和国防洪法》第二十七条第一款中规定的"可行性研究报告"，还是"工程建设方案"？坊前开发公司无法按改正通知的规定办理有关审批手续。根据坊前开发公司的违法情节，别墅与围墙已既成事实，依法拆除的难度太大，不易实施。对此案的处理可按下列程序进行：此行为已违反《江苏省水利工程管理条例》第八条第(六)项关于"禁止擅自在水利工程管理范围内盖房、圈围墙"的规定，依据《江苏省水利工程管理条例》第三十条第一款第(一)项的规定，作出责令停止违法行为，拆除所建围墙，于接到本通知起10日内依据《江苏省河道堤防工程占用补偿费征收使用管理办法》第二条规定的程序，到市行政审批中心水利窗口补办河道堤防工程占用手续，罚款1万元的行政处罚。

五是对这种违法行为应当采取行政措施，恢复河道原状。但无锡市水利局对坊前开发公司只给予了罚款处罚，是一种以罚款代替行政措施的行为，该公司仅以1万元的代价就使违法变为合法，不可取。

案例 7

丁凤明在拉马河闸管理范围内违法建筑案

■ 案情简介 ■

1998年以来，如皋市宏达建材厂私营业主丁凤明为经营建筑材料，在拉马河闸下游东岸擅自建4米×4米混凝土码头1座、在距闸口124米处建房屋7间，部分房屋已出租。2001年4月9日，经江苏省水政监察总队泰州引江河支队调查和现场勘察，确定丁凤明的违法行为属实。江苏省泰州引江河管理处先后于2001年4月15日和5月20日对其作出行政处罚告知和行政处罚决定，责令其限期拆除违法建筑。但丁凤明拒不履行处罚决定。后在当地公安部门的协助下，于2001年12月底将丁凤明的违法建筑强制拆除。

■ 法律文书文件摘录 ■

2001年4月18日江苏省泰州引江河管理处向如皋市宏达建材厂发出的《责令停止水行政违法行为通知书》（引江政字〔2001〕第1号）

经查，你单位未经批准，擅自在我处拉马河闸下游东岸建码头、房屋，违反了《江苏省水利工程管理条例》第八条第（六）项、《江苏省河道管理实施办法》第二十二条第(四)项的规定,现责令立即停止违法行为,听候处理。否则追究法律责任。

2001年4月21日江苏省水政监察总队泰州引江河支队对丁凤明在拉马河闸管理范围内擅自建码头、房屋案作出的《水行政违法案件调查报告》

案情经过：1998年以来丁凤明在拉马河闸管理所下游东岸,擅自建4米×4米混凝土码头1座,房屋146平方米,距拉马河闸闸口124米。

调查结论：丁凤明在我处拉马河闸管理范围内擅自建筑码头、房屋。拉马河闸管理所人员多年来多次向他宣传水法规,要求其自行拆除码头、房屋,但他软顶硬抗,强词夺理,拒不拆除。丁凤明侵占了拉马河闸管理范围内工程护坡及工程用地,影响闸容闸貌,有碍环境整治规划,也有碍工程管理,违反了水法规的有关规定。

1. 擅自建码头、房屋,违反《中华人民共和国水法》第二十四条"未经有关主管部门批准,不得在河床、河滩内修建建筑物"的规定。

2. 擅自建码头、房屋,违反《江苏省水利工程管理条例》第八条第(六)项"禁止擅自在水利工程管理范围内盖房、圈围墙、堆放物料、开采砂石土料、埋设管道、电缆或兴建其他的建筑物"的规定。

3. 擅自建码头、房屋,违反《江苏省河道管理实施办法》第二十二条第(四)项"未经河道主管机关批准擅自在河道管理范围内兴建各类建筑设施及从事各类活动"的规定。

拟处理意见：对于擅自建造的码头、房屋,根据《江苏省水利工程管理条例》第三十条第(一)项及《江苏省河道管理实施办法》第二十二条第(四)项的规定,责令丁凤明停止违法行为,采取补救措施(自行拆除)。

所附证据材料：(略)

水行政违法案件现场勘察记录：经2001年4月9日上午9时30分现场勘察，丁凤明、黄飞、宋新华、宋保华在拉马河闸管理所下游建造码头、房屋。其中：丁凤明所建码头位于拉马河闸管理所下游东岸护坡上，距闸口124米处；房屋7间，面积146平方米（4米×23米，4.5米×12米），部分房屋已出租。黄飞所建加油棚位于拉马河闸管理所下游西岸，距闸口99米处，面积24.9平方米（5.8米×4.3米）。宋新华所建电焊棚位于拉马河闸管理所下游西岸，距闸口121米处，面积20.9平方米（5.8米×3.6米）。宋保华所建电焊棚位于拉马河闸管理所下游东岸，距闸口120米处，面积18平方米（4.5米×4米）。

勘察地点：拉马河闸管理所下游。

2001年5月15日江苏省水政监察总队泰州引江河支队对丁凤明拟作出水行政处罚决定的专题会议记录

首先介绍一下案情的进展情况。我们到如皋后，积极取得法院、政法委、公安局、水利局和乡、村等有关部门的支持，多次找当事人谈话，宣传水法律法规，明确告知所违反的有关法律条款。从目前掌握的情况看，除丁凤明外，其他当事人均表示能自行拆除。

因案情基本相同，大家意见是对钉子户丁凤明采取措施，故读了关于丁凤明在拉马河闸管理所范围内擅自建码头、房屋案的调查报告后，读了对丁凤明拟将作出的水行政处罚决定书。

我们办案组拟引用《江苏省水利工程管理条例》、《江苏省河道管理实施办法》等法律法规的条款及据此处罚，依据准确，同时也请教了法院有关同志，认为我们所查处的案件事实是清楚的，程序是合法的。因此，我们办案组认为可以下发《水行政处罚决定书》。

1. 执法文书要规范，法律法规的引据要准确。
2. 与法院加强联系，请法院的同志把关。

要向当事人反复宣传水法律法规，要求其停建码头，自行拆除，否则后果自负,做到合情、合理、合法。

此次违建码头事件发生后,我们及时向乡、村各级组织作了反映,积极做好说服教育工作,但当事人阳奉阴违,白天停工,夜晚开工,态度顽固。我们向他们指出这种做法是错误的,阜政发〔1988〕140号文已明确划定拉马河闸管理区的范围,任何单位和个人不得占用。

会议结论:一致认为事实清楚,引据准确,程序合法,可以对该户发出《水行政处罚决定书》。

2001年4月15日江苏省泰州引江河管理处向丁凤明发出的《水行政处罚告知书》(引江政字〔2001〕1号)

违反法律法规的事实:擅自在拉马河闸下游东岸建码头,码头面积16平方米,房屋面积146平方米。

违反法律法规规章条款:《江苏省水利工程管理条例》第八条第(六)项、《江苏省河道管理实施办法》第二十二条第(四)项。

作出处罚的法律依据及处罚种类:依据《江苏省水利工程管理条例》第三十条第(一)项、《江苏省河道管理实施办法》第二十二条第(四)项的规定,责令你停止违法行为,采取补救措施,自行拆除码头、房屋。

依据《中华人民共和国行政处罚法》的规定,你有陈述、申辩的权利

你对我处将作出的水行政处罚决定有异议,有权在收到告知书3日内到我处水政科进行陈述和申辩。

管理相对人无陈述记录。

管理相对人丁凤明收告知书,但拒签名。

告知的时间、地点及在场人员签名:2004年4月26日上午9时40分,拉马河闸管理所办公室。

本告知书一式两份,当场宣读,并送管理相对人一份。

2001年5月20日江苏省泰州引江河管理处对丁凤明作出的《水行政处罚决定书》（引江水罚字〔2001〕第1号）

现查明你于1998年来擅自在拉马河闸管理所下游东岸建码头、房屋的行为违反了《江苏省水利工程管理条例》第三十条第（一）项、《江苏省河道管理实施办法》第二十二条第（四）项的规定，根据《江苏省水利工程管理条例》第三十条第（一）项、《江苏省河道管理实施办法》第二十二条第（四）项的规定，决定给予以下行政处罚：责令你立即停止违法行为，限在2001年5月28日前自行拆除违法所建的码头、房屋。

如不服本决定可以在接到处罚决定书之日起60日内向江苏省水利厅申请复议或直接向如皋市人民法院起诉。逾期不申请复议或不向人民法院起诉，我处将申请人民法院强制执行。

2001年12月30日江苏省水政监察总队泰州引江河支队对丁凤明违法建筑案作出的《水行政违法案件结案审批表》

简要案情及调查经过：丁凤明，男，49岁，家住如皋市黄市乡黄市村5组。1998年以来，在拉马河闸管理所下游东岸擅自建码头16平方米（4米×4米）、房屋146平方米。经水政科组织人员调查，情况属实。立案后，我处和地方政府有关部门的同志多次登门向其宣传水法规，要求他自行拆除违章建筑，但他软顶硬抗，拒不履行。

处理情况：根据《江苏省水利工程管理条例》、《江苏省河道管理实施办法》的有关规定，2001年5月20日，我处下发引江水罚字〔2001〕第1号水行政处罚决定书，责令立即停止违法行为，限期拆除。

执行情况：当事人因涉嫌扰乱治安罪，被公安机关拘留审查，我处抓住这个机会，再次向丁凤明宣传水法规，要求自行拆除，否则后果自负,彻底打垮了他的嚣张气焰。12月1日,黄市乡派出所9人、引江河水政监察支队10人和闸管所5人,开始强行拆除违章码头、房屋,于12月30日执行完毕。

■ 案例评析 ■

　　江苏省泰州引江河管理处在查处丁凤明违法建筑案中,开展调查和现场勘察,丁凤明的违法事实清楚、证据确凿。最后尽管达到了拆除违法建筑的目的,但存在以下问题:

　　一是该案发生在1998年,违法行为延续到2001年,也不仅仅是丁凤明1人所为,那么案发当初,拉马河闸管理所是怎么进行管理的?在调查中丁凤明声称他每年上缴1万多元钱,现在要拆除,对他要有个交待。正是这些管理单位违法将管理范围出租谋福利,导致占用水利工程管理范围的违法行为屡禁不止,历史遗留问题难以处理。泰州引江河管理处也应当从自身多找原因。

　　二是实施行政处罚的依据适用《江苏省河道管理实施办法》即可。泰州引江河管理处在行政处罚决定中依据了《江苏省水利工程管理条例》第八条第(六)项(在水利工程管理范围内禁止盖房,但码头怎么办?),又依据了《江苏省河道管理实施办法》第二十二条第一款第(四)项(把码头列为建筑设施),殊不知房屋也是建筑设施。

　　三是行政处罚告知书不规范。这种格式不是法律文书的标准格式,且超出告知的范围。行政机关在作出行政处罚决定前,依法向违法行为人(即管理相对人)告知拟处罚的内容,以听取违法行为人的陈述和申辩,既是力求公正地实施处罚,也是行政机关自我救济的一个重要环节。因此,这种告知是行政机关向管理相对人作的告知,其中第一项还需要向管理相对人告知管理相对人的基本情况吗?另第六、七、八、九项都不是需告知的内容。

　　四是擅自强行拆除丁凤明所建码头、房屋的行为违法。尽管丁凤明擅自在拉马河闸管理范围内建的码头和房屋是违法建筑物，但对这些违法建筑物不是由行政机关想怎么处置就怎么处置的，必须依据法律的具体规定。泰州引江河管理处于 2001 年 5 月 20 日对丁凤明既未申请复议，也未向人民法院起诉，更没有履行处罚决定的义务，该管理处为什么不按照行政处罚决定中所告知的，申请人民法院强制执行的程序维护自己的合法权益呢？由于丁凤明因涉嫌扰乱社会治安罪被公安机关拘留审查，该管理处得以抓住这个机会，在公安机关协助下，将其违章建筑强行拆除。虽然达到了拆除的目的，但行为违法。退一步讲，如丁凤明不被拘留审查，该案又将如何了结呢？

案例 8

吕瑞平擅自在洪泽湖大堤迎水坡建房案

■ 案情简介 ■

2006年10月8日,家住洪泽县蒋坝镇洪堤路47号迎水坡的吕瑞平,擅自将面积13.5平方米的厨房(危房)推倒后重建,被江苏省三河闸管理处水政监察人员制止。吕瑞平随即向三河闸管理处提出原址修建的申请,经批准后吕瑞平在修复的厨房南侧又扩建了一间面积10.17平方米的房屋。当即被执法人员将正在兴建中的违法墙体拆除。但吕瑞平又趁夜将该房建成。三河闸管理处对吕瑞平的违法行为给予责令自行拆除所建10.17平方米房屋的行政处罚。

■ 法律文书文件摘录 ■

2006年10月9日江苏省三河闸管理处对吕瑞平发出的《责令停止水事违法行为通知书》(苏三水停字〔2006〕第4号)

经查,你擅自在洪泽湖大堤蒋坝镇段(60K+240)迎水坡修建房屋的行为违反了《江苏省水利工程管理条例》第八条第(六)项的规定,现依据《江苏省水利工程管理条例》第三十条的规定,责令立即停止违法行为,听候处理。

2006 年 10 月 9 日江苏省三河闸水政监察支队对吕瑞平违法建房案作出的《水事案件立案呈批表》(苏三水立字〔2006〕第 2 号)

案情简介及立案依据：三河闸水政监察支队 2006 年 10 月 9 日巡查发现吕瑞平于 10 月 8 日在堤防管理范围内修建房屋，即组织人员赶赴现场调查。经询问吕瑞平建房没有任何批准手续，口头责令其停止违法行为无效后，即下达《停止违法行为通知书》。吕瑞平的行为违反了《江苏省水利工程管理条例》第八条第(六)项之规定，建议立案查处。

2006 年 10 月 9 日江苏省三河闸管理处对吕瑞平违法建房所作的《勘验(检查)笔录》

勘验(检查)情况：吕瑞平已将原有的厨房 1 间、披舍 1 间自行拆除，并在其基础上建房基，厨房墙体已砌高 0.5 米，南侧房屋墙体正准备砌筑。

2006 年 10 月 31 日江苏省三河闸管理处对吕瑞平违法建房所作的《勘验(检查)笔录》

勘验(检查)情况：吕瑞平的房屋已建前墙高 1.2 米，后墙高 2.0 米，南墙高 0.5 米。

2006 年 10 月 31 日吕瑞平向洪泽湖堤防管理所作出的《保证书》

在我家住宅的位置新建的房屋南面一间长度为 3.45 米，宽度为 3.7 米。我保证不再建筑，并且从明日起把它拆光，如果不拆，任凭堤防管理所按有关规定处理。

2006年11月6日江苏省三河闸管理处正、副主任，处办公室主任，水政监察支队负责人对吕瑞平违法建房案开会讨论作出的《重大水事案件集体讨论记录》

　　吕瑞平于2006年10月8日开始修建房屋，9日经巡查发现后，水政监察支队即组织人员赶赴现场。经询问吕瑞平建房没有任何批准手续，即下达《责令停止违法行为通知书》。后吕瑞平申请我处同意其修复厨房一间(13.5平方米)。而吕在所修厨房南侧又扩建房屋一间(10.17平方米)，目前正在建设中。

　　趁其正在建设中，采取强制措施将其拆除，既减轻执法的难度又减少当事人的损失。

　　参会人员一致同意。

2006年11月16日江苏省水政监察总队三河闸支队对吕瑞平违法建房案作出的《水事案件调查报告》

　　案件的由来及调查经过：2006年10月8日堤防管理人员发现吕瑞平未经同意修建房屋，后经申请同意建厨房一间共13.5平方米。10月31日，其又在厨房南侧开始建房，经阻止停工，11月7日我水政监察支队将其兴建中的墙体推倒。11月13日夜吕瑞平将该房建成。经对当事人吕瑞平，知情人吴瑞清、张太平及护堤员宛学华调查取证，本案事实已经查清。

　　查明的事实和根据：吕瑞平在本处同意修建厨房后，又在其南侧扩建房屋一间，长3.45米，宽2.95米，面积10.17平方米，其行为已经违反了《江苏省水利工程管理条例》第八条第(六)项的规定。

　　案件的争议点及复核情况：当事人对案件事实无异议，经现场勘察、复核，事实清楚，证据确实充分。

　　调查结论以及处理建议：吕瑞平的行为违反了《江苏省水利工程管理条例》第八条第(六)项之规定，根据该条例第三十条第一款第(一)项的规定,建议给予吕瑞平实施行政处罚:(1)责令停止违法行为;(2)责令采取补救措施(自行拆除违法建筑)的行政处罚。

2006年11月16日江苏省三河闸管理处对吕瑞平发出的《行政处罚告知书》(苏三水罚告字〔2006〕第2号)

经查,你擅自在洪泽湖大堤蒋坝镇段(60K+240)迎水坡修建房屋(10.17平方米)的行为,违反了《江苏省水利工程管理条例》第八条第(六)项规定。根据《江苏省水利工程管理条例》第三十条第一款第(一)项的规定,拟对你作出如下行政处罚:(1)责令停止违法行为;(2)采取补救措施(自行拆除所建房屋10.17平方米)。

依据《中华人民共和国行政处罚法》第六条第一款、第三十一条、第三十二条的规定,你可在收到本告知书之日起3日内到江苏省三河闸水政监察支队进行陈述和申辩,逾期视为放弃陈述和申辩的权利。

特此告知。

2006年11月18日江苏省三河闸管理处对吕瑞平发出的《行政处罚决定书》(苏三水罚字〔2006〕第2号)

经查,你擅自在洪泽湖大堤蒋坝镇段(60K+240)迎水坡修建房屋(10.17平方米)的行为,违反了《江苏省水利工程管理条例》第八条第(六)项的规定。以上事实有调查笔录、现场勘验笔录、现场照片为证。

根据《江苏省水利工程管理条例》第三十条第一款第(一)项的规定,现决定作如下行政处罚:(1)责令停止违法行为;(2)采取补救措施(自行拆除所建房屋10.17平方米)。

如不服本处罚决定的,可在接到本决定书之日起60日内向江苏省水利厅申请复议;也可在接到本决定书之日起3个月内直接向洪泽县人民法院提起行政诉讼。

逾期不申请复议或不向人民法院起诉又不履行本决定的，本机关将依法申请人民法院强制执行或依法强制执行。

2006年12月9日江苏省水政监察总队三河闸支队对吕瑞平违法建房案作出的《水事案件结案报告》

简要案情及调查经过：蒋坝镇居民吕瑞平未经批准，也没有任何手续，于2006年10月8日自行修建房屋两间。经堤防护堤员巡查发现后，10月9日水政监察人员责令其停止违法行为，吕瑞平不听，遂立案。10月10日经说服教育停止施工，并向我处申请维修厨房。根据上级有关规定，在"三不超"原则的基础上，同意其修建长3.61米、宽3.74米、面积13.50平方米的厨房。厨房建成后，吕瑞平又于10月31日在厨房南侧兴建房屋一间，经教育吕瑞平同意自行拆除正在建设中的墙体，并写保证书一份。10月6日吕瑞平再次恢复施工，7日我水政支队组织人员将正在建设中的墙体推倒。10月13日夜，吕瑞平突击将该房建成。水政监察支队于10月9日立案，分别于9日、10日、31日和11月16日对吕瑞平进行取证并进行水法规教育，于11月15日对护堤员宛学华、16日对知情人吴瑞清、张太平进行取证。现查明吕瑞平违法建房一间（长3.45米、宽2.95米），面积10.17平方米。

处理情况：11月18日在查明吕瑞平违法建房事实的基础上，依法对吕瑞平作出行政处罚：（1）责令停止违法行为；（2）责令采取补救措施(自行拆除违法建房)。

执行情况：经查吕瑞平已于2006年11月20日将违法建房自行拆除。

■ 案例评析 ■

洪泽湖大堤是江苏省淮河流域重要的防洪屏障。目前仍居住在洪泽湖堤防上的部分群众是在 1986 年 9 月 9 日颁布实施的《江苏省水利工程管理条例》之前就已存在的，属于历史遗留问题。对于吕瑞平的违法建房，江苏省三河闸管理处的处理是比较好的。

一是对于濒临倒闭的危房，如需改建必须经主管部门批准，根据"三不超"（即不超长、不超宽、不超面积）的原则，实事求是地批准其在原址上修建。

二是对于新建房的违法行为，坚持原则，坚决拆除。在作出这个决定前，江苏省三河闸管理处的主要负责人及有关同志专门召开会议研究，作出集体讨论的意见。

三是水政监察人员多次询问、调查有关人员，实地勘验，事实清楚，证据充分。

该案查处的不足之处为：在行政处罚决定书中，对当事人作出自行拆除违法建房的行政处罚中，应当载明"限期"，规定其在某年某月某日前必须拆除完毕。

违法采砂案

重要提示

行政处罚决定的法律效力问题

行政机关作出的行政处罚决定一经发出,即发生法律效力。法律效力包括确定力、拘束力和执行力。

行政处罚决定的确定力是指行政处罚依法作出后,非法律规定不得随意变更和撤销。确定力可以分为形式上的确定力和实质上的确定力。形式上的确定力是指行政处罚决定实施后一定期间内,如违法行为人未向复议机关申请行政复议,也未向人民法院提起行政诉讼、请求变更或撤销,其期间过后即认为该行政处罚决定具有确定性,除法律规定的特殊情形外,行政处罚决定不得随意变更;实质上的确定力是指行政处罚决定正式生效后，原则上其内容非依法定程序不得再作变动，就作出行政处罚决定的行政机关而言，不能对同一违法行为再次给予行政处罚，对违法行为人来说，也不能就同一事项请求变更。

行政处罚决定的拘束力是指行政处罚决定的约束效力。它包括两个方面的含义：一是对违法行为人的约束力。行政处罚决定是行政机关代表国家作出的行为，所以违法行为人必须服从，必须完全实际地履行行政处罚决定所设定的义务。二是对行政机关自身的拘束力。行政处罚决定作出后，无论是实施行政处罚的行政机关还是其上级机关或其他行政机关，在该处罚决定未被合法变更或撤销之前，都要受其拘束。

行政处罚决定的执行力是指行政处罚决定作出后，行政机关具有依法采取的相应的行政手段，使处罚决定的内容得以完全实现的效力。行政机关实施行政处罚是为了维护公共秩序和公共利益，因此违法行为人必须严格遵守和执行。在违法行为人不自觉履行处罚决定时，行政机关可以依法采取强制措施或申请人民法院强制执行，迫使违法行为人履行，以实现公共秩序和公共利益所要求的状态。

案例 9

张家港市保江建设有限公司在长江水域违法采砂案

■ 案情简介 ■

张家港市保江建设有限公司(以下简称保江建设公司)从兴港公司转包,在长江采砂为道康宁公司吹填平整土地,共需约10万立方米江砂。保江建设公司从2006年1月18日开始陆续采砂,2月10日被张家港市水政监察大队巡查时当场查获。张家港市水政监察大队随即对其发出《责令停止水行政违法行为通知书》,并立案调查。调查终结后,张家港市水利局于2006年2月20日对保江建设公司分别发出《水行政处罚告知书》和《水行政处罚听证告知书》,3月2日对保江建设公司作出立即停止违法行为、罚款10万元的行政处罚。保江建设公司于当日缴纳了罚款。

■ 法律文书文件摘录 ■

2006年2月10日张家港市水利局向张家港市保江建设有限公司发出的《责令停止水行政违法行为通知书》(张水责字〔2006〕第1号)

经查实,你单位未经批准擅自在长江张家港水域非法采砂的行为，违反了《江苏省长江河道采砂管理实施办法》第十九条第一款的规定，现依据《江苏省长江河道采砂管理实施办法》第二十八条第一款的规定，责令立即停止违法行为，听候处理。否则，将依法追究法律责任。

2006年2月18日张家港市水政监察大队对张家港市保江建设有限公司作出的《调查报告》

案情经过及调查结论：2006年2月10日，张家港市水政监察大队在长江张家港水域巡查时发现有采砂船只进行采砂活动。上船查看，了解到是张家港市保江建设有限公司为道康宁公司做工程采砂，其未办理任何手续，属非法采砂。水政监察大队执法人员当即责令其停止违法行为，要求当事人到大队接受处理。

该行为违反了《江苏省长江河道采砂管理实施办法》第十九条第一款的规定，应当给予处罚。

处理意见：根据《江苏省长江河道采砂管理实施办法》第二十八条第一款之规定，处10万元罚款。

2006年2月20日张家港市水利局向张家港市保江建设有限公司发出的《水行政处罚告知书》（张水罚告字〔2006〕第1号）

经查实，2006年2月10日你单位在长江张家港水域非法采砂的行为违反了《江苏省长江河道采砂管理实施办法》第十九条第一款的规定，现依据《江苏省长江河道采砂管理实施办法》第二十八条第一款之规定，给予以下行政处罚：（1）立即停止违法行为；（2）罚款人民币10万元整。

对上述决定，你单位依法享有陈述和申辩或要求公开听证的权利。请在接到本告知书之日起3日内到我局陈述、申辩或提出听证要求。否则视为放弃陈述、申辩或者听证的权利（注：公开听证，仅适用于对非经营活动中公民违法行为处以 500 元以上、法人或者其他经济组织的违法行为处以 1000 元以上,对经营活动中的违法行为处以 2 万元以上的罚款)。

联系电话:0512—58186033

2006 年 2 月 20 日张家港市水利局向张家港市保江建设有限公司发出的《水行政处罚听证告知书》(张水听告字〔2006〕第 1 号)

处罚依据:《江苏省长江河道采砂管理实施办法》第十九条第一款的规定和《江苏省长江河道采砂管理实施办法》第二十八条第一款。

拟决定处罚:(1)立即停止违法行为;(2)罚款人民币 10 万元整。

2006 年 3 月 2 日张家港市水利局对张家港市保江建设有限公司作出的《水行政处罚决定书》(张水罚字〔2006〕第 1 号)

经查实,2006 年 2 月 10 日你单位在长江张家港水域非法采砂的行为违反了《江苏省长江河道采砂管理实施办法》第十九条第一款的规定,现依据《江苏省长江河道采砂管理实施办法》第二十八条第一款之规定,给予以下行政处罚:(1)立即停止违法行为;(2)罚款人民币 10 万元整。

当事人应在接到本处罚决定之日起 15 日内,将罚款交至指定的地点。到期不缴纳的,每日按罚款数额的 3% 加处罚款。

当事人对处罚决定不服的,可以在接到本决定之日起 60 日内向张家港市人民政府或苏州市水利局申请复议。在自收到上述机关不予受理决定书或受理后超过行政复议期限不作答复或不服上述复议机关作出的复议决定,应在收到复议决定之日起 15 日内向人民法院提起行政诉讼,也可以在接到本决定之日起 3 个月内直接向张家港市人民法院提起行政诉讼。逾期不申请复议或不向人民法院起诉又不履行本决定的，我局将依法强制执行或申请人民法院强制执行。

2006年3月14日张家港市水政监察大队对张家港市保江建设有限公司违法采砂案作出的《结案审批表》

简要案情及处理执行情况：2006年2月10日，张家港市水政监察大队在长江张家港水域巡查时发现有采砂船只进行采砂活动。上船查看，了解到是张家港市保江建设有限公司为道康宁公司做工程采砂，其未办理任何手续，属非法采砂。大队执法人员当即责令其停止违法行为。

其行为违反了《江苏省长江河道采砂管理实施办法》第十九条第一款的规定，现依据《江苏省长江河道采砂管理实施办法》第二十八条第一款之规定，给予以下行政处罚：（1）立即停止违法行为；（2）罚款人民币10万元整。

结案理由：已根据《江苏省长江河道采砂管理实施办法》及时制止了违法行为，并处以行政罚款10万元，已执行完毕，建议结案。

■ 案例评析 ■

近十年来，长江非法采砂已对长江的河势稳定和防洪安全构成了危害，引起了国务院和沿江各级人民政府的高度关注。为加快依法治江的进程和依法遏制长江非法采砂行为，国务院出台了《长江河道采砂管理条例》，江苏省人大常委会作出《关于在长江江苏水域严禁非法采砂的决定》，水利部发布了《长江河道采砂管理条例实施办法》，江苏省人民政府发布了《江苏省长江河道采砂管理实施办法》。这些法规和规章，为沿江河道主管机关制止和打击长江非法采砂提供了法律保障，且操作性较强。水政监察人员在查处长江违法采砂案中要区别不同情况，选准适用的法律条款，作出符合违法情节的行政处罚。张家港市水利局在对张家港市保江建设有限公司违法采砂行为进行处罚时所适用的法律正确，处罚决定中，对当事人交待的诉权、途径和时效全面。

但该案查处中应当注意以下几个问题：

一是法律文书从形式到用词应当规范。如行政处罚决定书，法律文书名称冠名应与后面所用印的行政机关名称一致，用"张家港市水行政处罚决定书"不妥；在听证告知书前冠"张家港市水利（水务）局"，其中在水利后面加"（水务）"没有实际意义，显得多余，应与后面所用印章的行政机关名称一致。再如，对违法单位的名称不可简化，"市保江建设有限公司"中"市"指的是哪个市？在张家港市也有非本市的企业名称；在公司后加带括号的法定代表人的名字也不妥，可不写，也可另行写。

二是处罚决定中未载明其违法事实的证据。从整个案卷看，在调查报告、处罚决定书及结案报告中，保江建设公司违法采砂的违法事实不清。在询问笔录中，听被调查人讲，采砂量约10万立方米，有采砂船2条、运砂船4条、从江中直接吸砂送上岸的吸砂船2条、4根送砂管，日采砂量2000多立方米等都没有记录在案。2月10日张家港市水政监察大队在巡查时，只记载"发现有采砂船只进行采砂活动"，但在张家港水域的什么地方，共有多少采砂船、运砂船，以及当时正在采砂的具体情况等重要违法情节均无记载和记录在案，这怎么能称为"事实清楚、证据确凿"？

三是行政处罚没有到位。对保江建设公司违法采砂的行为实施行政处罚的依据是《江苏省长江河道采砂管理实施办法》第二十八条第一款，该款规定，有三项处罚种类："责令其停止违法行为，没收违法所得和非法采砂机具，并处10万元以上30万元以下的罚款"（这与其他法规中规定的处罚种类和幅度是一致的）。保江建设公司违法采砂是盈利性的承包行为，据调查记录载明，朱正益承认已采砂六七天，达2万多立方米（只会少说，不会多说），采砂量为10万立方米，非法所得总额达80多万元（即每立方米8元）。

因此，张家港市水利局对保江建设公司只作出责令停止违法行为、罚款10万元（最低项）的处罚，该行政处罚不足取，还应当对其处以没收违法所得16万元（2万立方米×8元每立方米）和没收除船舶之外的用于采砂的柴油机、吸砂泵、管等采砂机具的处罚。

四是对同一违法行为作出的同一行政处罚，又是同一时间发出的两个告知，应合并为一个即可。就本案而言，作如下告知：

张家港市水利局《行政处罚告知书》（张水罚告字〔2006〕第1号）

张家港市保江建设有限公司：

经查实，你单位于2006年2月10日被我局查获的在长江水域（具体地点）擅自采砂的行为违反了《长江河道采砂管理条例》第十九条第（一）项的规定，有调查询问笔录2份、现场照片3张和录像等为证。依据《长江河道采砂管理条例》第二十八条第一款之规定，拟给予以下行政处罚：

1. 停止违法行为；

2. 没收违法所得16万元（计算方法：2万立方米×8元每立方米）；

3. 没收违法机具：柴油机×台、吸砂泵×台、吸砂管×根、输砂管×根；

4. 罚款10万元。

根据《中华人民共和国行政处罚法》第六条第一款、第四十二条第一款的规定，向你告知：

1. 对上述处罚，你依法享有陈述和申辩的权利；

2. 处罚4中的罚款10万元属较大数额的罚款，你依法享有对该项要求举行听证的权利。

请在接到本告知书之日起3日内到我局（张家港市人民中路国脉大厦5楼水政科，联系电话58186033）陈述、申辩或提出书面听证要求。逾期视为放弃陈述、申辩或要求举行听证的权利。

特此告知。

（张家港市水利局印）

2006年2月20日

案例 10

"浙临海采1983号"采砂船
在长江太仓水域违法采砂案

■ 案情简介 ■

"浙临海采1983号"采砂船于2005年1月2日从上海进入太仓水域,1月3日晚开始采砂,1月4日上午被太仓市水政监察大队查获,并被立案调查。通过询问和现场照片等证实该船违法采砂的事实清楚。太仓市水利局通过集体讨论,拟给予罚款10万元的行政处罚,并对该船船主朱启兴作了告知。2005年1月10日,太仓市水利局作出处罚决定,1月17日朱启兴履行了罚款10万元的处罚。

■ 法律文书文件摘录 ■

2005年1月4日太仓市水利局对"浙临海采1983号"采砂船船主朱启兴发出的《责令停止水事违法行为通知书》(太水停字〔2005〕第39号)

经查,你单位于2005年1月4日在长江太仓段水域擅自采砂的行为违反了《长江河道采砂管理条例》第十八条的规定,现依据《长江河道采砂管理条例》第十八条的规定,责令立即停止违法行为，听候处理。

2005年1月4日太仓市水政监察大队对"浙临海采1983号"采砂船擅自在长江太仓水域违法采砂行为作出的《调查报告》

案件的由来及调查经过：2005年1月4日，太仓市水政监察大队在长江三角洲水域进行例行巡查，发现"浙临海采1983号"采砂船擅自在长江中采砂，我大队执法人员对现场进行了照像取证，并对当事人作了调查笔录。

查明的事实和证据：经查，"浙临海采1983号"采砂船在长江中擅自采砂，违反了《长江河道采砂管理条例》第十八条的规定，有现场照片和笔录为证。

调查结论以及处理建议："浙临海采1983号"采砂船擅自在长江采砂的行为违反了《长江河道采砂管理条例》第十八条的规定。建议立案查处。

2005年1月6日太仓市水利局由正、副局长和水政监察大队成员参加形成的行政处罚集体讨论意见

朱启兴，由于未办理河道采砂许可证，擅自在长江采砂的行为，违反了《长江河道采砂管理条例》第十八条的规定。鉴于当事人主动承认违法事实，态度诚恳，经我局领导及水政监察员集体讨论，根据《长江河道采砂管理条例》第十八条的规定，拟对当事人作出如下行政处罚：罚款人民币10万元整。

2005年1月7日太仓市水利局对朱启兴发出的《行政处罚事先告知书》（太水听告字〔2005〕第39号）

你于2005年1月4日在长江太仓段水域擅自采砂的行为违反了《长江河道采砂管理条例》第十八条的规定，现依据《长江河道采砂

管理条例》第十八条：违反本条例规定，未办理河道采砂许可证，擅自在长江采砂的，由县级以上地方人民政府水行政主管部门或者长江水利委员会依据职权，责令停止违法行为，没收违法所得和非法采砂机具，并处10万元以上30万元以下的罚款的规定，本机关拟对你作出如下行政处罚：处以罚款人民币10万元整的行政处罚。

如你对上述行政处罚建议有异议，根据《中华人民共和国行政处罚法》有关规定，可以在收到本告知书之日起3日内到太仓市水利局（太仓市人民北路74号）进行陈述或申辩。逾期视为放弃陈述或申辩。

2005年1月7日太仓市水利局对朱启兴发出的《行政处罚听证告知书》（太水听告字〔2005〕第39号）

你于2005年1月4日在长江太仓段水域擅自采砂的行为违反了《长江河道采砂管理条例》第十八条的规定，现依据《长江河道采砂管理条例》第十八条：违反本条例规定，未办理河道采砂许可证，擅自在长江采砂的，由县级以上地方人民政府水行政主管部门或者长江水利委员会依据职权，责令停止违法行为，没收违法所得和非法采砂机具，并处10万元以上30万元以下的罚款的规定，本机关拟对你作出处以罚款人民币10万元整的行政处罚。

根据《中华人民共和国行政处罚法》第四十二条的规定，你有权要求举行听证。如你要求听证，应当在收到本告知书后3日内向本机关提出。逾期视为放弃听证。

2005年1月10日太仓市水利局对朱启兴发出的《行政处罚决定书》（太水罚字〔2005〕第39号）

经查，你于2005年1月4日在长江太仓段水域擅自采砂的行为违反了《长江河道采砂管理条例》第十八条的规定，以上事实有照片及笔录为证。依据《长江河道采砂管理条例》第十八条的规定，现决定作如下行政处罚：处以罚款人民币10万元整。

你接到本决定书之日起15日内将罚款缴至本市财政中心的具体代收机构(市水利局财务科)。逾期每日按罚款数额的3%加处罚款。

如不服本处罚决定的,可在接到本决定书之日起60日内向太仓市人民政府或苏州市水利局申请复议,也可在接到本决定书之日起3个月内直接向太仓市人民法院提起行政诉讼。

逾期不申请复议或不向人民法院起诉又不履行本决定的,本机关将依法申请人民法院强制执行或依法强制执行。

■ 案例评析 ■

这是一起违法情节较为简单的非法采砂案。太仓市水利局在查处此案中适用法律正确。在某些法律法规中没有设定限制性和禁止性条款,选用罚责中概全的条款便捷、明了。"浙临海采1983号"是一艘大型采砂船,对其违法采砂的行为处以10万元的罚款。从金额看应为"较大"数额,但对这艘船的违法采砂行为的处罚则算不上"较重",同时又是该款规定罚款额的低限,一般情况下可不需要由行政机关负责人集体讨论决定行政处罚。但太仓市水利局走这道程序,显示了该局对处理该案的重视程度。

在该案的查处中还需注意以下几个问题:

一是适用的法律条款应力求准确。该行为违反和作出行政处罚的依据是《长江河道采砂管理条例》第十八条第一款的规定。

二是两个告知可合并,以上案例中已提示,不再重复。

三是在调查报告的"案由及调查情况"栏内应对违法情节作详细记载,将调查、询问中的情况,如"浙临海采1983号"采砂船于1月2日从上海驶来,3日傍晚开始采砂,至查获时已采砂14小时,每小时采400吨等内容载入。作为调查报告,应以详实的材料和数据,反映其违法事实的客观存在及其情节的轻重,这样才能达到事实清楚和证据确凿的目的。

四是处罚没有到位。根据《长江河道采砂管理条例》第十八条第一款的规定实施行政处罚，除罚款外，针对该船的违法情节，还应没收采砂机具和非法所得。由于其是大型采砂船，无法没收其采砂机具，但该船已采砂达5600吨，应当按当地价折算没收其违法所得。

案例 11

葛双龙等人在长江南京段太平
圩水域违法采砂案

■ 案情简介 ■

2004年1月2日凌晨,"高机807号"大型采砂船在长江南京段太平圩水域违法采砂时,被南京市水政监察支队第一禁采执法大队查获。同时被查获的还有"高机3792号"运砂船(另案处理)。通过对船主葛双龙、姜宁、缪大宝、邢启保等人的调查、询问和现场摄像取证,"高机807号"船已采江砂400吨左右输送到"高机3792号"船上,违法事实清楚,证据确凿。两条船均被依法扣押在梅子洲锚地。调查终结后,南京市水利局于1月12日向葛双龙发出行政处罚告知书,拟给予没收违法所得0.5万元、罚款26万元的行政处罚。1月14日,葛双龙表示不要求举行听证,但对罚款26万元处罚太重作了陈述。1月19日,南京市水利局对葛双龙作出警告和罚款16万元的行政处罚决定,当日葛双龙缴纳8万元罚款,1月21日结案。

■ 法律文书文件摘录 ■

2004年1月9日南京市水政监察支队第一禁采执法大队对葛双

龙违法采砂作出的《水行政违法案件调查报告》

案情经过： 2004年1月2日凌晨2时，"高机807号"采砂船船主葛双龙伙同"高机3792号"运砂船船主邢启保在长江南京段太平圩进行非法采砂，被我大队查获。

调查结论及拟处理意见： 当事人的上述行为已违反了《长江河道采砂管理条例》第十八条之规定，根据《长江河道采砂管理条例》第十八条之规定，拟对当事人作出如下处罚：(1)警告；(2)没收违法所得人民币0.5万元；(3)罚款人民币26万元；(4)待处罚执行后限期离开南京水域。

所附证据材料： 以上事实有当事人、现场负责人、运输船船主笔录、现场非法采砂照片等予以证实。

2004年1月12日南京市水利局向"高机807号"采砂船船主葛双龙发出的《行政处罚告知通知书》

2004年1月2日凌晨2时，"高机807号"采砂船与"高机3792号"运砂船(另案处理)在长江南京段太平圩水域从事非法采砂活动时，被南京市水政监察支队长江大队当场抓获。经现场勘察和调查取证认定，"高机807号"采砂船在上述水域非法采砂400吨左右。

以上事实，有当事人的陈述以及在执法过程中对"高机3792号"运砂船船主邢启保进行的调查笔录和现场照片予以证实。

我局认为，"高机807号"采砂船船主，在长江南京段禁采期间进行非法采砂，严重违反了《长江河道采砂管理条例》，构成了水事违法行为。现依据《长江河道采砂管理条例》第十八条之规定，依法作出如下行政处罚和行政措施：(1)警告；(2)没收违法所得人民币0.5万元；(3)罚款人民币26万元；(4)待行政处罚执行后，责令"高机807号"采砂船限期离开南京水域。

对上述行政处罚和行政措施，当事人依法享有陈述、申辩和要求举行听证的权利。当事人可在收到本通知书3日内到南京市水政监察支队长江大队（下关大马路91号）或南京市水利局（市政府大院29号楼一楼）进行陈述、申辩及书面提出听证要求，逾期视为放弃陈述、申辩和要求举行听证的权利。

2004年1月14日葛双龙对行政处罚告知所作的《陈述》

1. 因欠债400多万元，已无力承受1月12日所通知的罚款（26万元）。
2. 我的态度很好，已深刻认识到非法采砂的行为是错误的。
3. 我船是第一天出来采砂就被抓了，船上没有钱。
4. 因两年没还过欠的高利贷，现在向我要钱的人有八九个，资金有26万多元，回去借不到钱了。
5. 以上陈述全属事实，希望有关领导给予从轻处罚，也希望有关领导能看在我们的态度及认识上，从轻处罚。

2004年1月19日南京水利局对葛双龙作出的《行政处罚决定书》（宁水罚字〔2004〕001号）

2004年1月2日凌晨2时，"高机807号"采砂船在长江南京段太平圩水域从事非法采砂活动时，被南京市水政监察支队长江大队当场抓获。经现场勘察和调查取证认定，"高机807号"采砂船在上述水域非法采砂400吨左右。当事人的行为已违反了《长江河道采砂管理条例》的有关规定。

以上有当事人陈述笔录和现场勘察录像为证。

根据《长江河道采砂管理条例》第十八条之规定，决定给予以下行政处罚：

1. 警告。
2. 罚款人民币16万元，须于收到本处罚决定书起15日内缴到南京市罚没收入专户；开户行：市农行，账号 03340105901011887018，处罚种类及代码——违章处罚，代码 150201，执法机关代码——A060201010007；逾期不缴纳，每日按罚款数额的 3% 加处罚款。

3. 责令"高机 807 号"采砂船在收到本处罚决定后 12 小时内离开南京水域。

如不服本处罚决定，当事人可在收到本行政处罚决定书之日起 60 日内，向南京市人民政府或江苏省水利厅申请行政复议或在收到本行政处罚决定书之日起 3 个月内向南京市玄武区人民法院提起行政诉讼。在申请行政复议或者提起行政诉讼期间，水行政处罚不停止执行。逾期不申请复议或不起诉又不履行本决定的，我局将依法向人民法院申请强制执行。

2004 年 1 月 20 日南京市水政监察支队第一禁采大队对葛双龙违法采砂案作出的《水行政违法案件结案审批表》

简要案情及调查经过：2004 年 1 月 2 日凌晨 2 时，"高机 807 号"采砂船在长江南京段太平圩水域从事非法采砂时，被我大队当场抓获。我大队对其非法采砂现场进行了勘察和录像，确定当事人伙同"高机 3792 号"运砂船非法采砂约 400 吨，并对当事人进行了调查、询问，及时掌握其非法采砂事实。

处理情况：(1) 警告；(2) 罚款人民币 8 万元；(3) 责令"高机 807 号"采砂船在收到本处罚决定后 12 小时内离开南京水域。

执行情况：当事人在收到处罚决定书后已切实履行罚款 8 万元，再无力承担余额部分，建议结案。

■ **案例评析** ■

南京市水政监察支队第一禁采执法大队长期坚持正常巡查与突击巡查相结合的巡查制度，致使"高机 807 号"采砂船和"高机

3792号"运砂船在半夜违法采砂时被查获。该大队在调查、询问和取证中,对时间(1月2日凌晨2时)、地点(长江南京段太平圩135号绿浮处)、采砂数量(查获时已采砂400吨左右)都记载得很详细,加之现场摄像和照片,使得违法事实清楚、证据详实。

但该案的查处存在以下问题:

一是程序违法。从档案看,除有立案呈批和结案报告外,没有发现其他的审批程序。调查终结后就向当事人发出拟处以行政处罚的告知,罚款达26万元也没有决定程序。当事人作出陈述后,未经过复核就取消没收0.5万元违法所得的罚项,将罚款26万元降至16万元。

二是认错态度不是减轻行政处罚的理由。葛双龙在陈述中谈了五点:第一是欠债,第三是刚出来偷采还没有钱,第四是借不到钱,第二和第五是认错态度好,要求从轻处罚。

《中华人民共和国行政处罚法》第二十七条对依法从轻或者减轻行政处罚规定了四种情形,唯独没有以认错态度好坏来决定处罚轻重这一条。当事人能配合行政机关查清案情,只能作为行政机关裁量罚款的一个因素,但不能作为从轻或减轻行政处罚的主要理由。

三是行政机关作出行政处罚必须慎重,对作出的处罚决定不得轻率改变。南京市水利局依据《长江河道采砂管理条例》第十八条第一款的规定,对葛双龙违法采砂行为拟处以没收违法所得0.5万元和罚款26万元的行政处罚并无不当。奇怪的是葛双龙在强调困难的陈述后,南京市水利局不经调查核实,没有复核就在处罚决定中撤销了没收非法所得这一项,又将罚款26万元轻易地降为16万元。即使罚款16万元也未执行到位,由于"无力承担余额部分"(没有什么证据证明当事人无力承担余额部分)的原因,该案承办人的一个建议,就把一个严肃的具体行政行为改变了。

案例 12

"宁高工66号"大型采砂船擅自在仪征、世业洲交界水域采砂案

■ 案情简介 ■

"宁高工66号"采砂船是一艘钢结构的大型"吸砂王",由孟凡旺与另外5人合资经营。该船于2005年10月6日在仪征市红旗船厂维修后,于10月7日夜在长江水域仪征和镇江世业洲交界处采砂,当开采了1000多吨江砂后被镇江市水政监察支队和市水上公安分局抓获。11月1日下午镇江市水利局召开通案会,拟建议给予孟凡旺等罚款30万元的行政处罚,并于11月2日向孟凡旺发出对行政处罚陈述、申辩和是否要求举行听证权的告知。11月4日孟凡旺作了陈述,但不要求举行听证。11月6日上午,镇江市水利局又召开通案会,对孟凡旺的陈述作了复核,同意将罚款由30万元降至20万元。11月9日镇江市水利局对孟凡旺作出罚款18万元的行政处罚决定。11月11日孟凡旺缴纳了罚款,"宁高工66号"采砂船离开江苏水域。

■ 法律文书文件摘录 ■

2005年11月1日镇江市水政监察支队对"宁高工66号"采砂

船违法采砂作出的《水行政违法案件调查报告》

案情经过： 2005年10月8日，当事人孟凡旺未经水行政主管部门批准，擅自在仪征水域采砂。

调查结论及拟处理意见： 经查，当事人的行为，违反了《长江河道采砂管理条例》第九条的规定，拟作出：责令停止违法行为并处罚款人民币30万元整。

所附证据材料： 询问笔录。

2005年11月1日镇江市水利局作出的《孟凡旺非法采砂案通案记录》

内容： 研究孟凡旺非法采砂案的定性及处理意见。

根据所作的笔录材料反映，本案当事人船主孟凡旺未经水行政主管部门批准，擅自在仪征水域采砂的船只为"宁高工66号"钢质工程船（船舶国籍证书登记号码：270105000333）。根据笔录材料反映，该船股东成员6名，分别是：浙江人林××、蒋××、金××，仪征人胡××，南京高淳人陈××，南京人孟凡旺。该吸砂船以在仪征红旗船厂维修为名，在长江偷采砂石，2005年10月8日凌晨被我水政监察支队和水上公安分局抓获。货船船主是谢××，常州人，是仪征人周××联系，当时货船交了2万元采砂款。应当说，这起非法采砂案件事实已经查清，下一步主要工作是固定相关证据和适用何种法律、法规进行处理以及处理的幅度、额度问题。可以依据国务院《长江河道采砂管理条例》进行处罚。根据材料反映，该船舶经营人系南京迪海航运有限责任公司，船舶所有人为南京市东门前街11号孟凡旺，处罚主体已很明确。

综合调查取证的情况看，应该说这条吸砂船和装砂船于2005年10月8日凌晨确实实施了非法采砂、装砂的事实，这一点已查明。建议由水政监察支队负责完成对吸砂船和装砂船的照片和摄像的取证工作，尽快固定证据。同意以国务院《长江河道采砂管理条例》

进行处罚,请水政监察支队尽快完成工作快讯,并速报市政府和市水利局。下面请大家提出处罚额度意见。

根据我们到现场与当事人接触的情况,吸砂船和装砂船当事人态度较好,基本愿意配合我们的工作。但吸砂船却是极为敏感的"吸砂王",社会影响恶劣,故建议从重处罚,可罚款30万元。

2005年11月2日孟凡旺对镇江市水利局作出的《行政处罚听证告知书回执》(镇水听告字〔2005〕第15号)

是否要求听证:不要听证。

2005年11月4日孟凡旺向镇江市水利局作出的《行政处罚陈述书》

就你单位对我船作出的行政处罚,本人对此作出以下陈述:

我船"宁高工66号"在仪征红旗船厂改建后于2005年10月5日完工。于10月7日晚在仪征化纤码头加油站附近进行调试。在试采过程中被你单位水政监察支队发现,并责令我们停止试采,我船积极配合你单位停止一切试采活动,接受处罚。你单位对我船作出现场处罚15万元的处罚决定,由于当时我船确实拿不出15万元现金(当时我船在仪征改建只剩下7万元)。在我们确实很困难的情况下打欠条给你们不行,船上人员到你单位也不行,直到我船被你单位扣留。等我们凑齐了15万元到镇江处理,现在你单位又要对我船处以30万元的处罚,本人难以接受,就此你单位不应对我船作出两次处罚决定。我要求你单位对我船重新作出原来的处罚要求。

以上陈述望贵局领导复核!

2005年11月6日镇江市水利局对孟凡旺的陈述复核后作出的《孟凡旺非法采砂案通案记录》

内容：再次研究关于孟凡旺非法采砂案的处理意见。

针对孟凡旺在仪征水域非法采砂的违法事实，我水政监察支队于2005年11月2日对其下达了镇水权告字〔2005〕第15号行政处罚陈述、申辩权告知书，当事人孟凡旺于11月4日向我局提交了行政处罚陈述书，陈述意见主要有以下两条：(1)采砂船系初次在江苏水域进行非法采砂，且被责令停止违法采砂活动后态度较好，能积极配合，希望能从轻处罚。(2)认为当时现场处罚市水利局曾提出处罚款人民币15万元，因当时船上确实拿不出这么多现金，结果船被带回镇江扣留。现在市水利局对采砂船处以30万元的罚款，当事人无力支付。

该船原来一直在长江上游鄱阳湖进行非法采砂，这次确实是在江苏水域第一次实施非法采砂，鉴于当事人的态度及经济困难，可适当减轻处罚。

可考虑将罚款数额减至20万元左右。

同意将罚款数额减至20万元左右。

同意水政监察支队和水政处的处理意见。建议水政监察支队在处罚过程中要处罚与教育并重，加强水法规宣传。

2005年11月9日镇江市水利局对孟凡旺作出的《行政处罚决定书》（镇水发字〔2005〕第15号）

违法事实：2005年10月8日，被处罚人未经水行政主管部门批准，擅自在长江江苏水域进行采砂活动。

以上事实已违反《长江河道采砂管理条例》第九条的规定，依据《长江河道采砂管理条例》第十八条的规定，决定给予处罚：责令停止违法行为并处罚款人民币18万元整，限接本决定书之日起15日内将该款交到财政罚没专户，账户：1304679012，开户行：商行营业部。

告知事项：当事人对本处罚决定不服的，可在接到本处罚决定书之日起 60 日内向镇江市人民政府或江苏省水利厅申请复议，或在 3 个月内向人民法院起诉，当事人逾期不申请复议或不向人民法院起诉，又不履行行政处罚决定的，将申请人民法院强制执行。

■ 案例评析 ■

该案查处的亮点是，镇江市水利局对大型采砂船"吸砂王"的处罚十分慎重，在处罚前召开通案会，分析案情、确定证据、适用法律和拟处罚的内容等。在处罚告知后，违法行为人作出了陈述，该局又召开通案会，实事求是地对陈述进行分析研究，形成一致意见，对罚款数额作了调整，然后作出行政处罚决定，符合《中华人民共和国行政处罚法》第三十二条第一款的规定。

"吸砂王"的违法采砂，对江苏省长江段的航运和防洪安全构成很大威胁，历史上的教训尤为深刻。因此，对"吸砂王"的处理也要十分慎重。偷采江砂的行为大多发生在夜晚，对大型采砂船不可采用当场罚款的形式就地解决，应将其扣押后按一般程序立案查处。该案依据《长江河道采砂管理条例》第十八条第一款的规定对孟凡旺处以罚款 18 万的行政处罚，属处罚不到位。因其采砂机具与船舶形成一体无法没收（必要时也可以），但该船已采砂 1000 多吨，应折价作为违法所得予以没收。

案例 13

如皋港务集团有限公司在长江
皋张汽渡段违法采砂吹填案

■ 案情简介 ■

2005年12月4日,南通市水政监察支队在例行巡查中发现如皋港务集团有限公司擅自在长江皋张汽渡段采砂吹填洼地,该行为违反了《长江河道采砂管理条例》的有关规定。南通市水利局随即立案调查,通过调查询问,得知如皋港务集团有限公司为如皋市2005年招商引资企业,因平整场地需要,需从长江采砂9.5万吨实施吹填,至案发时止,已出动4条采砂船、8条运砂船,采砂1.3万立方米,预计2006年4月底前结束。南通市水利局按照一般程序进行了一系列的查证工作,拟给予该公司罚款15万元的行政处罚,并于2006年1月23日发出依法享有陈述和申辩权、可提出举行听证要求的告知书,于1月25日向该公司下达行政处罚决定书。如皋港务集团有限公司于2006年2月5日履行了罚款15万元的处罚义务。

■ 法律文书文件摘录 ■

2006年1月23日南通市水利局经局长助理、局水政水资源处

处长以及市水政监察支队全体人员会商对如皋港务集团有限公司违法采砂吹填案作出的《重大水行政案件集体讨论意见》

案件简要情况： 如皋港务集团有限公司擅自在长江皋张汽渡段取土吹填洼地案，自 2005 年 12 月 27 日立案后，我支队于 2005 年 12 月 27 日至 2006 年 1 月 23 日派员对该案进行了调查取证。经调查，如皋港务集团有限公司于 2005 年 12 月起未经水利部门批准，擅自组织采砂船 4 条、运砂船 8 条在长江皋张汽渡段取土 2 万立方米用于吹填堤内洼地，计划总取土量 9.5 万吨。目前在市水政监察支队的制止下，该工程已停止施工，等待处理。如皋港务集团有限公司未经水利部门批准擅自组织取长江砂土的行为，违反了国务院《长江河道采砂管理条例》第十五条第二款的规定。根据国务院《长江河道采砂管理条例》第十八条第一款的规定，可以给予罚款人民币 10 万元以上 30 万元以下的处罚。

集体讨论意见：（1）罚款人民币 15 万元整；（2）责令停止取土施工，待办结取土手续后再行施工。

2006 年 1 月 23 日南通市水政监察支队对如皋港务集团有限公司在长江皋张汽渡段违法采砂吹填案调查终结后向南通市水利局作出的《如皋水事案件调查报告》

如皋港务集团有限公司擅自违规在长江皋张汽渡段取土吹填洼地案，自 2005 年 12 月 27 日立案后，我支队于 2005 年 12 月 27 日至 2006 年 1 月 23 日派员对该案进行了调查取证，现将调查情况报告如下：

当事人情况： 如皋港务集团有限公司坐落在如皋经济开发区管委会大楼西侧第三间；法定代表人黄飞；注册资本 2999 万美元；经营港口公用码头建设项目筹建。

案情经过： 经调查，如皋港务集团有限公司于 2005 年 12 月起未经水利部门批准，擅自组织采砂船 4 条、运砂船 8 条在长江皋张汽渡段取土2万立方米用于吹填堤内洼地，计划总取土量9.5万吨。目前在市水政监察支队的制止下，该工程已停止施工，等待处理。

调查结论及依据：如皋港务集团有限公司未经水利部门批准擅自组织取长江砂土的行为，违反了国务院《长江河道采砂管理条例》第十五条第二款的规定。

处理建议及依据：根据国务院《长江河道采砂管理条例》第十八条第一款的规定，拟给予罚款人民币15万元的处罚。

2006年1月23日南通市水利局向如皋港务集团有限公司发出的《水行政处罚告知书》（通水罚告字〔2006〕第02号）

经查，你单位于2005年12月4日在长江皋张汽渡段未经水行政主管部门批准，擅自在长江(取土)采砂，该行为违反了国务院《长江河道采砂管理条例》第十五条的规定，根据该条例第十八条的规定，拟给予：(1)罚款人民币15万元整；(2)补办取土许可手续的行政处罚。

根据《中华人民共和国行政处罚法》的规定，你单位依法享有陈述和申辩的权利。请在接到本告知书之日起3日内到我局陈述、申辩并提出证据。否则，视为放弃陈述或者申辩的权利。

2006年1月23日南通市水利局向如皋港务集团有限公司发出的《听证告知书》（通水听告字〔2006〕第02号）

经查，你单位于2005年12月4日在长江皋张汽渡段擅自采砂(取土)的行为违反了国务院《长江河道采砂管理条例》第十五条的规定，根据国务院《长江河道采砂管理条例》第十八条的规定，我局拟给予你单位以下行政处罚：(1)罚款15万元整；(2)补办采砂(取土)许可手续。

根据《中华人民共和国行政处罚法》的规定，你单位依法享有听证的权利。请在接到本告知书之日起 3 日内提出要求，否则，视为自行放弃听证的权利。

2006 年 1 月 25 日南通市水利局向如皋港务集团有限公司发出的《水行政处罚决定书》（通水罚字〔2006〕第 02 号）

现查明，你单位于 2005 年 12 月 4 日起在长江皋张汽渡段未经水行政主管部门批准，擅自在长江取土。该行为违反了国务院《长江河道采砂管理条例》第十条的规定。以上违规事实有现场照片、调查笔录等为证，根据国务院《长江河道采砂管理条例》第十八条的规定，我局决定给你单位以下行政处罚：罚款人民币 15 万元整。

以上处罚，请你单位自觉履行。罚款于 15 日内缴至南通市商业银行。

如不服本决定，可以在接到本处罚决定书之日起 60 日内向南通市人民政府或江苏省水利厅申请复议，或者在 3 个月内直接向南通市崇川区人民法院提起行政诉讼。逾期不申请复议或不向人民法院提起诉讼，又不履行本决定，我局将依法强制执行或申请人民法院强制执行。

■ 案例评析 ■

第一，南通市水政监察支队认真坚持长江河道采砂管理的巡查制度，对于及时发现和制止如皋港务集团有限公司的违法行为起着重要作用。

第二，南通市水利局通过调查询问、现场勘察等举措，证实了如皋港务集团有限公司的违法行为事实清楚、证据确凿，是实施行政处罚的重要依据。

第三，该案在查处过程中还存在以下问题：

一是行政机关在对违法当事人作出行政处罚前告知其"依法享

有陈述和申辩的权利",同时又告知其符合听证程序有要求听证的权利,无须分两次告知,合并告知即可,不违背法律的规定。另外,该案中的违法当事人对水行政处罚的两次告知,是否进行陈述、申辩和要求举行听证等情况在案卷中均无交待。

二是适用法规不准确。南通市水利局对如皋港务集团有限公司擅自在长江皋张汽渡段采砂吹填的行为,在处罚决定中认定是违反了国务院《长江河道采砂管理条例》第十条的规定,处罚的依据是第十八条。实际上,该条例第十条是阐明长江采砂行政申请和许可的基本原则以及长江河道主管机关对审查申请和审批发放采砂证许可的基本程序和要求。而当事人的违法行为的核心是无采砂许可证而擅自采砂,这与第十条的规定不相符合。行政处罚的法律依据应该是《长江河道采砂管理条例》第十八条第一款,该款强调:"违反本条例规定,未办理河道采砂许可证,擅自在长江采砂的……"因此,对其实施行政处罚应当围绕"无证采砂"上,适用《长江河道采砂管理条例》第十五条第二款(在南通市水利局所作的《重大水行政案件集体讨论意见》和《调查报告》中运用此条款是对的)"因吹填造地从事采砂活动的单位和个人,应当依法申请河道采砂许可证"比较确切;另一个办法是运用江苏省人大常委会《关于在长江江苏水域严禁非法采砂的决定》,其无证采砂的行为违反了该决定第二条第(三)项的规定,依据该决定第三条的规定,责令停止违法行为,并处15万元罚款的行政处罚。

三是在《水行政处罚决定书》等法律文书中称在长江中"取土"的,应与法律法规中规定的词语相一致,规范称为"长江采砂"。

四是在时效的把握上应当严格。1月23日发出的《听证告知书》称,"接到本告知书之日起3日内提出要求",从23日起算至3日内也应到1月25日24时止,而该局却在1月25日即发出《水行政处罚决定书》,在时效上不妥。

案例 14

江都市宏亮疏浚有限公司
在长江嘶马段违法采砂吹填案

■ 案情简介 ■

　　江都市宏亮疏浚有限公司（以下简称宏亮疏浚公司）为华海船厂平整场地，擅自在长江嘶马段江堤科进船厂西侧架设 4 套吹填设备，于 2006 年 9 月 7 日试采，9 月 8 日正式采砂吹填。9 月 9 日，扬州市水政监察支队接到举报后，立即前往现场，对宏亮疏浚公司发出《责令停止水行政违法行为通知书》。经过调查、询问和现场采砂吹填照片证实，宏亮疏浚公司擅自采砂吹填的违法事实清楚。扬州市水利局于 9 月 18 日召开了有关人员参加的会议，决定依法给予宏亮疏浚公司罚款 10 万元的行政处罚。扬州市水利局于 9 月 21 日向宏亮疏浚公司发出告知书，9 月 26 日作出行政处罚决定书。宏亮疏浚公司于 9 月 27 日缴纳了罚款。

■ 法律文书文件摘录 ■

　　2006 年 9 月 9 日扬州市水利局向江都市宏亮疏浚有限公司发出的《责令停止水行政违法行为通知书》（扬水责字〔2006〕第 9 号）

经查，你单位未办理河道采砂许可证，于9月9日擅自在长江落成洲附近水域采砂吹填，违反了《长江河道采砂管理条例》第十八条第一款的规定，现责令立即停止违法行为，接受调查询问，如实提供有关材料。否则，追究法律责任。

2006年9月18日扬州市水政监察支队对江都市宏亮疏浚有限公司在长江违法采砂吹填案作出的《水事案件调查报告》

案件的由来及调查经过：接群众举报，反映江都嘶马段有吹填现象。9月9日，市水政监察支队派员调查了解，现场发现科进船厂西侧400米的长江岸线上架设了4套吹填设备，其中两处已经开始吹填施工。执法人员对吹填现场进行拍照取证，并找到当事人作了询问笔录，其对未经批准采砂吹填供认不讳。

查明事实和证据：在嘶马段江堤科进船厂西侧架设了4套吹填设备，其中2处已经开始吹填施工，对组织吹填的负责人做的询问笔录中也供认不讳。

案件的争议点及复核情况：当事人辩解是吹填，不做经营用采砂。经做政策和规定宣传，当事人认同了汛期未经批准在长江河道采砂属违法行为，愿意接受处理。

调查结论以及处理建议：江都市宏亮疏浚有限公司的行为违反了《长江河道采砂管理条例》第九条、第十条的规定，按照第十八条的规定，建议处以人民币10万元以上的罚款。

2006年9月18日扬州市水利局对江都市宏亮疏浚有限公司在长江违法采砂吹填案作出的《负责人集体讨论记录》

案件处理意见：一致同意对江都市宏亮疏浚有限公司处以10万元罚款，汛期不得施工，汛后待省水利厅采砂许可证颁发后，并按规定缴纳有关规费方可按要求采砂吹填。

2006年9月21日扬州市水利局对江都市宏亮疏浚有限公司发出的《水行政处罚事先告知书》（扬水罚告字〔2006〕第9号）

本局依法查处你单位在长江非法采砂吹填一案，现已调查终结。依据《中华人民共和国行政处罚法》第三十一条的规定，现将本局拟对你单位作出水行政处罚的事实、理由告知如下：

经查，自2006年9月8日开始，你单位擅自组织的3条采砂船和3条运砂船在长江河道落成洲附近水域擅自开采江砂用于华海船厂吹填平整场地。你单位的上述行为违反了国务院《长江河道采砂管理条例》第九条、第十条之规定。

根据国务院《长江河道采砂管理条例》第十八条第一款之规定，责令你单位停止违法行为，同时拟对你单位作出如下行政处罚：处以罚款人民币10万元。

根据《中华人民共和国行政处罚法》第三十二条的规定，对上述处罚你单位有陈述、申辩和质证的权利，如要求听证，你单位应在收到本告知书之日起5日内向本局提出。逾期未提出的，视为放弃此权利。

2006年9月26日扬州市水利局对江都市宏亮疏浚有限公司作出的《水行政处罚决定书》（扬水罚字〔2006〕第9号）

经查，自2006年9月8日开始，你单位擅自组织的3条采砂船和3条运砂船在长江河道落成洲附近水域擅自开采江砂用于华海船厂吹填平整场地。你单位的上述行为违反了国务院《长江河道采砂管理条例》第九条、第十条之规定。

根据国务院《长江河道采砂管理条例》第十八条第一款之规定，对你单位作出如下行政处罚：处以罚款人民币10万元。

你单位接到本决定书之日起15日内将罚款缴到扬州市商业银行东关支行（账号：7510020111020970），逾期每日按罚款数额的3%加处罚款。

如不服本决定,可在接到本决定之日起60日内提起行政复议或3个月内提起行政诉讼。

2006年10月9日扬州市水政监察支队向扬州市水利局作出的《水事案件结案报告》

简要案情及调查经过:9月9日,市水政监察支队接群众举报,在江都嘶马科进船厂西侧400米范围内有吹填现象。经查,该处是江都市宏亮疏浚有限公司为华海船厂吹填平整场地,经现场勘验和对疏浚公司负责人询问笔录反映,该公司未经批准,且在汛期内擅自组织采砂船只在长江河道采砂吹填。

处理情况:该行为违反了《长江河道采砂管理条例》第九条、第十条的规定,市水政监察支队当场责令该疏浚公司停止违法行为,并立案。经研究决定,给予该公司10万元罚款的处罚。未经批准不得作业,批准后按要求补齐规费。

执行情况:该单位汛期内没有继续采砂作业,直至省水利厅下发了采砂许可证后方施工,补齐了砂石资源费,并处以10万元罚款。该案已按要求办结,建议结案。

■ 案例评析 ■

扬州市水政监察支队对江都市宏亮疏浚有限公司擅自在长江水域采砂吹填案的调查中,有时间,地点明确,采砂、吹填用的采砂船、运砂船和吹填设备等都有详细记载,以及询问记录、现场照片等,形成了证据链,宏亮疏浚公司的违法事实清楚。但该案的查处还应注意以下问题:

一是行政机关在作出行政处罚前向当事人告知其依法享有权利时,告知其对行政处罚依法享有陈述和申辩权是必须的,但没有质证权，同时当事人不是对所有行政处罚的种类都享有要求举行听证的权利。行政机关应把握在行政处罚种类中只要有一项在听证范围内的就必须告知，否则就无须告知。该案中将两个告知合并成一个告知，省时、便捷是应当提倡的。但是，在听证告知时，应当向当事人指明，在上述处罚第一项中的罚款10万元属较大数额的罚款，根据《中华人民共和国行政处罚法》第四十二条第一款的规定，依法享有要求举行听证的权利。

二是在询问笔录中对当事人使用"供认不讳"一词不妥，在调查报告中用"涉嫌在长江河道非法采砂吹填"中"涉嫌"不确切，在行政法律文书中不得运用刑事案件中所用的词语。

三是《中华人民共和国行政处罚法》第三十八条第二款规定：对情节复杂或者重大违法行为给予较重的行政处罚，行政机关的负责人应当集体讨论决定，而该案中并没有真正做到。为保证行政处罚的公正，集体讨论决定是《中华人民共和国行政处罚法》对重大、复杂和给予较重的处罚而为行政机关设立的决定程序。实施这道程序，应当由行政机关的首长召开行政机关的负责人集体讨论。而扬州市水政监察支队为表示对这起案件处理的慎重，由一位副局长和两位副支队长参加的对宏亮疏浚公司的讨论处理意见，便形成了《扬州市水利局负责人集体讨论记录》，名不副实。

近几年来，各地在贯彻《中华人民共和国行政处罚法》的过程中，部分行政机关对重大、复杂和给予较重处罚的水事案件都很认真和慎重。因为行政机关的决定是与其承担相应的行政责任联系在一起的。各级水政监察队伍应当把握，凡是对重大的复杂的和需要给予较重行政处罚的水事案件，必须提交行政机关主要负责人按照决定程序办。对非重大和复杂的案件，在作出行政处罚前，为慎重和负责，各地制定了诸如由各有关机构负责人参加的会审制度或由水政监察队伍全体人员参加的会审制度等，都取得较好的效果。

四是行政处罚裁量过轻。宏亮疏浚公司在主汛期间，而且是在历史上就是险工险段的长江江都嘶马段违法采砂吹填，其情节是严重的，而宏亮疏浚公司为华海船厂平整场地而采砂吹填，完全是经营性的行为。扬州市水利局依据《长江河道采砂管理条例》第十八条第一款的规定对宏亮疏浚公司实施行政处罚存在两个问题：其一，应当把"责令停止违法行为"作为行政处罚的一项内容列入行政处罚决定中，然后再将罚款列为处罚项目为妥，该案对宏亮疏浚公司按低限罚款10万元裁量过轻；其二，对违法所得没有给予没收（实际已经采砂吹填），也没有对其采砂吹填机具采取任何措施，是行政机关一种行政不作为的行为。

案例 15

孙德胜在禁采期内未按指定
地点停放采砂船舶案

■ 案情简介 ■

2006年6月2日,孙德胜将采砂船舶停靠在非指定停放点的泰州海泰油品装卸有限公司长江码头西侧,经举报后被泰州市水利局开发区分局查获。经调查、取证后,泰州市水利局开发区分局于2006年6月23日依法对孙德胜作出罚款1.5万元的行政处罚。2007年2月7日孙德胜缴清了罚款。

■ 法律文书文件摘录 ■

2006年6月2日泰州市水利局开发区分局向孙德胜发出的《责令停止水行政违法行为通知书》(泰水开政字〔2006〕第1号)

经查,你在禁采期内未在指定地点停放采砂船只,违反了国务院《长江河道采砂管理条例》第二十条的规定,现责令立即停止违法行为,听候处理。否则,追究法律责任。

2006年6月4日泰州市水利局开发区分局向孙德胜发出的《行政处罚告知书》(泰开水罚告字〔2006〕第2号)

经查,你在禁采期内未在指定地点停放采砂船舶,违反了国务院《长江河道采砂管理条例》第二十条的规定。根据国务院《长江河道采砂管理条例》第二十条的规定,本机关拟对你作出如下行政处罚:罚款人民币1.5万元。

依据《中华人民共和国行政处罚法》的规定,你依法享有陈述和申辩的权利。请在接到本告知书之日起3日内到泰州市水利局开发区分局陈述、申辩并提出证据。否则视为放弃陈述或者申辩的权利。

2006年6月10日泰州市水利局开发区分局向孙德胜发出的《行政处罚听证告知书》(泰开水罚告字〔2006〕第2号)

经查,你因在禁采期内未在指定地点停放采砂船舶,违反了国务院《长江河道采砂管理条例》第二十条的规定。根据国务院《长江河道采砂管理条例》第二十条的规定,本机关拟对你作出如下行政处罚:罚款人民币1.5万元。

依据《中华人民共和国行政处罚法》第四十二条的规定,你有权要求听证。如你要求听证,请在接到本告知书之日起3日内将回执送(寄)泰州市水利局开发区分局,邮编:225300,地址:泰州市海陵南路309号,联系电话:6881118-218。

逾期视为放弃听证权利。

2006年6月23日泰州市水利局开发区分局向孙德胜发出的《行政处罚决定书》(泰开水罚字〔2006〕第2号)

经查,你因在禁采期内未在指定地点停放采砂船舶,违反了国务院《长江河道采砂管理条例》第二十条的规定。根据国务院《长江河道采砂管理条例》第二十条的规定，本机关拟对你作出如下行政处罚：罚款人民币1.5万元。

现要求你于2006年6月27日前，携带本决定书，将罚款缴至泰州市建行新区支行。逾期缴纳罚款的，依据《中华人民共和国行政处罚法》第五十一条第(一)项的规定，每日按罚款数额的3%加处罚款。

如你不服本决定，可以在接到本决定书之日起60日内，向泰州市水利局申请行政复议，也可以在3个月内直接向海陵区人民法院起诉。

逾期不申请行政复议也不向法院起诉，又不履行本行政处罚决定的，本机关可以申请人民法院强制执行。

■ 案例评析 ■

这是一起处理较好的水事案件，但该案在查处中还存在以下问题：

一是应规范使用法规名称。该案适用的法规是《长江河道采砂管理条例》，这样即可。有时为了标明其规格或等级，可标为国务院《长江河道采砂管理条例》，但该案的处罚决定书中用《国务院长江河道采砂管理条例》就显得很不规范(本案"法律文书文件摘录"中已作了更正)。

二是适用法律不够准确。严格地说，该案中孙德胜在禁采期内未按规定停放采砂船舶的行为违反的是《长江河道采砂管理条例》第十六条的规定。有些法律法规或规定在条款中对某些行为未作出"应当"、"禁止"等规定，也可以直接用罚责条款作依据。

三是未指出孙德胜违法事实和证据。根据《中华人民共和国行政处罚法》第三十九条第一款第(二)项的规定，在指出孙德胜未按指定地点停放采砂船舶的行为违反了《长江河道采砂管理条例》第十六条的规定后，应注明以上事实有调查笔录、现场照片或勘验笔录等证据为证。

四是结案时间有问题。该案于 2006 年 6 月 23 日作出行政处罚决定,要求孙德胜在 2006 年 6 月 27 日前到指定地点缴纳罚款。并且着重作警告性交待:"逾期缴纳罚款的,依据《中华人民共和国行政处罚法》第五十一条第(一)项的规定,每日按罚款数额的 3% 加处罚款"。但从档案中查阅到,孙德胜的罚没依据缴款的日期为 2007 年 2 月 7 日,罚款金额为 1.5 万元,加收罚款金额为零,结案报告中同意结案的日期为 2006 年 6 月 27 日。如孙德胜要求缓期缴纳罚款,则找不到有关材料,档案中也无记载,该案不应在 2006 年 6 月 27 日结案。

案例 16

王敏在沭阳县新河镇沙河村段岔流河违法采砂案

■ 案情简介 ■

2005年2月至3月间，岔流河沙河闸口和夏洼等地违法采砂现象严重，河岸崩塌日益严重，且危及沙河闸的安全。接群众举报，沭阳县水务局决定于2005年3月29日立案查处。经对王敏、史永章等9人次的调查、询问和调阅派出所的询问笔录，确认王敏使用采砂船违法采砂的事实确凿。沭阳县水务局遂于4月28日向王敏发出拟给予罚款2万元的《水行政处罚告知书》。4月29日王敏作出了要求举行听证的申请。5月17日，沭阳县水务局决定于5月21日举行听证，后因王敏不到场，自动放弃听证权利。5月24日，沭阳县水务局对王敏违法采砂作出罚款2万元的处罚决定，后经沭阳县人民法院强制执行，于9月18日罚款执行到位。

■ 法律文书文件摘录 ■

2005年3月29日沭阳县水政监察大队和水政监察员在查处王敏违法采砂案时向违法行为人发送的《承诺书》

我们作为本案件的承办人员,在办理过程中保证做到:
1. 语言文明,行为规范;
2. 调查严谨,取证充分;
3. 事实清楚,定性准确;
4. 程序合法,处罚适当;
5. 遵章守纪,不徇私情;
6. 践行承诺,接受监督。

承诺人:薛某 徐某 周某

2005年4月27日沭阳县水政监察大队对王敏违法采砂案作出的《调查报告》

经调查,王敏于今年2月至3月底未经批准擅自用采砂船在我县岔流河新河镇沙河村段河道内开采河砂,造成河道严重受损。由于白天管理较严,不敢采砂,多数是晚上偷采。采砂船白天停靠在淮沭河码头等地方,后经当地村民指认,在王敏采砂船上的史某,系我县新河镇徐口村人,我们找史某谈话了解,他承认采砂船是王敏的,并曾准备试采,但拒不承认有偷采河砂行为。经当地村民确认史某在王敏采砂船上打过砂,是晚上在沙河村段河道内打砂的。我们根据村民指证,调取派出所谈话笔录,确定王敏是非法采砂船船主,认定史某在王敏的采砂船上有非法采砂行为属实。根据《中华人民共和国河道管理条例》、《江苏省水利工程管理条例》的规定,决定对王敏罚款人民币2万元,上报县水务局批准后,下达处罚决定书。

证据材料有谈话笔录、指认照片等。

2005年4月28日沭阳县水务局向王敏发出的《水行政处罚告知书》(沭水罚告字第05006号)

你未经批准，擅自在沭阳县岔流河新河镇沙河村段的河道内用采砂船非法采砂，造成河道严重受损，违反了《中华人民共和国河道管理条例》第二十五条第一款、《江苏省水利工程管理条例》第八条第(六)项的规定，根据《中华人民共和国河道管理条例》第四十四条第四款、《江苏省水利工程管理条例》第三十条第一款之规定，拟对你罚款人民币2万元整。

根据《中华人民共和国行政处罚法》第四十二条之规定，你有陈述、申辩和要求举行听证的权利，如要求举行听证，在收到告知书之日起3日内以书面形式向沭阳县水务局提出听证要求。

2005年4月28日沭阳县水务局向王敏发出的《行政处罚听证告知书》(沭听告字第05006号)

你因在沭阳县岔流河新河镇沙河村段的河道内，未经批准擅自用采砂船非法采砂，违反了《中华人民共和国河道管理条例》第二十五条、《江苏省水利工程管理条例》第八条的规定，根据《中华人民共和国河道管理条例》第四十四条、《江苏省水利工程管理条例》第三十条第一款之规定，拟对你罚款人民币2万元整。

根据《中华人民共和国行政处罚法》第四十二条之规定，你有权要求举行听证，如你要求举行听证，应在收到告知书之日起3日内以书面形式向沭阳县水务局提出听证要求。

邮编：223600，地址：城内大街131号，联系电话：3562408。
逾期视为放弃听证。

2005年4月29日王敏向沭阳县水务局作出的《要求举行听证申请书》

你局于2005年4月28日作出的沭听告字第05006号水行政处罚听证告知书已收悉，为维护我的合法权益，根据《中华人民共和国行政处罚法》第四十二条之规定,特向你局申请举行听证,请予组织。

2005年5月17日沭阳县水务局向王敏发出的《水行政处罚听证通知书》(苏沭听通字〔2005〕第05001号)

应你的要求,现决定于2005年5月21日上午9时,在沭阳县水务局四楼会议室就岔流河非法采砂一案举行听证。经本机关负责人指定,本次听证由××担任主持人。

请你届时凭本通知书准时参加,若无故缺席,视为放弃听证。

前来参加听证的,请作好以下准备:(1)携带有关证据材料;(2)通知有关证人出席作证;(3)如申请主持人回避,请及时告知本机关;(4)如需委托代理人的,应填写听证委托书;(5)带本人身份证。

2005年5月21日沭阳县水务局听证主持人××作出的《水行政处罚听证意见书》

受我局负责人指定,本人主持王敏在岔流河非法采砂一案的听证会,现提出听证意见如下:

因王敏缺席,视为放弃听证权利。

2005年5月20日沭阳县水务局向宿迁市水务局作出的《关于对王敏2万元罚款的请示》(沭水发〔2005〕53号)

王敏未经河道主管机关批准,擅自在我县岔流河新河镇沙河村段的河道内,用采砂船非法采砂,造成河道严重受损。上述违法事实违反了《中华人民共和国河道管理条例》第二十五条第(一)项、《江苏省水利工程管理条例》第八条第(六)项的规定,根据《中华人民共和国河道管理条例》第四十四条第(四)项、《江苏省水利工程管理条例》第三十条第一款第(一)项之规定,我局决定对王敏罚款人民币2万元整。现特请市水务局予以批准。

2005年5月23日宿迁市水务局向沭阳县水务局作出的《关于同意对王敏处以2万元罚款的批复》(宿水政〔2005〕3号)

你局沭水发〔2005〕53号文《沭阳县水务局关于对王敏2万元罚款的请示》收悉,经研究,同意你局对王敏未经批准非法采砂的行为处以罚款2万元。

2005年5月24日沭阳县水务局对王敏作出的《行政处罚决定书》(水罚字〔2005〕第05006号)

违法事实: 王敏未经河道主管机关批准,擅自在沭阳县岔流河新河镇沙河村段的河道内,用采砂船非法采砂,造成河道严重受损。上述事实违反了《中华人民共和国河道管理条例》第二十五条第(一)项、《江苏省水利工程管理条例》第八条第(六)项的规定。为此,根据《中华人民共和国河道管理条例》第四十四条第(四)项、《江苏省水利工程管理条例》第三十条第(一)项之规定,对王敏罚款人民币2万元整。(沭阳县水务局,沭阳县农业银行,账号:1040000227)

如不服本处罚决定的,可在接到本决定书之日起60日内向沭阳县人民政府或宿迁市水务局申请复议。

自收到上述机关不予受理决定书或受理后超过行政复议期限不作答复或不服上述复议机关作出的复议决定,应在收到复议决定书之日起15日内依法向人民法院提起行政诉讼。

也可在接到本决定书之日起90内直接向沭阳县人民法院提起行政诉讼。逾期不申请复议或不向人民法院起诉又不履行本决定的,本机关将依法申请人民法院强制执行或依法强制执行。

2005年10月16日沭阳县水务局对王敏违法采砂案作出的《水行政违法案件结案审批表》

简要案情及调查经过：我们于 2005 年 3 月 28 日接到新河镇沙河村村民来信举报，报经局领导批准立案后，于 4 月至 5 月间先后对新河镇徐口村史永章和沙河村夏凤银、鲍恩银等人进行调查取证，最后确认王敏是采砂船船主，史永章在船上帮王敏打砂。经查，王敏是灌南县人，36 岁，暂住我县吴集镇。王敏未经批准于 2005 年 2 月至 3 月底，擅自用采砂船在岔流河新河镇沙河村非法采砂，造成河道严重受损，群众意见很大。

处理情况：根据《中华人民共和国河道管理条例》、《江苏省水利工程管理条例》的规定，报市水务局批准后对王敏罚款 2 万元。

执行情况：王敏在规定的时间内未履行处罚决定。我局申请县人民法院强制执行，现已执行到位。

结案情况：本案调查、处理终结，申请结案。

案例评析

该案的查处有以下亮点：

一是宿迁市水务局在全市推行了水事案件办案承诺制，市水政监察支队、县(区)水政监察大队的办案人员在查处水事案件时，首先向当事人作出书面承诺。《承诺书》体现了水行政机关倡导的依法执法、文明执法、秉公执法、廉洁执法的理念，值得提倡。

二是该案查处的程序合法。沭阳县水务局对王敏拟罚款 2 万元时，依照《江苏省水利工程管理条例》第三十条第一款的规定，及时向宿迁市水务局作了请示，待批准后再作出处罚决定。

但该案在查处中存在以下问题：

一是沭阳县水务局在处罚决定中，向当事人交代的诉权、途径、期限全面，但向法院直接起诉的时效应为 3 个月，交代的 90 天错误。

二是适用法律画蛇添足。对违法行为的认定和实施处罚的依据，无须要适用两个或两个以上法律或法规的相同规定。如该案依据

《江苏省水利工程管理条例》即可，而依据《中华人民共和国河道管理条例》第四十四条第(四)项的规定实施罚款则于法无据，处罚无效，反而弄巧成拙。

三是《行政处罚决定书》中在指明当事人的违法事实时未载明证据。从该案的查处过程和档案来看，对多人的调查、询问笔录中，对王敏的违法事实的证据都是似是而非的。多年来岔流河深受违法采砂之害，河岸崩塌严重，河滩百孔千疮，河道安全运行受到严重威胁。水行政机关必须对擅自采砂的违法行为予以严厉打击，但档案中包括照片在内的证据，只能证明王敏有非法采砂的事实，而不能证明王敏究竟从什么时间采砂，采了多少砂。在4月25日的调查询问中，王敏承认"我只采了几个晚上，采了几船砂"的不定数，但调查人员并没有对其继续追查，以确定采砂的确切数量。因此，该案收集的证据不充分，更谈不上"确凿"，也无法对王敏实施"没收非法所得"的行政处罚。

四是2005年4月28日沭阳县水务局向王敏发出《水行政处罚告知书》和《水行政处罚听证告知书》显得重复。同时，第一个告知中已有"要求举行听证权利"的内容，第二个告知则没有必要。类似行政处罚项目中有属于听证范围的，只要发出一个告知其有陈述、申辩权和有要求举行听证权的告知即可。以该案为例：

沭阳县水务局行政处罚告知书（沭告字第05006号）

王敏：

你未经水行政机关批准，擅自在沭阳县新河镇沙河村段的岔流河内采砂，其行为违反了《江苏省水利工程管理条例》第八条第(六)项的规定。其证据有被抓获的采砂船只和采砂工具、调查询问笔录、证人证言、现场照片。违法采砂后果严重，危及河道防洪安全。依据《江苏省水利工程管理条例》第三十条第一款第(一)项之规定，拟决定对你处以下行政处罚：(1)责令你立即停止违法行为；(2)没收违法所得××元(对这种行为，应有此项处罚，因本案无"量"的证据而放弃）；(3)处以2万元罚款。

　　对上述行政处罚，根据《中华人民共和国行政处罚法》第六条第一款的规定，在接到本通知书之日起3日内，你享有陈述、申辩权。逾期视为放弃此权利。其中，处以2万元的罚款属于较大数额的罚款，根据《中华人民共和国行政处罚法》第四十二条第一款第（一）项的规定，你有要求举行听证的权利。如要求听证，请在接到本告知书之日起3日内向本局书面提出申请。本局地址：沭阳县城内大街131号。逾期视为放弃要求举行听证的权利。

（沭阳县水务局印章）

2005年4月28日

违法凿井案

重要提示

江苏省对凿井取用地下水的有关规定及水行政主管部门在查处此类案件时需注意的几个问题

第一,《中华人民共和国水法》第三十六条规定,在地下水超采地区,县级以上地方人民政府应当采取措施,严格控制开采地下水。在地下水严重超采地区,经省、自治区、直辖市人民政府批准,可以划定地下水禁止开采或者限制开采区。在沿海地区开采地下水,应当经过科学论证,并采取措施,防止地面沉降和海水入侵。

江苏省属于地下水超采地区和严重超采地区。为此,江苏省人大常委会于2000年8月26日通过《关于在苏锡常地区限期禁止开采地下水的决定》,将苏州、无锡(除宜兴外)、常州市(除金坛、溧阳外)划为限于2005年12月31日前全面实现禁止开采地下水的地区。接着又于2003年8月15日通过《江苏省水资源管理条例》，江苏省人民政府将南京、镇江、南通、泰州、扬州、盐城、淮安、宿迁、徐州、连云港市以及宜兴、金坛、溧阳市划为限制开采区。

第二，《关于在苏锡常地区限期禁止开采地下水的决定》第四条规定，禁采区内"一律停止批准凿井，禁止新打深井"；《江苏省水资源管理条例》第十四条第二款规定，限制开采区内"不得新增深井数量，并逐步压缩地下水开采量"。

对禁采区内新打深井的，责令其停止违法行为，强制封井(费用由违法行为人承担)，并处1万元以上5万元以下的罚款；对限制开采区内取用地下水需要新凿井的，应按照增一减一的原则，不得增加深井数量。取水单位应按照国务院《取水许可和水资源费征收管理条例》第十条、第十一条、第十二条和第十三条的规定程序申请，经有批准权的水行政主管部门批准后，施工单位方可凿井，否则均为违法凿井行为。

在江苏省划定的地下水限制开采区内需要新凿井的，根据《取水许可和水资源费征收管理条例》第十一条第二款的规定，申请人应当提交由具备建设项目水资源论证资质的单位编制的取水水源、用水合理性及对生态环境影响等建设项目水资源论证报告，经县(市、区)、市水利局审查(无批准权)，然后报省水利厅批准，方为合法。

第三，根据《中华人民共和国水法》的授权，江苏省出台的两个地方性法规所作出的规定，都是对水法中没有规定的情形而作出的补充规定。因此，江苏省凡属地下水禁采区和限制开采区的市、县(市、区)水利局应当认真贯彻、执行《关于在苏锡常地区限期禁止开采地下水的决定》和《江苏省水资源管理条例》的有关规定，对辖区内擅自凿井取用地下水的行为，应区别不同情况，依据该两法规的有关规定实施行政处罚。凡运用其他法律(如《中华人民共和国水法》第六十九条)、法规等作为行政处罚依据的，都属于适用法律错误。

第四，对地下水禁采区和限制开采区内违法凿井取用地下水的行为，《关于在苏锡常地区限期禁止开采地下水的决定》和《江苏省水资源管理条例》中都没有把"责令补办手续或限期补办手续"纳入行政处罚的种类，说明省人大常委会在立法时对上述违法行为的处置是十分坚决、果断的。法条中规定的"采取补救措施"也不包括"补办手续"这项内容。因此，凡是对上述行为作出"责令补办手续或限期补办手续"的行政处罚，属于无法律依据的具体行政行为。

第五，对凿井取用地下水的取水许可批准权限，根据《取水许可和水资源费征收管理条例》第十四条第三款的规定，江苏省取用地下水的取水许可决定权在省水利厅。市、县（市、区）水利局对违法凿井取用地下水的行为，凡不按《关于在苏锡常地区限期禁止开采地下水的决定》和《江苏省水资源管理条例》的规定处置的或变相保留违法所凿深井的行为，都属于超越职权的行为。

案例 17

常熟市福润纺织工贸有限公司违法凿井案

■ 案情简介 ■

常熟市福润纺织工贸有限公司（以下简称福润纺织公司）由于生产需要，雇张家港福前钻井队于 2004 年 4 月 12 日在福润纺织公司洗布机车间旁擅自凿井一口。4 月 16 日，常熟市水政监察大队立即派员前往福润纺织公司检查，发现井深已凿至 120 米。常熟市水利局立即发出《责令停止水行政违法行为通知书》，并对福前钻井队作出"暂扣违法凿井设备，予以登记保存"的行政强制措施。经过询问、现场勘验笔录以及拍摄照片（近 20 张）等调查终结后，办案人员进行认真讨论，提出处罚意见。4 月 20 日常熟市水利局向福润纺织公司发出拟给予强制填封该地下水源井（封井费用由凿井单位承担）、罚款 1 万元的行政处罚。在福润纺织公司明确表示不需陈述和申辩后，常熟市水利局对其作出处罚决定。福润纺织公司在规定期限内缴纳罚款 1 万元和水井填封费 0.4 万元。

■ 法律文书文件摘录 ■

2004 年 4 月 16 日常熟市水利局向张家港福前钻井队发出的

《责令停止水行政违法行为通知书》（常水停字〔2004〕第001号）

经查，你钻井队于2004年4月16日在常熟市福润纺织工贸有限公司车间内擅自凿井，违反江苏省人大常委会《关于在苏锡常地区限期禁止开采地下水的决定》的规定，依据《关于在苏锡常地区限期禁止开采地下水的决定》第四条的规定，现责令于2004年4月16日14时前停止违法行为，听候处理。

2004年4月16日常熟市水利局向张家港福前钻井队发出的《水行政强制措施决定书》（常强字〔2004〕第001号）

你单位因擅自违法凿井，违反江苏省人大常委会《关于在苏锡常地区限期禁止开采地下水的决定》。根据《水行政处罚实施办法》第二十九条，本机关决定：从2004年4月16日15时起至2004年6月16日15时止，对你单位采取下列行政强制措施：暂扣擅自违法凿井设备，予以登记保存。

如不服本决定，可于收到本决定书之日起60日内，依法向常熟市人民政府或苏州市水利局申请行政复议，也可于60日内向常熟市人民法院起诉。

2004年4月16日常熟市水政监察大队对常熟市福润纺织工贸有限公司擅自凿井案作出的《勘验（检查）笔录》

勘验（检查）情况： 2004年4月16日13时10分至13时25分对常熟市福润纺织工贸有限公司擅自凿井点进行勘验（检查），情况是：井点位于该公司一车间内，正在施工，井径为60厘米，井深已钻到120多米，准备打井用的井管共为140米，井边放置井管、钻头和打井设备及其他成井设施。

井的位置勘验图（略）。

2004年4月19日常熟市水政监察大队对常熟市福润纺织工贸有限公司违法凿井案作出的《水事案件调查报告》

案件的由来及调查经过：2004年4月16日，接群众匿名举报，在常熟大义工业园内有人擅自凿井。接举报后，常熟市水政监察大队立即派员前往调查。经调查，在大义工业园内常熟市福润纺织工贸有限公司的一车间内正在凿井，井径为60厘米，井深已凿至120多米，凿井队是张家港福前钻井队，凿井单位为常熟市福润纺织工贸有限公司。

查明的事实和证据：2004年4月16日常熟市水政监察大队前往调查时，钻井队正在凿井(有照片为证)，对常熟市福润纺织工贸有限公司的负责人及福前钻井队的现场负责人分别作了调查(询问)笔录。

调查结论以及处理建议：常熟市福润纺织工贸有限公司擅自凿地下水源井行为违反了江苏省人大常委会《关于在苏锡常地区限期禁止开采地下水的决定》第四条的规定，建议作如下处理：(1)强制填封该眼地下水源井；(2)封井费用由该公司全部承担；(3)罚款人民币1万元。

2004年4月21日常熟市福润纺织工贸有限公司负责人向常熟市水利局作出的《检查》

对水法认识不清，盲目追求经济利益，漠视政策法规私自想取地下水，以图降低成本，造成恶劣影响，已构成违法，通过市水利局领导教育，深知自己的错误，追求利益要遵章守法，做守法公民，恳请领导给予从轻发落。

2004年4月20日承包凿井的张家港福前钻井队现场负责人张勇向常熟市水利局作出的《检讨书》

在2004年4月初，因为有一个外地人跟我说他接到一个业务，说有一口井在常熟要打，然后我就在福前钻井队租了一台钻机。当时我们也没有订合同，只是口头说好250元钱一米，当时我也不知道打井是违法的，因为我们那里打井的人很多，我想他们能打我也能打。

2004年4月12日，我把钻机搬到常熟大义镇，当我们钻到100多米时，常熟市水利局的人来了。我当时也不知道干什么，后来经过有关领导的解说，我才知道私自凿井是违法的。后来我打电话给那个叫我打井的外地人，他电话也不接，厂里老板也找不到。经过这件事我认识到打井需经有关部门批准才可以打的。现在我非常后悔，以后再也不私自打井，再也不做违法的事。希望领导看我年轻无知，对我这次违法行为从轻处理。

2004年4月20日常熟市水利局向常熟市福润纺织工贸有限公司发出的《水行政处罚告知书》（常水罚告字〔2004〕第1号）

因你厂擅自违法凿井的行为，违反了省人大常委会《关于在苏锡常地区限期禁止开采地下水的决定》的规定，依据《关于在苏锡常地区限期禁止开采地下水的决定》第四条的规定，本机关拟对你单位作出：(1)强制填封该眼地下水源井；(2)封井费用由你公司承担；(3)罚款人民币1万元整的行政处罚。

根据《中华人民共和国行政处罚法》第四十二条的规定，你单位可在收到本告知书之日起3日内，到常熟市水利局进行陈述、申辩和要求听证。地址：市政府农水大楼三楼，联系电话：52882444。

逾期视为放弃陈述、申辩和听证的权利。

2004年4月20日常熟市水利局向常熟市福润纺织工贸有限公司发出《水行政处罚决定书》（常水罚字〔2004〕第1号）

现查明你公司于2004年4月16日在公司内擅自违法凿井，违反了省人大常委会《关于在苏锡常地区限期禁止开采地下水的决定》的规定，根据《关于在苏锡常地区限期禁止开采地下水的决定》第四条的规定，决定给予以下行政处罚：(1)强制填封该眼地下水源井；(2)封井费用由你公司承担；(3)罚款人民币1万元整。

当事人对行政处罚决定不服的可以在接到本决定之日起60日内向常熟市人民政府或苏州市水利局申请复议。在收到上述机关不予受理决定书或受理后超过行政复议期限不作答或不服上述复议机关作出的复议决定，应在收到复议决定之日起15日内依法向常熟市人民法院提起行政诉讼，还可以在接到本决定起90日内直接向常熟市人民法院起诉。逾期不申请复议或不向人民法院起诉，又不履行本决定的，我局将依法强制执行或申请人民法院强制执行。

另：罚款由被处罚人在接到本处罚决定书之日起15日内，到常熟市农行虞山办事处(523501040000098)缴纳。如到期未缴纳罚款，每延期1日按罚款数额的3%加处罚款。

2004年8月10日常熟市水政监察大队向常熟市水利局作出的《关于福润纺织工贸有限公司违法凿井案的结案报告》

一、简要案情及调查经过

大义常熟市福润纺织工贸有限公司为解决生产用水问题，事先未经批准由张家港福前钻井队擅自违法凿井一眼。4月16日群众(匿名)举报后，经市水政监察大队现场调查，取得了该单位正在违法凿井的证据，对本案有关涉案人员进行了调查笔录，发出常水停字〔2004〕第001号《责令停止水行政违法行为通知书》，责令该公司立即停止违法行为，听候处理。经集体讨论认为，该单位的行为已经违反了省人大常委会《关于在苏锡常地区限期禁止开采地下水的决定》第四条的规定，于4月19日经市水利局批准同意立案查处。

二、处理情况

1. 对张家港福前钻井队部分凿井设备暂扣,责令写出书面检查,在福润纺织工贸有限公司案件处理结束后发还。

2. 责令福润纺织工贸有限公司写出书面检查,并于2004年4月20日发出常水罚告字〔2004〕第1号《水行政处罚告知书》,该公司认为处罚正确,不需申辩和听证,随即发出常水罚字〔2004〕第1号《水行政处罚决定书》,决定对该单位深井强制填封,由其承担封井费用,并给予罚款人民币1万元整的处罚。

三、执行情况

1. 张家港福前钻井队负责人张勇到市水政监察大队并提交了书面检查,于5月10日领回了暂扣的凿井设备。

2. 4月20日,常熟市福润纺织工贸有限公司提交了书面检查,并在规定期限内至银行缴纳了罚款。

四、结案建议

在规定期限内,常熟市福润纺织工贸有限公司履行了处罚决定,未提出异议,建议结案。

■ 案例评析 ■

该案查处的亮点是:常熟市是属于江苏省人民代表大会常务委员会确定为全面实现禁止开采地下水的地区之一。因此,常熟市福润纺织工贸有限公司在市区范围内擅自(即使申请也是不可能批准的)开凿深井的行为是违反江苏省人大常委会《关于在苏锡常地区限期禁止开采地下水的决定》的。常熟市水利局认真贯彻这个决定和履行职责,按照该公司在特定条件下的违法情节,依据上述决定的第四条规定,对其实施三项行政处罚,适用法律正确,罚项到位。

第一,常熟市水政监察大队在对该案的调查取证中认真细致。如4月16日违法凿井行为被查获时,井已凿深(4月12日开始凿井)120多米、井径为60厘米、井管共为140米(来自勘验笔录)、井址在该公司一车间的洗衣机旁(并附勘验图)等各种情况一目了然。福润纺织公司擅自凿井的违法事实清楚。同时对福前钻井队违法凿井用的580钻头1个、口径708钻管34节依法予以登记保存，现场照片（包括凿井施工、拆除凿井设备和被强制填封后的深井现场）达20张，违法情节的证据确凿。

第二，程序合法。4月16日发现福润纺织公司违法凿井后，常熟市水利局立即做了两件事，一是向福前钻井队（违法单位应为福润纺织公司）发出《责令停止水行政违法行为通知书》；二是对福前钻井队依法采取拆除并暂扣凿井设备予以登记保存的强制措施，使其违法行为得到有效制止。在查处该案的过程中，有受理、立案；调查终结后，分管局长召集有关单位和水政监察大队的人员对案情作了分析研究，形成行政处罚意见报市水利局批准；结案报告内容详实，对告知结果作了交待，并附填封井的费用由福润纺织公司承担缴费的单据。

这是一起查处较好的水事案例，但也还存在一些问题。如发出的责令停止水事违法行为通知中的违法主体错误；行政处罚决定中告知的期限将"3个月"错为"90日"。另外，行政处罚决定书应在处罚告知书发出3日后再发出。行政处罚告知当事人享有的陈述、申辩权或要求举行听证权的期限为3日，尽管当事人在接到告知后，立即作出口头的或书面的（本案未发现放弃权利的书面材料）放弃权利的承诺。但是法律没有规定在限期内不可变更的条款，况且在日常生活中出尔反尔的事颇多，即使有书面的承诺，在限期内也是可以变更的。因此，在限期内当事人如有陈述、申辩的或要求举行听证的，行政机关应当对当事人的陈述和申辩的理由进行复核；符合听证条件，且当事人有听证要求的，行政机关还应当组织听证，然后才能根据上述情况进行研究，作出对原告知的行政处罚是否变更的决定。所以，即使当事人放弃上述权利，行政机关也应在告知的限期期满后再作出行政处罚决定。

案例 18

江苏亚太铝业有限公司违法凿井取用地下水案

■ 案情简介 ■

　　江苏亚太铝业有限公司(以下简称亚太铝业公司)为补充生产用水需要,于 2004 年 3 月向水行政主管部门申请凿井取用地下水,未获批准。亚太铝业公司于 4 月下旬擅自在厂内凿井,5 月初一口深 60 多米的井凿成后便开始取用地下水,每天出水约 20 吨。因该井水满足不了亚太铝业公司淬火工艺的要求,使用 1 个月后就停用了。8 月 25 日,经群众举报,无锡市水政监察支队派员前往调查。通过询问、现场勘验等证实该公司凿井的事实属实,无锡市水利局随即发出《责令停止水行政违法行为通知书》,于 9 月 2 日发出《行政处罚告知书》,9 月 3 日作出罚款 2 万元的行政处罚决定。亚太铝业公司于 9 月 15 日缴纳了罚款。

■ 法律文书文件摘录 ■

　　2004 年 8 月 25 日无锡市水利局向江苏亚太铝业有限公司发出的《责令停止水行政违法行为通知书》(锡水停字〔2004〕第 26

号)

经查,你单位擅自在厂内开凿深井取水用于生产经营的行为,违反了《中华人民共和国水法》、江苏省人民代表大会常务委员会《关于在苏锡常地区限期禁止开采地下水的决定》的规定,现责令立即停止违法行为,听候处理。

2004年8月30日无锡市水政监察支队对江苏亚太铝业有限公司擅自凿井案作出的《水行政违法案件调查报告》

案情经过:2004年8月25日上午9时,一名群众来无锡市水政监察支队上门举报,反映坊前镇的江苏亚太铝业有限公司私自在今年开凿了一口深井,取水用于生产经营,并称井深在百米左右,且每日取水量达150吨。水政监察支队人员立即对其作详细调查笔录,问清具体地点后便赴江苏亚太铝业有限公司的水处理车间旁开挖水泥地面,找到一口设备齐全的井,但不能判断是否是深井。当时该井出水口已被封填,不再使用。通过对该单位的设备科长等知情人员的进一步调查得知,该井是今年4月底开挖的,5月份开始使用,主要作为生产过程中淬火工艺用水,并且也只是在自来水停水或者供水不足时作为补充用水的,用水量不大,一天大约20吨左右。因为井水硬度过高,对产品生产不利,所以该井在使用了大约一个月后便停用了,一直闲置至今。由于厂方提供不出有关成井报告,无法确认井深,故经协商决定于8月26日由市水政监察支队水政监察人员亲自督促将该井起吊进行测量。8月26日上午8点半,在支队水政监察员的亲自监督下开始吊井管,通过一上午工作,最终将21根井管吊出,每根井管长约3米,由此大致测算出该井深度在63米左右,尚不属于二承压深井。据进一步调查得知,江苏亚太铝业有限公司在今年3月底曾向有关水行政主管部门打报告请求开凿60米深的井取水用于生产,但未得到批准。所以在4月份擅自凿开了该井取水。

调查结论及拟处理意见: 江苏亚太铝业有限公司未经水行政主管部门审批同意,擅自开井取水用于生产经营的行为,违反了《中华人民共和国水法》第六条的规定:国家对水资源依法实行取水许可制度和有偿使用制度。依据《中华人民共和国水法》第六十九条第一项的规定,拟作出如下处罚:罚款人民币2万元整。

所附证据材料:(1)调查笔录2份;(2)现场照片8张;(3)有关材料。

2004年9月2日无锡市水利局向江苏亚太铝业有限公司发出的《行政处罚告知书》(锡水罚告字〔2004〕第9号)

因你单位未经水行政主管部门审批同意,擅自开井取水用于生产经营的行为违反了《中华人民共和国水法》第七条的规定,依据《中华人民共和国水法》第六十九条第(一)项,本机关拟对你单位作出罚款人民币2万元整的行政处罚。

根据《中华人民共和国行政处罚法》第三十一条的规定,你单位可在收到本告知书之日起3日内,到无锡市水政监察支队进行陈述和申辩。地址:无锡市永乐路南河浜12号水利大厦13楼,联系电话:5043423。

逾期视为放弃陈述、申辩权利。

2004年9月3日无锡市水利局对江苏亚太铝业有限公司作出的《行政处罚决定书》(锡水罚字〔2004〕第8号)

现查明你单位未经水行政主管部门审批同意,擅自开井取水用于生产经营,违反《中华人民共和国水法》第七条的规定,根据《中华人民共和国水法》第六十九条第(一)项的规定,决定给予以下行政处罚:罚款人民币2万元整。上述罚款,被处罚人在接到本处罚决定之日起15日内,到无锡市商业银行市区任一网点缴纳。如到期未缴纳罚款，每延期1日，按罚款数额的3%加处罚款。

如不服本决定，可以在接到处罚决定之日起60日内向无锡市人民政府或江苏省水利厅申请复议，或在3个月内直接向南长区人民法院起诉。

逾期不申请复议或不向人民法院起诉又不履行本决定的，我局将申请人民法院强制执行或依法强制执行。

■ 案例评析 ■

江苏亚太铝业有限公司擅自凿井的位置在无锡市区，属于江苏省人民代表大会常务委员会《关于在苏锡常地区限期禁止开采地下水的决定》中划定为地下水禁止开采区的范围。在禁采区内，对现有的成井都划定了具体封井计划。因此，亚太铝业公司新凿井取用地下水的申请，理所当然地得不到批准。亚太铝业公司在未获批准后仍然擅自凿井取用地下水，是知法违法的行为，情节恶劣，应依法予以行政处罚。

无锡市水利局在查处该案中存在以下问题：

一是适用法律错误。无锡市水利局认为，亚太铝业公司擅自凿井取用地下水的行为违反了《中华人民共和国水法》第七条的规定。该条是国家对水资源实行取水许可和有偿使用"两个制度"的阐述，与上述行为挂不上钩。依据《中华人民共和国水法》第六十九条第(一)项的规定，仅处2万元的罚款不是行政处罚的目的，重要的是如何对该违法行为采取行政措施，使违法行为得到改正和消除产生的后果。

无锡市水利局应当明确该违法行为发生在地下水禁采区内，其行为违反了《关于在苏锡常地区限期禁止开采地下水的决定》第一条关于"禁止开采地下水"的规定，依据该决定第四条的规定，责令亚太铝业公司停止违法行为，强制封井，并处2万元的罚款。

二是行政处罚决定中未按法律规定载明亚太铝业公司的违法事

实及其证据。

　　三是对亚太铝业公司罚款 2 万元的行政处罚，属较大数额的罚款，应向该公司发出听证告知。根据江苏省人民政府 1997 年 1 月 7 日印发的《江苏省行政处罚听证程序规则（试行）》第二条第一款规定："本规定适用于本省行政区域内的行政机关……拟作出的……较大数额罚款的行政处罚。"该条第二款又规定："前款所称的较大数额罚款，是指对非经营活动中公民的违法行为处以 500 元以上，法人或者其他组织的违法行为处以 1000 元以上，对经济活动中的违法行为处以 2 万元以上的罚款。"因此，在向亚太铝业公司发出对行政处罚告知有陈述、申辩权的同时，也应告知其有要求举行听证的权利。另外，无锡市水利局 9 月 2 日向亚太铝业公司发出《行政处罚告知书》，仅隔一天就于 9 月 3 日向其作出《行政处罚决定书》，显然违反程序。因告知其"在收到本告知书之日起 3 日内"依法享有陈述和申辩权。在案卷中无该公司放弃陈述或申辩的记载。如亚太铝业公司在限期内不放弃此权利怎么办呢？行政处罚决定应当在告知的限期期满之后无陈述或申辩的情况再作出为妥。

　　四是亚太铝业公司知法违法，情节恶劣，应严肃处理。该井不仅要依法填封，还要对亚太铝业公司取用地下水一个月，每天按最低取水量 20 吨计算，根据《江苏省水资源费征收使用管理暂行办法》第四条的规定，依法追缴水资源费。

案例 19

常州市红星灯具厂
擅自扩大取水违法凿井案

■ 案情简介 ■

常州市红星灯具厂(以下简称红星灯具厂)原有 25 米深的浅井一眼,因该井出水量不能满足该厂生产、生活需要,为扩大取水,红星灯具厂于 2006 年 10 月下旬在原井位置施工凿一深井。至 2006 年 11 月 6 日被常州市水政监察支队查获时,新凿井深已达 42 米。常州市水利局随即立案查处,并将违法凿井施工的卷扬机 1 台、泥浆泵 1 台、电动机 2 台作为证据先行登记保存。经过调查、询问、现场勘验和拍摄照片,红星灯具厂违法凿井的事实清楚、证据确凿。常州市水利局决定依据《江苏省水资源管理条例》第四十八条的规定,对红星灯具厂处以罚款 4000 元的行政处罚。2006 年 11 月 15 日红星灯具厂缴纳罚款后,常州市水利局返还了先行登记保存的施工机具。

■ 法律文书文件摘录 ■

2006 年 11 月 9 日常州市水政监察支队对红星灯具厂违法凿井案作出的《水事案件调查报告》

案件的由来及调查经过：2006年11月6日，市水政监察支队执法人员发现常州市红星灯具厂内正在从事凿井施工。经查，常州市红星灯具厂原有浅井1眼，井深25米(有取水许可证)，因该井取水不能满足企业生产需要，加上最近该井井管受损，取水不畅，为扩大取水，该企业于10月25日向青龙街道水利站递交重新开凿取水井申请，在尚未得到水行政主管部门批准的情况下，就擅自在原浅井位置进行凿井施工。为有效制止该水事违法行为和便于进一步进行调查，当日下午执法人员对正在使用中的凿井设备采取了证据先行登记保存措施，存放在青龙街道水利站。11月9日，市水政监察支队派水政监察人员对该井进行测量，确定井深为42米。

查明的事实和证据：(1)常州市红星灯具厂未经水行政主管部门批准擅自实施扩大取水的凿井行为；(2)执法人员在施工现场，对凿井施工人员依法进行问询并制作了问询笔录；(3)执法人员采取证据先行登记保存措施后，保存在青龙街道水利站的常州龙泉凿井安装有限公司凿井设备卷扬机1台、电动机2台、泥浆泵1台；(4)该单位行为违反《江苏省水资源管理条例》第三十九条第一款的规定。

调查结论及建议：常州市红星灯具厂违反《江苏省水资源管理条例》第三十九条第一款的规定，建议依据《江苏省水资源管理条例》第四十八条的规定对该单位进行立案查处。

2006年11月9日常州市水利局向常州市红星灯具厂发出的《行政处罚事先告知书》(常水罚告字〔2006〕01号)

经查，你单位未经水行政主管部门批准，擅自实施了扩大取水的凿井行为，违反了《江苏省水资源管理条例》第三十九条第一款的规定。依据《江苏省水资源管理条例》第四十八条的规定，拟对你单位作出处4000元人民币罚款的行政处罚。

依据《中华人民共和国行政处罚法》第六条第一款、第三十一条、第三十二条的规定，你单位可以在收到本告知书之日起3日内到常州市水利局进行陈述和申辩，逾期视为放弃陈述和申辩的权利。

2006年11月13日常州市水利局对常州市红星灯具厂作出的《行政处罚决定书》（常水罚字〔2006〕第01号）

经查，你单位未经水行政主管部门批准，擅自实施了扩大取水的凿井行为，违反了《江苏省水资源管理条例》第三十九条第一款的规定。

以上事实有常州市水利局执法人员对你单位法人代表江小林的问询笔录1份、违法凿井施工现场影像资料（照片）1份、水事违法案件现场勘验笔录1份、保存在青龙水利站的常州市龙泉凿井安装有限公司为你单位进行凿井的施工设备4件为证。

依据《江苏省水资源管理条例》第四十八条的规定，现决定对你单位处4000元人民币罚款的行政处罚。

你单位接到本通知书之日起15日内将罚款缴到常州市商业银行代收罚款网点缴纳罚款（代码120100），逾期每日按罚款数额的3%加处罚款。

如不服本处罚决定，可在接到本决定书之日起60日内向常州市人民政府或江苏省水利厅申请复议，也可在接到本决定书之日起3个月内直接向新北区人民法院提起诉讼。逾期不申请复议或不向人民法院起诉又不履行本决定的，本机关将依法申请人民法院强制执行或依法强制执行。

2006年11月15日常州市水政监察支队作出的《水事案件结案报告》

简要案情及调查经过：常州市红星灯具厂因原有一口浅井（有取水许可证）取水不能满足生产需求，加上最近因井管受损不能正常取水，在未经水行政主管部门审批的情况下，为了扩大取水，请施工单位常州市龙泉凿井安装有限公司在该厂原浅井位置重新凿井。2006年11月6日，市水政监察支队执法人员对这起违法凿井行为进行了制止，并对凿井施工设备采取了证据先行登记保存措施。2006年11月9日，市水政监察支队派员对该井进行测量，深度为42米。

处理情况： (1)常州市红星灯具厂擅自扩大取水的凿井行为违反《江苏省水资源管理条例》第三十九条第一款的规定，依据《江苏省水资源管理条例》第四十八条的规定，处该企业4000元人民币罚款；(2)常州市龙泉凿井安装有限公司的施工设备已返还该公司。

执行情况： 常州市红星灯具厂已按常州市水利局《行政处罚决定书》（常水罚字〔2006〕第01号）履行处罚决定。

■ 案例评析 ■

第一，水行政机关在查处该案时，应当明确两点：一是红星灯具厂地处常州市区，属省人民政府划定的禁止开采地下水的地区；二是红星灯具厂虽在原仅25米深的浅井位置上开凿新井（至发案时止），已达42米深，还要继续加深，其性质是开凿深井的行为。因此，红星灯具厂为了扩大取水擅自凿井的行为，违反了《江苏省水资源管理条例》第十四条第一款中关于"在地下水禁止开采区内，禁止开凿深井"的规定，或者违反了江苏省人大常委会《关于在苏锡常地区限期禁止开采地下水的决定》第四条中关于"一律停止批准凿井，禁止新打深井"的规定。这是确定红星灯具厂违法凿井的性质和实施行政处罚的法律依据。

第二，该案查处中适用法律错误。常州市水利局把红星灯具厂违法凿井的行为认定为违反了《江苏省水资源管理条例》第三十九条第一款的规定，是没有明确上述两点的错误认定，并依据该条例第四十八条的规定，只认定其"未经批准擅自扩大取水"，而回避了新凿深井的事实，对其作出4000元罚款的行政处罚了事。那么，对这口新凿井是如何处理的，行政处罚决定中并未提及。在《水事违法案件调查终结审批表》的"调查结论及处理意见"栏内,承办人曾提出"提议责令补办扩大取水的审批手续",在调查报告中有"该企业于10月25日向青龙街道水利站递交重新开凿取水井申请"的记载。扩大取水和开凿新井是两个不同的概念。扩大取水受各地总量控制,水行政主管部门如同意,可在总量控制的基础上作适当调剂。在地下水禁采区开凿新井,根据国务院《取水许可和水资源费征收管理条例》第二十条第一款第(一)项的规定,是不可能批准的;江苏省人大常委会《关于在苏锡常地区限期禁止开采地下水的决定》第四条也将此行为列入禁止之内。

第三,对违法行为人实施行政处罚,不得以罚款代替其他的行政措施。对红星灯具厂仅处以4000元罚款的行政处罚是远远不够的。其一,应首先责令其改正违法行为(恢复原状或封堵已凿井),先采取行政措施,然后再裁量罚款;其二,《关于在苏锡常地区限期禁止开采地下水的决定》第四条和《江苏省水资源管理条例》第十四条第一款对该行为的处罚额度是1万元以上5万元以下。

第四,对红星灯具厂违法凿井行为的处理应当是:其一,该行为违反了《关于在苏锡常地区限期禁止开采地下水的决定》第四条关于"苏锡常地区一律停止批准凿井,禁止新打深井"的规定。应责令其停止违法行为,强制封井(封井费用由红星灯具厂承担),并处1万元以上5万元以下的罚款。其二,也可适用违反了《江苏省水资源管理条例》第十四条第一款关于"地下水禁止开采区内,禁止开凿深井"的规定,依据《江苏省水资源管理条例》第四十四条第一款的规定,应责令其限期(由市水利局确定适当日期,如7日或15日内)封井,处以1万元以上5万元以下的罚款(由市水利局裁量)。

案例 20

常州市正航装饰材料有限公司擅自凿井取用地下水案

■ 案情简介 ■

常州市正航装饰材料有限公司(以下简称常州正航公司)于2005年6月擅自在厂区内凿管径为2寸、深38米的井一口。2006年1月9日被常州市武进区水利局查获,经派员调查和现场勘察,常州正航公司违法凿井取用地下水的情况属实。武进区水利局在时隔一个月后的2月9日告知常州正航公司停止违法行为,又于近5个月后的7月4日向该公司发出:(1)责令停止违法行为;(2)限于2006年7月20日前封井;(3)补缴水资源费3.12万元;(4)罚款2万元的行政处罚和依法享有陈述和申辩权的告知书。2006年7月31日,武进区水利局改变行政处罚为免于行政处罚和补缴水资源费2万元的处理决定。常州正航公司于2006年8月2日补缴了水资源费2万元。

■ 法律文书文件摘录 ■

2006年7月4日常州市武进区水政监察大队对常州市正航装饰材料有限公司违法凿井取用地下水案作出的《水行政违法案件调查报

告》

案情经过：2006年1月9日我局派员到常州正航装饰材料有限公司实地勘察，发现其使用地下水，经调查了解常州正航装饰材料有限公司未经水行政主管部门审批，于2006年6月擅自在厂区内取用地下水，井深38米，管径为2寸。当事人说其单位井水流量为2.0吨每小时。该单位有员工50人。未接自来水。

调查结论及拟处理意见：该厂上述行为违反了《中华人民共和国水法》第四十八条第一款：直接从地下取用水资源的单位和个人，应当按照国家取水许可制度和水资源有偿使用制度的规定，向水行政主管部门或者流域管理机构申请领取用水许可证，并缴纳水资源费。

建议根据《中华人民共和国水法》第六十九条第一款的规定处理如下：

1. 责令该厂停止违法行为；
2. 采取补救措施，限期封井；
3. 补缴水资源费：（1）按照流量计算，应该补缴：$2 \times 24 \times 25 \times 13 \times 2.0 = 31200$ 元人民币；（2）按照用水定额120升每天每人计算：$50 \times 120 \div 1000 \times 25 \times 11 \times 2.0 = 3300$ 元人民币；由于该单位没有接自来水，所以建议按流量计算应当补交水资源费31200元；
4. 根据《中华人民共和国水法》第六十九条第一款的规定，建议处2万元的罚款。

所附证据材料：调查笔录、现场照片、现场监测记录。

2006年2月9日常州市武进区水利局对常州市正航装饰材料有限公司发出的《责令停止水行政违法行为通知书》（武水通知字〔2006〕第3号）

经查，你公司未经水行政主管部门审批同意，擅自凿井取用地下水。你公司的上述行为违反了《江苏省水资源管理条例》的有关规定。现责令你公司立即停止上述违法行为，并请你公司法定代表人（或由法定代表人出具委托书的被委托人）于2006年2月16日到武进区水政监察大队（地址：武进区湖塘镇延政路水利局大院内，电话：6311077）接受调查。

2006年7月4日常州市武进区水利局对常州市正航装饰材料有限公司发出的《水行政处罚告知书》（武水罚字〔2006〕第9号）

经查，你公司未经审批同意，擅自取用地下水。你公司的上述行为违反了《中华人民共和国水法》第四十八条的规定。

依照《中华人民共和国水法》第六十九条第一款的规定，责令你公司立即停止违法行为，限期采取补救措施，于2006年7月20日前封井，补缴水资源费31200元人民币，处以罚款2万元人民币。

依照《中华人民共和国行政处罚法》第三十一条、第三十二条的规定，你公司对我局拟作出的行政处罚决定享有陈述、申辩的权利。你公司如要求申辩的，应在接到本告知书之日起3日内向我局提出，逾期不提出的，视为放弃要求申辩的权利。

特此告知。

附：补交水资源费清单

常州市正航装饰材料有限公司补交水资源费测算清单

按流量计算：2吨每小时

水资源费征收标准：2.0元每吨

计算时间：2005年6月1日至2006年6月30日

应补交水资源费：$2 \times 24 \times 25 \times 13 \times 2.0 = 31200$ 元

建议补交31200元。

2006年7月31日常州市武进区水利局对常州市正航装饰材料有限公司作出的《处理决定书》（武水处字〔2006〕第4号）

经查，你单位未经水行政主管部门审批同意，擅自取用地下水。你单位的上述行为违反了《中华人民共和国水法》第四十八条的规定。经宣传教育，你单位能够主动采取补救措施，填封取水井。

依照《中华人民共和国水法》第六十九条、《中华人民共和国行政处罚法》第二十七条的规定，对你单位处理决定如下：(1)免于对你单位的行政处罚；(2)补交水资源费2万元人民币。

■ 案例评析 ■

2006年7月4日，常州市武进区水利局向常州正航装饰材料有限公司发出行政处罚告知书，常州正航公司在规定的限期并未对拟处罚的内容作出陈述或申辩。武进区水利局于7月31日以"经宣传教育，你单位能够主动采取补救措施，填封取水井"的理由，作出免于行政处罚、补交2万元水资源费的处理决定，是违背法律的有关规定的。

第一，免于行政处罚的依据是《中华人民共和国行政处罚法》第二十七条第二款关于"违法行为轻微并及时纠正，没有造成危害后果的，不予行政处罚"的规定。常州正航公司擅自凿井取用地下水的行为果真如此吗？其一，武进区属常州市区，被省人大常委会划为禁采区，决定自2000年9月1日起一律停止批准凿井。尽管这口井是浅水井，但未经批准在禁采区内凿井取水的时间长达一年有余，不能作为"轻微"的认定。其二，常州正航公司填封取水井的时间既不是被发现的1月9日，也不是在作出责令停止违法行为通知的2月9日，而是在发出限于7月20日前封井的处罚告知后，这样的行为不应算作是"主动"。其三，苏锡常地区过去正因为对地下水的滥采或过量开采，给上述地区造成地面沉陷等地质性灾害，方被划为禁采区，这种从量变到质变需要经过一定时间的积累。因此，不能认为常州正航公司凿了一口浅水井取用地下水就会造成严重后果，但也没有经过科学认证认为不会造成危害后果。苏锡常地区实施了禁采，地下水位得到迅速上升，如果不禁采，地面沉陷等地质性灾害必然加剧。

第二，对常州正航公司先处以补交3.12万元水资源费的处罚的依据是计算出来的，而后处以补交2万元水资源费的依据是怎么来的，该不是估出来的吧！

第三，根据常州正航公司已经封填该井的违法情节，建议应用国务院《取水许可和水资源费征收管理条例》第五十三条第一款中关于对"未安装计量设施的，责令限期安装（已不存在），并按照日最大取水能力计算的取水量和水资源费征收标准计征水资源费，处5000元以上2万元以下罚款"作依据实施行政处罚较为合理。

案例21

南通市亚联针织染整有限公司违法凿井案

■ 案情简介 ■

2005年2月23日,南通市亚联针织染整有限公司(以下简称亚联针织染整公司)在厂内污水处理池附近擅自凿井。经群众举报,3月1日经南通市水政监察支队与市节水办共同派员到现场调查、取证,情况属实。亚联针织染整公司部分布染对用水要求较高,自来水水质不符合要求,于是委托海安县天盟岩水工程有限公司为其凿深200米、滤水管口径210毫米、井管口径273毫米、每小时出水量达50吨的深井一口。至案发时止,已施工8天。南通市水利局于3月2日下达《责令停止水行政违法行为通知书》,3月3日发出《水行政处罚告知书》,并于当日对亚联针织染整公司作出限于2005年4月20日前补办凿井批准手续、罚款1万元的行政处罚。根据档案材料,亚联针织染整公司于2005年3月23日缴纳罚款11500元;根据结案报告记载,亚联针织染整公司"办理了有关取水凿井手续"。该案于2005年5月7日结案。

■ 法律文书文件摘录 ■

2005年3月2日南通市水利局对南通市亚联针织染整有限公司

发出的《责令停止水行政违法行为通知书》(通水处字〔2005〕第04号)

经查,你单位未经水行政主管部门批准,擅自在公司污水处理池附近开凿200米左右深井,违反了《江苏省水利工程管理条例》第十四条的规定,现责令立即停止违法行为,于2005年3月3日15时前到南通市水利局听候处理。否则,将依法追究法律责任。

2005年3月3日南通市水政监察支队对南通市亚联针织染整有限公司擅自凿井案作出的《水事案件调查报告》

当事人情况: 南通市亚联针织染整有限公司坐落在港闸区城港路20-1号;法定代表人:官其顺;注册资本1200万元人民币;经营针纺织品生产、销售,服装、布料染整加工及销售,糖的收购、销售。

案情经过: 经调查南通市亚联针织染整有限公司在自己的污水处理池边,于2005年2月25日请海安县西场钻井队,在没有水利部门批准的情况下,准备打一口深100多米的井,目前已经施工了8天。在市水政监察支队的制止下,目前该工程已经停止施工等待处理。

调查结论及依据: 南通市亚联针织染整有限公司未经批准擅自凿井的行为违反了《江苏省水资源管理条例》第十四条第二款的规定。

处理建议及依据: 根据《江苏省水资源管理条例》第四十四条第二款的规定,拟给予罚款人民币1万元整的处罚,并责令该单位在3月20日前补办凿井取水许可批准手续。

2005年3月3日南通市水利局对南通市亚联针织染整有限公司

发出的《水行政处罚告知书》(通水罚告字〔2005〕第04号)

经查,你单位于2005年2月23日起在你公司污水处理池附近未经水行政主管部门批准擅自凿井的行为,违反了《江苏省水资源管理条例》第十四条第二款的规定。按照《江苏省水资源管理条例》第四十四条第二款的规定,拟给予:(1)罚款人民币1万元整的处罚;(2)限期于3月20日前补办凿井取水许可批准手续的行政处罚。

根据《中华人民共和国行政处罚法》的规定,你单位依法享有陈述和申辩的权利。请在接到本告知书之日起3日内到我局进行陈述和申辩并提出证据,否则视为放弃陈述和申辩的权利。特此告知。

2005年3月3日南通市水利局对南通市亚联针织染整有限公司发出的《水行政处罚决定书》(通水罚字〔2005〕第04号)

现查明,你单位于2005年2月23日起在自己公司污水处理池附近擅自违章凿井,该行为违反了《江苏省水资源管理条例》第十四条第二款的规定。以上事实有现场照片、调查笔录、打井位置现场示意图等为证。根据《江苏省水资源管理条例》第四十四条第二款的规定,我局决定给你单位以下行政处罚:(1)限期于3月20日前补办凿井取水许可批准手续;(2)罚款人民币1万元整。

以上处罚,请你单位自觉履行。罚款于15日内交至南通市商业银行。

如不服本处罚决定的,可在接到本处罚决定书之日起60日内向南通市人民政府或江苏省水利厅申请复议;也可在接到本决定书之日起3个月内直接向南通市崇川区人民法院提起行政诉讼。逾期不申请复议或不向人民法院起诉又不履行本决定的,我局将依法申请人民法院强制执行或依法强制执行。

Weifa Zaojing An ■违法凿井案■

2005年5月7日南通市水政监察支队向南通市水利局呈送的《水事案件结案审批表》

案情及调查经过：南通市亚联针织染整有限公司于2005年2月23日起在自己公司内污水处理池附近擅自违章凿井，立案后市水政监察支队进行了调查取证，确认该行为违反了《江苏省水资源管理条例》第十四条第二款的规定。以上事实有现场照片、调查笔录、打井位置现场示意图等为证。根据《江苏省水资源管理条例》第四十四条第二款的规定，我局决定给你单位以下行政处罚：(1)限期于3月20日前补办凿井取水许可批准手续；(2)罚款人民币1万元整。

处理及执行情况：南通市亚联针织染整有限公司已自觉履行了水行政处罚决定，办理了有关取水凿井手续。

■ 案例评析 ■

该案从2005年3月1日接到群众举报，南通市水政监察支队立即派员到现场调查，经过立案，向当事人调查、询问、现场取证，3月3日即作出了《重大水行政案件集体讨论处理意见》(该处理意见仅有"案件简要情况"，是市水利局还是市水政监察支队的集体讨论，哪些人参加的均无记载)，南通市水利局向南通市亚联针织染整有限公司发出《水行政处罚告知书》(同日该公司有关负责人薛某某在告知书上签了"同意处罚"的答复)，紧接着南通市水利局对亚联针织染整公司作出《水行政处罚决定书》。对这起案件仅用了3天时间就作出处罚决定，可谓效率之高；但在同一天行政机关先后对该案作出集体讨论处理意见、行政处罚告知和处罚决定是十分罕见的。纵观该案的查处过程，确是十分草率的，有以下几个问题需要探讨。

一是亚联针织染整公司未经水行政主管部门批准，擅自在公司内凿井的行为之所以违反了《江苏省水资源管理条例》第十四条第二款的规定，是因为：其一新增了深井数量，其二必然增加地下水的开采量。南通市水利局应依据《江苏省水资源管理条例》第四十四条第二款关于"在地下水限制开采区内,擅自增加深井数量的,责令其限期封井或采取补救措施,并可处1万元以上3万元以下的罚款"的规定对其实施行政处罚。

二是南通属地下水限制开采区,对亚联针织染整公司"擅自增加深井数量的"行为实施行政处罚,其一应是"责令限期封井或采取补救措施";其二是罚款。该案中南通市水利局没有责令亚联针织染整公司限期封井,而是责令其"采取补救措施"。但是,该案中应采取的补救措施应当是减少新增的深井数量和压缩地下水开采量,这是亚联针织染整公司无法做到的。南通市水利局对亚联针织染整公司只能作出"责令限期封井"的行政处罚决定,而作出"限于2005年3月20日前补办凿井批准手续"的处罚决定是不妥的。

三是"限期补办凿井批准手续"不是行政处罚的种类,作为一种行政措施也必须有法律依据。根据《江苏省水资源管理条例》第三十六条第一款的规定,亚联针织染整公司需要取用地下水,其程序应首先向水行政主管部门作出取水许可申请,在获得批准后,施工单位方可凿井。井成后,经水行政主管部门测定,核定取水量后,领取取水许可证。行政机关对违法单位作出"限期补办凿井批准手续"的措施是程序倒置。

鉴于该案的具体情况,亚联针织染整公司在接到南通市水利局作出的《责令停止违法行为通知书》后,应主动按上述程序向南通市水利局提交取水许可申请。南通市水利局应本着"增一减一"和不增加地下水总开采量的原则,在全市范围内做合理调剂。可调剂的则批准,再按后续程序办理取水许可手续;若不可调剂,则不予批准,对其作出责令限期封井和罚款的行政处罚。

四是该案中罚款1万元,而亚联针织染整公司却缴纳11500元。案卷中没有记载原因或说明。在结案报告的"处理及执行情况"栏中,只作了亚联针织染整公司"已自觉履行了行政处罚决定,办理了有关取水凿井手续"的记载显然是不够的。尽管办理取水凿井手续不是该案查处的范畴，但却是该案中行政处罚决定的重要内容，应详细记载什么时间、经哪级水行政机关批准的说明。按规定，这个批准权在江苏省水利厅而不在南通市水利局。

案例 22

扬州万达羽绒制品股份有限公司违法凿井案

■ 案情简介 ■

扬州万达羽绒制品股份有限公司(以下简称万达羽绒公司)为水洗羽绒,计划在新厂区加工基地内凿 170 米深井一口。于 2007 年 1 月 2 日由扬州市邗江区八里机械凿井工程处(以下简称八里凿井队)开始施工。1 月 9 日扬州市邗江区水利农机局立案,邗江区水政监察大队于 1 月 10 日开展调查,发现已凿 140 米深,井口径为 60 厘米。1 月 11 日邗江区水利农机局向万达羽绒公司发出《责令停止水行政违法行为通知书》,1 月 17 日调查终结,1 月 30 日向万达羽绒公司发出《行政处罚告知书》,4 月 2 日作出责令该公司 20 日内封闭违法水源井和罚款 0.5 万元的行政处罚决定。万达羽绒公司于 4 月 4 日自行封闭了该井,4 月 10 日缴纳了罚款。

■ 法律文书文件摘录 ■

2007 年 1 月 11 日扬州市邗江区水利农机局向扬州万达羽绒制品股份有限公司发出的《责令停止水行政违法行为通知书》(扬邗水机责停字〔2007〕第 1 号)

经群众举报，我局依法调查，查明你公司未经批准擅自在槐泗镇工业区凿井，其行为违反了《中华人民共和国水法》第六十五条、《取水许可和水资源费征收管理条例》第二十一条之规定。现责令停止违法行为，听候处理。

2007年1月17日扬州市邗江区水政监察大队对扬州万达羽绒制品股份有限公司违法凿井向邗江区水利农机局作出的《水行政违法案件调查报告》

案情经过：经查明，扬州万达羽绒制品股份有限公司未经水行政主管部门批准，擅自在槐泗镇工业区新厂区加工基地内开凿深井，其行为违反了《取水许可和水资源费征收管理条例》第二十一条之规定。

调查结论及拟处理意见：该公司的凿井行为违反了《取水许可和水资源费征收管理条例》第二十一条之规定，应根据《取水许可和水资源费征收管理条例》第四十九条规定进行处理。

所附证据材料：水行政调查笔录3份；现场证物照片2幅；该公司工商登记证明材料1份；凿井合同书1份。

2007年1月30日扬州市邗江区水利农机局向扬州万达羽绒制品股份有限公司作出的《行政处罚告知书》（扬邗水机处告字〔2007〕第1号）

本局依法查处你公司违法凿井一案，现已调查终结。依据《中华人民共和国行政处罚法》第三十一条之规定，现将本局拟对你公司作出行政处罚的事实、理由告知如下：

经查明，你公司未经水行政主管部门批准，擅自在槐泗镇工业区新厂区加工基地内开凿深井，其行为违反了《取水许可和水资源费征收管理条例》第二十一条之规定。

现根据《取水许可和水资源费征收管理条例》第四十九条之规定，拟对你公司作出如下行政处罚：(1)限你公司在接到本处罚决定书之日起20日内自行封闭违法水源井；(2)罚款人民币5000元整。

对上述内容，你公司有陈述、申辩的权利。

2007年4月2日扬州市邗江区水利农机局向扬州万达羽绒制品股份有限公司作出的《水行政处罚决定书》（扬邗水机处字〔2007〕第1号）

经查明，你公司未经水行政主管部门批准，擅自在槐泗镇工业区新厂区加工基地内开凿深井，其行为违反了《取水许可和水资源费征收管理条例》第二十一条之规定。根据《取水许可和水资源费征收管理条例》第四十九条之规定，现决定给予你公司下列行政处罚：(1)责令你公司在接到本处罚决定书之日起20日内自行封闭违法水源井；(2)罚款人民币5000元整。

履行方式和期限：自接到本处罚决定书之日起20日内封闭违法水源井并向扬州市邗江区农业银行财政专户（地址：扬州市文昌中路616号）缴纳罚款。

到期不缴纳罚款的，每日按罚款数额的3%加处罚款。

如对本行政处罚不服，可于收到本决定书之日起60日内向扬州市水利局或扬州市邗江区人民政府申请复议，或于收到本决定书之日起3个月内向扬州市邗江区人民法院提起行政诉讼。

对行政处罚决定书不服申请行政复议或者提起行政诉讼的，本行政处罚不停止执行。逾期不申请行政复议或者不向人民法院起诉又不履行本处罚决定的，我局将申请人民法院强制执行。

2007年4月11日扬州市邗江区水政监察大队对扬州万达羽绒制品股份有限公司违法凿井案向邗江区水利农机局作出的《水事案

件结案报告》

简要案情及调查经过：扬州万达羽绒制品股份有限公司未经批准，擅自在槐泗镇工业区新厂区加工基地内开凿深井，其行为违反了《取水许可和水资源费征收管理条例》第二十一条之规定。

处理情况：责令当事人在接到处罚决定书之日起20日内封闭违法水源井，并罚款人民币5000元整。

执行情况：当事人于2007年4月4日自行封闭了违法水源井，后于4月10日缴纳了罚款人民币5000元。

承办机构建议：建议结案。

■ 案例评析 ■

这是一起情节并不复杂，违法凿井性质非常明显的水事案件。但是，扬州市邗江区水利农机局在查处该案时却存在以下几个问题：

一是适用法律错误。首先应当为扬州万达羽绒制品股份有限公司未经批准、擅自在加工基地内凿井的行为定性，这是个货真价实的违法凿井行为。那么，这种行为究竟违反了什么法呢？

《取水许可和水资源费征收管理条例》第二十一条主要是阐述水行政主管部门对未取得取水申请批准的，项目主管部门不得审批、核准该建设项目的程序，显然与万达羽绒公司擅自凿井的行为风马牛不相及。依据上述条例第四十九条实施行政处罚的，需分三步进行：其一，未取得批准文件的，应责令停止违法行为，限期补办取水许可手续，扬州市区属地下水限制开采区，不得新增深井数量，显然申请新凿深井取水是不可行的；其二，逾期不补办或补办未被批准，应责令限期封闭其所凿深井；其三，只有在逾期不封闭所凿深井时，由邗江区水利农机局组织封闭，所需费用由万达羽绒公司承担，处5万元以下罚款。而邗江区水利农机局是将第二种情形中的补救措施与第三种情形中的罚款合并作为处罚，是违背该条例规定的。

万达羽绒公司违法凿井的行为，违反了《江苏省水资源管理条例》第十四条第二款关于"在地下水限制开采区内，不得新增深井数量"的规定，依据该条例第四十四条第二款的规定，邗江区水利农机局应对万达羽绒公司处以责令其限期（可 7 日、10 日或 15 日）封井、处 1 万元以上 3 万元以下罚款的行政处罚。

二是行政处罚决定中未载明万达羽绒公司违法行为的事实和证据，对其处以 0.5 万元罚款的裁量过轻。

三是未对邗江八里凿井队的凿井机具依法采取相应的措施。对万达羽绒公司于 2007 年 4 月 4 日封闭了该井（结案报告中的执行情况语）的具体情况，邗江区水利农机局是否派员对封闭后的深井进行检查和复核，档案中均无记载。

案例23

响水博霖医药化工有限公司
违法凿井取用地下水案

■ **案情简介** ■

响水博霖医药化工有限公司(以下简称博霖医药公司)于2004年2月4日雇如皋市机械钻井队在响水县陈港化工园厂区凿井。盐城市水政监察支队于2月13日接到举报后,责成响水县水政监察大队前往制止并开展调查。但博霖医药公司并没有停止凿井,于2月23日凿井完成,4月20日取用地下水。该井深达162米,取水层在146~158米之间,属深水井,每天用水量约20吨。经调查取证,博霖医药公司擅自凿井取用地下水的违法行为属实。盐城市水利局经讨论认为,响水县违法凿井事件时有发生,博霖医药公司违法所凿的井应依法填封,但难度太大,由响水县政府责成将该井的产权移交给龙源供水公司作为备用水井。盐城市水利局于2004年7月22日发出处罚告知书,7月29日作出"停止违法行为,采取补救措施,罚款4万元的行政处罚决定"。当日博霖医药公司即缴清了罚款。

■ **法律文书文件摘录** ■

2004年5月16日盐城市水政监察支队对响水博霖医药化工有

限公司擅自凿井取水案作出的《水事违法案件调查报告》

案情经过：2004年2月13日，我局接群众举报，响水博霖医药化工有限公司在公司内非法凿井，随后我局指派响水县水务局先行调查处理。响水县水务局于2月15日到现场调查并责令停止违法行为接受处理，响水博霖医药化工有限公司承诺停止施工。2月20日我局又接群众举报，响水博霖医药化工有限公司非法凿井仍继续进行。对此，我局一方面要求响水县水务局制止违法行为，另一方面决定立案查处，并向市优化办汇报情况。待我局执法人员2月24日去该公司调查时发现，该公司已将开凿的地下水井打成。通过对化工园区供水水源状况调查，化工园区内的龙源供水有限公司既有地表水，又有地下水，而且供水管道已到达该公司。对此，调查人员向该企业进行了水法律法规的宣传，对我局2003年在响水县境内严肃查处的几起违法凿井案情况进行了介绍，调查人员按程序进行调查取证、制作调查笔录。并会同响水县水务局执法人员将响水博霖医药化工有限公司违法凿井情况向响水县陈家港镇镇政府、陈家港化工园区管委会和响水县政府办公室负责人分别进行了通报，请两级政府敦促该企业依法办事。陈家港镇政府负责人提出：该地区经济条件比较差，招商引资困难，为地方经济发展，恳请我局处理时能区别对待。响水博霖医药化工有限公司提出：医药化工属特殊行业，企业用水要求高，化工园区现有水源水质达不到企业用水标准。根据上述情况，我局调查人员提出了对响水博霖医药化工有限公司违法凿井案拟处理意见：第一方案，如果该地区属地下水禁采区，那么新凿地下水井必须无条件封填。第二方案，如该地区不属禁采区，满足下面两个条件，我局将与响水县水务局一道向省水行政主管部门汇报情况，按规定办理取水许可手续：(1)企业需在两个星期内向我局提供特殊行业用水水质标准；(2)新凿地下水井水质符合企业用水要求，同时现有水源水质低于新凿地下水井的水质，否则，新凿地下水井也必须封填。我局调查人员最后强调，不论采取上述何种方案处理，对响水博霖医药化工有限公司非法凿井行为必须处以罚款。并要求响水县水务局将上述情况向县政府进行书面报告。

3月26日，我局调查人员再次去响水博霖医药化工有限公司了解情况，并告知该地区属地下水超采区，对违法凿井采取第二方案处理，再次要求该公司尽快提供行业用水水质标准。4月6日我局落实响水县水务局对该井水质进行取样化验。4月20日响水博霖医药化工有限公司开始取用违法凿井的地下水。4月21日我局调查人员会同响水县水务局执法人员向陈家港化工园区负责人通报响水博霖医药化工有限公司地下水水质化验结果。经比较，响水博霖医药化工有限公司地下水水质同现有水源水质基本一致。同时，该公司始终未能提供特种行业用水水质标准，而且该公司又是自来水管网到达地区。对此，我局调查人员明确提出，拟实施封填违法开凿的地下水井，并处以低限罚款。化工园区负责人徐主任提出，陈家港化工园区目前只有一眼地下水井，考虑到化工园区的发展及现有地下水井维修等因素，请求将响水博霖医药化工有限公司地下水井作为化工园区备用地下水井。水井的产权、管理权全部交龙源供水有限公司，服从县水务局统一管理。并介绍，化工园区已就此事向县领导进行了报告，考虑到企业系招商引资进来的，化工园区同企业对有关问题进行了认真的沟通。响水县水务局郭书记也请我局能考虑徐主任的建议。

对响水县水务局和陈家港化工园区的请求，我局进行了认真研究，初步同意他们的请求，但必须满足三个条件：（1）响水县境内今后不得再次出现违法凿井行为；（2）响水博霖医药化工有限公司用水由县水务局统一管理，实行市场化运作，优水优用，地下水仅满足生活用水需要；（3）如果将响水博霖医药化工有限公司地下水井作为备用水井，必须对响水博霖医药化工有限公司给予10万元的经济处罚。对此，4月28日我局调查人员专程去响水县政府向分管工业的武振华副县长通报了响水博霖医药化工有限公司违法凿井情况及我局拟处理意见，请响水县政府支持水利部门的工作。武副县长对此进行了表态，一是响水县政府一定支持水利部门的工作；二是请市水利局能考虑响水县的实际困难，关心响水的发展；三是陈家港化工园区的水事管理秩序，由化工园区会同县水务局共同拿出方案。

调查结论及拟处理意见： 经我局执法人员多次现场勘察、调查取证，响水博霖医药化工有限公司违法取水事实清楚、证据确凿，违反了《中华人民共和国水法》第四十八条的规定。而且，响水县陈家港镇属地下水超采区，在2003年我局对响水县几起违法凿井案件严肃查处的情况下，响水博霖医药化工有限公司仍然无视法律法规的规定，进行违法凿井，且在水行政主管部门责令停止的情况下，仍将违法凿井打成，情节严重。依据《中华人民共和国水法》第六十九条的规定，建议作出如下处罚：（1）停止违法行为，采取补救措施；（2）罚款人民币4万元。

所附证据材料：（1）调查笔录；（2）现场照片；（3）打井队付款凭证、收据；（4）水质化验报告。

2004年5月18日盐城市水利局在局长主持下召集有关人员对响水博霖医药化工有限公司擅自进行凿井取用地下水进行讨论后作出的《水事案件集体讨论记录》

从陈家港化工园区发展的实际出发，有其合理的一面，考虑进化工园区企业的增多、化工企业在投料生产过程不能停水等因素，化工园区确需一眼备用地下水井，防止突发事件的发生。博霖医药化工有限公司的地下水井如作为龙源供水公司的备用水井，关键是响水县政府要作出承诺，水井的管理权、所有权与博霖医药化工有限公司脱钩，企业要服从响水县水务局的管理。

对违法凿井的查处，目的是管好用好地下水资源。对响水博霖医药化工有限公司违法凿成的地下水井实施封填，给予低限罚款，前提是有市政府支持。如果作为备用井，可能会流于形式，响水县水务局实际管理比较困难，容易引起连锁反应，建议对响水博霖医药化工有限公司违法凿成的地下井实施封填，给予低限罚款。

从目前盐城经济发展的环境来看，为促进地方发展，封填违法凿成的地下水井比较困难。

关于响水博霖医药化工有限公司违法凿成的地下水井作为龙源供水公司的备用水井问题，我们在查处过程中一直要求响水县政府作出承诺。

此案查处时间比较长，用何种方式处理，取决于响水县政府是否作出承诺，罚款额度不宜取上限。

目前全国水资源的保护力度逐步加大，响水县水资源管理方面违法凿井再次出现，是响水县政府领导的认识和响水县水务局宣传不够等方面因素造成的。对博霖医药化工有限公司违法凿井案的处理：第一方案，从响水县水资源状况及可持续发展的要求，认真做好各方面工作，使违法企业能主动封填违法凿成的地下水井。第二方案，如果封填违法凿井确有难度，为使该案件不造成其他后果，防止违法凿井势头在响水得不到遏制，响水县政府需作出承诺，强化水资源保护管理力度。在响水县政府承诺后，由响水县政府责成有关部门对博霖医药化工有限公司违法凿成的地下水井进行产权移交，防止走过场，企业用水按规定办理手续。

2004年6月4日陈家港化工园区管委会和响水县龙源供水有限公司向盐城市水利局作出的报告

陈家港化工园区总体规划面积为10.05平方公里，于2002年6月8日正式启动，2年来，在县委、县政府和各级有关部门的关心支持下，各方面工作得到了稳步发展。截至今年6月份，已与入园企业签订合同54家，竣工投产企业18家，正在建设的有32家，年底前将有46家企业投入生产，届时将有1万人生活在园区内，加之园区各企业产品运输、商贸活动、施工人员等流动人口1000多人，因此在园区生活人数将超过1.1万多人。目前，陈家港化工园区设有一家水厂，主要供给企业生产用的地面水和企业职工生活用水，且生活用水只有一眼深水井,现有管道长约14公里,在用水高峰期压力不足,末梢用水户用水困难,现状远远满足不了园区企业职工生活用水的需求,此问题已迫在眉睫。现园区博霖医药化工有限公司内有一眼深水井,系企业在今年2月份擅自打的,经水行政主管部门宣传,该企业愿意接受处理,并愿将该井移交给供水公司使用。为了不浪费开挖资源,又能够保证园区人员生活用水,拟将博霖医药化工有限公司一眼深水井不予封填,将其作为陈家港化工园区水厂备用井以解燃眉之急。特请市水利局领导研究批准为盼。

2004年7月5日盐城市水利局水资源处和政策法规处根据局领导的批示作出的《关于对响水博霖医药化工有限公司非法凿井处理的初步意见》

经水资源处与政策法规处讨论,对响水博霖医药化工有限公司违法凿井提出初步处理意见:

1. 考虑该县招商引资用水条件已有地面水厂,按水资源优水优用的原则,建议封存该井,以作为生活用水备用水源,但必须交由供水公司管理。同时,由供水公司依法办理取水许可手续。

2. 对该单位的违法取水行为实施水行政处罚。参照去年响水县已处理的违法凿井案件实施标准,建议处罚4万元。

2004年7月22日盐城市水利局向响水博霖医药化工有限公司发出的《水行政处罚告知书》

你单位在公司内擅自凿井取水的行为,违反了《中华人民共和国水法》第四十八条的规定,依据《中华人民共和国水法》第六十九条的规定,本机关拟对你单位作出:停止违法行为,采取补救措施,罚款人民币4万元的行政处罚。

根据《中华人民共和国行政处罚法》的规定,你单位依法享有陈述和申辩的权利。请在接到本告知书之日起 3 日内到我局陈述、申辩并提出证据。否则，视为放弃陈述或者申辩的权利。

2004 年 7 月 22 日盐城市水利局向响水博霖医药化工有限公司发出的《水行政处罚听证告知书》

你单位在公司内擅自凿井取水的行为，违反了《中华人民共和国水法》第四十八条的规定，依据《中华人民共和国水法》第六十九条的规定，本机关拟对你单位作出：停止违法行为，采取补救措施，罚款人民币 4 万元的行政处罚。

根据《中华人民共和国行政处罚法》第四十二条的规定，你单位有权要求听证。如你单位要求听证，应在收到本告知书之日起 3 日内将回执送(寄)盐城市水政监察支队。

逾期视为放弃听证。

2004 年 7 月 29 日盐城市水利局对响水博霖医药化工有限公司作出的《水行政处罚决定书》

现查明，你单位于 2004 年 2 月中旬未经许可，在公司内擅自凿井，响水县水务局执法人员受我局委托，现场责令你单位停止违法行为，听候处理。但你单位仍于 2 月下旬将该井凿成，并于 2004 年 4 月 20 日取水。你单位上述行为，违反了《中华人民共和国水法》第四十八条：直接从江河、湖泊或者地下取用水资源的单位和个人，应当按照国家取水许可制度和水资源有偿使用制度的规定，向水行政主管部门或者流域管理机构申请领取取水许可证，并缴纳水资源费，取得取水权的规定。

根据《中华人民共和国水法》第六十九条的规定，决定给予以下行政处罚：停止违法行为，采取补救措施，罚款人民币 4 万元。罚款限于 2004 年 8 月 15 日前缴指定银行，上交国库。

如不服本决定可以在接到处罚决定书之日起60日内向盐城市人民政府或江苏省水利厅申请复议。在自收到上述机关不予受理决定书或受理后超过行政复议期限不答复或不服上述复议机关作出的复议决定书之日起15日内，可依法向人民法院提起行政诉讼；也可以在接到本决定书之日起90日内直接向盐城市亭湖区人民法院起诉。逾期不申请复议或不向人民法院起诉又不履行本决定的，我局将依法强制执行或申请人民法院强制执行。

2004年11月5日盐城市水政监察支队对博霖医药化工有限公司违法凿井取用地下水案作出的《水行政违法案件结案审批表》

简要案情及调查经过：2004年2月13日，我局接群众举报响水博霖医药化工有限公司在公司内违法凿井，我局指派响水县水务局先行查处，责令停止违法行为，而该公司口头做出承诺，暗中违法凿井仍在继续，2月20日我局又接到举报，决定立案查处。在查处过程中，经多次与响水县政府领导、响水化工园区领导协商及经济发展的需要，同意将违法凿成的地下水井，移交响水龙源供水公司作备用水源，并对该公司违反法律的行为，处以经济罚款4万元。

处理情况：违法凿井移交响水龙源供水公司作备用水源，处以经济罚款4万元。

执行情况：违法凿井已在11月1日正式移交响水龙源供水公司，罚款按期上缴市财政国库。

结案建议：鉴于该公司在规定时间履行法定义务，在法定时间没有申请复议或行政诉讼，建议结案。

■ 案例评析 ■

江苏省由于过去不加节制地滥采地下水，已造成地面沉降等地质性灾害。为此，根据《中华人民共和国水法》第三十六条的授权，江苏省人大常委会和省人民政府将苏州市、无锡市（除宜兴市）、常州市（除金坛、溧阳市）划为地下水禁采区，其余地区划为地下水限制开采区。响水县属于地下水限制开采区，又临近黄海。响水博霖医药化工有限公司违法凿井取用地下水的行为是在这种特定条件下发生的。盐城市水利局在查处该案中存在以下几个问题：

一是适用法律错误。首先应当明确，根据江苏的省情，省人大常委会分别作出《关于在苏锡常地区限期禁止开采地下水的决定》和《江苏省水资源管理条例》中都对划为禁采区、限制开采区凿深井取用地下水作了明文规定和处置办法。博霖医药公司擅自凿井取用地下水的行为，违反了《江苏省水资源管理条例》第十四条第二款中关于"地下水限制开采区内，不得新增深井数量"的规定，依据上述条例第四十四条第二款的规定，应责令限期封井。如保留此井，则必须按"增一减一"的原则封存一井。如采取移交产权，则必须由龙源供水公司按照国务院《取水许可和水资源费征收管理条例》第十条、第十一条、第十二条的规定办理取水许可手续，经省水利厅批准方可保留，如不批准则应填封。并可处1万元以下的罚款。

《中华人民共和国水法》第六十九条所指出的实施行政处罚的两种行为，是对尚未划为地下水禁采区、限制开采区，或者虽已划定上述两区但没有对上述两区违法凿井取用地下水的行为有具体处置规定的情况下，可以依据此条作出行政处罚。

二是制止违法行为的行政措施不力。如皋市机械钻井队于2004年2月4日开始凿井施工，盐城市水政监察支队于2月13日接到举报，响水县水政监察大队于2月15日到达现场调查和制止；2月20日又接到举报凿井施工仍未停止，至2月23日该深井已经凿成，4月20日博霖医药公司已经取用该井的地下水。这与市、县两级水利局未按规定对凿井机具采取果断的行政措施，致使违法行为得以延续有直接关系。

三是该井是以产权移交给龙源供水公司作为备用水井封存了下

来，但盐城市水利局是不具有批准此项权力的行政机关。该案的结案报告中，只有4万元罚款到位的记载，而将该井的产权如何移交给龙源供水公司，以及该公司如何按程序作取水申请等均无下文。

四是处罚项目中原封不动地搬用"采取补救措施"错误。法条中的"采取补救措施"应当是由行政机关对违法单位的违法行为所采取的消除违法行为造成后果的行政措施，应当具体化，明确怎么做，达到什么标准，如封堵、拆除、恢复原状等。照搬"采取补救措施"作为行政处罚的一个内容，违法单位如何去履行这项义务呢？

案例 24

江苏炜赋集团建设开发有限公司
擅自凿井取用地下水案

■ 案情简介 ■

2006年5月8日,海安县"三治一创"主题教育活动办公室转来举报信称,江苏炜赋集团建设开发有限公司(以下简称炜赋开发公司)为炜赋锦绣花园小区人工湖供水,擅自于2005年期间在该小区6号楼西凿一口深60米的井,导致该楼产生楼层和墙面裂缝。海安县水政监察大队随即前往调查,并发出责令停止违法行为通知书。经询问和现场勘验,炜赋开发公司的违法凿井行为属实。海安县水利局分别于5月15日和5月18日向炜赋开发公司发出行政处罚告知书,作出限于5月20日前填埋已凿井和并处2000元罚款的行政处罚决定。炜赋开发公司在限期内履行了处罚决定。

■ 法律文书文件摘录 ■

2006年5月8日海安县水利局接到海安县"三治一创"主题教育活动办公室转来的举报信

近日有群众反映:江苏炜赋集团建设开发有限公司为给人民东

路59号炜赋锦绣花园小区人工湖供水(有时夜里偷从消防栓放水),违规在该小区6号楼西打了一口深60米的地下水井,导致该楼产生楼层和墙面裂缝(最宽处达5毫米)。现将这些问题转交给你们,请你们于5月12日前形成书面调处报告,报送县"三治一创"主题教育活动办公室。

2006年5月9日海安县水利局向江苏炜赋集团建设开发有限公司发出的《责令停止水行政违法行为通知书》(海水停字〔2006〕第003号)

经查,你单位在海安县城人民东路59号炜赋锦绣花园6号楼西南侧约15米处违法凿井取水行为,违反了《中华人民共和国水法》第六十九条第一款未经批准擅自取水的规定,现责令立即停止违法行为,于2006年5月11日9时到海安县水利局2楼会议室听候处理。否则,将依法追究法律责任。

2006年5月13日海安县水政监察大队对江苏炜赋集团建设开发有限公司擅自凿井取水作出的《水行政违法案件调查报告》

2006年5月8日,海安县"三治一创"主题教育活动办公室转来诉交字〔2006〕005号举报信:称江苏炜赋集团建设开发有限公司为给人民东路59号炜赋锦绣花园小区人工湖供水,违规在该小区6号楼西打了一口60米深的地下水井,要求查处。

调查结论及拟处理意见:江苏炜赋集团建设开发有限公司在海安县城人民东路59号开发的炜赋锦绣花园小区属海安土地招商项目,2003年6月8日参加土地拍卖时中标,小区土建工程于2004年5月12日开工,2005年12月底竣工。该小区建成后为节约人工湖使用自来水,炜赋集团建设开发有限公司于2006年3月下旬在小区6号楼西南角15米处,由小区绿化承包商负责打了一眼浅井,井深为 18.3 米，用于补充人工湖蓄水。炜赋集团建设开发有限公司在炜赋锦绣花园小区凿井未办理取水许可手续，属违法取水行为，根据《中华人民共和国水法》第六十九条规定，拟处理如下：(1)责令炜赋集团建设开发有限公司停止违法行为；(2)限 5 月 20 日前填埋已凿浅井，并处罚款 2000 元。

2006 年 5 月 15 日海安县水利局向江苏炜赋集团建设开发有限公司作出的《水行政处罚告知书》（海水罚告字〔2006〕第 03 号）

经查，你公司于 2006 年 3 月下旬未经水行政主管部门批准擅自在炜赋锦绣花园小区 6 号楼西南角 15 米处开凿地下水井的行为，违反了《中华人民共和国水法》第六十九条第一款之规定，按照《中华人民共和国水法》第六十九条的规定，拟对你公司处罚如下：(1)责令停止违法行为；(2)限你公司在 2006 年 5 月 20 日前填埋已凿水井，并处罚款 2000 元。

根据《中华人民共和国行政处罚法》的规定，你公司依法享有陈述和申辩的权利。请在接到本告知书之日起 3 日内到我局陈述、申辩并提出证据。否则，视为放弃陈述或者申辩的权利。特此告知。

2006 年 5 月 18 日海安县水利局向江苏炜赋集团建设开发有限公司作出的《水行政处罚决定书》（海水罚字〔2006〕第 003 号）

经查，你公司于 2006 年 3 月下旬未经水行政主管部门批准擅自在炜赋锦绣花园小区 6 号楼西南角 15 米处开凿地下水井的行为，违反了《中华人民共和国水法》第六十九条第一款之规定，按照《中华人民共和国水法》第六十九条的规定，决定对你公司处罚如下：(1)责令停止违法行为；(2)限你公司在 2006 年 5 月 20 日前填埋已凿水井，并处罚款 2000 元。

如不服本决定可以在接到处罚决定书之日起 60 日内向海安县人

民政府或南通市水利局申请复议。在自收到上述机关不予受理决定书或受理后超过行政复议期限不作答复或不服上述复议机关作出的复议决定书之日起15日内可依法向人民法院提起行政诉讼，也可以在接到本决定书之日起3个月内直接向海安县人民法院起诉。逾期不申请复议或者不向人民法院起诉又不履行处罚决定的，我局将依法强制执行或者申请人民法院强制执行。

2006年5月22日海安县水政监察大队对江苏炜赋集团建设开发有限公司擅自凿井取水案作出的《水行政违法案件结案审批表》

简要案情及调查经过：2006年5月8日县"三治一创"主题教育活动办公室转来诉交字〔2006〕005号举报信：称江苏炜赋集团建设开发有限公司为给人民东路59号炜赋锦绣花园小区人工湖供水，违规在该小区6号楼西打了一口60米深的地下水井，导致该楼出现楼层和墙壁裂缝，要求查处。江苏炜赋集团建设开发有限公司在海安县城人民东路59号开发的炜赋锦绣花园小区属海安土地招商项目，2003年6月8日参加土地拍卖时中标，小区土建工程于2004年5月12日开工，2005年12月底竣工。该小区建成后为节约人工湖使用自来水，炜赋集团建设开发有限公司于2006年3月下旬在小区6号楼西南角15米处，由小区绿化承包商负责打了一眼浅井，井深为18.3米，用于补充人工湖蓄水。炜赋集团建设开发有限公司在炜赋锦绣花园小区凿井未办理取水许可手续，属违法取水行为。

处理情况：(1)责令停止违法行为；(2)限在2006年5月20日前填埋已凿水井，并处罚款2000元。

执行情况：已按处罚决定书执行。

案例评析

该案查处的亮点是：这是一起从立案到结案仅用两个星期查结

的水事案件，海安县水利局对江苏炜赋集团建设开发有限公司擅自凿井取用地下水的违法行为处理果断、执行迅速，值得提倡。

海安县属于地下水限制开采区，海安县水利局对炜赋开发公司的违法行为依据《中华人民共和国水法》第六十九条的规定实施行政处罚存在两个问题：

一是适用法律错误。该案应依据《江苏省水资源管理条例》第四十四条第二款的规定，责令炜赋开发公司限期封井，并处1万元以上3万元以下的罚款。

二是依据《中华人民共和国水法》第六十九条对炜赋开发公司实施行政处罚，可给予该公司限期封井的处置，但罚款2000元无法律依据，因为该条对此种行为的罚款额度是2万元以上10万元以下。

案例25

宿迁市银陆食品有限公司
擅自凿井取用地下水案

■ 案情简介 ■

2005年3月,宿迁市银陆食品有限公司(以下简称银陆食品公司)擅自在该公司院内凿深井一眼。6月9日被宿迁市宿城区水务局发现并立案查处,7月20日宿城区水务局发出责令停止违法行为通知书,但银陆食品公司并未停止违法行为,继续取用地下水。宿城区水务局于8月3日发出处罚告知,8月10日作出处以限期补办手续、罚款2万元的行政处罚决定。在银陆食品公司未履行处罚决定后,宿城区水务局于2006年4月18日向宿城区人民法院作出《强制执行申请书》,宿城区人民法院于4月26日作出"准予进入强制执行程序"的行政裁定。4月28日银陆食品公司缴纳了罚款。但案卷中对"限期补办手续"的处罚的执行情况没有交待。

■ 法律文书文件摘录 ■

2005年7月20日宿迁市宿城区水务局向宿迁市银陆食品有限公司发出的《责令停止水行政违法行为通知书》(宿区水停字

〔2005〕第 028 号）

经查，你单位未经批准擅自取水涉嫌违反了《中华人民共和国水法》第四十八条的规定，现责令立即停止违法行为，听候处理。否则，追究法律责任。

2005 年 7 月 28 日宿迁市宿城区水政监察大队对宿迁市银陆食品有限公司擅自凿井取用地下水案作出的《水行政违法案件调查报告》

案情经过：2005 年 3 月，宿迁市银陆食品有限公司未经水行政主管部门批准，擅自在公司院内凿地下深水井一眼。2006 年 6 月 9 日，执法人员在日常巡查工作中发现该公司地下井已正式启用。据了解，该企业属洋北镇政府招商引资项目，当时，考虑到是外地老板投资，随即要求该公司持相关资料直接到区水务局办理相关手续。此后，执法人员曾多次与该公司负责人当面协调或电话联系，但该公司以种种理由拒绝。7 月 20 日，执法人员依法作出《责令停止水行政违法行为通知书》并送达该公司，7 月 26 日，报区软环境建设办公室批准同意后，对该企业依法进行调查。目前，该公司的违法行为仍呈继续状态。

调查结论及拟处理意见：宿迁市银陆食品有限公司未经水行政主管部门批准，擅自取用地下水且拒绝接受管理的行为，违反了《中华人民共和国水法》第四十八条"直接从江河、湖泊或者地下取用水资源的单位和个人，应当按照国家取水许可制度和水资源有偿使用制度的规定，向水行政主管部门或者流域管理机构申请领取取水许可证，并缴纳水资源费，取得取水权。但是，家庭生活和零星散养、圈养畜禽饮用等少量取水的除外"的规定，事实清楚、证据确凿。因此，根据《中华人民共和国水法》第六十九条"有下列行为之一的，由县级以上人民政府水行政主管部门或者流域管理机构依据职权，责令停止违法行为，限期采取补救措施，处 2 万元以上 10 万元以下的罚款；情节严重的，吊销其取水许可证：（一）未经批准擅自取水的;(二)未依照批准的取水许可规定条件取水"的规定,拟作出以下处理意见:(1)限期补办取水许可批准手续;(2)罚款人民币2万元整。

所附证据材料:(1)调查询问笔录;(2)现场勘测笔录;(3)取水口照片。

2005年8月3日宿迁市宿城区水务局向宿迁市银陆食品有限公司发出的《水行政处罚告知书》(宿区水罚告字〔2005〕第028号)

经查,你单位于2005年7月20日在公司院内擅自取水未经批准的行为,违反了《中华人民共和国水法》第四十八条第一款的规定,拟给予:(1)限期补办取水许可批准手续;(2)罚款人民币2万元整的处罚。

根据《中华人民共和国行政处罚法》的规定,你单位依法享有陈述和申辩的权利。请在接到本告知书之日起3日内到我局陈述、申辩并提出证据。否则,视为放弃陈述或者申辩的权利。

2005年8月10日宿迁市宿城区水务局向宿迁市银陆食品有限公司作出的《水行政处罚决定书》(宿区水罚字〔2005〕第028号)

现查明,你单位于2005年6月9日在单位院内擅自取水,违反了《中华人民共和国水法》第四十八条的规定,根据《中华人民共和国水法》第六十九条第(一)项之规定,决定给予以下行政处罚:(1)限期补办取水许可批准手续(自收到本决定书之日起10日内);(2)罚款人民币2万元整(自收到本决定书之日起15日内上缴)。

如不服本决定,可以在接到处罚决定书之日起60日内向宿城区人民政府或宿迁市水务局申请复议。在自收到上述机关不予受理决定书或受理后超过行政复议期限不作答复或不服上述复议机关作出的复议决定书之日起15日内，可依法向人民法院提起行政诉讼；也可以在接到本决定书之日起3个月内直接向宿城区人民法院起诉。逾期不申请复议或者不向人民法院起诉又不履行处罚决定的，我局将依法强制执行或者申请人民法院强制执行。

2006年4月18日宿迁市宿城区水务局向宿城区人民法院作出的《强制执行申请书》（宿区水政〔2006〕005号）

我局于2005年8月10日下达的《水行政处罚决定书》（宿区水罚字〔2005〕第028号）已发生法律效力，被处罚人宿迁市银陆食品有限公司（现更名为宿迁市苏凤食品有限公司，变更过程书证材料附后）拒不执行：（1）限期（10日内）补办手续；（2）罚款人民币2万元的水行政处罚决定。根据《中华人民共和国行政处罚法》第五十一条第（三）项规定，特申请宿城区人民法院强制执行。

2006年4月26日宿迁市宿城区人民法院作出的《行政裁定书》（宿城非诉行审字〔2006〕第00070号）

宿迁市宿城区水务局以原宿迁市银陆食品有限公司违反《中华人民共和国水法》第四十八条的规定，在本单位院内擅自取用地下水为由，于2005年8月10日依照《中华人民共和国水法》第六十九条第（一）项的规定，作出（宿区水罚字〔2005〕第028号）水行政处罚决定书，决定对原宿迁市银陆食品有限公司擅自取用地下水的行为处以罚款2万元，同时责令其10日内补办取水许可手续。罚款于收到决定书之日起15日内缴到宿迁市工行幸福支行。该行政处罚决定书于2005年8月11日邮寄送达原宿迁市银陆食品有限公司。在法定期限内，该公司既未申请复议或提起诉讼，也未履行行政处罚决定书确定的义务，宿迁市宿城区水务局于2006年4月18日根据《中华人民共和国行政处罚法》第五十一条第(三)项的规定向本院申请强制执行。

　　本院受理后，依法向被申请人宿迁市苏凤食品有限公司送达了听证通知书，定于2006年4月26日9时进行听证，届时被申请人宿迁市苏凤食品有限公司未到庭听证，故本院依法组成合议庭缺席听证。申请人宿迁市宿城区水务局认为，被申请人宿迁市苏凤食品有限公司是宿迁市银陆食品有限公司更名的公司，并提供工商登记予以证明。该公司未经批准擅自在本单位院内取用地下水的违法行为，有证人证言、现场照片等证据证实，处罚前申请人履行了告知义务，故处罚决定认定事实清楚，适用法律正确，程序合法，请求人民法院准予强制执行。被申请人未到庭质证、申辩，本院视为其放弃权利。本院认为，《中华人民共和国水法》第十二条第四款规定，县级以上地方人民政府水行政主管部门按照规定的权限，负责本行政区域内水资源的统一管理和监督工作。第四十八条规定，直接从江河、湖泊或者地下取用水资源的单位和个人，应当按照国家取水许可制度和水资源有偿使用制度的规定，向水行政主管部门或者流域管理机构申请领取取水许可证，并缴纳水资源费，取得取水权；但是，家庭生活和零星散养、圈养畜禽饮用等少量取水的除外。第六十九条规定，有下列行为之一的，由县级以上人民政府水行政主管部门或者流域管理机构依据职权，责令停止违法行为，限期采取补救措施，处2万元以上10万元以下的罚款；情节严重的，吊销其取水许可证：(一)未经批准擅自取水的；(二)未按照批准的取水许可规定条件取水的。综上，申请人宿迁市宿城区水务局对辖区内的水资源有监督管理权。原宿迁市银陆食品有限公司未经取得取水许可证擅自取用地下水的行为，违反了《中华人民共和国水法》的相关规定。在处罚过程中，宿迁市宿城区水务局履行了查证、告知等义务，其认定违法事实清楚，处罚适用法律正确，程序合法，应准予进入强制执行程序。鉴于原宿迁市银陆食品有限公司于2005年8月15日经工商行政管理部门登记，更名为宿迁市苏凤食品有限公司，该法人更名前的权利义务依法应为更名后的法人享有和承担,故本案被申请人宿迁市苏凤食品有限公司依法履行(宿区水罚字〔2005〕第028号)行政处罚决定书所确定的义务。依照《中华人民共和国行政诉讼法》第六十六条、《最高人民法院关于执行〈中华人民共和国行政诉讼法〉若干问题的解释》第六十三条第一款第(十四)项、第九十三条的规定,裁定如下:

申请人宿迁市宿城区水务局申请执行的宿区水罚字〔2005〕第028号行政处罚决定书,本院准予进入强制执行程序。

案件受理费100元及其他诉讼费用700元,合计800元,由被申请人宿迁市苏凤食品有限公司负担。

本裁定一经送达即发生法律效力。

2006年4月28日宿迁市宿城区水政监察大队作出的《水行政违法案件结案审批表》

简要案情及调查经过:2005年3月宿迁市银陆食品有限公司擅自凿井取水行为产生,2005年4月至5月与其单位负责人协调未果,2005年6月展开调查,7月20日书面通知其停止违法行为,并作出处罚告知和听证告知,其间,银陆食品公司未能认识到自身的违法行为,并利用改厂名、变更法人等手段,企图逃避处罚,违法行为呈继续状态,2005年8月10日依法作出水行政处罚决定。

处理情况:(1)自收到处罚决定书之日起10日内补办批准手续;(2)罚款人民币2万元整(自收到本决定书之日起15日内上缴)。

执行情况:当事人到期未履行处罚决定,我局以宿区水政〔2006〕005号申请区人民法院强制执行,当事人已全部履行了法定义务。

结案情况:区人民法院作出行政裁定宿城非诉行审字〔2006〕第00070号,当事人在规定时间内已履行,目前已纳入正常管理,建议结案。

案例评析

宿迁市宿城区水务局在查处银陆食品有限公司违法凿井取用地下水案中存在以下几个问题：

第一，适用法律错误。一是宿迁市属地下水限制开采区，对银陆食品有限公司的违法行为（又是深水井）应依据《江苏省水资源管理条例》第四十四条第二款的规定，作出限期封井，并处1万元以上3万元以下罚款的行政处罚。本案查处的重点应是银陆食品有限公司的违法凿井，而不是擅自取用地下水，宿城区水务局对该公司的行政处罚本末倒置。二是《中华人民共和国水法》第六十九条无"限期补办手续"的规定，对其处以"限期补办手续"的处罚于法无据。

第二，违法事实不清。在该案的整个案卷中，只在调查报告中说"擅自在公司院内凿深井一眼"。该井究竟在公司院内的什么位置、井的深度、管径和出水量等均无记载。且在处罚决定中没有按规定载明该公司违法行为的事实和证据。

第三，该案在2006年4月28日银陆食品公司缴纳2万元罚款后即结案，而4月26日区人民法院作出的"准予进入强制执行程序"的另一项"限期补办手续"的行政处罚是如何强制执行的，本案没有交待。取用地下水的取水许可批准权在省水利厅，宿迁市宿城区水务局在无法律规定又无批准权的情况下，对银陆食品公司作出"限期补办手续"的处罚，并对该井的处置不了了之，是一种滥用职权、行政不作为的行为。

第四，关于对"招商引资企业"擅自凿井取用地下水的处置问题。各级水行政主管部门应当明确，在地下水超采区和严重超采区，严格控制地下水的开采，创造良好的和谐的水环境与招商引资、发展经济并不矛盾。在法律的允许下，水利部门更应为招商引资工作作好服务。招商引资是全省发展经济的重要举措，不是苏北等少数地区特有的，苏锡常地区更甚。在江苏省人大常委会作出《关于在苏锡常地区限期禁止开采地下水的决定》和制定《江苏省水资源管理条例》的立法时会考虑这一情况的。严格控制地下水的开采是江苏的大局。如果限制地下水的开采就会影响"招商引资"、阻碍经济的发展，为什么在《关于在苏锡常地区限期禁止开采地下水的决定》和《江苏省水资源管理条例》等地方性法规及其政府规章中未作特殊规定？该案的立案呈批表"简要案情"栏内有这样一句话："当时因考虑该用水户属洋北镇招商引资项目，所以对擅自凿井的行为免予责任追究。"这种思想是十分错误的。正是在这种错误思想的指导下，放松了对他们的管理。有些自恃为招商引资的企业，各行其是，违法行为恶劣，也得不到有效制止和惩处。我国是法治国家，不论是什么招商引资企业，必须毫无特殊地在我国法律规定的范围内依法从事各种经营活动，只要有违法行为，就应当一视同仁地依法追究其法律责任。

案例26

常州武进鑫成纺织品整理有限公司未在限期内封井违法取用地下水案

■ 案情简介 ■

常州武进鑫成纺织品整理有限公司(以下简称鑫成纺织品公司)的生产用水主要是退浆、丝光和4吨锅炉用水,每天约800吨。鑫成纺织品公司为不缴纳水费,从2004年2月至2005年12月底止,擅自在江河港务水务有限公司的供水管道DN100上私自接口DN50管通向鑫成纺织品公司,并安装了开关。2006年7月3日接举报,常州市武进区水利局派水政监察员实地调查,证实举报属实。在实地勘察中,还发现鑫成纺织品公司将应封堵的两口井仍在使用。武进区水政监察大队调查终结后,于2006年7月25日写出了调查报告,建议三条处理意见:一是责令停止违法行为;二是限期封井,切断擅自连接的自来水网管道;三是补缴自来水水费1923264元。鑫成纺织品公司在限期内将两眼井填封,补缴的水费已缴105万元,剩余的86万元将分期缴纳。

■ 法律文书文件摘录 ■

2006年7月6日常州市武进区水政监察大队向武进区水利局作

出的《水行政违法案件受理、立案呈批表》

案情摘要：2006年7月3日我局接到群众举报，即派员到常州武进鑫成纺织品整理有限公司实地勘察，发现该公司在自来水供水管DN100私自接口DN50管通向该公司，疑似盗用自来水。并且还发现该公司有两口井未经水行政主管部门审批取用地下水。

2006年7月25日常州市武进区水政监察大队对常州武进鑫成纺织品整理有限公司未经水行政主管部门审批擅自取用地下水、盗用自来水案作出的《水行政违法案件调查报告》

案情经过：常州武进鑫成纺织品整理有限公司主要生产用水是退浆、丝光和4吨锅炉，职工110人，年销售额达6000多万元，高峰用水达到每天800吨左右。

2006年7月3日我局接到群众举报，即派员到常州武进鑫成纺织品整理有限公司实地勘察，经调查了解该公司从2004年2月底至2005年12月底在江河港务水务(常州)有限公司的供水管道DN100上私自接口DN50管通向该公司内，并在公司内围墙旁安装了阀门开关，开始盗用供水管网供应的自来水，将近两年时间。经江河港务水务(常州)有限公司工作人员按DN50额定流量6米每秒计算，每小时42吨，共计盗用取水725760吨，以每吨水价2.65元计算，鑫成公司应补缴水费1923264元。

调查发现，该公司未经水行政主管部门审批，在厂区内擅自取用地下水，有两口井，一口深40多米，流量6t/h管径为1寸，另一口深80米左右，流量15t/h管径为2寸。

调查结论及拟处理意见：该公司上述行为违反了《中华人民共和国水法》第四十八条第一款的规定和国务院第158号令《城市供水条例》第二十五条的规定。

根据《中华人民共和国水法》第六十九条规定和《城市供水条例》第六章第三十五条第(一)、(四)项规定。拟建议处理意见如下：(1)责令该厂停止违法行为；(2)采取补救措施，限期封井，切断擅自连接自来水管网的管道；(3)补缴自来水水费1923264元(具体测算见附件)。

所附证据材料：(1)调查笔录；(2)现场4张照片；(3)现场位置勘察示意图；(4)水量计算确定；(5)新增用户操作流转表；(6)鑫成公司保证书；(7)鑫成公司还款计划。

2006年8月10日常州市武进区水政监察大队向武进区水利局作出的《水行政违法案件结案审批表》

简要案情及调查经过：2006年7月3日我局接到群众举报，即派员到常州武进鑫成纺织品整理有限公司实地勘查，经调查了解该公司从2004年2月底至2005年12月底在江河港务水务(常州)有限公司的供水管道DN100上私自接口DN50管通向该公司内，并在公司内围墙旁安装了阀门开关，开始盗用供水管网供应的自来水。将近两年时间，江河港务水务(常州)有限公司用水按DN50额定流量6米每秒计算，每小时42吨，共计盗用取水725760吨，以每吨水价2.65元计算，鑫成公司应补缴水费1923264元。

调查发现该公司未经水行政主管部门审批，在厂区内擅自取用地下水，有两口井，一口深40米，流量6t/h管径为1寸，另一口深80米左右，流量15t/h管径为2寸。

处理情况：(1)已将擅自连接自来水管网的管道切断，责令鑫成公司补缴自来水水费191万元；(2)两眼地下水水井在限期内填封。

执行情况：(1)已实交到位105万元，其余86万元已作出还款计划(详见鑫成公司还款计划)；(2)两眼地下水水井已在限期内填封。

2006年7月5日江河港务水务(常州)有限公司稽查部对武进鑫

成纺织品整理有限公司盗用水量按下列方法确定

1. 能确定单位时间内用水量的,所盗水量按其最大单位用水量和最小单位用水量的平均值乘以实际盗水的时间计算。

2. 不能确定单位时间用水量的,所盗水量按其在城市公共供水管道及设施上擅自接管的最大流量乘以实际使用的时间计算。

按2寸管额定流量6米每秒流速,每小时42吨,根据每小时42吨计算,每天按24小时计算,每月按30天计算,每年按12月计算。鑫成纺织整理有限公司通水时间为2004年2月24日至2006年2月3日,计2年。

$42 \times 24 \times 30 \times 12 \times 2 = 725760$ 吨,按每吨水价 2.65 元,则计算 $725760 \times 2.65 = 1923264$ 元,按 3 倍的罚款,则计算 $1923264 \times 3 = 5769792$ 元。

2006年7月10日武进鑫成纺织品整理有限公司向江河港务水务(武进)有限公司作出的《保证书》

武进鑫成纺织品整理有限公司在这次私自盗水事件中已深深感到事态的严重性,现向贵公司作出保证,保证接受贵公司的一切处罚。我公司已从这次事件中吸取了深刻的教训,保证在今后的生产中严格按照贵公司的用水规则用水,杜绝类似违法犯罪行为。敬请贵公司领导从轻处罚。保证191万元尽量在1星期内支付。

2006年7月20日武进鑫成纺织品整理有限公司制定的《还款计划》

武进鑫成纺织品整理有限公司欠江河港务水务(常州)有限公司补缴水款86万元,作如下还款计划:2006年8月份3万元、9月份3万元、10月份3万元、11月份5万元、12月份5万元,2007年1月份5万元、2月份62万元。至2006年7月20日已付105万元。

案例评析

这是一起只有水行政违法案件立案呈批、结案审批而无行政处罚决定的案件，又是一起把民事与行政混为一体的水事案件。

第一，对武进鑫成纺织品整理有限公司盗水行为不应立案，因其不属行政违法行为；对该公司未在限期内封井仍擅自取用地下水的行为应当立案，因其属行政违法行为。

第二，早在21世纪初，中央和地方各级政府就将水费从原作为行政事业性收费转为经营性收费管理，实行"自主经营、自负盈亏"的企业化经营方式。鑫成纺织品公司私接管道，其目的是逃避缴纳自来水费，就其性质来说属民事行为。江河港务水务（常州）有限公司是个独立的法人单位，对鑫成纺织品公司的行为，完全可以依照其职责加以处罚。如有证据证明其盗用自来水，即构成犯罪，应由江河港务水务（常州）有限公司向公安机关报告依法查处。武进区水利局把民事行为纳入行政行为立案查处，是超越职权的行为。2005年8月编辑出版的《江苏水事案例选编》第42案例《王存安不服扣押财产强制措施附带行政赔偿案》中，对丰县水利局利用行政手段干预民事行为作出过评析，故此处不再重复。

第三，武进区水利局对鑫成纺织品公司隐瞒下来的两口井的处理存在问题。一是该行为违反了江苏省人大常委会《关于在苏锡常地区限期禁止开采地下水的决定》第一条中关于在"2005年12月31日前苏锡常地区全面实现禁止开采地下水"的规定。该公司不仅未按规定限期封井，反而在全面禁采期后的近8个月中仍在继续采用地下水，违法情节恶劣。武进区水利局对其不给予行政处罚的理由不足。应依据《关于在苏锡常地区限期禁止开采地下水的决定》第三条的规定，用行政处罚决定的形式责令其限期封井，并根据《江苏省水资源管理条例》第三十九条第二款的规定计收超计划取用地下水的水资源费。

规费征收案

重要提示

关于违法行为人履行行政处罚决定义务的问题

编者在水事案件档案中发现,少数水利局在实施行政处罚决定中,重罚款、轻处置措施的现象严重。个别重大水事案件被大事化小、罚款了之,这是十分错误的。查处水事案件的目的,在于使违法行为得到制止,消除其影响和危害,使水工程恢复到原有的安全运行状态。有些违法建筑物严重影响行洪,应当拆除、恢复原状的,却作出"责令限期补办手续"或"采取补救措施"等不着边际的处罚项目。而在结案报告的"执行情况和结果"栏内,则含糊地记载着"已履行处罚决定的义务,罚款到位,建议结案"。"已履行处罚决定的义务"是虚,"罚款到位"是实。那么,违法行为人怎样才算是真正履行行政处罚决定的义务呢?

行政处罚决定是行政机关代表国家迫使违法行为人改正违法行为、消除违法行为所造成的危害而作出的具体行政行为,违法行为人必须履行。对行政处罚决定要实际履行、要如期履行、要完全履行。

首先,要实际履行。行政机关依法作出行政处罚决定后,违法行为人应当以自己的实际行动履行行政处罚决定所设定的义务。如立即停止违法行为、等候处理或主动改正自己的违法行为。

其次,要如期履行。行政处罚决定对违法行为人履行义务都规定了一定的期限,如规定其在 7 日内或 10 日内拆除违法建筑,逾期不拆除,则依法强行拆除或者申请法院强制拆除;又如罚款必须在某月某日前至指定的金融机构缴纳,违法行为人在接到处罚决定后,就应当在规定的期限内主动履行缴纳罚款的义务。逾期不履行,不仅会受到加处的处罚,行政机关还可以采取强制措施迫使其履行。

第三,要完全履行。违法行为人履行行政处罚决定,应当全面履行处罚决定所规定的内容。不能只履行其中的一部分,更不可只履行罚款这部分,而不履行或不完全履行行政措施的那部分。目前,有两类人不怕罚款,就怕采取行政措施:一类是占用水工程建商品房的开发商,另一类是侵占岸线建码头的大老板。他们日进斗金、腰缠万贯,只要保留他们赖以生存、发财致富的"基地"不被拆除,罚多少款都愿意,并且马上能兑现。在履行处罚决定中只履行其中的一部分内容的为不完全履行。

案例27

连云港市新浦区宁海乡自来水厂
拒缴河道堤防工程占用补偿费案

■ 案情简介 ■

连云港市新浦区宁海乡自来水厂（以下简称宁海自来水厂）在古泊善后河灌云县板浦镇菜园村段设置取水泵站等建筑设施，占用河道堤防工程635.5平方米。根据《江苏省河道堤防工程占用补偿费征收使用管理办法》第六条的规定，宁海自来水厂应缴纳2005年1月至2006年4月的河道堤防工程占用补偿费5084元。灌云县水利局于2006年5月11日向宁海自来水厂发出缴费通知。在该厂拒不缴纳的情况下，灌云县水利局决定依法立案查处，并于7月6日发出《水行政处罚告知书》，7月12日作出《水行政处罚决定书》，10月20日向灌云县人民法院递交强制执行申请书。经灌云县人民法院协调，宁海自来水厂缴纳了拖欠的河道堤防工程占用补偿费并提前缴纳了2007年度的占用补偿费。灌云县水利局对其免除了罚款。

■ 法律文书文件摘录 ■

2006年5月11日灌云县水利局向连云港市新浦区宁海乡自来

水厂发出的《河道堤防工程占用补偿费缴纳通知单》(灌水占费〔2006〕011号)

你单位在古泊善后河灌云县板浦菜园村段设置取水口、取水泵房等建筑设施占用河道堤防工程635.5平方米,根据《江苏省河道管理实施办法》第二十一条、《江苏省河道堤防工程占用补偿费征收使用管理办法》第六条之规定,2005年1月至2006年4月应缴纳河道堤防工程占用补偿费人民币5084元,请于收到本通知单之日起7日内到灌云县水政监察大队(灌云县水利局1楼)办理缴纳手续。拒不缴纳、拖延缴纳河道堤防工程占用补偿费的,将依照《江苏省河道管理实施办法》第二十二条的规定处罚。

2006年6月30日灌云县水政监察大队对连云港市新浦区宁海乡自来水厂拒缴河道堤防工程占用补偿费案作出的《水行政违法案件调查报告》

经查,当事人新浦区宁海乡自来水厂在古泊善后河灌云县板浦镇菜园村段设置取水口、取水泵房等建筑设施,占用河道堤防工程面积635.5平方米。

根据《江苏省河道管理实施办法》第二十一条、《江苏省河道堤防工程占用补偿费征收使用管理办法》第六条之规定,灌云县水政监察大队于2006年5月11日以"灌水占费字〔2006〕011号"通知当事人缴纳河道堤防工程占用补偿费,但当事人拒不缴纳。

当事人占用河道堤防工程拒不缴纳河道堤防工程占用补偿费的行为违反了《江苏省河道管理实施办法》第二十一条、《江苏省河道堤防工程占用补偿费征收使用管理办法》第六条之规定,根据《江苏省河道管理实施办法》第二十二条第一款第(五)项之规定,建议给予当事人以下行政处罚:(1)缴纳2005年1月至2006年4月的河道堤防工程占用补偿费5084元;(2)处以罚款5000元。

证据:现场勘测笔录、调查笔录、照片、书证。

2006年7月6日灌云县水利局向连云港市新浦区宁海乡自来水厂发出的《水行政处罚告知书》(灌水告字〔2006〕02号)

经查,当事人新浦区宁海乡自来水厂在古泊善后河灌云县板浦镇菜园村段设置取水口、取水泵房等建筑设施,占用河道堤防工程面积635.5平方米。根据《江苏省河道管理实施办法》第二十一条、《江苏省河道堤防工程占用补偿费征收使用管理办法》第六条之规定,我局于2006年5月11日以"灌水占费字〔2006〕011号"《河道堤防工程占用补偿费缴纳通知单》通知当事人缴纳2005年1月至2006年4月河道堤防工程占用补偿费5084元。当事人在规定期限内没有缴纳上述款项。

当事人新浦区宁海乡自来水厂拒不如数缴纳河道堤防工程占用补偿费的行为,违反了《江苏省河道管理实施办法》第二十二条的规定,根据《江苏省河道管理实施办法》第二十二条第一款第(五)项的规定,拟给予当事人罚款1000元的行政处罚,并补交河道堤防工程占用补偿费。

根据《中华人民共和国行政处罚法》第三十二条第一款之规定,当事人有陈述、申辩的权利。如对上述行政处罚有异议,应当在收到本告知书之日起3日内到灌云县水利局提出。逾期则视为放弃陈述、申辩权利。

2006年7月12日灌云县水利局对连云港市新浦区宁海乡自来水厂作出的《水行政处罚决定书》(灌水罚字〔2006〕第02号)

经查,当事人新浦区宁海乡自来水厂在古泊善后河灌云县板浦镇菜园村段设置取水泵房等建筑设施,占用河道堤防工程面积635.5平方米。根据《江苏省河道管理实施办法》第二十一条的规定、《江苏省河道堤防工程占用补偿费征收使用管理办法》第六条之规定,我局于2006年5月11日以"灌水占费字〔2006〕011号"《河道堤防工程占用补偿费缴纳通知单》通知当事人新浦区宁海乡自来水厂缴纳 2005 年 1 月至 2006 年 4 月河道堤防工程占用补偿费 5084 元。当事人在规定期限内没有缴纳上述款项。

以上事实，有证人证言、书证和现场勘测笔录等证据证实，事实清楚，证据确实、充分。

当事人新浦区宁海乡自来水厂拒不如数缴纳河道堤防工程占用补偿费的行为，违反了《江苏省河道管理实施办法》第二十一条的规定，根据《江苏省河道管理实施办法》第二十一条、《江苏省河道堤防工程占用补偿费征收使用管理办法》第六条之规定，补交河道堤防工程占用补偿费 5084 元，根据《江苏省河道管理实施办法》第二十二条第一款第（五）项的规定，决定给予当事人新浦区宁海乡自来水厂罚款 1000 元的行政处罚。

限当事人新浦区宁海乡自来水厂在收到本决定书之日起 15 日内，到灌云县水政监察大队缴纳河道堤防工程占用补偿费，到灌云县农业银行营业部（账号：01040004701）缴纳罚款。逾期缴纳河道堤防工程占用补偿费的，则按日加收 1‰ 滞纳金；逾期缴纳罚款的，则按日加处 3% 罚款。

当事人新浦区宁海乡自来水厂对上述处罚不服的，可以在收到处罚决定书之日起 60 日内，向灌云县人民政府或者连云港市水利局申请行政复议；也可以在收到处罚决定书之日起 3 个月内，直接向灌云县人民法院起诉。当事人逾期不履行处罚决定的，我局将申请人民法院强制执行。行政复议或行政诉讼期间，行政处罚不停止执行。

2006 年 10 月 20 日灌云县水利局向灌云县人民法院作出的《申请执行书》

申请执行根据：（1）《中华人民共和国行政处罚法》第五十一条第三款；（2）灌云县水利局《水行政处罚决定书》（灌水罚字

〔2006〕第02号)。

申请执行事项: (1)罚款1000元; (2)补缴河道堤防工程占用补偿费5084元; (3)滞纳金(逾期缴纳河道工程占用补偿费的按日加处1‰滞纳金),逾期缴纳罚款的按日加处3%罚款。

申请执行理由: 当事人新浦区宁海乡自来水厂逾期未履行"灌水罚字〔2006〕第02号"《水行政处罚决定书》科处的义务。

2006年11月24日灌云县水利局对连云港市新浦区宁海乡自来水厂拒缴河道堤防工程占用补偿费案作出的《水行政违法案件结案审批表》

简要案情及调查经过: 当事人新浦区宁海乡自来水厂在古泊善后河灌云县板浦菜园村段设置取水泵房等建筑设施,占用河道堤防工程面积635.5平方米。根据《江苏省河道管理实施办法》第二十一条、《江苏省河道堤防工程占用补偿费征收使用管理办法》第六条之规定,我局于2006年5月11日以"灌水占费字〔2006〕011号"《河道堤防工程占用补偿费缴纳通知单》通知当事人缴纳2005年1月至2006年4月河道堤防工程占用补偿费5084元。当事人在规定期限内拒不缴纳上述款项。

处理情况: 缴纳河道堤防工程占用补偿费5084元,罚款1000元。

执行情况: 当事人在规定期限内未履行义务。2006年10月20日,我局申请灌云县人民法院强制执行。经灌云县人民法院协调,以缴纳拖欠河道堤防工程占用补偿费及提前缴纳2007年占用补偿费总计9610元,免除罚款。

■ **案例评析** ■

在该案中,灌云县水利局通过发送缴费通知、立案查处、行政处罚、申请人民法院强制执行等手段和程序，迫使连云港市新浦区宁海乡自来水厂纠正拒缴河道堤防工程占用补偿费的违法行为，收缴了2005年至2007年3年的河道堤防工程占用补偿费。

该案的查处存在以下问题：

一是河道堤防工程占用补偿费计算错误。宁海自来水厂占用河道堤防工程面积为635.5平方米，按照《江苏省河道堤防工程占用补偿费征收使用管理办法》第六条的规定，该厂每月应缴纳河道堤防工程占用补偿费317.75元，该厂2005年至2007年应缴纳河道堤防工程占用补偿费11439元，结果仅征缴9610元，少缴1829元。

宁海自来水厂是由陈守荣个人承包的经营性自来水厂。据询问笔录记载，该厂会计认可每月可收入2万多元水费，陈守荣除依法缴纳少量税收，每年上缴宁海乡政府年承包金2万元外，其余均为陈守荣支配，财务上并不困难。同时，宁海自来水厂也不属于《江苏省河道堤防工程占用补偿费征收使用管理办法》第四条中规定的免缴占用补偿费的对象。

根据《江苏省河道堤防工程占用补偿费征收使用管理办法》第七条关于"占用补偿费按每半年征收一次"的规定，宁海自来水厂2007年上半年河道堤防工程占用补偿费的征收时间应在限期内，不存在提前缴纳。而2007年下半年河道堤防工程占用补偿费的征收应在2007年12月底或2008年初。该厂缴纳9610元时从档案中查不到具体日期，仅在11月24日结案之前。也就是说，宁海自来水厂将2007年下半年的占用补偿费提前1个多月缴纳，比本应缴纳的1906.5元少缴1829元，实际仅缴纳77.5元。如此计算，损了国家、肥了个人，应当予以追缴。

二是免除罚款于法无据。宁海自来水厂拒缴河道堤防工程占用补偿费的行为，违反了《江苏省河道堤防工程占用补偿费征收使用管理办法》第二十一条的规定，由行政机关依据该办法第二十二条第一款第(五)项的规定给予行政处罚。该条规定很明确，除责令其纠正违法行为、补偿损失，采取补救措施外，可以并处警告、1万元以下的罚款。罚款是行政处罚的一个种类，对宁海自来水厂罚款1000元并不算重。该厂提前一个多月缴纳河道堤防工程占用补偿费并不属于《中华人民共和国行政处罚法》中规定的免予行政处罚的情节。因此，该案中免除罚款是一种随意改变行政处罚决定的行为。

三是《水行政处罚告知书》和《水行政处罚决定书》是灌云县水利局对当事人宁海自来水厂而言的，应当用第一人称而不应用第三人称的语气。上述两告知中多次使用"当事人新浦区宁海自来水厂"如何如何的，显得累赘，只用"你厂"即可。

案例28

扬州大洋造船有限公司拒缴河道堤防工程占用补偿费案

■ 案情简介 ■

扬州大洋造船有限公司（以下简称大洋造船公司）因生产需要，占用长江防洪大堤李典镇秀清村夏小闸向北10米至复玉圩头之间，厂区占地面积30万平方米（不包括10万吨级船坞）。根据《江苏省河道堤防工程占用补偿费征收使用管理办法》的有关规定，2005年度应缴纳河道堤防工程占用补偿费288万元。扬州市邗江区水利农机局曾多次派员到大洋造船公司征收、催缴，但遭到拒绝。为此，邗江区水利农机局决定依法立案查处，向大洋造船公司发出征收决定，在再次遭到拒绝后，依法向扬州市邗江区人民法院提出强制执行申请，邗江区人民法院受理，并作出"准予强制执行"的《行政裁定书》。至此，大洋造船公司才不得不缴清了河道堤防工程占用补偿费。

■ 法律文书文件摘录 ■

2006年2月22日扬州市邗江区水政监察大队对扬州大洋造船

有限公司拒缴河道堤防工程占用补偿费案作出的《立案呈批表》（扬邗水机案字〔2006〕第01号）

案情摘要和初步意见：扬州大洋造船有限公司（新坝造船基地）占用长江防洪大堤李典镇秀清村段夏小闸向北10米至复玉圩头之间，位于北纬32°15.662′、东经119°35.466′。厂区面积30万平方米，其中，船台2座、码头4座、办公楼2栋（面积中不包括10万吨级船坞）。依据《江苏省河道管理实施办法》、《江苏省河道堤防工程占用补偿费征收使用管理办法》之规定，该公司应缴纳2005年度河道堤防工程占用补偿288万元。我局多次派人征收、催缴，但该公司拒不缴纳占用补偿费。根据《江苏省河道管理实施办法》第十一条、第二十一条之规定，应依法立案追缴。

2006年2月27日扬州市邗江区水利农机局向扬州大洋造船有限公司发出的《河道堤防工程占用补偿费缴纳通知书》（占费缴〔2006〕第001号）

2006年2月21日，经我局组织你公司派人参加对贵公司新坝造船基地占用的河道堤防工程运用GPS测量，厂区面积为30万平方米（不包括在建的10万吨级船坞），根据《江苏省河道管理实施办法》第十一条、第二十一条、《江苏省河道堤防工程占用补偿费征收使用管理办法》第三条、第七条，扬州市财政局扬财综〔1999〕95号、物价局扬价费〔1999〕359号、水利局扬政水〔1999〕275号关于转发《江苏省河道堤防工程占用补偿费征收使用管理办法》的通知规定，河道堤防工程占用补偿费为每月0.8元每平方米，你公司新坝造船基地应缴纳河道堤防工程占用补偿费（30万平方米×0.8元每平方米×12个月）为288万元。

依法征收河道堤防工程占用补偿费是我局法定职责，为加强河道管理，维护国家财政收入，保障防洪安全，现特通知你公司于3月10日前缴纳2005年度的上述河道堤防工程占用补偿费。收款单位：扬州市邗江区水利农机局，开户行：邗江商业银行，账号：09000141100000844，缴款后请即与我局联系（电话：7862411）。

2006年3月13日扬州市邗江区水利农机局向扬州大洋造船有限公司发出的《河道堤防工程占用补偿费催缴通知书》（占费催〔2006〕第001号）

2006年2月21日，经我局组织，你公司派人参加，对贵公司新坝造船基地占用的河道堤防工程实地测量，面积为30万平方米（不包括在建的10万吨级船坞），根据《江苏省河道管理实施办法》第十一条、第二十一条，《江苏省河道堤防工程占用补偿费征收使用管理办法》第三条、第七条，扬州市财政局扬财综〔1999〕95号、物价局扬价费〔1999〕359号、水利局扬政水〔1999〕275号联合发文规定，你公司新坝造船基地应缴纳河道堤防工程占用补偿费288万元。我局曾多次派人要求你公司缴纳，并于2006年2月27日书面通知你公司缴纳，但你公司并未按要求缴纳，现再次书面催缴，要求你公司在接到本通知之日起7日内向我局缴纳2005年度的上述河道堤防工程占用补偿费。逾期我局将依法处理。

2006年3月15日扬州市邗江区水政监察大队对扬州大洋造船有限公司作出的《水行政违法案件调查报告》

案情经过：扬州大洋造船有限公司占用长江防洪大堤李典镇秀清村夏小闸向北10米至复玉圩头之间，厂区占地面积30万平方米，应向我局缴纳2005年度河道堤防工程占用补偿费288万元。我局派员多次上门征收无果，并于2006年2月27日和2006年3月13日两次上门催缴，但该公司拒不缴纳占用补偿费。

调查结论及处理意见：扬州大洋造船有限公司拖欠河道堤防工程占用补偿费，事实清楚，证据确凿，其行为已违反了《江苏省河道管理实施办法》、《江苏省河道堤防工程占用补偿费征收使用管理办法》的规定，应依法追缴。

所附证据材料：(1) 勘验笔录 1 份；(2) 水行政调查笔录 2 份。

2006 年 3 月 21 日扬州市邗江区水利农机局向扬州大洋造船有限公司作出的《河道堤防工程占用补偿费征收决定书》（扬邗水机〔2006〕001 号）

经查明，你公司（新坝造船基地）占用河道堤防工程面积为 30 万平方米（不包括在建 10 万吨级船坞），根据《江苏省河道管理实施办法》第十一条、第二十一条，《江苏省河道堤防工程占用补偿费征收使用管理办法》第三条、第七条、第十二条，扬州市财政局扬财综〔1999〕95 号、物价局扬价费〔1999〕359 号、水利局扬政水〔1999〕275 号文件的规定，河道堤防工程占用补偿费为每月 0.8 元每平方米，你公司按规定应缴纳 2005 年度河道堤防占用补偿费 288 万元。

我局曾多次派员协商、动员催缴，上门收取未果。2006 年 2 月 27 日、3 月 13 日我局分别送达缴费通知和催缴通知，你公司仍不缴纳。

依据《江苏省河道管理实施办法》第二十一条、第二十二条，《江苏省河道堤防工程占用补偿费征收使用管理办法》第三条、第五条、第七条、第十二条之规定对你公司拒缴河道堤防工程占用补偿费的违法行为作出征收决定如下：限你公司在接到本处理决定之日起 15 日内，向我局缴纳 2005 年度河道堤防工程占用补偿费 288 元。

你公司如不服本决定，可以在接到本决定书之日起 60 日内向扬州市水利局或扬州市邗江区人民政府申请行政复议；或于收到本决定书之日起 3 个月内向扬州市邗江区人民法院提起行政诉讼。逾期不申请行政复议或者不向人民法院起诉又不履行本处理决定的，我局将申请人民法院强制执行。

2006年6月5日扬州市邗江区水利农机局向扬州大洋造船有限公司发出的《享有权利再次告知书》

我局于2006年3月21日和3月30日分别依法向贵公司送达了扬邗水机〔2006〕001号《河道堤防工程占用补偿费征收决定书》，在法定复议期内贵公司未提出复议要求。2006年4月1日至2006年6月30日是法定的行政诉讼期，在此期限内如贵公司仍未向法院提起行政诉讼，期满我局将申请人民法院强制执行。

2006年8月31日扬州市邗江区水利农机局向扬州市邗江区人民法院作出的《强制执行申请书》（扬邗水机执申字〔2006〕第2号）

本局于2006年3月21日对被申请人作出了扬邗水机〔2006〕第001号行政征收决定书，被申请人在规定的期限内未履行上述决定，现根据《中华人民共和国行政处罚法》第五十一条的规定，申请贵院强制执行。

2006年9月18日扬州市邗江区人民法院作出的《行政裁定书》（扬邗非行审字〔2006〕第47号）

申请人扬州市邗江区水利农机局于2006年3月21日依据《江苏省河道管理实施办法》第十一条、第二十一条，《江苏省河道堤防工程占用补偿费征收使用管理办法》第三条、第五条、第七条、第十二条的规定，作出扬邗水机〔2006〕001号河道堤防工程占用补偿费征收决定书。决定限被申请人在接到决定书之日起15日内，向申请人缴纳2005年度河道堤防工程占用补偿费288万元，每逾期1天加收1‰的滞纳金。决定书送达后，被申请人在规定的期限内既未申请复议或提起诉讼又未自觉履行。扬州市邗江区水利农机局于2006年8月31日根据《中华人民共和国行政诉讼法》第六十六条的规定向本法院申请强制执行。

本法院依法组成合议庭审查认为,被申请人占用河道堤防,依照《江苏省河道管理实施办法》第二十一条的规定,应当向水行政主管部门缴纳河道堤防工程占用补偿费。而被申请人在申请人向其催缴多次后,仍拒不缴纳河道堤防工程占用补偿费,其行为显属错误。申请人扬州市邗江区水利农机局作出的扬邗水机〔2006〕001号《河道堤防工程占用补偿费征收决定书》,认定事实清楚,程序合法,适用法律、规章正确,具备最高人民法院《关于执行〈中华人民共和国行政诉讼法〉若干问题的解释》第八十六条规定的条件。依照最高人民法院《关于执行〈中华人民共和国行政诉讼法〉若干问题的解释》第九十三条的规定,裁定如下:申请人扬州市邗江区水利农机局申请执行的扬邗水机〔2006〕001号河道堤防工程占用补偿费征收决定,本院准予强制执行。

本裁定书送达后即发生法律效力。

2006年10月13日扬州市邗江区水利农机局向扬州市邗江区人民法院作出的《结案报告》

我局申请执行的扬州大洋造船有限公司行政征收一案,在执行过程中,扬州大洋造船有限公司与我局已协商解决,此案已执行结束,请予结案。

2006年10月18日扬州市邗江区水利农机局对扬州大洋造船有限公司作出的《结案审查表》

案情摘要:扬州大洋造船有限公司(新坝造船基地)占用长江防洪大堤李典镇秀清村夏小闸向北10米至复玉圩头之间,厂区面积30万平方米,该公司拒不缴纳河道堤防工程占用补偿费。已违反了《江苏省河道管理实施办法》第十一条、第二十一条之规定。

处罚结果：依据《江苏省河道管理实施办法》、第二十一条、第二十二条之规定河道堤防工程占用补偿费人民币288万元整。

复议、诉讼情况：当事人拒不履行行政处罚决定，已申请扬州市邗江区人民法院强制执行。

执行情况：扬州大洋造船有限公司已缴纳河道堤防工程占用补偿费人民币288万元整，现已执行到位。

■ 案例评析 ■

因生产、生活需要，并经有关部门批准占用河道堤防工程，致使占用单位从中受益，但不能忘记依法缴纳河道堤防工程占用补偿费的义务，经主管部门多次上门征收和发文催缴而拒缴则是违法行为。扬州市邗江区水利农机局对扬州大洋造船有限公司拒缴河道堤防工程占用补偿费的违法行为，通过发出提醒缴纳通知、警告催缴，直至作出征收决定，有理有节、合理合法。在大洋造船公司仍然拒缴时，依法申请人民法院强制执行，终于达到了预期的目的。这一步很关键，首次对大洋造船公司征收河道堤防工程占用补偿费就遭到拒缴，第一次征收不成，以后就更难了。

该案在查处中存在以下问题：

一是使用《河道堤防工程占用补偿费征收决定书》不规范。该决定书与以前发出的《河道堤防工程占用补偿费缴纳通知书》、《河道堤防工程占用补偿费催缴通知书》的文体基本是一致的，充其量是"再次催缴"。但征收决定书的语气所依据的法律条款都是处罚条款，如作出征收决定的依据为《江苏省河道管理实施办法》第二十二条与《江苏省河道堤防工程占用补偿费征收使用管理办法》第十二条是一致的，而且同为行政处罚的条款。因此，对大洋造船公司的拒缴河道堤防工程占用补偿费的违法行为，不应用征收决定的形式，应当使用行政处罚决定的文体为好。

二是大洋造船公司对应当依法缴纳的河道堤防工程占用补偿费

一而再、再而三地拒缴,其情节是严重的。邗江区水利农机局依据《江苏省河道管理实施办法》第二十二条第一款的规定作出行政处罚决定时,除责令其立即如数缴纳 2005 年度的占用补偿费 288 万元外,还应处以 1 万 ~ 3 万元(应裁量为上限)的罚款,同时应按照该条第二款的规定,按每逾期 1 天加收应缴费 1‰的滞纳金的规定加以追缴,而绝不可存有只要将巨额占用补偿费如数追到即可以了的思想。

三是使用法律、法规应当简洁。该案拒缴河道堤防工程占用补偿费的行为违反了《江苏省河道管理实施办法》第二十一条关于"应当交纳河道堤防工程占用补偿费"的规定,依据《江苏省河道管理实施办法》第二十二条第一款第(五)项和第二款的规定,决定给予以下行政处罚,即可。

案例 29

泗洪县大柳巷船闸管理所
拒缴河道堤防工程占用补偿费案

■ 案情简介 ■

因生产和经营需要，泗洪县交通局大柳巷船闸管理所（以下简称大柳巷船闸管理所）需占用泗洪县水务局管理范围内老淮河左堤淮丰段堤防和滩地（面积为3500平方米）搭建生产、生活设施。2000年8月17日，大柳巷船闸管理所和泗洪县淮河怀洪新河管理所（以下简称怀洪新河管理所）签订水土资源占用合同书，占用期为5年，并按规定缴纳河道堤防工程占用补偿费。但大柳巷船闸管理所却对2004年至2005年6月的占用补偿费拖欠不缴。怀洪新河管理所于2005年7月21日向大柳巷船闸管理所发出《限期缴纳河道堤防工程占用补偿费的通知》。在大柳巷船闸管理所仍拒缴的情况下，泗洪县水务局于2005年8月15日向大柳巷船闸管理所发出《水行政征收决定书》。2005年8月22日，大柳巷船闸管理所向泗洪县人民政府作出要求撤销该征收决定的复议申请。2005年9月3日，泗洪县人民政府决定受理大柳巷船闸管理所的复议申请，泗洪县水务局作出答辩。在复议期间，大柳巷船闸管理所于2005年12月2日申请撤回行政复议，并于2006年2月9日缴纳了拖欠的河道堤防工程占用补偿费。

▪ 法律文书文件摘录 ▪

2000年8月17日泗洪县水务局淮河怀洪新河管理所与泗洪县大柳巷船闸管理所签订的《泗洪县水工程管理范围内水土资源占用（承包）合同书》（洪水〔2000〕占字合同198号）

为加强河道堤防管理，发挥江河湖泊水土资源的综合效益，凡申报经批准占用水工程管理范围内水土资源的单位或个人，必须签订占用（承包）合同书。

泗洪县交通局大柳巷船闸管理所经批准占用淮河怀洪新河管理所管理范围内的淮河左堤通水滩地，共3750平方米，用于搭建生产、生活设施，占用期为5年。每年应缴纳给怀洪新河管理所占用工程补偿费××元，损坏工程补偿费××元，合计××元。

在占用过程中，必须遵照《中华人民共和国水法》、《中华人民共和国防洪法》、《中华人民共和国河道管理条例》及县以上人民政府关于水利工程管理规定：

1. 占用单位（个人）在占用期间，因防洪抢险、水利工程建设需要，对建筑物及设施进行拆除或改建的，必须无条件服从。

2. 为确保防洪行洪安全，未经水行政主管部门批准，不准擅自在占用（承包）范围内的堤防滩地取土、耕种、埋坟等。

3. 不准非法侵占、转让、倒卖水工程管理范围内的水土资源。

4. 必须在批准占用（承包）的范围内，按批准的项目使用，不准变相超占和变更占用用途。

5. 占用（承包）期满后，如确需继续占用，要重新申办手续。原基翻建房屋必须重新申报审批手续。

6. 按管理单位发出《收缴占用工程补偿通知书》的日期，主动到管理单位办理年审核证、缴费等手续，逾期则按自行放弃占用权或按《江苏省河道管理实施办法》第二十二条规定：除处以1万元以下罚款外加收应缴费1‰的滞纳金。

7. 违反上述规定，除按《中华人民共和国水法》、《中华人民共和国防洪法》、《中华人民共和国河道管理条例》及有关法规追究责任外，管理单位有权收回占用单位占用的水土资源或关闭占用单位的建筑设施。

8. 本合同一式四份：水行政主管机关、管理单位、管理站、占用单位或个人各存一份，经双方同意签字盖章后生效。

2005年7月21日泗洪县水务局淮河怀洪新河管理所向泗洪县交通局大柳巷船闸管理所发出的《限期缴纳河道堤防工程占用补偿费的通知》

根据《江苏省河道管理实施办法》、《江苏省河道堤防工程占用补偿费征收使用管理办法》的规定，占用河道堤防工程兴建建筑物、设施和停放、堆放物料等行为的，每月每平方米应缴纳0.5~1.0元的河道堤防工程占用补偿费。你单位占用淮河左堤淮丰段堤防兴建建筑物，占用面积3500平方米，现通知你单位于2005年8月5日之前来我所按占用面积缴纳2004年度、2005年1月至6月份的河道堤防工程占用补偿费31500元，如逾期不履行缴费义务，将依法对你单位进行处罚。

2005年8月13日泗洪县水政监察大队对泗洪县交通局大柳巷船闸管理所拒缴河道堤防工程占用补偿费案所作出的《水行政违法案件调查报告》

案情经过：泗洪县交通局大柳巷船闸管理所占用老淮河管理范围内水土面积3500平方米，2004年应缴纳占用费21000元，2005年1月至6月应缴纳占用费10500元，河道管理单位从2004年3月以来多次催要，并于2005年7月21日下达了《限期缴纳河道堤防工程占用补偿费的通知》，但船闸管理所至今仍未缴纳。

调查结论及拟处理意见：泗洪县交通局大柳巷船闸管理所的行为已违反了《江苏省河道管理实施办法》第二十一条"因生产、经营需要，确需占用河道堤防工程的单位和个人，必须经河道主管机关批准，并应当缴纳河道堤防工程占用补偿费。占用补偿费主要用于河道堤防工程的维修和管理。具体占用补偿办法由省水行政主管部门会同省财政、物价部门制定，报省人民政府批准后执行"的规定。根据《江苏省河道管理实施办法》第二十一条"违反本办法规定，有下列行为之一的，县级以上地方人民政府河道主管机关除责令其纠正违法行为、赔偿损失、采取补救措施外，可以并处警告、1万元以下的罚款，情节严重的，可处以1万~3万元的罚款。对有关责任人员，其所在单位或者上级主管部门给予行政处分；构成犯罪的，提交司法机关依法追究其刑事责任：……（五）违反第二十二条规定，拒不如数缴纳河道堤防工程占用补偿费的"规定，拟对泗洪县交通局大柳巷船闸管理所作出如下决定：责令15日内到泗洪县水务局淮河怀洪新河管理所缴纳2004年度和2005年1月至6月的河道堤防工程占用补偿费31500元。

所附证据材料：(1)《限期缴纳河道堤防工程占用补偿费的通知》1份；(2)泗洪县大柳巷船闸管理所《河道工程占用证》(副本)1份；(3)泗洪县大柳巷船闸管理所占用河道管理范围内水土资源占用图复印件；(4)洪水〔2000〕占字合同198号《泗洪县水工程管理范围内水土资源占用合同书》复印件1份。

2005年8月15日泗洪县水务局对泗洪县交通局大柳巷船闸管理所作出的《水行政征收决定书》

经查，江苏省泗洪县交通局大柳巷船闸管理所占用老淮河管理范围内水土面积3500平方米，2004年应缴纳占用费21000元，2005年1月至6月应缴纳占用费10500元，河道管理单位从2004年3月以来多次催要，并于 2005 年 7 月 21 日下达了《限期缴纳河道堤防工程占用补偿费的通知》，至今仍未履行，此行为已违反了《江苏省河道管理实施办法》第二十一条的规定。根据《江苏省河道管理实施办法》第二十二条的规定，对江苏省泗洪县交通局大柳巷船闸管理所作出如下决定：责令 15 日内到泗洪县淮河怀洪新河管理所缴纳 2004 年度和 2005 年 1 月至 6 月的河道堤防工程占用补偿费 31500 元。

如不服本决定可以在接到处罚决定书之日起 60 日内向宿迁市水务局或泗洪县人民政府申请复议，或者 3 个月内向泗洪县人民法院起诉。逾期不申请复议或不向人民法院起诉又不履行本决定的，我局将申请人民法院强制执行。

2005 年 8 月 22 日泗洪县交通局大柳巷船闸管理所向泗洪县人民政府作出的《行政复议申请书》

申请人不服被申请人 2005 年 8 月 15 日对申请人作出"责令 15 日内到水务局淮河怀洪新河管理所缴纳 2004 年度和 2005 年 1 月至 6 月的河道堤防工程占用补偿费 31500 元"的洪水字〔2005〕003 号《水行政征收决定书》具体行政行为，现申请泗洪县人民政府复议。

申请复议的要求：撤销被申请人 2005 年 8 月 15 日作出的洪水字〔2005〕003 号《水行政征收决定书》。

申请复议的理由：被申请人对申请人所作出的具体行政行为不合法。被申请人对申请人所作出的洪水字〔2005〕003 号《水行政征收决定书》中所引用的征收依据为《江苏省河道管理实施办法》第二十一条"因生产、经营需要，确需占用河道堤防工程的单位和个人，必须经河道主管机关批准，并应当缴纳河道堤防工程占用补偿费。具体占用补偿办法由省水行政主管部门会同省财政、物价部门制定，报省人民政府批准后执行"之规定，被申请人依据该条款向申请人征收费用显属征收对象错误，且无事实依据和适用法律错误，其理由是：

1. 大柳巷船闸是水利部门申报,经上级批准并由水利部门设计,始建于1971年,于1973年投入使用,原由水利部门管理,1974年1月,县人民政府根据机构设置的需要和大柳巷船闸管理所承担的职能,决定将船闸由水利部门移交县交通局管理,其船闸的设置和建设,均是经过县以上人民政府批准的,是履行政府职能的事业性单位。

2. 大柳巷船闸的职能是:调节县境南部水源和沟通县内河道与淮河的水上交通。它既是"Ⅲ级水上建筑物(河道工程)",又是航道设施。泗洪县人民政府于1996年5月向其颁发了《中华人民共和国国有资产产权登记证》。

3. 船闸收取过往船舶的过闸管理费是依据国务院发布的《中华人民共和国航道管理条例》和交通部颁发的《船闸管理办法》,收取的过闸管理费是国家的规费,依照《船闸管理办法》第三十一条之规定,征收的规费主要用于船闸的修理、维护保养、检查测试、防汛破冰、引航道疏浚、闸区绿化、备品备件购置、房屋维修以及管理机构所需的经费。

4. 《中华人民共和国航道管理条例实施细则》第十七条第三款明确规定,为保证航道畅通,在通航水道上进行正常的养护工程……任何单位或个人不得非法阻挠、干涉或索取费用。

5. 被申请人依据的《江苏省河道管理实施办法》第二十一条规定所指向的征收对象,是特指"因生产、经营需要,确需占用河道堤防工程的单位和个人",而大柳巷船闸是集航运、调节水源、防洪于一体的以航运管理为主、兼顾水利的管理型水资源综合利用的国家工程和机构,与被申请人所指的征收对象风马牛不相及。

综上所述,申请人不是被申请人收取费用的义务主体,申请人没有义务向其缴纳占用费。被申请人的具体行政行为的违法性显而易见,既无事实依据,又无法律依据,申请人为此申请泗洪县人民政府行政复议,请求依法撤销被申请人作出的洪水字〔2005〕003号《水行政征收决定》,以维护法律的严肃性,保障申请人依法履行其船闸的管理职能。

2005年9月3日泗洪县人民政府向泗洪县水务局发出的《复议案件受理通知书》（复受字〔2005〕第6号）

泗洪县交通局大柳巷船闸管理所（申请人）不服你局2005年8月15日作出的水行政征收之具体行政行为，向本政府申请复议，本政府已决定受理，现将复议申请书副本发（送）给你局，请在收到复议决定书副本之日起10日内，向本政府提交作出具体行政行为的有关材料或者证据，并提出答辩书。

2005年9月10日泗洪县水务局向泗洪县人民政府作出的《行政复议答辩状》

现对申请人泗洪县大柳巷船闸管理所不服我局洪水字〔2005〕003号《水行政征收决定书》提起的行政复议一案，作如下答辩：

一、申请人泗洪县大柳巷船闸管理所拒缴河道堤防工程占用补偿费一案的基本情况

泗洪县大柳巷船闸管理所始建于1971年，占用淮河与老淮河交汇处堤防和滩面地3750平方米，用于单位日常的生产、经营及生活活动，属于历史上长期占用。根据《江苏省河道堤防工程占用补偿费征收使用管理办法》第三条的规定，申请人于2000年8月17日到我局申领了洪水〔2000〕占字第198号《河道工程占用证》，签订了洪水〔2000〕占字合同198号《泗洪县水工程管理范围内水土资源占用合同书》。并于2001年1月9日向河道管理单位补缴了1999年度的河道堤防工程占用补偿费1500元。2003年，泗洪县海事处与申请人商议在该单位已占用的范围内修建一占地面积为250平方米的办公场所，并经我局同意，在申请人原占用的面积中扣除250平方米。目前申请人占用水利工程管理范围内的水土面积为3500平方米。根据《江苏省河道堤防工程占用补偿费征收使用管理办法》规定的征收标准,泗洪县交通局大柳巷船闸管理所2004年应缴纳河道堤防工程占用补偿费21000元,2005年1月至6月份应缴纳10500元,合计31500元。我局工程管理单位淮河怀洪新河管理所多次派员征收申请人此项费用,申请人均以各种理由拒绝缴纳。工程管理单位于2005年7月21日向申请人下达了《限期缴纳河道堤防工程占用补偿费的通知》,申请人仍拒绝履行,其行为已经违反了《江苏省河道管理实施办法》第二十一条的规定。我局于2005年8月10日立案查处,2005年8月15日我局对申请人泗洪县交通局大柳巷船闸管理所下达了洪水字〔2005〕003号《水行政征收决定书》。根据《江苏省河道管理实施办法》第二十二条的规定,对泗洪县交通局大柳巷船闸管理所作出如下决定:责令15日内到泗洪县水务局淮河怀洪新河管理所缴纳2004年度和2005年1月至6月的河道堤防工程占用补偿费31500元。申请人至今仍未履行。

二、我局作出的具体行政行为事实清楚、证据确凿,适用法律正确,程序合法

1. 事实清楚、证据确凿。泗洪县交通局大柳巷船闸管理所所部占用的是淮河与老淮河交汇处的堤防和滩面地,是水利工程用地。县人民政府于1995年依法对该段堤防滩地颁发了《国有土地使用证》(洪土国用〔1995〕字第H-005-039号),使用权属我局。申请人2000年按照规定申领了《河道工程占用证》,其占用的范围、面积,均经申请人与河道管理单位双方共同勘测确认,绘制了《占用面积平面图》,签订了《占用合同书》。申请人占用堤防和滩面地3500平方米,用于单位日常的生产、经营及生活。根据《江苏省河道堤防工程占用补偿费征收使用管理办法》规定的征收标准下限每平方米0.5元每月,2004年应缴纳河道堤防工程占用补偿费21000元,2005年1月至6月份应缴纳10500元,合计31500元。我局工程管理单位淮河怀洪新河管理所多次派员征收,申请人均以各种理由拒绝缴纳。工程管理单位于2005年7月21日向申请人下达了《限期缴纳河道堤防工程占用补偿费的通知》，申请人仍拒绝履行，其行为已经违反了《江苏省河道管理实施办法》第二十一条的规定，我局遂立案查处。

2. 适用法律法规正确。申请人泗洪县交通局大柳巷船闸管理所拒缴河道堤防工程占用补偿费的行为违反了《江苏省河道管理实施办法》第二十一条的规定，对泗洪县交通局大柳巷船闸管理所作出限期缴纳所欠河道堤防工程占用补偿费的决定是根据《江苏省河道管理实施办法》第二十二条的规定作出的。

3. 程序合法。在多次催交无效的情况下，我局的工程管理单位于 2005 年 7 月 21 日向申请人下达了《限期缴纳河道堤防工程占用补偿费的通知》，申请人仍不缴纳，我局于 2005 年 8 月 10 日立案查处，2005 年 8 月 15 日对申请人泗洪县交通局大柳巷船闸管理所下达了洪水字〔2005〕003 号《水行政征收决定书》，并送达了申请人。

三、申请人提出的理由不成立

申请人认为我局向其征收占用费属征收对象和适用法律错误，且无事实依据，并且提出了以下几方面的理由：(1)该单位原由水利部门管理，是经县人民政府批准成立的事业单位；(2)具有《产权登记证》；(3)收取过闸费是行政事业性规费；(4)违反《航道管理条例实施细则》，对其进行阻挠、干涉或索取费用；(5)按《江苏省河道管理实施办法》规定，不属于征收对象。我局认为申请人不依法缴纳占用费的观点是错误的，所提出的理由也是站不住脚的。我局依法征收申请人占用费的事实、依据上面已陈述，现针对申请人提出的理由，作出如下答辩：

1. 征收规费、有管理职能的事业单位也是河道堤防工程占用补偿费的征收对象。《江苏省河道管理实施办法》第二十一条规定："因生产、经营需要，确需占用河道堤防工程的单位和个人，必须经河道主管机关批准，并应当缴纳河道堤防工程占用补偿费。占用补偿费主要用于河道堤防工程的维修和管理。具体占用补偿办法由省水行政主管部门会同省财政、物价部门制定，报省人民政府批准后执行。"《江苏省河道堤防工程占用补偿费征收使用管理办法》第四条规定:"机关、学校、医院、部队及社会福利单位经批准占用河道及其配套工程管理范围从事非营利性活动的,经有管辖权的河道主管机关批准,可以免缴占用补偿费。国家和省重点工程建设项目经省河道主管机关批准可以免缴占用补偿费。"这说明连机关、部队均属于河道堤防工程占用费的征收范围,申请人泗洪县交通局大柳巷船闸管理所系向社会提供服务并按照规定收取服务费的事业单位,完全属于占用费的收费对象。由水利部门移交、经县人民政府批准设立,并不能排除在河道堤防工程占用费收费范围之外,《江苏省河道堤防工程占用费征收使用管理办法》第三条第一款规定:"在本办法实施前经批准已发生的占用行为,占用人必须主动到河道主管机关进行登记,经审核不影响防洪安全和河道工程正常使用的,由占用人向当地河道主管机关申领《河道工程占用证》,并按本办法的规定缴纳占用补偿费。"根据此规定,申请人只是属于补办占用手续的范围。河道管理范围内的堤防、滩地属国家所有,由水利工程管理单位管理和使用,我局于1995年依法取得了使用权证,1997年县人民政府印发的《泗洪县河道管理实施细则》(洪政发〔1997〕65号)也明确规定申请人占用的堤防、滩地使用权在我局。国有土地的使用权只能由政府依法确定,县国有资产管理局无权自行认定,其1996年5月颁发的产权证中将申请人占用的水工程用地登记为申请人资产,不知依据是什么?明显与县人民政府对该块土地使用权的确定相抵触。

2. 我局依法正常收费并不违反《中华人民共和国航道管理条例实施细则》的规定。申请人引用的《中华人民共和国航道管理条例实施细则》第十七条第三款规定:"航道管理机构为了保证航道畅通,在通航水道上进行正常的航道养护工程,包括勘测、疏浚、抛泥、吹填、清障、维修航道设施和设置航标等,任何单位或个人不得非法阻挠、干涉或索取费用。"与我局依法正常收费毫无抵触。

综上所述,答辩人认为,对申请人泗洪县交通局大柳巷船闸管理所拒缴河道堤防工程占用补偿费一案,我局作出征收决定,事实清楚,证据充分,适用法律法规正确,符合法定程序,应予维持。

2005年12月3日泗洪县人民政府对泗洪县交通局大柳巷船闸管理所作出的《行政复议终止通知书》(洪政复终〔2005〕6号)

你单位不服泗洪县水务局2005年8月15日所作《水行政征收决定》提出行政复议申请,我们依法已予受理。在复议期间,你单位于2005年12月2日申请撤回行政复议。根据《中华人民共和国行政复议法》和其他有关规定,决定终止行政复议。

2006年2月9日泗洪县淮河淮洪新河管理所出具的《缴费证明》

江苏省泗洪县交通局大柳巷船闸管理所河道堤防工程占用补偿费已于2006年2月9日缴纳。

■ 案例评析 ■

该案虽由泗洪县交通局大柳巷船闸管理所主动撤回行政复议申请,如数缴纳河道堤防工程占用补偿费而告终,但在该案查处中存在以下问题:

一是泗洪县淮河怀洪新河管理所向大柳巷船闸管理所作出《限期缴纳河道堤防工程占用补偿费的通知》的主体错误。淮河怀洪新河管理所是泗洪县水务局下属的工程管理单位,无行政执法权。"限期"即有"责令"之意,尤其是后面的"如逾期不履行缴费义务,将依法对你单位进行处罚"的警告语,完全是行政机关对相对管理人的用词。怀洪新河管理所超越职权,如大柳巷船闸管理所以此向人民法院起诉,怀洪新河管理所应承担相应的法律责任。

根据《江苏省河道堤防工程占用补偿费征收使用管理办法》第二条、第三条、第五条和第七条的规定,大柳巷船闸管理所确需占用此段堤防和滩地的,必须由泗洪县水务局批准(从档案中无批准记载)发给《河道占用证》,由泗洪县水务局每半年征收一次河道堤防工程占用补偿费。在两个管理所签订的占用合同中,既无占用的具体用途(占用单位可以随意改变用途),也无每年应缴河道堤防工程占用补偿费的具体数据,更无征收时间,如此草率是造成大柳巷船闸管理所拒缴河道堤防工程占用补偿费的重要原因。对于此类占用问题,各级河道主管机关应当依照规定加以规范。河道管理单位仅有管理权,而无批准占用的决定权,由占用单位提出申请,审查后同意被占用即作出批准文,发给占用证,确定年度占用补偿费的数额和征收时间,由河道主管机关直接征收,也可委托下属河道管理单位征收。

二是《水行政征收决定》不规范。作出该决定书的依据是《江苏省河道管理实施办法》第二十二条第一款第(五)项,责令大柳巷船闸管理所在 15 日内缴纳所欠缴的河道堤防工程占用补偿费。这与 7 月 21 日作出的《限期缴纳河道堤防工程占用补偿费的通知》又有什么区别呢?如果是认为该通知的主体不合法,重新作出责令限期缴纳占用补偿费的通知,但对上述通知并没有撤销。如果认为该通知仍然具有法律效力,就应按照通知中的警告,作出行政处罚决定,采取限期缴纳占用补偿费的补救措施,并处 1 万元以下的罚款(由水务局裁量)。应当作出的是《水行政处罚决定书》,而不是《水行政征收决定书》。

三是占用合同是 2000 年 8 月 17 日签订的,也就是大柳巷船闸管理所依法缴纳占用补偿费的开始日。该案中大柳巷船闸管理所拒缴河道堤防工程占用补偿费(其理由从该管理所《行政复议申请书》中强调为不是缴纳占用补偿费的对象)的时间是 2004 年 1 月至 2005 年 6 月,这之前即 2000 年 8 月 17 日至 2003 年 12 月 31 日 3 年多时间的占用补偿费是否如数征收(存疑)？在查处期间的占用5年的期限已经到期，如继续占用，泗洪县水务局应当对类似此案的有关占用合同加以清理和规范。

案例 30

淮安清江变压器有限公司拖欠水资源费案

■ 案情简介 ■

淮安清江变压器有限公司（以下简称清江变压器公司）从 2000 年 11 月 10 日至 2005 年 6 月 20 日共使用地下水 261098 立方米，应缴纳水资源费 149309.6 元，这期间仅缴纳水资源费 10000 元，余数 139309.6 元拖欠不缴。为此，淮安市水利局依法于 2005 年 7 月 15 日向清江变压器公司发出《责令限期缴纳水资源费通知书》，限其于 2005 年 7 月 30 日前全部缴齐欠缴的水资源费，但清江变压器公司拒缴。淮安市水利局于 2006 年 2 月 13 日依法向淮安市中级人民法院递交强制执行申请书。淮安市中级人民法院于 2 月 29 日作出准予强制执行的《行政裁定书》。2006 年 3 月 9 日，淮安市水利局与清江变压器公司签订《缴纳水资源费（2002 年 11 月至 2005 年 6 月）协议书》，清江变压器公司承诺于 2006 年 6 月 10 日前分四次缴纳水资源费 10 万元。

■ 法律文书文件摘录 ■

2005 年 7 月 15 日淮安市水利局向淮安清江变压器有限公司发

出的《责令限期缴纳水资源费通知书》（淮水限缴字〔2005〕第1号）

你单位自2002年11月至2005年6月共取用地下水261098立方米，根据《中华民人共和国水法》第四十八条第一款和《江苏省物价局关于调整水资源费的通知》（苏价字〔2004〕136号）的规定，应缴纳水资源费149309.6元，因你单位已缴纳10000元，尚欠139309.6元。现依据《中华人民共和国水法》第七十条的规定，责令你单位于2005年7月30日前将以上欠缴的水资源费计139309.6元全部缴齐。逾期不缴纳，按日加收欠缴水资源费2‰的滞纳金。

告知当事人在法定时间内向淮安市人民政府或江苏省水利厅申请复议；也可以在法定时间内向人民法院起诉。逾期不申请复议、不起诉又不履行本通知的，我局将申请人民法院强制执行。

2006年2月13日淮安市水利局向淮安市中级人民法院作出的《申请执行书》。

申请执行依据：淮水限字〔2005〕第1号《责令限期缴纳水资源费通知书》。

申请执行事项：追缴被执行人2002年11月至2005年6月欠缴地下水资源费139309.6元，滞纳金（自逾期缴纳之日起，每日按欠缴款的2‰计算）。

申请执行理由：被执行人因生产、生活需要取用地下水，自2002年11月至2005年6月共取用地下水261098立方米，依照《中华人民共和国水法》第四十八条第一款和《江苏省物价局关于调整地下水资源费标准的通知》（省物价局、财政厅）、《关于调整我市地下水资源费标准的通知》（市物价局、财政局）、《省物价局关于调整水资源费的通知》的规定，被执行人应向我局缴纳地下水资源费149309.6元，被执行人已缴纳10000元，尚欠139309.6元。

2005年7月15日，我局依据《中华人民共和国水法》第七十条的规定，向被执行人下达《责令限期缴纳水资源费通知书》，要求被执行人于 2005 年 7 月 30 日前缴齐欠缴的水资源费；逾期不缴纳的，按日加收 2‰的滞纳金。2005 年 7 月 15 日，通知书送达后，被执行人在规定时间内既未申请复议和诉讼，又不履行通知书，现依据《中华人民共和国行政诉讼法》第六十六条的规定，特向你院申请强制执行。

2006 年 2 月 29 日（编者注：2006 年 2 月无 29 日，希望水行政执法文书中不要发生类似的错误）淮安市中级人民法院作出的《行政裁定书》（[2006]淮非诉行审字第 6 号）

被执行人自 2002 年 11 月至 2005 年 6 月因生产、生活需要，取用地下水 261098 吨，欠缴地下水资源费 139309.6 元，2005 年 7 月 15 日申请执行人依据《中华人民共和国水法》第七十条的规定向被执行人下达了《责令限期缴纳水资源费通知书》，因被执行人在规定时间内不提起诉讼又不履行，申请执行人根据《中华人民共和国行政处罚法》第五十一条第(三)项和《中华人民共和国行政诉讼法》第六十六条的规定，向本院申请强制执行。

本院经审查认为，江苏省淮安市水利局于 2005 年 7 月 15 日作出的淮水限字[2005]第 1 号《责令限期缴纳水资源费通知书》，认定事实清楚，适用法律正确，程序合法，同时该《责令限期缴纳水资源费通知书》已发生法律效力，符合向人民法院申请执行的条件。依据最高人民法院《关于执行〈中华人民共和国行政诉讼法〉若干问题的解释》第九十三条的规定，裁定如下：

1. 申请执行人江苏省淮安市水利局申请执行的(淮水)限缴字[2005]第 1 号《责令限期缴纳水资源费通知书》，本院准予强制执行。

2. 案件受理费 100 元以及执行中实际支出的费用，由被执行人淮安清江变压器有限公司承担。

本裁定送达后即发生法律效力。

2006年3月9日淮安市水利局与淮安清江变压器有限公司签订的《缴纳水资源费(2002年11月至2005年6月)协议书》

甲方：淮安市水利局

乙方：淮安清江变压器有限公司

乙方自2002年11月至2005年6月期间，共取用地下水261098立方米，应向甲方缴纳地下水资源费149309.6元(详见附件)。乙方已缴纳10000元，尚欠139309.6元，考虑到乙方的实际情况，经双方协商，达成如下缴纳欠款协议：

1. 乙方自2006年3月至2006年6月，分四次向甲方缴纳欠缴水资源费10万元。其中3月10日前缴纳2万元；4月10日前缴纳3万元；5月10日前缴纳3万元；6月10日前缴纳2万元。10万元缴清后，甲方不再追缴乙方所欠余款。

2. 乙方按期缴纳欠费，甲方免予追缴滞纳金。

3. 乙方如违反本协议，拖延缴纳，甲方将依照法律程序，依法追缴。

4. 本协议一式4份，双方各执2份。本协议从签字之日起生效。

附件：

淮安清江变压器有限公司(2002年11月10日至2005年6月20日)地下水资源费计算如下：

2002年11月10日至2004年6月23日，执行淮阴市物价局、淮阴市财政局淮价涉〔1997〕105号、淮财综〔1997〕310号，地下水资源费每立方米0.40元。

676195立方米－474137立方米＝202058立方米

202058立方米×0.40元每立方米＝80823.2元

2004年6月23日至2005年6年20日，执行淮安市物价局淮价工〔2004〕103号，变压器厂属管网到达地区，按照淮安市物价局淮价工〔2003〕207号，地下水资源费1.16元每立方米。

735235 立方米 − 676195 立方米 = 59040 立方米

59040 立方米 × 1.16 元每立方米 = 68486.4 元

合计：80823.2 元 + 68486.4 元 = 149309.6 元

2006年3月10日淮安市水政监察支队对淮安清江变压器有限公司欠缴水资源费案作出的《水事案件结案报告》

简要案情及调查经过：淮安清江变压器有限公司因生产、生活需要取用地下水，2002年11月至2005年6月共取用地下水261098吨，应向我局缴纳水资源费149309.6元。但该公司只缴纳了1万元。立案处理后，我们对该公司的上述用水量进行了核实，并得到该公司的认同。

处理情况：2005年7月15日，我局依据《中华人民共和国水法》第四十八条第一款和《江苏省省物价局关于调整水资源费的通知》(苏价字〔2004〕136号)的规定，向淮安清江变压器有限公司下达了《责令限期缴纳水资源费通知书》，逾期不缴纳，按日加收滞纳金。

执行情况：2006年2月13日，我局依法向淮安市中级人民法院申请强制执行。该公司慑于法律威严，表示愿意缴纳，同时提出企业困难，请求照顾，后经法院、我局及该公司协调，于2006年3月9日达成该公司在3个月内分四次补缴10万元的协议。

■ 案例评析 ■

这是一起不成功的追缴水资源费案。该案从2005年7月15日发出《责令限期缴纳水资源费通知书》开始，历经2006年2月13日向淮安市中级人民法院递交强制执行申请书、2006年2月29日淮安市中级人民法院作出《行政裁定书》(裁定"本院准予强制执行"，"本裁定送达后即发生法律效力")、2006年3月9日与缴费单位签订《缴纳水资源费(2002年11月至2005年6月)协议书》(减征39309.6元，欠缴的10万元分四次缴纳，是否如期缴纳到位，不得而知），前后共9个月的时间，淮安市水利局并没有达到如数追缴水资源费的目的。

该案在查处中存在以下问题：

首先，淮安市水利局没有及时征缴，为淮安清江变压器有限公司拖欠、拒缴水资源费提供了可乘之机。

征收水资源费是运用经济手段，促进全社会计划用水、节约用水，合理开发利用和保护水资源，实现水资源可持续利用的重要举措，历来为各级政府所重视。2002年8月29日施行的《中华人民共和国水法》、2006年1月24日国务院发布的《取水许可和水资源费征收管理办法》、江苏省财政厅和水利厅分别于2002月12月27日发布的《关于进一步加强水资源费征收管理工作的通知》以及2005年9月6日发布的《江苏省水资源费征收使用管理暂行办法》中都对水资源费的征收提出了要求。为什么这起水资源费拖欠了近32个月才予以追缴？拖欠的时间越久，累计的费用数额越大，拒缴的"理由"越充足。淮安市水利局对清江变压器公司作出的《责令限期缴纳水资源费通知书》早在两年前或2003年底就应作出。

其次，《责令限期缴纳水资源费通知书》中存在一些问题。淮安市水利局在发出该通知书的同时，应当附清江变压器公司从2002年11月10日至2005年6月20日期间地下水资源费计算明细表。通知书最后的"告知"段既没有必要，也不符合格式，只需一句，如"限期内仍不缴纳，我局将依法采取下一步的行政措施"即可。另外，依据《中华人民共和国水法》第七十条对逾期不缴纳的行为的规定，仅加收滞纳金是不够的，还应实施罚款，规定中使用的是"并处"而不是"可处"。

淮安市水利局向清江变压器公司作出责令限期（2005年7月30日前）缴费通知书的法律依据是《中华人民共和国水法》第七十条。但仅用了前一部分。正确的办法是淮安市水利局在2005年7月31日就应对清江变压器公司逾期不缴纳拖欠水资源费的行为，通过集体讨论、告知等程序对其作出追缴所欠水资源费139309.6元、加收滞纳金(139309.6元×滞纳日×0.002)、并处139309.6元×(1~5倍,由市水利局裁量)的行政处罚。如清江变压器公司在限期内不履行处罚决定,然后按法定程序向淮安市中级人民法院作出强制执行的申请。

第三,关于《申请执行书》的问题。该申请书中"申请执行事项"第二项"滞纳金"未明确,依照《中华人民共和国水法》第七十条的规定,滞纳金的计算方式是:139309.6元×天数(从2005年7月31日起至2006年2月12日止应为197天)×0.002。既然不明确,法院也就没有裁决执行。

第四,关于《缴纳水资源费(2002年11月至2005年6月)协议书》的问题。2006年2月29日淮安市中级人民法院在作出的《行政裁决书》中明确:"申请执行人江苏省淮安市水利局申请执行的(淮水)限缴字〔2005〕第1号《责令限期缴纳水资源费通知书》,本院准予强制执行。"执行的结果怎样?很遗憾,后又出现了一个淮安市水利局与清江变压器公司签订的《缴纳水资源费(2002年11月至2005年6月)协议书》(据《水事案件结案报告》"执行情况"栏目记载,经法院、我局及该公司协调的结果),这个协调书存在几个严重问题:

一是违规减征水资源费。水资源费是纳入财政预算管理的规费,江苏省人民政府对免征、缓征、减征水资源费的对象有明确的规定。而该协议第一条中却明确,清江变压器公司分四次,在"10万元缴清后,甲方(淮安市水利局)不再追缴乙方(淮安清江变压器有限公司)所欠余款"。就是说清江变压器公司在2006年6月10日前缴足10万元后,余款39309.6元就被"减征"掉了。这就是淮安市中级人民法院先"强制执行"后"协调"的结果。《江苏省水资源费征收使用管理暂行办法》第六条第一款规定:"市、县(市、区)政府和部门一律不得免征、缓征、减征水资源费。"该办法第十五条第一款又规定:"对擅自减免……水资源费的单位和个人,由上级财政部门和水行政主管部门会同监察、审计等部门予以查处。"之所以减免清江变压器公司近4万元的水资源费,协议书中只提到"考虑到乙方的实际情况",什么是实际情况呢?在《结案报告》"执行情况"栏目有"该公司慑于法律威严,表示愿意缴纳,同时提出企业困难,请求照顾",于是淮安市水利局无原则地将余款"照顾"掉了。

清江变压器公司是一个企业,不是省政府规定的减免水资源费的对象。该公司从2002年11月10日至2005年6月20日的31个月用水261098立方米,从月用水8100余立方的情况看(用水量的大小反映该公司的生产情况),怎能证明其"困难"?即使企业困难,也不是减免水资源费的理由。

二是该协议书第二条中规定:"乙方如按期缴纳欠费,甲方免予追缴滞纳金。"那么乙方如不按期缴纳欠费,甲方就要追缴滞纳金?这个滞纳金指的是2005年7月31日到2006年6月10日的还是2006年6月10日以后发生的滞纳金呢?不清楚。

三是该协议第三条中规定:"乙方如违反本协议,拖延缴纳,甲方将依照法律程序,依法追缴。"这是一条糊弄人的话,这个协议本身就是"依法追缴"的产物,如乙方仍拖延缴纳,甲方是不是再次"依法追缴"?

这是一个不该签订的协议书,一是降低了淮安市水利局征缴水资源费主管部门的地位,二是应由清江变压器公司向淮安市中级人民法院作出的缴款保证书。否则,人民法院又如何体现依法"强制执行"的力度呢?

案例 31

南京达丰羽绒有限公司拖欠水资源费案

■ 案情简介 ■

南京达丰羽绒有限公司（以下简称达丰羽绒公司）于 2005 年 6 月 17 日至 12 月 15 日在南京市陶吴厂区取用地下水 30400 立方米，应缴纳水资源费 25840 元；2005 年 12 月 16 日至 2006 年 7 月 11 日取水达 58960 立方米，应缴纳水资源费 24276 元。两项合计 50116 元，但达丰羽绒公司未按时缴纳。南京市江宁区水利工程水费管理站（水资源费也由该站负责征收）曾两次向达丰羽绒公司发出《水资源费缴纳通知单》，但该公司仍拖欠未缴。为此，江宁区水利局于 2006 年 7 月 27 日下午由局长召集有关人员对达丰羽绒公司拖欠水资源费的问题进行了专题讨论，认为水资源费是行政规费，拖欠不缴应依法实施处罚，念其以前还是按期缴纳的，再给该公司一次机会，视其表现再作处理。江宁区水利局于当日向达丰羽绒公司发出《责令限期改正违法行为通知书》，限其于 2006 年 8 月 5 日前将应缴款 50116 元汇入指定账户，如逾期不缴纳，不仅依法加收滞纳金，还要实施行政处罚。达丰羽绒公司在限期内缴纳了拖欠的水资源费。

■ 法律文书文件摘录 ■

2005年12月15日南京市江宁区水利工程水费管理站向南京达丰羽绒有限公司发出的《水资源费缴纳通知单》

你单位于2005年6月17日至2005年12月15日在陶吴镇取用地下水30400立方米。根据《中华人民共和国水法》、《江苏省水资源管理条例》的规定，按照江宁区物价局江宁价字〔2005〕2号文件规定的标准，你单位应缴纳水资源费25840元。请于收到本通知之日起15日内将上述费用汇入指定账户，逾期不交纳，按规定加收滞纳金。

水资源费汇款户名：南京市江宁区预算外资金管理办公室。

2006年7月11日南京市江宁区水利工程水费管理站向南京达丰羽绒有限公司发出的《水资源费缴纳通知单》

你单位于2005年6月17日至2006年7月11日在陶吴镇厂区内取用地下水58960立方米。根据《中华人民共和国水法》、《取水许可和水资源费征收管理条例》的规定，按照江宁区物价局江宁价字〔2005〕2号文件规定的标准，你单位应缴纳水资源费50116元。请于收到本通知之日起7日内将上述费用汇入指定账户，逾期不交纳的，从滞纳之日起按日加收滞纳部分2‰的滞纳金。

水资源费汇款户名：南京市江宁区预算外资金管理办公室。

2006年7月27日南京市江宁区水政监察大队对南京达丰羽绒有限公司拖欠水资源费案作出的《水事案件调查报告》

案件的由来及调查经过：南京达丰羽绒有限公司拖欠2005年度下半年水资源费及2006年上半年水资源费，2006年7月26日经江宁区水利局批准立案查处。江宁区水政监察大队进行调查，经过对2005年和2006年抄表记录、《水资源费缴纳通知单》的核查，证实当事人确实拖欠2005年下半年和2006年上半年水资源费。

调查事实：南京达丰羽绒有限公司未按区水利工程水费管理站2005年12月16日发出的《水资源费缴纳通知单》规定的期限内缴纳水资源费，且在区水利工程水费管理站于2006年7月11日向其发出《水资源费缴纳通知单》后仍未在规定期限内缴纳。主要证据为《抄表记录》、《水资源费缴纳通知单》2份。

调查结论及拟处理意见：当事人直至2006年7月11日止，仍未缴纳2005年度下半年水资源费，且未在规定时间内缴纳2006年度上半年水资源费，属拖欠水资源费的行为，违反了《中华人民共和国水法》第四十八条之规定，拟对当事人作出如下行政处罚：(1)限当事人于9月5日前将2005年6月17日至2006年7月11日期间水资源费50116元汇入指定账户；(2)逾期不缴纳，从滞纳之日起加收滞纳部分2‰的滞纳金；(3)处以应缴纳水资源费1倍的罚款计50116元。

2006年7月27日南京市江宁区水利局向南京达丰羽绒有限公司发出的《责令限期改正违法行为通知书》(江宁水责字〔2006〕1号)

经查，你单位于2005年6月17日至2006年7月11日在陶吴集镇厂区深井取用地下水58960立方米。根据《中华人民共和国水法》的规定和江宁区物价局江宁价字〔2005〕2号文件规定的标准，你单位应缴纳水资源费100232元。因你公司属省级以上农业龙头企业，减半征收水资源费，实际应缴纳水资源费50116元。江宁区水利工程水费管理站于2006年7月11日向你单位送达了《水资源费缴纳通知书》，要求你单位于2006年7月18日前缴纳，你单位至今仍未缴纳水资源费的行为，违反了《中华人民共和国水法》第四十八条第一款的规定。以上事实有《抄表记录》、《水资源费缴纳通知单》等证据予以证实。依据《中华人民共和国水法》第七十条的规定,责令你单位于 8 月 5 日前将应缴水资源费 50116 元汇入指定账户。逾期不缴纳的,从滞纳之日起按日加收滞纳部分 2‰的滞纳金,并处应缴水资源费 1 倍以上 5 倍以下的罚款。

■ 案例评析 ■

水资源费是法律法规规定的应征收的规费,是促进水资源的合理开发、利用、节约和保护为目的收取的费用,任何单位和个人凡使用水资源,都应向水资源管理部门缴纳水资源费。凡拖欠、拒缴水资源费的行为都是违法行为。对于南京达丰羽绒有限公司拖欠水资源费的行为,先通过南京市江宁区水利工程水费管理站发出《水资源费缴纳通知单》的形式催其按期缴纳;在两次通知未果后,南京市江宁区水利局十分重视,决定立案查处,并研究了下一步的行政措施和发出《责令停止违法行为通知书》。达丰羽绒公司慑于法律的威严,在限期内如数缴清了应缴的水资源费。

鉴于该公司以前都能按期缴纳水资源费,在接到《责令停止违法行为通知书》后又能在限期内如数缴清拖欠的水资源费的表现,江宁区水利局对其免除了行政处罚,符合《中华人民共和国行政处罚法》第二十七条第二款中关于"违法行为轻微并及时纠正,没有造成危害后果的,不予行政处罚"的规定。

案例 32

姜堰市化工助剂厂倒装计量水表案

■ 案情简介 ■

姜堰市化工助剂厂为了少缴水资源费，于 2005 年 7 月 13 日前将深井取水口的计量水表倒装，被姜堰市水政监察大队查获。本着首次不罚、重在教育的原则，姜堰市水利局未予追究，督促其改正。但姜堰市化工助剂厂不思悔改，于 8 月下旬故伎重演，8 月 28 日再次被市水政监察大队查获。倒装计量水表的行为已严重违反了《中华人民共和国水法》和《江苏省水资源管理条例》的有关规定，姜堰市水利局决定立案查处，并对姜堰市化工助剂厂所欠水资源费予以追缴，依法处以应缴水资源费 1 倍的罚款。2005 年 10 月上旬，姜堰市化工助剂厂已履行行政处罚的义务。

■ 法律文书文件摘录 ■

2005 年 8 月 29 日姜堰市水利局向姜堰市化工助剂厂发出的《关于对倒装水表进行处理的通知》

我局工作人员于 2005 年 7 月 13 日发现你单位将深井取水口水表倒置安装，我局工作人员随即进行了宣传教育，并督促予以更正。同时按照"首次不罚"的原则未予追究。2005 年 8 月 28 日，我局工作人员再次发现你单位又将水表倒置安装，严重违反了《中华人民共和国水法》和《江苏省水资源管理条例》的有关规定，限你单位于 2005 年 8 月 29 日立即予以更正。根据《江苏省水资源管理条例》第四十七条之规定，按照水泵 24 小时满负荷连续运行确定你单位 2005 年 8 月 10 日至 8 月 28 日期间的地下水取水量为 17280 立方米，应缴水资源费 8640 元，加上上次所欠水资源费 4691 元，合计应缴水资源费 13331 元，限你单位 2005 年 9 月 5 日前将所欠水资源费缴纳到账，逾期不缴纳，我局将按日加收 2‰ 的滞纳金，并处应缴水资源费 1~5 倍的罚款。

2005 年 9 月 17 日姜堰市水政监察大队对姜堰市化工助剂厂计量水表倒装案作出的《水行政违法案件调查报告》

案情经过： 2005 年 8 月 28 日，市水政监察大队工作人员在例行巡查中发现该厂将深井取水口处（详见附件）水表倒置安装，在进行调查取证后，对该厂发出了《关于对倒装水表进行处理的通知》，要求：(1) 限期更正；(2) 按照水泵 24 小时满负荷连续运行征收倒表期间水资源费 8640 元，该厂拒缴。

调查结论及拟处理意见： (1) 从 2005 年 9 月 6 日起按日加收应缴水资源费 2‰ 的滞纳金；(2) 并处应缴水资源费 1 倍的罚款。

所附证据材料： 书证、当事人陈述、图片、视听资料。

2005 年 9 月 20 日姜堰市水利局向姜堰市化工助剂厂发出的《水行政处罚告知书》（姜水告字〔2005〕第 1 号）

经查，你单位于 2005 年 6 月 21 日至 2005 年 7 月 13 日期间将厂内深井取水口处水表倒置安装，我局执法人员按照"首次不罚"的原则，进行了宣传教育，督促更正。2005 年 8 月 28 日，我局执法人员发现你单位再次将水表倒置安装，违反了《江苏省水资源管理条例》第三十八条第一款的规定。根据《江苏省水资源管理条例》第四十七条之规定，按照水泵铭牌功率满负荷连续运行确定你单位2005年8月10日至8月28日期间的地下水取水量为17280立方米，应缴水资源费8640元，我局已于2005年8月29日向你单位发出《关于对倒装水表进行处理的通知》，要求你单位于2005年9月5日前所欠水资源费8640元缴纳到账，但你单位拒绝缴纳，违反了《中华人民共和国水法》第四十八条的规定，依据《中华人民共和国水法》第七十条的规定，拟对你单位作出如下水行政处罚：

从2005年9月6日起按日加收应缴水资源费2‰的滞纳金，并处应缴水资源费1倍的罚款。

根据《中华人民共和国行政处罚法》第三十一条和第三十二条的有关规定，你单位可在收到本告知书之日起3日内到我局进行陈述和申辩，逾期不陈述和申辩，视为放弃上述权利。

2005年9月24日姜堰市水利局向姜堰市化工助剂厂发出的《水行政处罚听证告知书》（姜水听告字〔2005〕第1号）

经查，你单位于2005年6月21日至2005年7月13日期间将厂内深井取水口处水表倒置安装，我局执法人员进行了宣传教育，督促更正，未予处罚。2005年8月28日，我局执法人员发现你单位再次将水表倒置安装，违反了《江苏省水资源管理条例》第三十八条第一款的规定。根据《江苏省水资源管理条例》第四十七条之规定，按照水泵铭牌功率满负荷连续运行确定你单位2005年8月10日至8月28日期间的地下水取水量为17280立方米，应缴水资源费8640元，我局已于2005年8月29日向你单位发出《关于对倒装水表进行处理的通知》，要求你单位于2005年9月5日前所欠水资源费8640元缴纳到账，但你单位拒绝缴纳，违反了《中华人民共和国水法》第四十八条的规定，依据《中华人民共和国水法》第七十条的规定，拟对你单位作出如下水行政处罚：

从 2005 年 9 月 6 日起按日加收应缴水资源费 2‰的滞纳金，并处应缴水资源费 1 倍的罚款(罚款人民币 8640 元整)。

根据《中华人民共和国行政处罚法》第四十二条的规定，你单位有权要求听证。请你单位在收到本告知书 3 日内将听证通知书回执寄(送)姜堰市水利局。地址：姜堰市马厂路 1 号，联系电话：8810213。逾期视为放弃听证的权利。

2005 年 9 月 28 日姜堰市水利局向姜堰市化工助剂厂发出的《水行政处罚决定书》(姜水罚字〔2005〕第 1 号)

现查明，你单位于 2005 年 8 月 10 日至 8 月 28 日期间将厂内深井取水口处水表倒置安装，致使水表不能正常使用，违反了《江苏省水资源管理条例》第三十八条第一款的规定。根据《江苏省水资源管理条例》第四十七条之规定，这期间你单位地下水取水量按照水泵铭牌功率满负荷连续运行确定为 17280 立方米，应缴水资源费 8640 元，本机关已于 2005 年 8 月 29 日向你单位发出《关于对倒装水表进行处理的通知》，要求你单位于 2005 年 9 月 5 日前向本机关缴纳所欠水资源费 8640 元，但你单位未予缴纳。该行为违反了《中华人民共和国水法》第四十八条的规定，依据《中华人民共和国水法》第七十条的规定，对你单位作出如下水行政处罚：

从 2005 年 9 月 15 日起按日加收应缴水资源费 8640 元 2‰的滞纳金，并处应缴水资源费 1 倍的罚款 8640 元。

现要求你单位在收到本决定书之日起 15 日内，携带本决定书将罚款缴至姜堰市农行或其分支机构。逾期不缴纳罚款的，将根据《中华人民共和国行政处罚法》第五十一条第(一)项的规定，每日按罚款数额的 3%加处罚款。

如不服本处罚决定的，可以在接到本决定书之日起 60 日内向姜堰市人民政府或泰州市水利局申请复议，也可以在 3 个月内直接向姜堰市人民法院提起行政诉讼。逾期不申请复议，也不向人民法院起诉,又不履行本决定的,本机关将申请人民法院强制执行。

2005年10月10日姜堰市水利局对姜堰市化工助剂厂计量水表倒装案作出的《水行政违法案件结案审批表》

案情及调查经过:2005年8月28日,我局执法人员在例行巡查中发现该厂将深井取水口处水表倒置安装,违反了《江苏省水资源管理条例》第三十八条第一款的规定。根据《江苏省水资源管理条例》第四十七条之规定。确定该厂2005年8月10日至8月28日倒装水表期间地下水取水量按照水泵铭牌功率满负荷连续运行确定为17280立方米,应缴水资源费8640元,我局已于2005年8月29日向该厂发出《关于对倒装水表进行处理的通知》,要求该厂于2005年9月5日前将所欠水资源费8640元缴纳到账,但该单位拒绝缴纳。

拟处理意见:该厂拒绝缴纳水资源费违反了《中华人民共和国水法》第四十八条的规定,依据《中华人民共和国水法》第七十条的规定,建议对该厂作出如下水行政处罚:从2005年9月6日起按日加收应缴水资源费2‰的滞纳金,并处应缴水资源费1倍的罚款。

该厂已按照处罚通知要求缴纳到位。

■ 案例评析 ■

这是一件坚持法定原则、对违法单位两次倒装计量水表的行为处理较好的案件。姜堰市化工助剂厂第一次倒装水表说是无意装错的,姜堰市水利局本着重在教育、批评的原则,令其改正,不予追究。但仅隔一个多月后化工助剂厂又一次倒装水表,则是故意的,必须依法查处,同时按照情节,依法定原则,对姜堰市化工助剂厂实施追缴欠费、加收滞纳金和实施罚款的行政处罚。但该案在查处中存在下列问题:

一是 2005 年 7 月 13 日姜堰市化工助剂厂第一次倒装计量水表被查获时，尽管对其不处罚，但仅口头责令其改正是不够的，应该发出书面《责令停止违法行为通知书》，指出其违法行为，限期改正，否则追究其行政责任的警告，也许不会发生第二次倒装计量水表的违法行为。

二是加收滞纳金的起始日应统一。姜堰市水利局对化工助剂厂分别于 8 月 29 日、9 月 20 日和 9 月 24 日发出的处理通知、处罚告知书、听证告知书中都把加收滞纳金的起始日定为 2005 年的 9 月 6 日，而 9 月 28 日的处罚决定书却定为 9 月 15 日，从案情看应定为 9 月 6 日，不应随意变化。

三是《行政处罚决定书》的层次较乱，无须再重复阐述案情的来龙去脉。处罚的种类也应有顺序，第一项是应缴的为 8640 元 + 8640 元 × 逾期日数 × 2‰；第二项应为并处应缴水资源费 8640 元 1 倍的罚款 8640 元。两项合计为 × × × 元。

四是在结案审批表中只记载了"该厂已按处罚通知要求缴纳到位"。由于处罚决定就很含糊，怎么到位也看不清楚。

防汛清障案

重要提示

关于《中华人民共和国水法》条款中注有"且防洪法未作规定的"适用问题

《中华人民共和国水法》（以下简称《水法》）第六十五条第二款第三行中，在列举了擅自修建的工程名称后，特别加注了"且防洪法未作规定的"；第六十六条开始，就规定"有下列行为之一，且防洪法未作规定的"；第七十二条第二行中，又特别加注了"尚不够刑事处罚，且防洪法未作规定的"。这三个"且防洪法未作规定的"提示，编者认为有三层涵义：一是这些行为属于《中华人民共和国防洪法》（以下简称《防洪法》）的调整范围，应归并到《防洪法》；二是

《防洪法》早于《水法》颁布施行，对违反防洪法的行为在其罚则中已作出十分明确的处罚规定，《水法》无须再作新的规定，凡是《防洪法》已作出规定的，应从其防洪法的规定办理；三是修订后的《水法》施行时，《防洪法》已施行了长达4年9个月，这期间又发生了一些应由《防洪法》调整的新问题。《水法》上述三条中是应由《防洪法》规定的内容，因《防洪法》未作规定而现由《水法》作出补充规定。为此，凡对条款中所列的违法行为需依据上述三条款实施行政处罚时，只有防洪法对此未作规定的方可适用，否则均属适用法律错误。

案例 33

灌云县顺云酒业有限公司擅自在新沂河新建排污口案

■ 案情简介 ■

接江苏省淮沭新河管理处报告，经江苏省水利厅领导批示，江苏省水政监察总队于2006年12月26日介入灌云县顺云酒业有限公司（以下简称顺云酒业公司）在新沂河中泓盐河北闸下游200米处新建排污口一事的调查。通过询问、现场勘验后证实，顺云酒业公司擅自建设排污口的违法行为属实，江苏省水利厅于2007年1月5日向顺云酒业公司发出《责令停止水事违法行为通知书》。2007年4月25日，江苏省水利厅由分管此项工作的副厅长召集厅政法处、水资源处和水政监察总队的有关负责人对本案的违法事实和情节等进行了分析研究后，形成集体讨论意见，以江苏省水利厅为执法主体，依法对顺云酒业公司给予以下行政处罚：彻底拆除在新沂河管理范围内埋设的排污管道，恢复河道原状；罚款5万元。并于2007年4月26日向顺云酒业公司发出《行政处罚听证告知书》，在违法行为人不要求举行听证的表示后，于2007年5月8日作出行政处罚决定。顺云酒业公司随即按要求全部拆除所埋设的排污管道。5月11日，经江苏省水政监察总队、连云港市水政监察支队和灌云县水政监察大队对案发现场进行检查，新沂河河道工程已恢复原状。6月4

日，顺云酒业公司缴纳了 5 万元罚款。

■ 法律文书文件摘录 ■

2006 年 12 月 16 日江苏省淮沭新河管理处向江苏省水利厅作出的《关于蔷薇河送清水工程排污专道沿线排污口门调查情况的报告》

蔷薇河送清水工程是省政府当年要办的 22 件实事之一，工程于 1997 年底开工建设，2000 年 7 月通过竣工初验并投入使用。工程移交管理后，为确保清污分流、清水北送，省蔷薇河送清水工程管理处不断强化工程管理力度，严格执行省水利厅调度指令，经常开展工程沿线水系水情调查，及时掌握工情、水情和污水来源等情况，通过合理调度，每年排污约 3 亿立方米，每年向连云港市输送清水约 10 亿立方米，未发生一起人为清污混流事件，为连云港市的经济发展作出了巨大贡献。

一、新沂河排污专道工程概况

送清水工程新沂河排污专道，西起沭阳排污地涵，东至新沂河北深泓闸，全长 104 千米，设计排污水能力 50 米每秒。沭阳排污地涵以上主要承接沭河王庄闸下泄的污水。沭阳排污地涵至叮当河排污地涵段，河道长 40 千米，主要是利用原新沂河北偏泓河道排污，该段河道断面较宽，过水能力较强。叮当河排污地涵至盐河排污地涵段长 10 千米，新开挖中泓作排污专道，此段河道断面较北偏泓断面缩小。自盐河排污地涵至 204 国道段长 22 千米，为新开挖的排污专道，该段滩地地势较低，为防止污水漫入滩地，排污专道两岸均建有拦污子堤。204 国道桥至新沂河北深泓闸段长 32 千米，主要利用新开挖的泓道及原北偏泓河道排污。

二、新沂河排污专道沿线排污口门调查情况

为切实做好送清排污工程管理工作，自 2000 年开始，省蔷薇河

送清水工程管理处每年都组织相关技术人员进行排污专道调查，及时了解河道纳污排污变化情况，为决策调度和工程运行提供重要基础信息。2005年底之前，沭阳排污地涵以下新沂河沿线没有发现污水排入专道中。

为进一步摸清工程纳污排污新近变化，2006年12月14日、15日，工程管理处又组织技术人员进行排污专道排污情况专项调查，调查线路主要沿新沂河沿线，上至嶂山闸，下至盐河北闸。调查重点是摸清排污专道沿线新增加的排污口门和排污水量。通过调查走访，发现以下情况：

1. 嶂山闸下宿迁市境内排涝河道山东河入新沂河口处，正在建设一座污水处理厂。在山东河以西嶂山干渠以北区域内，有多条污水沟纵横，污水汇入沿新沂河南堤脚新开挖的纳污河道，污水经处理后由一小闸(2孔，闸门各宽1.5米)控制排泄入山东河后再流入新沂河。正常情况下，由于污水量较少，能够先处理后排放，但到雨涝季节，污水可伴随着大量的雨涝水一起排入山东河而直接排入新沂河。

2. 新沂河北堤沭阳水文站下游43.5千米处，有一直径50厘米的排污管道，其污水来源于沭阳工业园区，污水经蓄水池蓄积后，其两管直径20厘米的抽水泵集中抽排经排污管道入新沂河北偏泓。

3. 新沂河北堤叮当河拦污闸上游81千米+100米处有灌云海连纸业有限公司的直径25厘米的污水排放管道，管道穿堤而过，污水直接排入叮当河拦污闸上游，再由叮当河排污地涵排泄入排污专道。根据调查，紧邻海连纸业公司，有一企业正在建设中，据当地居民反映，该企业的废污水也将直接排入排污专道。

4. 新沂河北堤盐河北闸向下约200米处，灌云县的两座酒精厂的污水排放管道正在敷设中。据了解，污水将通过穿堤(新沂河北堤)管道排入排污专道，日排污量约1500吨。

据工程管理处初步了解，以上几处排污口门都未经过有关部门审批。

三、新增排污口门对工程控制运行的影响

排污专道原设计标准为 50 立方米每秒，但由于行洪影响，河道淤积，加之专道沿线建设了众多的农用桥桥墩阻水等原因，为防止漫堤，污水倒入两边的农田，目前排污专道最大过水流量控制在 40 立方米每秒以下。

根据多年运行管理经验，原设计沭阳以上的污水大部分为劣 V 类水质标准，但在水源允许时，通过合理调度二河闸、淮阴闸、沭阳闸、沭阳排污地涵等工程，引清水稀释降解了污水，使沭阳排污地涵下泄的污水基本达到 VI 类水标准，大大降低了污水的危害程度。

本次调查的排污口门，尽管排污总量不大，但却使沭阳排污地涵下泄水的水质恶化。为确保用水环境的安全，必须调度淮沭河沿线工程、叮当河引水闸和盐河引水闸，调引淮沭河、叮当河和盐河的清水，以稀释降解污水，尽可能地降低污水的危害程度，减少污水带来的损失。为此，蔷薇河送清水工程的运行管理难度及复杂性将大大增加，同时运行成本也将大幅度增加。

四、建议

为强化管理，确保排污送清，为连云港市提供优质水源，建议采取如下措施。

1. 进一步做好规划工作，严格审批程序，不增加污水口门，这些口门直接穿过新沂河大堤，为防汛安全埋下了隐患。

2. 加强源头治污控制，达标排放。

3. 加强排污口门的水质监测，及时掌握水质变化情况，坚决查处违规排放行为。

4. 完善政策，对增加的稀释降解排污工作成本由排污单位予以补偿。

2007 年 4 月 11 日江苏省水政监察总队对灌云县顺云酒业有限公司未经水行政主管部门同意而擅自新建排污口作出的《行政违法

案件调查报告》

　　案情经过：2006年12月22日，江苏省淮沭新河管理处在对新沂河排污专道排污情况调查时发现新沂河中泓盐河北闸下游约200米处有新建排污口，并专题报告我厅。2006年12月26日，省水政监察总队到现场进行调查核实，发现在新沂河中泓盐河北闸下游约200米处新建排污口情况属实，并有穿新沂河北堤、占用新沂河管理范围内土地铺设排污管道等行为。后经向有关部门调查了解，新建排污口以及穿堤、占用河道等都未经有审批权限的水行政主管部门同意和批准。2007年1月5日，经我厅负责人批准，对灌云县顺云酒业有限公司未经水行政主管部门同意和批准而擅自新建排污口、穿堤、占用河道等行为进行立案查处。同日省水政监察总队及连云港市水政监察支队赴现场拍照取证，调查了解相关情况，并对灌云县顺云酒业有限公司董事长方振东进行了调查询问，被询问人承认了该单位未经有审批权限的水行政主管部门同意和批准，擅自穿堤新建排污口、占用河道的事实。2007年1月5日，我厅对灌云县顺云酒业有限公司下达了《责令停止水事违法行为通知书》。2007年1月11日，灌云县水利局对事发现场进行了勘验检查。

　　经查证，灌云县顺云酒业有限公司为调整企业污水排放方案（原向盐河排放），拟新建一条排污管道向新沂河中泓（排污通道）排污。从2006年10月开始，该公司在未经任何审批手续的情况下，即进行排污管线改造，施工单位是灌云县城建管道安装公司，新铺设排污管线长度为13千米，排污口设置在新沂河中泓盐河北闸下游约200米处。在新沂河管理范围内管道总长为891.5米，管道直径为219毫米，排污管道顺新沂河北堤外堤脚埋设至新沂河93千米+450米处穿堤（爬坡式至堤顶穿过），沿滚水坝穿过北偏泓、滩地至新沂河排污通道。

　　以上事实有下列证据为证：

　　证据一：现场照片7张。证明在新沂河管理范围内有新建排污口、穿新沂河河堤、占用新沂河管理范围内土地的事实存在。

证据二：对灌云县顺云酒业有限公司董事长方振东调查询问笔录1份。证明被询问人承认了该单位未经有审批权限的水行政主管部门同意和批准，擅自穿堤新建排污口、占用河道的事实。

证据三：灌云县顺云酒业有限公司提供的排污管道示意图。证明该公司穿堤新建排污口、占用河道。

证据四：灌云县顺云酒业有限公司生产运行记录和废水水质检测记录各1份。证明该公司拟排放的是在生产过程中产生的废水或污水。

证据五：灌云县水利局提供的现场勘验笔录及勘验图1份。证明灌云县顺云酒业有限公司穿堤新建排污口、占用河道的事实存在，在新沂河管理范围内埋设管道总长为891.5米。

证据六：灌云县人民政府关于请求解决灌云县顺云酒业有限公司入河排污口的报告1份。证明灌云县顺云酒业有限公司未经有审批权限的水行政主管部门同意而擅自新建排污口的事实存在。并表明了灌云县人民政府对该案的基本态度，即要求当事人灌云县顺云酒业有限公司尽快改正违法行为，补办有关手续。

证据七：省淮沭新河管理处关于蔷薇河送清水工程排污专道沿线排污口门调查情况的报告1份。证明在新沂河管理范围内有新建排污口、穿新沂河河堤、占用新沂河管理范围内土地的事实存在。

证据八：灌云县顺云酒业有限公司保证书1份。证明灌云县顺云酒业有限公司穿堤新建排污口、占用河道的事实存在，以及该公司积极采取补救措施，主动拆除所埋设的管道，修复受损的水利工程设施的情况。

证据九：灌云县顺云酒业有限公司拆除排污管道、恢复河道原状的现场照片5张。证明灌云县顺云酒业有限公司主动拆除了大部分所埋设的排污管道，对受损的河道进行了修复，属于法定的从轻或减轻处罚的情节。

灌云县顺云酒业有限公司在新沂河中泓盐河北闸下游约200米处新建排污口、铺设排污管道穿新沂河北堤、占用新沂河管理范围内土地的行为，未经水行政主管部门的同意和批准，违反了《中华人民共和国水法》第三十四条第二款和《中华人民共和国防洪法》第二十七条第一款、第二款的规定，属于违法行为。

鉴于灌云县顺云酒业有限公司在案件查处过程中，主动拆除了所埋设在新沂河管理范围内的排污管道，基本恢复了河道、堤防的原状，依据《中华人民共和国行政处罚法》第二十七条第(一)项的规定，可以从轻处罚。另外，灌云县顺云酒业有限公司铺设管道穿新沂河堤防、占用新沂河管理范围内的土地的行为是新建排污口的手段行为，拟不对其作出行政处罚。

根据《中华人民共和国水法》第六十七条第二款的规定，拟对灌云县顺云酒业有限公司未经同意擅自在新沂河中泓新建排污口和未经批准穿新沂河北堤、占用新沂河管理范围内土地的行为给予下列行政处罚：(1)彻底拆除在新沂河管理范围内埋设的排污管道，恢复河道原状；(2)罚款人民币5万元整。

2007年4月25日下午江苏省水利厅召集厅政法处、水资源处、水政监察总队负责人对顺云酒业公司建排污口案形成《案件查处集体讨论记录》

灌云县顺云酒业有限公司未经水行政主管部门审查同意擅自在新沂河新建排污口一案，经省水利厅立案查处，目前已调查终结。这是我厅立案查处的第一起行政处罚案件，既然是第一案，一定要严格依照法律的规定，高标准、高要求把该案办成"铁案"，这也是厅领导的要求。因此，我们更需要对本案中违法事实的认定、证据的收集、法律的适用、自由裁量权的合理运用等方面给予更多、更细致的考虑，使本案的处罚合法、合理。

办案人员根据相关的事实和法律规定，建议对当事人灌云县顺云酒业有限公司作出两项行政处罚：(1)彻底拆除埋设在新沂河管理范围内的排污管道，恢复河道原状；(2)罚款5万元整。根据《中华人民共和国行政处罚法》的规定，给予较重行政处罚决定的，要经行政机关负责人集体讨论决定，为此决定召开这次讨论会。请与会的各位领导和专家对本案违法事实的认定、法律的适用以及自由裁量权的运用等方面提出意见。

2006年12月22日，省淮沭新河管理处在对新沂河排污专道排污情况调查时发现新沂河中泓盐河北闸下游约200米处有新建排污口，并专题报告我厅。2006年12月26日、2007年1月5日，省水政监察总队两次派员赴现场进行调查取证，并对灌云县顺云酒业有限公司董事长方振东进行了调查询问。2007年1月5日，我厅对灌云县顺云酒业有限公司下达了《责令停止水事违法行为通知书》。2007年1月11日，灌云县水利局对事发现场进行了勘验。

经查证，灌云县顺云酒业有限公司在新沂河中泓盐河北闸下游200米处新建排污口、穿堤铺设排污管道、占用新沂河管理范围内土地的情况属实。以上事实有事发现场检查笔录1份、对灌云县顺云酒业有限公司董事长方振东调查询问笔录1份、灌云县顺云酒业有限公司提供的排污管道示意图1份、灌云县顺云酒业有限公司生产运行记录和废水水质检测记录各1份、灌云县水利局提供的事发现场勘验（检查）笔录1份、灌云县人民政府关于请求解决灌云县顺云酒业有限公司入河排污口的报告1份、省淮沭新河管理处关于蔷薇河送清水工程排污专道沿线排污口门调查情况的报告1份等证据为证。

鉴于灌云县顺云酒业有限公司主动拆除了所埋设在新沂河管理范围内的排污管道，基本恢复了河道、堤防原状，依法应当从轻处罚。另外，灌云县顺云酒业有限公司穿堤铺设排污管道、占用新沂河管理范围内土地的行为是新建排污口的手段行为，拟不对其作出处罚。

建议根据《中华人民共和国水法》第六十七条第二款的规定，对灌云县顺云酒业有限公司未经同意擅自在新沂河中泓新建排污口和未经批准擅自穿新沂河北堤、占用新沂河管理范围内土地的行为给予下列行政处罚：(1)彻底拆除在新沂河管理范围内埋设的排污管道，恢复河道原状；(2)罚款人民币5万元整。

本案是省水利厅直接立案查处的第一案，也是关于入河排污口管理方面的第一案。入河排污口管理非常重要，但是管理难度很大，仅仅依靠行政命令或者协调的手段很难管理到位。根据《入河排污口监督管理办法》(水利部令第22号)的规定，排污口的设置有4种审查形式。目前，在省级干流上新建排污口由省水利厅负责查处是恰当的，也很有必要，对全省入河排污口管理将有很好的促进作用。本案调查证据比较全面，根据水法的规定对当事人作出的行政处罚是适当的，同时考虑到当事人有依法从轻处罚的情节，对当事人罚款5万元也是比较合适的。

本案的执法主体资格是个值得关注的问题，新沂河是流域机构直管河道，我厅直接查处此案，是否存在冲突，需要研究。目前新沂河灌云段仍由灌云县水利局实施管理，根据这个事实，由我厅对该案立案查处是没有问题的。除此之外，本案在证据收集、认定事实、适用法律等方面没有明显不妥之处。

关于本案处罚主体是否适格的问题，在立案的时候也经过讨论，确定由我厅处罚主要基于两点考虑：一是本案新建排污口的审查权属于我厅；二是虽然根据水利部有关规定，新沂河由沂沭泗管理局管理，但事实情况是新沂河灌云段管理权尚没有收归沂沭泗管理局，而是仍然由地方水行政主管部门灌云县水利局行使。新沂河目前大部分是沂沭泗管理局直管的流域性河道，但灌云县段及五图河农场段还是由地方水行政主管部门管理，应该说由我厅立案查处本案在法律上是没有问题的。

灌云县顺云酒业有限公司擅自在新沂河新建排污口，违反了法律的规定，已经构成了水事违法行为。厅领导对此事很重视，要求我们依法查处。通过办案人员的调查取证，事实已很清楚，证据确凿，依法对该公司进行处罚。

综合大家的意见：一是本案中新建排污口的审查权在省水利厅，

而且从目前的实际情况看，新沂河灌云段一直是由地方水行政主管部门实施管理，由我厅查处该案主体上是适格的；二是本案在事实认定、法律适用等方面无不当之处。经过大家认真讨论，形成了本案的处理意见。

经讨论决定，根据《中华人民共和国水法》第六十七条第二款的规定，对灌云县顺云酒业有限公司未经同意擅自在新沂河中泓新建排污口和未经批准擅自穿新沂河北堤、占用新沂河管理范围内土地的行为给予下列行政处罚：（1）彻底拆除在新沂河管理范围内埋设的排污管道，恢复河道原状；（2）罚款人民币5万元整。

2007年4月25日江苏省水利厅向灌云县顺云酒业有限公司发出的《行政处罚听证告知书》

经查，你单位未经水行政主管部门审查同意和批准，擅自在新沂河中泓盐河北闸下游约200米处新建排污口一处，并穿新沂河北堤、占用新沂河管理范围内土地铺设排污管道的行为，违反了《中华人民共和国水法》第三十四条第二款和《中华人民共和国防洪法》第二十七条第一款、第二款的规定。

鉴于你单位在案件查处过程中，主动拆除了埋设在新沂河管理范围内的排污管道，基本恢复了河道、堤防的原状，依据《中华人民共和国行政处罚法》第二十七条第（一）项的规定，决定从轻处罚。另外，你单位铺设管道穿新沂河北堤、占用新沂河管理范围内的土地的行为是新建排污口的手段行为，故对其不予处罚。

根据《中华人民共和国水法》第六十七条第二款的规定，拟对你单位未经同意擅自在新沂河中泓新建排污口和未经批准擅自穿新沂河北堤、占用新沂河管理范围内土地的行为给予下列行政处罚：（1）彻底拆除在新沂河管理范围内所埋设的排污管道，恢复河道原状；（2）罚款人民币5万元整。

根据《中华人民共和国行政处罚法》第四十二条第一款和《江

苏省行政处罚听证程序规则（试行）》第二条第一款、第二款的规定，你单位有权要求举行听证。如你单位要求举行听证，可在收到本告知书之日起3日内向江苏省水利厅水政监察总队（南京市上海路5号江苏水利大厦）提出，逾期视为放弃要求举行听证的权利。

特此告知。

2007年5月8日江苏省水利厅向灌云县顺云酒业有限公司发出的《行政处罚决定书》

2006年12月22日，有关单位巡查发现，你公司未经水行政主管部门审查同意在新沂河中泓盐河北闸下游约200米处新建排污口。2006年12月26日，省水政监察总队派员赴现场进行核查，确认情况属实，同时还发现你公司有未经水行政主管部门批准穿新沂河北堤、占用新沂河管理范围内土地铺设排污管道等行为存在。2007年1月5日，我厅向你公司发出了《责令停止水事违法行为通知书》，并决定对你公司未经水行政主管部门审查同意和批准，擅自在新沂河管理范围内新建排污口、铺设排污管道穿新沂河堤防、占用河道管理范围内土地的行为进行立案调查。

经查证，你公司为调整企业污水排放方案，拟新建一条排污管道向新沂河中泓（排污通道）排污。自2006年10月开始，你公司在未履行任何审批手续的情况下，即进行排污管线改造，新建排污口位于新沂河中泓盐河北闸下游约200米处。在新沂河管理范围内铺设的排污管道总长为891.5米，管道直径为219毫米，平均埋深约50厘米，排污管道顺新沂河北堤外堤脚埋设至新沂河93公里+450米处穿堤（爬坡式至堤顶穿过），沿滚水坝穿过北偏泓、滩地至新沂河中泓排污通道。

另经查证，你公司在接到《责令停止水事违法行为通知书》后，立即停止了违法行为，主动拆除了所埋设在新沂河管理范围内的排污管道，基本恢复了河道、堤防的原状。

以上事实有下列证据为证：

证据一：对事发现场检查笔录1份。

证据二：对灌云县顺云酒业有限公司董事长方振东的询问笔录1份。

证据三：灌云县顺云酒业有限公司提供的排污管道示意图1份。

证据四：灌云县顺云酒业有限公司生产运行记录和废水水质检测记录各1份。

证据五：灌云县水利局提供的事发现场勘验笔录1份。

证据六：省淮沭新河管理处关于蔷薇河送清水工程排污专道沿线排污口门调查情况的报告1份。

证据七：灌云县顺云酒业有限公司保证书1份。

证据八：灌云县顺云酒业有限公司拆除排污管道、恢复河道原状的现场照片5张。

你公司未经水行政主管部门审查同意和批准，擅自在新沂河管理范围内新建排污口、铺设排污管道穿新沂河堤防、占用河道管理范围内土地的行为，违反了《中华人民共和国水法》第三十四条第二款和《中华人民共和国防洪法》第二十七条第一款、第二款的规定，已构成水事违法行为。鉴于你公司在本案查处过程中，主动拆除了所埋设在新沂河管理范围内的排污管道，基本恢复了河道、堤防原状。根据《中华人民共和国行政处罚法》第二十七条第(一)项的规定，决定对你公司从轻处罚。

鉴于以上事实，现根据《中华人民共和国水法》第六十七条第二款的规定，决定对你公司未经水行政主管部门同意，擅自在新沂河中泓新建排污口的行为作出如下行政处罚：(1)彻底拆除在新沂河管理范围内埋设的排污管道，恢复河道原状；(2)罚款人民币5万元整。请接到本决定书之日起15日内，将该罚款用汇票缴至南京市农业银行金鹰支行(收款人填写代报解罚没收入专户，用途填写缴纳江苏省水利厅罚没款)，逾期每日按罚款数额的3%加处罚款。

如不服本处罚决定，你公司可在接到本决定书之日起60日内向中华人民共和国水利部或江苏省人民政府申请复议；也可在接到本决定书之日起3个月内直接向人民法院提起行政诉讼。

逾期不申请复议或不向人民法院起诉又不履行本决定的，本机关将依法申请人民法院强制执行。

2007年6月26日江苏省水政监察总队向江苏省水利厅作出的《水事案件结案报告》

简要案情及调查经过：2006年12月22日，有关单位巡查发现，灌云县顺云酒业有限公司未经水行政主管部门审查同意在新沂河中泓盐河北闸下游约200米处新建排污口。2006年12月26日，省水政监察总队派员赴现场进行核查，确认情况属实。同时还发现该公司有未经水行政主管部门批准穿新沂河北堤、占用新沂河管理范围内土地铺设排污管道等行为存在。

处理情况：2007年1月5日，我厅对该公司发出了《责令停止水事违法行为通知》，并决定对该公司未经水行政主管部门审查同意和批准，擅自在新沂河管理范围内新建排污口、铺设排污管道穿新沂河堤防、占用河道管理范围内土地的行为进行立案查处。2007年4月27日，对当事人灌云县顺云酒业有限公司送达了《行政处罚听证告知书》，该公司在接到行政处罚听证告知书后，明确表示不要求举行听证。2007年5月9日，对该公司作出了行政处罚决定，并于5月11日直接送达灌云县顺云酒业有限公司。

执行情况：当事人已经按照《行政处罚决定书》的要求拆除了所埋设在新沂河管理范围内的排污管道，恢复了河道、堤防工程原状，并经过省、市、县水利厅(局)组织的验收。罚款5万元已到账。

■ 案例评析 ■

该案的查处有两大亮点：

一是违法事实清楚，证据确凿。在行政处罚决定中列举了八种证据，从案发时间、地点到违法行为的具体情节等交待得十分清楚，证实其违法行为的存在，数据准确、详实、齐全，证明其违法事实确凿，为把该案办成"铁案"提供了重要依据。

二是集体讨论的第一个问题是谁是对顺云酒业公司实施行政处罚的适格执法主体，这一点很重要。新沂河属流域性河道，应由水利部淮河水利委员会新沂河水利管理局直接管理。但新沂河灌云段及五图河农场段在20世纪80年代初，由于种种原因并未移交给流域机构而仍然由江苏省直管。该河的主管机关江苏省淮沭新河管理处不具备对违反《中华人民共和国水法》、《中华人民共和国防洪法》的行为实施行政处罚的执法主体资格，由江苏省水利厅直接对该案进行查处最为合适。适当的执法主体是法定的，不具备执法主体资格而实施的处罚是超越和滥用行政职权的行为，应承担相应的行政违法责任。

该案是自1986年9月9日《江苏省水利工程管理条例》施行以来江苏省水利厅作为江苏省水行政主管部门直接查处并实施行政处罚的第一例水事案件，在全国也不多见。江苏省水利厅在查处该案中适用法律正确、事实清楚、程序合法。在量罚中，对顺云酒业公司的违法情节作了具体分析，分别不同情况对其作出了免予处罚、从轻处罚和应予处罚的结论，既达到了教育与处罚相结合，又起到了制止违法行为和消除违法行为造成的后果等警示作用，体现了省水行政主管部门的执法水平和办案质量。

同时，该案的查处也存在瑕疵：

一是《行政处罚决定书》称，顺云酒业公司在接到《责令停止水事违法行为通知书》后，立即停止了违法行为，主动拆除了埋设在新沂河管理范围内的排污管道，基本恢复了河道、堤防的原状。但"基本恢复"与行政处罚第一项决定中"彻底拆除"尚有一定距离，仍然有工作要做，应根据达到"彻底拆除"、"恢复河道原状"的目标和工程量的具体情况，作出限其3日、5日或7日内完成的限期。无限期即无约束力,降低了行政处罚决定的法律效力。

二是对顺云酒业公司的处罚是两项,根据《中华人民共和国行政处罚法》第四十二条的规定,其中处罚项目一恢复河道原状不属于听证范围,而处罚项目二罚款 5 万元属于较大数额的罚款,属于听证范围。有些案件的行政处罚有多项,行政机关向违法行为人作出的听证告知中应当注明第几项属于听证范围,违法行为人也只能依法享有对属于听证范围的处罚项目提出是否要求举行听证的权利。

案例 34

赵红专等二人在长江镇江大港段
违法填埋滩地兴建码头案

■ 案情简介 ■

镇江市大港祝赵村村民赵红专与王龙富合伙，于2004年2月开始擅自在大港青龙山白云石矿第三化工厂边填埋江滩，兴建码头。3月初，镇江市水政监察支队接到群众举报后，经现场勘察，证实赵、王二人的违法行为属实，立即发出《责令停止水事违法行为通知书》。但赵、王二人的违法行为并未停止。3月16日，镇江市水政监察支队又对其发出《关于青龙山第三化工厂江边回填土方建码头的整改通知书》。镇江市水利局研究决定给予赵、王二人限期拆除违建码头和罚款8万元的处罚，分别于7月29日发出行政处罚告知书和听证告知书，并于8月16日作出行政处罚决定。但赵、王二人拒不履行。2005年3月1日，镇江市水利局向镇江市中级人民法院作出要求强制执行的申请。后因镇江市防汛防旱指挥部接到江苏省防汛防旱指挥部的指令，要求其依照《中华人民共和国防洪法》第四十二条的授权，组织强行拆除。于是镇江市水利局依法向镇江市中级人民法院撤回申请。这期间，赵、王二人于4月18日缴纳8万元罚款，但拒不拆除违建码头，仍然加紧施工，并将大量工业渣土倒入江中。至此，该违建码头共占用长江岸线150米、滩地面积1.9

万平方米。2005年7月4日,镇江市防汛防旱指挥部对赵、王二人发出《关于立即拆除违建码头的紧急通知》,限其7月15日前拆除违建码头,同时组织了由镇江市新区防汛防旱指挥部为主的强拆指挥部。赵、王二人迫于压力,只得自行拆除了部分违法建筑,但到了2005年10月,又心存侥幸将原已拆除的部分又恢复了。2005年11月3日,镇江市防汛防旱指挥部统一组织由水利、公安和新区管委会组成的200多人的强拆队伍,完成了对该违建码头的强制拆除工作。

■ 法律文书文件摘录 ■

2004年3月2日镇江市水利局向赵红专、王龙富发出的《责令停止水事违法行为通知书》(镇水字〔2004〕第7号)

经查,你们擅自在河道管理范围内兴建工程设施(填埋江滩兴建码头),违反了《中华人民共和国防洪法》第二十七条的规定,现责令立即停止违法行为,听候处理。否则,追究法律责任。

附:限3日内速到我局水政监察支队接受处理。

2004年3月15日镇江市水政监察支队对赵红专、王龙富作出的《关于青龙山第三化工厂江边回填土方建码头的整改通知书》

2004年3月2日,经群众举报,我水政监察支队派员到青龙山第三化工厂江边进行现场检查,发现你们未经水行政主管部门批准,擅自运土填滩面积达1500平方米,已严重违反了《中华人民共和国防洪法》第二十七条的规定,当场下达了《责令停止水事违法行为通知书》(镇水字〔2004〕第7号),责令停止水事违法行为。

日前,我水政监察支队又多次接到举报电话,也派员到现场再次勘查，发现你们于国家法律而不顾，又进行了回填土方，今再次通知你们，望你们接该通知后，立即停止作业，等候处理。否则，将依据《中华人民共和国防洪法》的有关规定从严处罚。

2004年4月1日王龙富、赵红专写给镇江市水利局各级领导的信

我们是镇江市大港镇村民，从1994年以来，一直从事江边码头石料加工销售行业，至今已经有10余年的历史。因前几年建材行情不好，走下坡路，企业不景气。从2003年开始，由于国家的开发建设，带动了建材业的发展，企业得到了生机。但好景不长，国家沿江大开发，由于国家工程的需要，我们坚持国家利益高于一切，顾全大局，服从国家，只能将自己创建的10余年的企业拆除。我们现有的固定资产设备价值近300万元，工人失业，目前在这种情况下，我们没有其他办法，就暂利用我们祝赵村青龙山矿第三化工厂一块百米无水滩。目前我们已经投资了十几万元，特别是由于2003年石子行情较好，我们投资了近150万元的设备，这次国家不给赔偿，面对重重困难，我们申请上级领导能给予我们理解和支持，帮我们度过难关。如果国家不征用（码头），我们就没有这样的难题了，我们相信上级领导会考虑到我们的实际困难，给予适当的处罚，表示感谢！

2004年7月29日镇江市水利局向赵红专、王龙富发出的《行政处罚陈述、申辩权告知书》（镇水权告字〔2004〕第39号）

经查，你们于2004年2月20日在大港青龙山矿业公司第三化工厂长江边进行回填土方、填埋滩地、兴建码头的行为，违反了《中华人民共和国防洪法》第二十七条的规定，根据《中华人民共和国防洪法》第五十八条的规定，本机关拟对你作出：(1)责令停止违法行为,限期拆除;(2)罚款人民币8万元整的行政处罚。

根据《中华人民共和国行政处罚法》的规定,你们有权进行陈述和申辩,请你们在收到本告知书之日起3日内向镇江市水利局进行陈述和申辩。

逾期视为放弃上述权利。

2004年7月29日镇江市水利局向赵红专、王龙富发出的《行政处罚听证告知书》(镇水听告字〔2004〕第39号)

经查,你们于2004年2月20日在大港青龙山矿业公司第三化工厂长江边进行回填土方兴建码头的行为,违反了《中华人民共和国防洪法》第二十七条的规定,根据《中华人民共和国防洪法》第五十八条的规定,本机关拟对你们作出:(1)责令停止违法行为,限期拆除;(2)罚款人民币8万元整的行政处罚。

根据《中华人民共和国行政处罚法》第四十二条的规定,你们有权要求听证。如要求听证,应在收到本告知书之日起3日内将回执送(寄)镇江市水政监察支队,邮编:212002,地址:镇江市京口闸东侧,联系电话:5293101。

逾期视为放弃听证。

2004年8月16日镇江市水利局对赵红专、王龙富作出的《行政处罚决定书》(镇水罚字〔2004〕第39号)

违法事实:2004年2月20日开始,被处罚人未经水行政主管部门批准,擅自在大港青龙山矿业公司第三化工厂长江边填埋滩地新建码头。

以上事实已违反《中华人民共和国防洪法》第二十七条的规定。依据《中华人民共和国防洪法》第五十八条的规定,决定给予处罚:(1)责令停止违法行为,限接到本决定书之日起10日内拆除新建的码头；（2）罚款人民币 8 万元整。请接到本决定书之日起 15 日内，速将罚款缴至镇江市财政罚没收入专户，账号：1304679012，开户行：商行营业部。

告知事项：当事人对本处罚决定不服的，可在接到本处罚决定书之日起 60 日内向镇江市人民政府或江苏省水利厅申请复议，或者在 3 个月内向人民法院起诉。当事人逾期不申请复议或不向人民法院起诉，又不履行行政处罚决定的，将申请人民法院强制执行。

2005 年 3 月 1 日镇江市水利局向镇江市中级人民法院递交的《水行政处罚强制执行申请书》（镇水申字〔2004〕第 39 号）

我们对赵红专、王龙富新建码头一案已处理结束。该案的《行政处罚决定书》（镇水罚字〔2004〕第 39 号）于 2004 年 8 月 16 日送达，由于其在规定期限内既不起诉又未自动履行。根据《中华人民共和国行政诉讼法》第六十六条的规定，申请贵院强制执行下列项目：（1）拆除新建的码头；（2）罚款人民币 8 万元。

2005 年 4 月 7 日镇江市水利局向镇江市中级人民法院作出的《撤回执行申请》

我局申请贵院强制执行的王龙富、赵红专未经批准擅自建码头一案，因故申请撤回。

2005 年 4 月 7 日江苏省镇江市中级人民法院作出的《行政裁定书》（镇非诉行审字〔2005〕第 3 号）

申请执行人镇江市水利局于 2004 年 8 月 16 日依据《中华人民共和国防洪法》第五十八条的规定，作出镇水罚字〔2004〕第 39 号《行政处罚决定书》。因被执行人在法定期限内既不履行义务又不提起诉讼，申请执行人于 2005 年 3 月 9 日根据《中华人民共和国行政诉讼法》第六十六条的规定向本院申请强制执行，本院当日立案受理。

本院在审查过程中，申请执行人于2005年4月7日书面申请撤回对被执行人的强制执行申请。经审查认为，申请执行人撤回申请不违背有关法律、法规的规定，应予准许。依照最高人民法院《关于执行〈中华人民共和国行政诉讼法〉若干问题的解释》第六十三条第(十)项之规定，裁定如下：

准许申请执行人镇江市水利局对镇水罚字〔2004〕第39号行政处罚决定撤回执行。

案件受理审查费50元，由申请执行人镇江市水利局承担。本裁定送达后立即生效。

2005年5月18日镇江市水利局再次向赵红专、王龙富发出的《责令停止水事违法行为通知书》

你们未经水行政主管部门批准，擅自在青龙山白云石矿第三化工厂江岸边填埋江滩、兴建码头(附简图)，已严重违反了《中华人民共和国防洪法》第二十七条的规定。我局根据《中华人民共和国防洪法》第五十八条之规定，于2004年8月16日对你们下达了《行政处罚决定书》。你们于2005年4月18日主动缴清了人民币8万元的罚款，部分履行了处罚决定书的内容。但你们所建码头并未取得合法手续，仍呈违法状态，现责令你们立即停止违法行为，并限你们在接到本通知书后10日内，到我局咨询在长江岸线建合法码头所应具备的批准文书等相关事宜。

2005年7月4日镇江市防汛防旱指挥部对赵红专、王龙富作出的《关于立即拆除违章码头的紧急通知》(镇防指〔2005〕17号)

你们未经水行政主管部门批准，从2004年2月20日开始擅自在青龙山白云石矿第三化工厂长江岸边填埋江滩、兴建面积约1.9万平方米的码头(见附图)，已严重违反了《中华人民共和国防洪法》第二十七条之规定(见附件)。镇江市水利局根据《中华人民共和国防洪法》的有关规定，于2004年3月1日就对你们的违法行为进行了查处，先后数次责令你们停止违法行为，而你们却置若罔闻，依然我行我素。对此，镇江市水利局于2004年8月16日对你们下达了《行政处罚决定书》，限你们在规定的时间内拆除违建码头，但你们至今未执行。2005年4月18日，你们缴纳了人民币8万元的罚款，履行了《行政处罚决定书》的部分内容。因此，镇江市水利局又于2005年6月7日对你们再次下达了《责令停止水事违法行为通知书》，明确告知你们所建的码头并未取得合法手续，仍呈违法状态。

你们的违法行为，在社会上造成了很大的负面影响，不仅受到了镇江市水利局的查处，而且地方群众也纷纷向镇江市水利局、镇江市防汛防旱指挥部、江苏省水利厅、江苏省防汛防旱指挥部以及国家防汛抗旱总指挥部举报。国家防汛抗旱总指挥部接到举报后，要求江苏省防汛防旱指挥部严肃查处。江苏省防汛防旱指挥部随即于2005年6月27日以苏防电传〔2005〕24号《关于立即清除长江镇江新区大港段违章码头的紧急通知》，严令镇江市防汛防旱指挥部按《中华人民共和国防洪法》第四十二条的规定，立即责成你们在2005年7月15日前彻底清除所建的违章码头。逾期不清除的，由镇江市防汛防旱指挥部组织力量强行拆除，所需费用由你们承担。江苏省防汛防旱指挥部将于7月下旬组织验收。

目前正值主汛期，你们所建的违法码头，已严重影响了长江防洪安全。根据江苏省防汛防旱指挥部的要求，现责令你们必须在2005年7月15日前自行彻底拆除违章码头。逾期不清除的，镇江市防汛防旱指挥部将根据江苏省防汛防旱指挥部紧急通知精神，按《中华人民共和国防洪法》第四十二条组织强行拆除。

镇江新区对王龙富、赵红专违法码头制定的强拆方案

一、组织指挥

总指挥：新区防汛防旱指挥部指挥长陈××。

副总指挥：新区防汛防旱指挥部副指挥长陆××，新区公安分局副局长，新区纪检副书记、监察局副局长，市防汛防旱指挥部办公室副主任，市水政监察支队副支队长。

二、人员组成及分工

1. 新区公安分局民警20~30名，负责强拆区的封锁和维持秩序。

2. 市水政监察支队水政监察员20名，协助公安分局维持秩序，封锁现场，保障施工人员和机械正常作业。

3. 新区行政执法人员20名，负责将滞留围观群众劝离现场，维持正常秩序，并将可能出现的码头业主带到预定地点，进行法律法规宣传教育。

4. 新区民兵20名，配合施工队伍对违章建筑物实施拆除。

5. 施工队伍及机械若干，负责对码头及建筑物实施拆除。

三、行动安排（具体时间以通知为准）

1. 暂定7月15日上午6时45分，新区公安分局民警和水政监察支队人员准时赶到现场，7时之前在码头外围设置警戒线。实施封锁，禁止闲杂人员进入。

2. 7时整，新区行政执法人员、民兵进入封锁区，由辖区派出所民警配合，将现场滞留人员带离现场。

3. 7时30分，施工人员和机械在新区区委配合下，对码头及其他建筑物实施拆除。

4. 10时30分之前，强拆结束，全体人员撤离现场，警戒解除。

四、组织纪律

各行动小组负责人作为本次行动的副总指挥，听从总指挥统一调度，做好保密工作。同时，负责和完成各自分工以内的工作，遇

有重大情况,及时向总指挥报告,并及时采取相应措施,确保一气呵成,雷厉风行,打好今年我市入汛以来最大的清障战役。

■ 案例评析 ■

这是一起违法行为持续时间长、情节恶劣、后果严重、影响极大的重大水事案件。镇江市水利局在查处该案中采用一般程序的查处方式,但效果不明显。后在国家防汛抗旱总指挥部、江苏省防汛防旱指挥部的指导和督促下,镇江市防汛防旱指挥部运用《中华人民共和国防洪法》第四十二条第一款授予各级防汛指挥机构对行洪障碍实施强行清除权和第二款授予各级防汛指挥机构在紧急防汛期对阻水严重的码头实施紧急处置权,对赵红专、王龙富违法所建码头实施了强行拆除。

《中华人民共和国防洪法》第四十二条的规定无疑是各级水行政主管部门和防汛指挥机构查处该类案件的"法宝"。过去,曾有少数市县防汛指挥部运用了这一"法宝",收到了很好的效果。江苏省水政监察总队于2005年8月编印的《江苏水事案例选编》中的案例8"常熟市强行集中清除望虞河行洪障碍案"和案例9"洪泽永昌砖瓦有限公司在入江水道违法设障被平毁案"中介绍了运用上述条款的经验和应注意的问题。

镇江市水利局在查处该案中存在以下问题:

一是对处理如此重大的水事案件,在作出行政处罚决定之前,该局负责人没有经过如何处理、形成共识的集体讨论意见的决定程序。在3月2日对赵、王二人发出《责令停止水事违法行为通知书》和3月15日发出《关于青龙山第三化工厂江边回填土方建码头的整改通知书》后,没有采取其他制约措施,致使赵、王二人的违法行为得以延续,直到4个多月后的7月29日才发出行政处罚申辩、听证告知书。8月16日作出行政处罚决定后,又经过6个半月的时间,才于2005年3月1日向人民法院作出强制执行的申请。正是该局没有果断采取紧急处置措施，致使违法行为人形成错觉，不仅未在限期内拆除违建码头，反而加快了违建速度，企图造成既成事实，最后以罚款替代拆除或不了了之。

赵红专、王龙富在镇江市水利局责令其停止违法行为后仍然我行我素，知法违法，一错再错，以身试法，其结果不值得同情。但如果镇江市水利局采取措施果断，时间迅速，即可减少赵、王二人的违法投资成本，减轻损失。

二是对赵、王二人发出的《关于青龙山第三化工厂江边回填土方建码头的整改通知书》是行政机关的具体行政行为，应由镇江市水利局作出，而不应由镇江市水政监察支队作出。

三是适用法律不准确。对赵、王二人违法建码头的行为依据《中华人民共和国防洪法》第五十八条的规定实施行政处罚必须有下列情形：未经水行政主管部门对其工程建设方案审查同意或者未按照有关水行政主管部门审查批准的位置、界限，在河道、湖泊管理范围内从事工程设施建设活动的。对其根据不同情况实施行政处罚的程序是：其一，不影响防洪的，作出"责令停止违法行为，补办审查同意或者审查批准手续"的行政处罚；其二，工程设施建设严重影响防洪的，责令限期拆除，逾期不拆除的，强行拆除，所需费用由建设单位承担；其三，影响行洪但尚可采取补救措施的，责令限期采取补救措施，可以处1万元以上10万元以下的罚款。就该案而言，赵、王二人违法建的码头是严重影响防洪的，应处以责令限期拆除的行政处罚，并警告其如逾期不拆除的，予以强行拆除，所需费用由其承担，但不得再处以罚款。这一项中有"强行拆除"的授权。对强行拆除权的主体，一种意见认为，没有第四十二条那样明确的规定；另一种意见认为，第五十八条的行政管理和执法主体是水行政主管部门，毫无疑问地是对水行政主管部门的授权。镇江市水利局在行政处罚中对其"限接到本决定书之日起10日内拆除新建的码头"，而把最关键的"逾期不拆除的，强行拆除，所需费用由赵、王二人承担"的警告省去了。

针对赵、王二人建码头的违法行为，也可视为违反了《中华人民共和国防洪法》第二十二条第二款中关于禁止在河道管理范围内建设妨碍行洪的建筑物的规定，依据《中华人民共和国防洪法》第五十六条第（一）项的规定，给予责令停止违法行为，限10日内拆除（排除妨碍）违法所建码头和处以5万元以下罚款的行政处罚。

四是违建码头被依法强行拆除后，镇江市新区防汛防旱指挥部应依照法律的规定，向赵、王二人追缴因强行拆除违建码头所发生的有关费用，以震慑违法行为人。

案例 35

常州亚能热电有限公司
违法在三山港河堤敷设热网管道案

■ 案情简介 ■

　　为解决常州亚能热电有限公司（以下简称亚能热电公司）至崔桥热网工程建设的有关问题，常州市武进区人民政府于2003年5月30日召集有关方面负责人，经过充分协商，达成了五条意见，并形成纪要。明确由武进区水利局负责把关，确保三山港河堤上管线施工符合防洪要求。6月30日，武进区防汛防旱指挥部就该工程实施方案的有关问题给亚能热电公司作了三条答复。10月8日，亚能热电公司向武进区水利局作了设计方案的报告，10月9日，武进区水利局便作出了九条批复意见。2004年3月9日，亚能热电公司向武进区水利局作了变更施工方案的报告，3月19日，武进区水利局对此作了批复。但亚能热电公司未按照批复要求施工。为此，武进区水利局于6月7日向亚能热电公司发出有关问题的函。但亚能热电公司仍未纠正。7月6日，武进区水利局向亚能热电公司发出《责令停止水行政违法行为通知书》，10月5日发出拟处以拆除未按批复要求所建的设施和罚款10万元的《水行政处罚告知书》。10月8日，亚能热电公司发出申辩函。10月29日，武进区水利局向亚能热电公司发出听证告知书。11月5日，亚能热电公司又递交申辩函,请求减轻处罚。武进区水利局经过认真讨论,认为亚能热电公司的违法行为对河道的运行和安全度汛都带来较大影响,必须严肃处理,并于 2004 年 12 月 15 日作出《水行政处罚决定书》。但亚能热电公司仅履行了罚款,而对限期拆除违反批复施工的补偿器、管线和管柱的决定拒不履行。武进区水利局遂于 2005 年 5 月 25 日向武进区人民法院递交强制执行申请书,武进区人民法院于同年 5 月 30 日作出准予强制执行的行政裁定,2006 年 10 月强制执行完毕。

■ 法律文书文件摘录 ■

2003 年 5 月 30 日常州市武进区人民政府办公室编印的《常州亚能热电有限公司至崔桥热网工程建设有关问题协调会议纪要》

为切实解决常州亚能热电有限公司至崔桥热网工程建设有关问题,5 月 30 日,区政府召集区发展计划局、水利局、交通局、国土资源管理局、规划局以及横山桥镇、横林镇、常州亚能热电有限公司等单位负责人,在行政中心 1 号楼 801 会议室召开了协调会议,与会人员就该工程建设中的有关问题进行了充分协商,达成一致意见。现将会议内容纪要如下:

1. 管线基座用地实行征用,按成本价供地。
2. 架空管线以 2 米宽度计算占地面积,按照耕地 1.2 万元每亩、非耕地 6000 元每亩的标准一次性予以补偿,原土地性质不变。
3. 跨路、跨河的管线执行交通部门有关净高的规定,经主管部门批准后施工,有关费用给予优惠。
4. 三山港河堤上的管线占用土地由常州亚能热电有限公司一次性补偿 20 万元,横山桥镇政府和区水利局各 10 万元。
5. 横山桥镇和横林镇负责做好保证管线正常施工的有关协调工作。区水利局负责把关,确保三山港河堤上管线施工符合防洪要求。

参加会议人员（略）。

2003年6月30日常州市武进区防汛防旱指挥部向常州亚能热电有限公司发出的《关于沿三山港等河道敷设热网管道的函》（武防指函〔2003〕16号）

你公司《关于沿三山港等河道敷设热网管道的请示》收悉。经研究，原则同意初步设计中沿三山港及西平河堤防敷设热网管道的布置方案。现根据《中华人民共和国防洪法》和《崔桥热网工程初步设计的批复和崔桥热网工程建设有关问题协调会议纪要》精神要求，就工程实施方案有关问题答复如下：

1. 崔桥热网工程管线沿芙蓉大圩（东洲三圩）和荷花圩等圩区的防洪圩堤敷设，并且支架布置在堤身和堤坡范围，这对大堤的防洪安全不利，要求你们进一步论证，将支架设置在堤脚线以外。

2. 根据《常州市武进区圩区达标建设规划》要求，芙蓉大圩集水面积5.5万亩，按万亩以上圩区堤防标准建设，堤顶宽7.0米，堤顶高7.0米（吴淞标高），堤身内坡1:2.5，外坡1:3或砌块石护岸；荷花圩集水面积0.68万亩，堤防建设按堤顶宽6.0米，顶高6.8米（吴淞标高），堤身内坡1:2.5，外坡1:3或砌块石护岸，堤顶铺设防汛块石路面，现有堤防尚未达标，计划在3~5年内进行达标建设，因此，管线的敷设应预留圩堤建设余地，跨堤支架高度、宽度应根据规划顶高程并考虑防汛抢险车辆的通行要求设计。

3. 今后，如因圩堤达标建设或河道拓浚建设，需要对沿河堤热网进行迁移的，武进亚能热电有限公司必须无条件自行迁移，并由热电厂自己承担一切费用。

2003年9月19日常州亚能热电有限公司向常州市武进区水利局递交的《关于亚能崔桥热网管线沿三山港河横山桥段建设的申请报告》

根据亚能电厂的建设和崔桥地区经济发展的需要，计划建设一条每小时可供热200吨的热网管线，武进区发展计划局以武计发复〔2002〕81号文通过了可研批复，以武计发复〔2003〕21号文通过了初设批复，同意建设亚能崔桥热网管线，该项目同时于今年4月23日获得了武进区建设局的建设规划许可和地方镇政府同意（详见附件）。

该工程将涉及一段热网管线需要建设在三山港河横山桥段约2700米左右，工程初设计划报审贵局，贵局复函要求考虑整改意见，我们已经按照贵局的要求进行了调整，在保证堤坝安全的前提下，遵照贵局的要求设计施工，请予批准该项目计划为盼，特此申请。

2003年10月8日常州亚能热电有限公司向常州市武进区水利局递交的《关于三山港河堤热网设计方案的报告》

关于三山港河堤热网设计问题，在区领导的关心与贵局的大力支持下，我们多次与贵局及设计院协商沟通，为保证工程顺利进行并确保管网合理布置不影响未来规划，现计划将整个三山港河分为三段。

第一段：从跨河拱开始沿河堤顶部布置（约600米），按上次会议纪要要求布置，即标高和离迎水侧2米布置（沿河堤均有石驳岸）；可以采用第一版图纸（2003年6月T10）再加上布置图（距离及标高）修改即可，请设计院考虑修改补充。

第二段：主要集中在民房、厂房及挡水墙在路面部分（约500米）采用直埋布置，因空间极为有限，施工条件极差，无法按直埋技术要求执行。宜采用半直埋形式(因现场条件无法开挖深埋,因此计划在靠挡水墙侧开挖深约 0.5 米的地沟,然后将直埋管放置其中),等将来贵局规划实施时,可直接在管道上回土埋入地下。

第三段:土堤段(约 800 米),根据会议纪要精神,在背水侧布置,但个别支架距离不够,须进行调整。

上述方案妥否,恳请贵局批示为谢。

2003 年 10 月 9 日常州市武进区水利局对常州亚能热电有限公司作出的《关于沿三山港河堤敷设热网管道的批复》(武水〔2003〕81 号)

你公司 10 月 8 日上报的《关于三山港河堤热网设计方案的报告》收悉。

经研究,为促进热网管道敷设工程尽快上马及确保今后芙蓉大堤达标建设规划的顺利实施,现对方案批复如下:

1. 原则上同意报告提出的将三山港河堤分为三段以不同的施工方式敷设热网管道的设计方案。

2. 第一段河堤:自支架编号 $A_a26 \sim A_a63$ 地段,长度约 600 米,可选择两种方法布设支架,第一种是距现有石驳外侧 2 米处,采用灌注桩(20 米深)形式安装支架,其支架顶高为吴淞标高 7.0 米;第二种是距石驳外侧 25 米处布设支架,其支架高度由你公司自行确定。

3. 第二段河堤:自支架编号 $A_a63 \sim A_a88$ 地段,长度约为 500 米,同意你公司紧靠防洪墙内侧开挖地沟,采用半直埋形式敷设管道。今后圩堤达标建设时,如需提高路面,则利用回土复盖,将管道直接埋入地下。

4. 第三段河堤:自支架编号 $A_a88 \sim A_a152$ 地段,其支架布设方案可按第一段河堤建设的两种方式中任选一种(但倾向于离河口石驳 25 米处布设)。

5. 敷设热网管如需拐弯跨越圩堤时,应按规划堤防吴淞标高7.0米起算,其净空高度不低于4.0米,跨距应不少于10米,以确保防汛车辆安全运行。

6. 由电厂跨越三山港至东侧圩堤的管线拱桥,其桥墩应尽量偏向迎水面,且不得造成阻水,其桥墩顶面不得超过吴淞标高7.0米,即不能影响复堤后防汛车辆通行。跨河管线拱桥的净高度由你公司同区交通局航道处商定。

7. 热网管道工程占用三山港河堤应缴纳的河道堤防工程占用补偿费按区政府办公室第40号会议纪要第四条执行,一次性补偿区水利局10万元。

8. 防汛工作事关大局,今后如因热网管道敷设工程引起堤防出险,你公司必须承担抢险责任及抢险经费。

9. 今后,如因圩堤达标建设或河道拓浚建设,需对热网管道进行迁移,你公司必须无条件自行迁移,所需经费由你公司自行承担。

2004年3月9日常州亚能热电有限公司向常州市武进区水利局递交的《关于三山港河堤热网工程施工方案变更的报告》

我公司三山港河堤热网工程在执行原施工计划时遇到打桩困难,原计划热网支架编号$A_a26 \sim A_a63$地段在河堤上打桩的位置下面是河堤石块护基,原支架桩基施工方案将会影响到河堤的安全和工程进度,经设计院现场调研建议修改施工方案,为了不影响到施工进度,保证工程在今年汛期(5月1日)前完成和确保河堤的防洪安全,建议使用直埋方式施工(已经批复施工计划的第二段支架施工方案),虽然施工成本会大幅度增加,经过全面评估为了确保河堤安全和施工进度,我公司决定将计划采用直埋方式进行管道施工。

修改的施工段为原施工图支架$A_a26 \sim A_a63$地段,长度约600米,修改计划将使用专业技术,设计使用直埋保护的双层套管,埋入底层标高为黄海3.2米,平均管顶覆盖原土30厘米夯实达标。工程计划确保在今年4月25日前完成施工回填,以确保地方防汛工作的要求。

特此报告。

2004年3月19日常州市武进区水利局对常州亚能热电有限公司作出的《关于沿三山港河堤敷设热网管道变更施工方案的批复》(武水〔2004〕20号)

你公司《关于三山港河堤热网工程施工方案变更的报告》收悉。经现场勘查,为保证工程在今年汛前完成和确保圩堤的防洪安全,现批复如下:

1. 原则上同意你公司变更报告提出的将支架编号 $A_a26 \sim A_a63$ 地段修改的施工方案。

2. 你公司须接受水行政主管部门的检查监督管理,在施工时保证将建造时开挖的泥土、垃圾及时清除干净,不得倾倒于河内,施工回填土按每立方米土渗75公斤石灰的标准回填夯实,以确保河道堤防防洪安全,竣工时需经我局验收。

3. 工程施工过程中,由横山桥水利站负责监督施工。

4. 在保证施工质量的前提下,工程应在4月中旬完成施工任务,恢复堤防原状,以确保河道堤防工程安全度汛。

5. 今后,如圩堤达标建设或因河道拓浚建设,需对热网管道进行迁移等,你公司必须无条件自行迁移,所需经费由你公司自行承担。

6. 由于管道造成防洪隐患,抢险经费均由你公司承担。

2004年6月7日常州市武进区水利局对常州亚能热电有限公司作出的《关于沿三山港热网管道敷设中有关问题处理意见的函》(武

水〔2004〕50号

我局于5月14日接省防汛防旱指挥部指示,要求对沿三山港热网管道敷设中存在的有关问题进行查处。我局分别于5月17日、5月27日派员到现场进行实地勘查,发现你公司在沿三山港河堤敷设热网管道实施过程中,未按照武水〔2003〕81号《关于沿三山港河堤敷设热网管道的批复》和武水〔2004〕20号《关于沿三山港河堤敷设热网管道变更施工方案的批复》的要求进行施工,且存在较大的防汛安全隐患。经勘查发现主要存在问题如下:

1. 未经水利局同意擅自随意变更施工方案。
2. 施工回填土渗和石灰配比不足,且没有均匀拌和分层夯实。
3. 圩堤中心位置设有管网补偿器支架,严重影响防汛车辆的通行。

为确保今年安全度汛和圩堤的防洪安全,现就以上存在问题提出如下处理意见:

1. 目前我区已进入主汛期,为确保圩堤安全,责令你公司立即停止施工。
2. 不同意你公司5月17日上报我局的《关于崔桥热网沿三山港河堤敷设方案局部变更的报告》要求。为确保防汛车辆安全通行和圩堤达标建设,你公司提出的补偿器垂直立柱方案应改为水平敷设,水平敷设的具体方案报我局审批后进行施工。
3. 回填土没有分层夯实达标的地段,要抓紧时间及时进行返工,按照堤防防汛标准要求进行施工。

特此函告。

2004年7月6日常州市武进区水利局向常州亚能热电有限公司发出的《责令停止水行政违法行为通知书》(武水字〔2004〕10号)

经查你公司在沿三山港敷设热网管道施工过程中,未按照武水

〔2003〕81号、武水〔2004〕20号文件要求进行施工。该行为违反了《中华人民共和国防洪法》第二十七条第一款、第二款和《江苏省水利工程管理条例》第十五条第二款的规定,现责令立即停止违法行为,并于2004年7月9日带好沿三山港河堤敷设管网的有关资料到武进区水政监察大队(延政路水利局一楼)接受调查。

2004年7月6日常州市武进区水政监察大队对常州亚能热电有限公司在三山港敷设热能管道过程中未按照水行政主管部门批准的施工方案施工案作出的《水行政违法案件调查报告》

案由经过:2004年3月6日,我局执法人员在巡查中发现常州亚能热电有限公司在沿三山港敷设热网管道过程中未按照武水〔2003〕81号文批复要求进行施工,即责令该公司按照批准的施工方案加以整改。但该公司以施工地段地质因素出现意外情况,若完全按照原批复要求进行施工存在客观困难为由,于2004年3月9日向我局提交变更施工方案申请。我局从防汛形势出发,考虑施工进度及堤防安全,同意以武水〔2003〕20号文对该公司变更施工方案的申请予以答复,但该公司仍以各种借口,拒不按照武水〔2003〕81号、武水〔2003〕20号文的批复进行施工。案发后,我局执法人员多次到现场调查情况,对该公司负责人进行询问,该公司对违反我局批准的方案进行施工的行为进行了确认。

调查结论及拟处理意见:当事人违反《中华人民共和国防洪法》第二十七条第一款、第二款规定,建议依据《中华人民共和国防洪法》第五十八条规定,对该单位进行立案查处。

所附证据材料:执法人员对常州亚能热电有限公司负责人的问询调查笔录、武进区水利局对该公司在三山港敷设热能管道施工方案报告的批复及该公司在三山港敷设热能管道工程的相关设计、施工图纸。

2004年9月27日常州市武进区水利局对常州亚能热电有限公司未按批复方案进行三山港敷设热网管道施工案作出的《集体讨论记录》

1. 常州亚能热电有限公司违反我局批复要求进行敷设热网管道施工案，事实清楚。

2. 本案工程规划相对较复杂，涉及违反批复要求内容多。在常州亚能热电有限公司对施工方案进行调整后，我局对部分施工方案又作出了部分调整的批复。鉴于调查时涉及的技术问题较多，加之常州亚能热电有限公司积极配合的态度，建议按《中华人民共和国防洪法》第五十八条进行处理。

3. 在常州亚能热电有限公司申请占用三山港岸线时，我局就对该公司提出的方案多次进行了讨论，并作出武水〔2003〕81号批复。该公司为了施工方便和加快施工进度，在施工过程中变更施工方案，我局以武水〔2004〕20号文对变更方案作了批复。但该公司依然我行我素，不按批复要求施工，造成既成事实，给我局对该河段的整治和防洪物资的抢运、堤防安全都带来了影响。建议将此案作为典型案件，依据《中华人民共和国水法》第六十五条进行严肃查处。

4. 该案事实清楚，当事人也已认可。违法行为不仅对防洪和河道规划带来影响，而且电视、报纸都进行过报道，造成较大的社会影响。如不严肃查处，会造成水利部门的被动。建议按《中华人民共和国防洪法》第五十八条进行处理。

5. 其他局领导也持类似意见，要求严肃处理。

案件处理意见：依据《中华人民共和国水法》第六十五条第三款规定，对常州亚能热电有限公司罚款10万元，并责令该公司在规定期限内进行整改。

2004年10月5日常州市武进区水利局向常州亚能热电有限公

司发出的《水行政处罚告知书》(武水罚告字〔2004〕第7号)

经查,你公司在沿三山港敷设热网管道施工过程中,未按照武水〔2003〕81号、武水〔2004〕20号文件要求进行施工。你公司的上述行为违反了《中华人民共和国防洪法》第二十七条第一款、第二款的规定。

根据《中华人民共和国防洪法》第五十八条的规定,责令你公司立即停止上述违法行为,同时拆除未按批复要求所建的设施,并拟决定对你公司处以10万元的罚款。

根据《中华人民共和国行政处罚法》的有关规定,在本局作出行政处罚决定前,你公司有陈述、申辩的权利。如要陈述、申辩,请在收到本告知书之日起3日内向本局书面提出。逾期未提出的,视为放弃上述权利。

2004年10月8日常州亚能热电公司向常州市武进区水利局递交的《关于常州市武进区水利局水行政处罚申辩函》

贵局武水罚告字〔2004〕第7号《水行政处罚告知书》于10月8日收悉。

就贵局的《水行政处罚告知书》提及内容,我公司说明如下:

1. 我公司崔桥线热网沿三山港河堤敷设部分,原按贵局武水〔2003〕81号批复内容进行规划设计和施工,当在河堤第一段进行试桩时,发现桩基入地后碰到河堤驳岸的基础底板,经论证如采用桩基势必摧毁河堤驳岸底板,可能造成驳岸崩塌。故立即向贵局提报和请示。经过贵局查看核定后,签发了武水〔2004〕20号批复原则同意第一段由架空改地埋的施工方案。

2. 在全部施工过程中,贵局多次派员至河堤巡视,在部分区域发现施工未完全依照批复内容施做,要求按批复内容整改。例如:

(1)原露出地面(河堤的自然地面)的补偿器($A_a31 \sim A_a35$区域)要求整改放置于河堤自然地面以下,不得露出堤面,妨碍未来河堤行车。

（2）原河堤部分开挖区域回填质量不够好，要求加拌石灰夯实回填以确保河堤安全。

（3）原 $A_a56 \sim A_a62$ 区域支架高度偏高要求将此域支架标高降为吴淞标高7.0米，以确保不影响未来河堤加高作业。

除以上提及整改区域外，还有其他在施工过程中的小缺失，我公司均已在最短时间内按贵局指示整改完成。

3. 敬请体察现场施工困难及我公司积极配合整改的态度，考量减轻处罚或免予处罚。

2004年10月29日常州市武进区水利局向常州亚能热电有限公司发出的《拟行政处罚决定权利告知书》（武水罚告字〔2004〕第9号）

经查，你公司在沿三山港敷设热网管道施工过程中，未按照我局武水〔2003〕81号《关于沿三山港河堤敷设热网管道的批复》第四条、第五条、第六条和武水〔2004〕20号《关于沿三山港河堤敷设热网管道变更施工方案的批复》第一条的要求进行施工，且情节严重。你公司的上述行为违反了《中华人民共和国防洪法》第二十七条第二款和《中华人民共和国水法》第三十八条的规定。

我局现依照《中华人民共和国水法》第六十五条第三款的规定，责令你公司在接到本处罚决定告知书之日起15日内进行改正，并处以10万元的罚款。

依照《中华人民共和国行政处罚法》第三十一条、第三十二条、第四十二条的有关规定，你公司对我局拟作出行政处罚决定享有陈述、申辩和要求举行听证的权利。你公司如要求听证的，应在接到本告知书之日起7日内向我局书面提出；逾期不提出的，视为放弃要求听证的权利。

2004年11月5日常州亚能热电有限公司向常州市武进区水利局递交的《关于常州市武进区水利局拟行政处罚申辩函》

贵局〔2004〕武水罚告知第9号《拟行政处罚决定权利告知书》于11月1日收悉。就贵局的拟行政处罚决定权利告知书提及内容，我公司说明如下：

1. 我公司崔桥线热网沿三山港河堤敷设部分，原按贵局〔2003〕81号函批复内容进行规划设计和施工，当在河堤第一段进行试桩时，发现桩基入地后碰到前期河堤驳岸的基础地板，经论证如采用桩基势必摧毁河堤驳岸底板，可能造成驳岸崩塌。故立即向贵局提报和请示。经过贵局查看核定后，签发了武水〔2004〕20号批复原则同意第一段由架空改地埋的施工方案。

2. 在管道施工过程中，由于现场施工条件及地形环境限制，有部分区段在第一次施工时未能完全依照武水〔2003〕81号批复内容实施，经贵局派员巡视及指证后，我公司均依照贵局要求立即进行整改。

3. 在第一区段贵局核定的地埋管段，其热网管道补偿器原为垂直布置(露出河堤)，后依贵局2004年6月7日武水〔2004〕50号函改为水平布置(不露出地面)，因此种配置方式设计单位系第一次采用，于9月24日管道及补偿器安装结束后进行压力试验时，有两个连在一起的水平补偿器出现裂纹，使蒸汽泄漏冲坏补偿器及周围设施。

4. 9月25日联系东南大学设计院、补偿器设备厂家及施工单位到现场就补偿器裂纹处理和未来安全方案的商定，决议：

(1) 损坏的2个热网补偿器全部更换，其余在影响范围内的补偿器也给予更换(共计6个)。

(2) 所有水平放置的热网补偿器增加疏水装置及安全措施，确保管道补偿器在供汽后所承受的压力不超过正常工作压力。

5. 10月3日修复后，经东南大学设计院及常州锅检所检验认可，重新试压通汽至今(11月5日)，全线保持安全稳定状态，常州锅检所已于10月19日颁发崔桥线热网压力管道安装安全质量符合设计图纸和有关标准要求的证书。

6. 有关施工过程中未按贵局批复内容实施，虽已进行整改，但已造成贵局诸多困难及麻烦，我公司深感歉意，唯敬请体察现场施工困难及我公司积极配合整改的态度，考量减轻处罚或免予处罚。

2004年12月5日常州市武进区水利局对常州亚能热电有限公司作出的《水行政处罚决定书》（武水罚字〔2004〕第10号）

经查，你公司在沿三山港敷设热网管道施工过程中，未按照我局武水〔2003〕81号《关于沿三山港河堤敷设热网管道的批复》第四条、第五条、第六条和武水〔2004〕20号《关于沿三山港河堤敷设热网管道变更施工方案的批复》第一条的要求进行施工，且情节严重。你公司的上述行为违反了《中华人民共和国防洪法》第二十七条第二款和《中华人民共和国水法》第三十八的规定。

我局现依照《中华人民共和国水法》第六十五条第三款的规定，限你公司在接到本处罚决定告知书之日起15日内进行改正，并对你公司处10万元的罚款。

你公司应于收到本决定书之日起15日内将罚款缴至代收网点：农行府中分理处，181801水资源管理所。逾期不缴纳罚款的，我局将每日按罚款金额的3%加处罚款。

如不服本决定，可以在收到处罚决定书之日起60日内向常州市武进区人民政府或常州市水利局申请行政复议，也可以在收到本决定之日起90日内直接向常州市武进区人民法院起诉。逾期不申请复议，也不向人民法院起诉，又不履行本决定的，我局将申请人民法院强制执行。

2005年5月25日常州市武进区水利局向武进区人民法院递交的《行政处罚强制执行申请书》

事实和理由：我局根据《中华人民共和国防洪法》、《中华人民共和国水法》的规定，对常州亚能热电有限公司在沿三山港敷设热网管道施工中违反批复方案的施工行为依法作出了行政处罚。被处罚人在〔2004〕武水罚字第10号《水行政处罚决定书》送达后的法定期限内，既未提起行政诉讼，又不履行处罚决定。现法定起诉期限已届满，被申请人仅履行了处罚决定中的罚款部分，对其他内容不予履行。根据《中华人民共和国行政处罚法》第五十一条第(三)项的规定，特申请你院对该处罚决定予以强制执行。

2005年5月30日常州市武进区人民法院作出的《行政裁定书》(〔2005〕武非诉行执字第90号)

常州市武进区水利局于2004年12月15日依据《中华人民共和国水法》第六十五条第三款的规定，作出《行政处罚决定书》，对被申请人常州亚能热电有限公司未按规定要求进行施工的行为，决定给予罚款10万元以及限期改正(限期拆除违反批复施工的补偿器、管线及管柱)的处罚。因被申请人在法定期限内未提起诉讼，仅履行了罚款10万元，申请人于2005年5月26日依据《中华人民共和国行政处罚法》第五十一条第(三)项的规定，向本院申请强制执行。

本院依法组成合议庭审查认为：被申请人在沿三山港敷设热网管道施工过程中，未按武水〔2003〕81号《关于沿三山港河堤敷设热网管道的批复》第四条、第五条、第六条和武水〔2004〕20号《关于沿三山港河堤敷设热网管道变更施工方案的批复》第一条的要求进行施工，且情节严重，其行为违反了《中华人民共和国防洪法》第二十七条和《中华人民共和国水法》第三十八的规定。申请人依据《中华人民共和国水法》第六十五条第三款的规定，作出

〔2004〕武水罚字第10号《水行政处罚决定书》,决定给予罚款10万元以及限期改正(限期拆除违反批复施工的补偿器、管线和管柱)的处罚。此决定书符合人民法院强制执行的法定条件。依据《中华人民共和国行政诉讼法》第四十四条和《最高人民法院关于执行〈中华人民共和国行政诉讼法〉若干问题的解释》第九十三条的规定,裁定如下:

申请人常州市武进区水利局申请执行的〔2004〕武水罚字第10号《水行政处罚决定书》,本院准予强制执行。

本裁定送达后即发生法律效力。

2006年10月30日常州市武进区水政监察大队向武进区水利局作出的《水行政违法案件结案审批表》

简要案情及调查经过:2004年3月6日我局执法人员在巡查中发现常州亚能热电有限公司在沿三山港敷设热网管道过程中未按照武水〔2003〕81号文批复要求进行施工,即责令该公司按照批准的施工方案加以整改,但该公司以施工地段地质因素出现意外情况,若完全按照原批复要求进行施工存在客观困难为由,于2004年3月9日向我局提交变更施工方案申请,我局从防汛形势出发,考虑施工进度及堤防安全,同意以武水〔2003〕20号文对该公司变更施工方案的申请予以答复,但该公司仍以各种借口,拒不按照武水〔2003〕81号、武水〔2003〕20号文的批复进行施工。案发后,我局执法人员多次到现场调查情况,对该公司负责人进行询问,该公司对违反我局批准的方案进行施工的行为进行了确认。

处理情况:1.我局于2004年12月5日向该公司下达《水行政处罚决定书》(〔2004〕武水罚字第10号),对该公司罚款10万元,并责令该公司自收到处罚决定书起15日内按我局批准的施工方案加以整改。

2. 该公司按规定履行了罚款处罚，但拒不对违反我局批准的施工方案施工所造成的后果加以整改。我局于2005年5月25日依法向武进区人民法院提起行政处罚强制执行申请，2005年5月30日，武进区人民法院依法作出准予强制执行的行政裁定。

执行情况： 已按常州市武进区水利局《水行政处罚决定书》（武水罚字〔2004〕第10号）处罚内容执行完毕。

2006年10月30日常州市武进区水政监察大队向常州市水政监察支队作出的《重大水行政处罚案件备案报告表》

案情简介： 常州亚能热电有限公司在沿三山港敷设热网管道过程中未按照武水〔2003〕81号文批复要求进行施工，案发后，该公司以施工地段地质因素出现意外情况，若完全按照原批复要求进行施工存在客观困难为由，于2004年3月9日向我局提交变更施工方案申请，我局从防汛形势出发，考虑施工进度及堤防安全，同意以武水〔2003〕20号文对该公司变更施工方案的申请予以答复，但该公司仍以各种借口，拒不按照武水〔2003〕81号、武水〔2003〕20号文的批复进行施工。我局执法人员多次到现场调查情况，对该公司负责人进行询问，该公司对违反我局批准的方案进行施工的行为进行了确认。2004年12月5日我局向该公司下达《水行政处罚决定书》（武水罚字〔2004〕第10号），决定对该公司罚款10万元，并责令该公司按照我局批准的施工方案加以整改。该公司按规定履行了罚款处罚，但拒不对违反我局批准的施工方案施工所造成的后果加以整改。我局于2005年5月25日依法向武进区人民法院提起行政处罚强制执行申请，2005年5月30日，武进区人民法院依法作出准予强制执行的行政裁定。

处理结果： 对该公司处10万元人民币罚款，责令该公司对违反武水〔2003〕81号、武水〔2004〕20号文批复施工所造成的后果按要求加以整改。已执行完毕。

附件：(1)武进区水利局行政处罚决定书1份；(2)江苏省代收罚没款收据1张；(3)常州市武进区人民法院行政处罚强制执行裁定书1份。

■ 案例评析 ■

该案查处的亮点是：结案后，常州市武进区水政监察大队按照江苏省水政监察总队规定的重大水事案件备案报告制度，及时向常州市水政监察支队作出了报告。江苏省每年发生的重大水事案件不少，但坚持备案报告制度的不是很多。常州市武进区水政监察大队的这一做法值得充分肯定。

经过一年半的时间，通过武进区人民法院强制执行，常州亚能热电有限公司履行了行政处罚的义务。但该案的查处还应注意以下问题：

一是《责令停止水行政违法行为通知书》中对当事人的行为指出一个有针对性的法律条款即可，无需两个或更多。

二是行政处罚的种类和内容如在听证范围的，可以把当事人的陈述、申辩权和可以要求举行听证权的罚项一并告知。该案中对常州亚能热电有限公司作了两次告知，该公司作了两次申辩，费时费事。一并告知的要求已在其他案例中作了阐述，这里不再重复。

三是行政处罚决定书应载明其违法事实，处罚内容中的限期整改应明确整改内容及手段，交待的诉权和时间中的90日应为3个月。

案例 36

无锡新路稀浆封层养护工程有限公司擅自向河道排放泥浆案

■ 案情简介 ■

2006年7月18日，无锡新路稀浆封层养护工程有限公司（以下简称新路养护公司）在承建的锡宜快速通道顾家桥施工中，擅自将钻桩泥浆直接排入河道，致使该段河道淤塞，影响河道行洪及周边地区的农田灌溉。宜兴市水利农机局接到举报后，立即派员赶赴现场，发出《责令停止水行政违法行为通知书》，并对违法行为开展调查，作勘测笔录、拍照等取证工作。新路养护公司在第二天就组织人员、机械将部分泥浆清除，保证了河道畅通和下游地区用水。2006年9月4日，宜兴市水利农机局对新路养护公司依法作出立即停止违法行为、清除入河泥浆的补救措施和给予5000元罚款的行政处罚。

■ 法律文书文件摘录 ■

2006年7月18日宜兴市水利农机局向无锡新路稀浆封层养护工程有限公司发出的《责令停止水行政违法行为通知书》（宜水停字〔2006〕第018号）

经查，你公司在锡宜快速通道顾家桥施工中，向河道中排放钻桩泥浆。违反了《中华人民共和国防洪法》第二十二条的规定，现责令立即停止违法行为，听候处理。

2006年8月5日宜兴市水利农机局向无锡新路稀浆封层养护工程有限公司发出的《行政处罚告知书》（宜水罚告字〔2006〕第021号）

因你公司在锡宜快速通道顾家桥桥梁施工中，向河道中排放钻桩泥浆淤塞河道，违反了《中华人民共和国防洪法》第二十二条的规定，依据《中华人民共和国防洪法》第五十六条的规定，本机关拟对你单位作出：（1）立即停止违法行为，清除入河泥浆，恢复河道原状；（2）罚款1万元的行政处罚。

根据《中华人民共和国行政处罚法》第三十一条的规定，你单位可在收到本告知书之日起3日内，到宜兴市水利农机局进行陈述和申辩。地址：宜城阳美西路43号，联系电话：0510-87934941。

逾期视为放弃陈述申辩权利。

2006年8月7日无锡新路稀浆封层养护工程有限公司负责人贺兰生对行政处罚所作的《水行政违法案件陈述笔录》

陈述内容：我公司在锡宜快速通道顾家桥工程施工中，向河道排放钻桩泥浆，导致河道淤塞，影响下游农田灌溉用水，这些问题都是我们的责任。

这一事件经你们处理后，我公司已对河道进行清淤，确保了下游农田灌溉用水，下一步待桥梁基础施工完毕后，我们将对河道进行进一步的清除，恢复河道原状。

对于罚款处理，我们的意见是：这个工程我公司是转包的，由于施工环境复杂，根据目前的施工成本测算，已不赚钱，望从轻处罚。

2006年8月10日宜兴市水利农机局对贺兰生的陈述作出的《水行政违法当事人陈述意见审查表》

主要陈述内容及要求：我公司在锡宜快速通道顾家桥工程施工中，向河道排放钻桩泥浆，导致河道淤塞，影响下游农田灌溉用水，这些问题都是我们的责任。经你局查处，我公司已对河道进行清淤，确保了下游农田灌溉用水，下一步待桥梁基础施工完毕后，我们将对河道进行进一步的清除，恢复河道原状。

要求：这个工程我公司是转包的，由于施工环境复杂，根据目前的施工成本测算，已不赚钱，望从轻处罚。

陈述后拟处理意见：（1）立即停止违法行为，采取补救措施，清除入河泥浆；（2）罚款5000元。

2006年9月4日宜兴市水利农机局对无锡新路稀浆封层养护工程有限公司作出的《行政处罚决定书》（编号：1900060000008）

经查，你公司在承建宜兴市锡宜快速通道顾家桥桥梁工程中，擅自向河道排放钻桩泥浆，造成河道严重淤塞。违反了《中华人民共和国防洪法》第二十二条第二款的规定。

以上违法事实有当事人的调查笔录、现场照片等材料证明。

根据《中华人民共和国防洪法》第五十六条第（二）项的规定，责令你公司立即停止违法行为，采取补救措施，清除入河泥浆，并给予罚款5000元的行政处罚。

被处罚人在接到本处罚决定书之日起15日内，到本市辖区信用社缴纳罚款。逾期每日按罚款数额的3%加处罚款。

如不服本决定，可以在接到本处罚决定书之日起60日内向无锡市水利局或宜兴市人民政府申请复议，或在3个月内直接向宜兴市人民法院起诉。

逾期不申请复议或不向人民法院起诉又不履行本决定的，我局将申请人民法院强制执行。

■ 案例评析 ■

宜兴市水利农机局在接到无锡新路稀浆封层养护工程有限公司违法向河道内排放泥浆的举报后，立即派市水政监察大队前往查处，并责令其立即停止违法行为，清除淤塞河道的泥浆，使河道迅速恢复通水功能，减轻了违法排放泥浆所造成的后果。但该案在查处中存在以下问题：

一是违法事实不清。尽管执法人员到现场进行了调查、询问、现场勘测和拍照取证，只能证明新路养护公司向河道内排放泥浆的违法事实是存在的，但是从本案的档案中和各种法律文书中都查不到被排放泥浆的河道名称、新路养护公司究竟向河道内排放了多少泥浆、严重淤塞（处罚决定语）到什么程度等，违法人和执法人都稀里糊涂。事实不清，证据不足，怎能实施行政处罚？

二是违法事实中无量的表示，就无法衡量其违法情节的轻重。行政机关对其作出1万元罚款的裁量依据又是什么？

三是新路稀浆封层养护公司负责人贺兰生在接到《行政处罚告知书》后，对罚款1万元的处罚作了工程是转包的、施工环境复杂、已不赚钱的申辩后，宜兴市水利农机局就将罚款1万元降至5000元，这是不妥的。其一，贺兰生申辩的理由不是减轻罚款的理由；其二，根据《中华人民共和国防洪法》第五十六条可处5万元以下罚款的规定，对其罚款1万元的裁量并不高。

案例 37

余荣强擅自占用
南京秦淮新河滩地建砂场案

■ 案情简介 ■

余荣强于1998年擅自占用南京秦淮新河绕城公路桥上游右岸过水平台约900平方米修建砂石堆放场地，后发展为南京市雨花台区莲花装卸队（实为余荣强的个人企业）。莲花村委会于1998年6月1日将该滩地的码头（也是违法建筑）转让承包给余荣强使用，并签订10年的承包合同，为余荣强在此运输、装卸和经营砂石、水泥提供方便。直至2005年8月11日，经举报，负责管理秦淮新河河道的南京市秦淮河河道堤防管理处予以立案调查，通过询问和现场勘察，余荣强的违法行为属实。南京市水利局于2005年12月30日向余荣强发出《水行政处罚告知书》，2006年1月17日作出罚款4万元以及限期清除堆砂、恢复堤防和河道滩地原状的行政处罚决定。但余荣强在限期内未履行处罚决定。于是，南京市水利局于2006年5月15日向南京市建邺区人民法院递交强制执行申请书，8月21日建邺区人民法院作出准予执行的行政裁定。9月初余荣强清除了堆砂场地，在建邺区人民法院的调解下不再执行罚款。

■ 法律文书文件摘录 ■

2005年8月11日南京市水政监察支队秦淮河大队对余荣强擅自占用秦淮新河滩地建堆砂场案作出的《水行政违法案件受理、立案呈批表》

案情简介：余荣强于1999年1月1日未经河道管理部门同意，擅自与雨花台区莲花村委会（现属建邺区）签订协议，使用河道管理部门管理范围的秦淮新河绕城公路桥上游右岸过水平台，堆放大量江砂，经营江砂。违章占用面积约900平方米。该行为违反了《南京市防洪堤保护管理条例》第十四条第一款第（三）项之规定。

2005年8月11日南京市水利局向余荣强发出的《责令停止水行政违法行为通知书》

经查，你擅自在秦淮新河绕城公路桥上游右岸堆放江砂。违反了《南京市防洪堤保护管理条例》第十四条第一款的规定，现责令立即停止违法行为，听候处理。否则，追究法律责任。

2005年12月20日南京市水政监察支队秦淮河大队对余荣强违章在秦淮新河绕城公路桥上游右岸堆放江砂案作出的《水行政违法案件调查报告》

案情经过：余荣强于1999年1月1日未经河道管理部门同意，擅自与雨花台区莲花村委会（现属建邺区）签订协议，使用河道管理部门管理范围的秦淮新河绕城公路桥上游右岸过水平台，堆放大量江砂，违章占用面积约900平方米。

调查结论及拟处理意见：该行为违反了《南京市防洪堤保护管理条例》第十四条第一款第（三）项之规定，构成水事违法行为。现根据《南京市防洪堤保护管理条例》第二十七条第一款第（一）项之规定，建议作出如下处理：(1)罚款人民币4万元整；(2)清除河坡江砂。

所附证据材料： 调查笔录、照片、勘测笔录、勘测图、书证若干。

2005年12月30日南京市水利局向余荣强发出的《水行政处罚告知书》

经查，你自1999年1月1日起，未经水行政主管部门批准，擅自在秦淮新河绕城公路桥上游右岸东至雨花台区交通局码头迎水面滩地上从事黄砂经营，占用河堤岸线长150米，面积约为900平方米。

以上违法事实有调查笔录、现场勘测笔录、照片等证据为证。

本局认为：你上述行为已违反了《南京市防洪堤保护管理条例》第十四条第一款第(三)项之规定，构成水事违法行为。我局于今年3月份联合雨花台区开展秦淮新河环境综合整治工作的同时，联合建邺区农办、沙洲街道办事处、莲花村委会负责人多次上门督促，你口头上虽答应自行清除，但至今仍不按要求清除违法堆砂。为此，根据《南京市防洪堤保护管理条例》第二十七条第一款第(一)项之规定，拟对你作出如下行政处罚：(1)罚款人民币4万元整。(2)责令你于2006年1月10日前自行清除河坡堆砂，恢复堤防和河道滩地原样；逾期不自行清除河坡堆砂的，我局将依法申请人民法院强行清除，所需费用由你承担。

根据《中华人民共和国行政处罚法》第三十一条、第三十二条和第四十二条之规定，你依法享有陈述、申辩和要求举行听证的权利，在收到本告知书之日起3日内可到南京市水利局(玄武区北京东路41号29号楼，电话：83639816)或到南京市秦淮河河道堤防管理处(雨花台区铁心桥大街85号，电话：82891124)进行陈述、申辩和要求举行听证；逾期视为放弃陈述、申辩和要求举行听证的权利。

2006年1月10日南京市秦淮河河道堤防管理处对余荣强违章在秦淮新河绕城公路桥上游右岸堆放江砂案作出的《重大水事案件集体讨论记录》

一、案件处理意见

1. 罚款人民币4万元整。

2. 责令立即停止违法行为，限于2006年1月23日前自行清除河坡堆砂，恢复堤防和河道滩地原样。

二、讨论内容

意见一：余荣强于1999年1月1日与雨花台区莲花村委会（现属建邺区）签订了一份租用秦淮新河绕城公路桥上游右岸过水平台协议。此处居莲花村段，但按照《南京市防洪堤保护管理条例》的规定，属河道管理范围内。此后，余荣强便在此堆放大量江砂进行经营活动。南京市水政监察支队秦淮河大队曾多次派人上门阻止，然而，余荣强把责任推向莲花村委会。我们向莲花村委会了解情况后，莲花村委会表示支持我们清除违章堆放的江砂。而且他们与余荣强的合同属无效合同。于是我大队会同建邺区农办负责人、沙洲街道负责人、莲花村委会负责人多次对余荣强说服教育，劝其自行清除河道管理范围内的江砂。但其口头答应清除，就是不行动。根据余荣强这种不配合行政执法，经过大量说服教育后，仍无悔改表现的，应依据相关法律法规作出严肃处理，不仅要求其自行履行清除江砂，并且要对其作出罚款4万元的处罚。

意见二：秦淮新河西善桥至绕城公路桥之间所有违章占用河道管理范围内河坡河堤的黄砂经营户均已清除，只剩余荣强一户，影响极坏。

意见三：根据南京市水利局、雨花台区人民政府于2005年3月

20 日联合发出的《关于秦淮新河环境综合整治的通告》精神，2005年4月30日前应自行清除。而余荣强至今仍无自行清除的想法，继续与我们绕圈子，极不配合，而且占用面积近900平方米，性质严重。

意见四：余荣强未经河道管理部门同意就占用河道管理范围内的过水平台堆积黄砂，属于非法占用，依法应予以清除，而其极不配合。

意见五：关于余荣强违章占用一案讨论结束，散会后按照会议讨论结果对余荣强作出罚款人民币4万元的处罚，并要求其自行清除违章处的黄砂。

2006年1月17日南京市水利局对余荣强作出的《水行政处罚决定书》(宁水罚字〔2006〕第4号)

经查，你自1999年1月1日起，未经水行政主管部门批准，擅自在秦淮新河绕城公路桥上游右岸东至雨花台区交通局码头迎水面滩地上从事黄砂经营，占用河堤岸线长150米，面积约为900平方米。

以上违法事实有调查笔录、现场勘测笔录、照片等证据为证。

本局认为：你上述行为已违反了《南京市防洪堤保护管理条例》第十四条第一款第（三）项之规定，构成水事违法行为。我局于今年3月份联合雨花台区开展秦淮新河环境综合整治工作的同时，联合建邺区农办、沙洲街道办事处、莲花村委会负责人多次上门督促，你口头上虽答应自行清除，但至今仍不按要求清除违法堆砂。我局已于2005年12月30日向你发出南京市水利局《水行政处罚告知书》，你在规定时间内放弃了陈述、申辩和要求举行听证的权利，鉴于你没有在2006年1月10日前自行清除河坡堆砂，现根据《南京市防洪堤保护管理条例》第二十七条第一款第（一）项之规定，决定对你作出如下行政处罚：(1) 罚款人民币4万元整；请你于收到本决定书之日起15日内将罚款足额缴至南京市秦淮河河道堤防管理处,代码:580150-8;开户行:农行铁心桥支行;账号:032331089040001943。(2)责令你立即停止违法行为,并于收到本决定书之日起5日内自行清除河坡堆砂,恢复堤防和河道滩地原样。

如不服本处罚决定,你可在收到本行政处罚决定之日起60日内,向南京市人民政府或江苏省水利厅申请行政复议,或在收到本行政处罚决定书之日起3个月内向南京市玄武区人民法院提起行政诉讼。在提起行政复议期间或者行政诉讼期间,水行政处罚不停止执行。逾期不申请复议或不起诉又不履行本决定的,我局将依法向南京市玄武区人民法院申请强制执行。

2006年5月15日南京市水利局向南京市建邺区人民法院递交的《申请执行书》

请求事项:执行宁水罚字〔2006〕第4号《水行政处罚决定书》中:(1)强制执行被执行人缴纳罚款4万元;(2)强制执行被执行人清除河坡堆砂,恢复堤防和河道滩地原样。

事实与理由:被执行人余荣强自1999年1月1日起,未经水行政主管部门批准,擅自在秦淮新河绕城公路桥上游右岸东至雨花台区交通局码头迎水面滩地上从事黄砂经营,占用面积约为900平方米。该行为违反了《南京市防洪堤保护管理条例》第十四条第一款第(三)项之规定,我局依法对该起水事违法案件进行了查处,并于2006年1月17日向该被执行人发出了宁水罚字〔2006〕第4号《水行政处罚决定书》,被执行人拒不履行处罚决定,当事人在规定的期限内既未申请行政复议也未提起行政诉讼,根据有关法律法规规定,我局向你院申请强制执行。

2006年8月21日南京市建邺区人民法院作出的《行政裁定书》

(〔2006〕建行执字第6号)

南京市水利局以余荣强自1999年1月1日起,未经水行政主管部门批准,擅自在秦淮新河绕城公路桥上游右岸东至雨花台区交通局码头迎水面滩地上从事黄砂经营,占用河堤岸线长150米、面积约为900平方米的行为违反了《南京市防洪堤保护管理条例》第十四条第一款第(三)项之规定,构成水事违法行为为由,于2006年1月17日依据《南京市防洪堤保护管理条例》第二十七条第一款第(一)项的规定,对余荣强作出了罚款4万元;停止违法行为,限期清除河坡堆砂,恢复堤防和河道滩地原样的宁水罚字〔2006〕第4号水行政处罚决定。余荣强在收到宁水罚字〔2006〕第4号《水行政处罚决定书》后,在法定期限内既未申请行政复议,又未提起行政诉讼。现南京市水利局宁水罚字〔2006〕第4号《水行政处罚决定书》已生效,余荣强未按该行政处罚决定书中的规定履行义务,南京市水利局于2006年7月12日向本院申请强制执行。

本院审查后认为,南京市水利局的申请符合申请执行的法定条件,依法应准予执行。依照《最高人民法院关于执行〈中华人民共和国行政诉讼法〉若干问题的解释》第九十三条的规定,裁定如下:

准予执行宁水罚字〔2006〕第4号水行政处罚决定。

本裁定书送达后立即生效。

2006年9月10日南京市水政监察支队秦淮河大队对余荣强违章在秦淮新河绕城公路桥上游右岸堆放江砂案作出的《结案报告》

简要案情及调查经过:余荣强于1999年1月1日起,未经河道管理部门批准,擅自在秦淮新河绕城公路桥上游右岸东至雨花台区交通局码头迎水面滩地上从事黄砂经营,占用河堤岸线长150米、面积约900平方米。

处理情况:2006年1月17日,南京市水利局发出处罚决定书,决定罚款人民币4万元整;停止违法行为,恢复堤防原貌。5月15

日申请建邺区人民法院强制执行，建邺区人民法院于 2006 年 8 月 21 日发出准予执行宁水罚字〔2006〕第 4 号水行政处罚决定。

执行情况：当事人余荣强已自行于 2006 年 9 月初将所占场地黄砂清除，目前已在原堆放黄砂处种植树木。鉴于当事人能尽快改正错误，经人民法院协调，当事人罚款不再执行。

■ 案例评析 ■

这是一起擅自占用河道管理范围长达 7 年之久违法建造砂石堆场案。经过依法查处和人民法院裁定，违章堆积黄砂终于清除。该案的查处存在以下问题：

一是余荣强从 1998 年就违法占用秦淮新河莲花村段滩地达 7 年之久，直到 2005 年 8 月经举报方展开调查、立案查处。作为管理该河道的南京市秦淮河河道堤防管理处未能认真履行职责，秦淮河水政监察大队的巡查制度也未得以落实。

二是从时间上看，行政处罚告知在前，而重大水事案件集体讨论在后。未经讨论，对余荣强拟作出的行政处罚的告知内容从何而来？

三是南京市建邺区人民法院在强制执行该案中前后矛盾。该院在《行政裁定书》中裁定"准予执行宁水罚字〔2006〕第 4 号水行政处罚决定"。而处罚决定和《申请执行书》中的请求事项均为罚款和清除堆砂场地两项内容，而执行的结果却是一项。其理由是"鉴于当事人能尽快改正错误"（结案报告中执行情况语）。违法行为人余荣强长期占用河道滩地，在 2005 年 8 月 11 日被责令停止违法行为，直到 2006 年 1 月 17 日作出清除砂石场的处罚决定，2006 年 8 月 21 日建邺区人民法院作出行政裁定的一年时间内，仍阳奉阴违继续违法占用。余荣强于 2006 年 9 月初清除砂石堆场实属无奈之举，"尽快改正错误"之说不能成立，将其作为"不再罚款"的理由更是无稽之谈。

四是余荣强违法占用水利工程管理范围达 7 年之久，面积达 900 多平方米，且违法情节恶劣，应给予处罚。南京市水利局不应接受建邺区人民法院的所谓"协调"而放弃原处罚决定的主张。违法行为人余荣强占用秦淮新河滩地进行经营活动，从违法行为中已经获取了较大的不当利益。因而，对其实施罚款的处罚不应免除，还应根据《江苏省河道堤防工程占用补偿费征收使用管理办法》第六条的规定计征占用补偿费，计征时间从该办法的施行时间 1999 年 1 月 1 日起计算。

案例 38

淮安市宏杨建材有限公司擅自在废黄河南堤建码头案

■ 案情简介 ■

根据 2003 年 5 月 14 日淮安市经济开发区管理委员会（以下简称开发区管委会）向开发区新港办事处作出同意淮安市宏杨建材有限公司（以下简称宏杨建材公司）在废黄河兴建码头工程申请的批复。该码头于 2003 年 6 月开始兴建，10 月码头工程及附属设施建成并投入运营。该码头被淮安市水利局发现后，宏杨建材公司遂于当年 12 月初向淮安市行政审批中心递交有关报批材料。淮安市水利局即向江苏省水利厅请示。2004 年 2 月 12 日，江苏省水利厅办公室认为"该码头工程已经实际占用岸线 300 多米，伸入河道 20 多米，严重影响流域性河道废黄河的行洪与防汛安全"，作出"不同意兴建该码头工程"的批复。淮安市水利局随即对宏杨建材公司作出上述批复，于 2004 年 2 月 8 日分别向宏杨建材公司发出《行政处罚事先告知书》和《行政处罚听证告知书》，并于 3 月 2 日作出《行政处罚决定书》。宏杨建材公司不服，于 3 月 15 日向淮安市人民政府申请复议。4 月 20 日，淮安市人民政府作出维持原处罚决定第一项限期拆除违法兴建的码头、吊车及房屋，恢复堤身原状的决定；撤销原处罚决定第二项罚款 5 万元的决定。宏杨建材公司于4月30日向淮安市中级人民法院提起诉讼，状告淮安市人民政府，并将淮安市水利局和开发区管委会作为第三人一并告上法庭。淮安市中级人民法院于2005年5月20日判决维持复议决定，该案终结。

2003年5月14日淮安市经济开发区管理委员会对开发区新港办事处作出的《关于兴建码头工程项目的批复》（淮管（招）发〔2003〕38号）

你单位所报关于兴建码头工程项目报告收悉，经研究，批复如下：

1. 同意兴建码头工程项目。
2. 项目总投资500万元，项目占地约15亩。
3. 项目须于2003年5月30日前开工建设，2003年10月30日前竣工。
4. 项目建设必须符合开发区总体规划和环保要求。

希接批复后，抓紧落实所需资金，办理工商、税务、土地、规划、建设、环保等有关手续，确保项目早日建成。

2003年12月16日淮安市水利局向江苏省水利厅作出的《关于淮安市宏杨建材有限公司申请建设码头工程的请示》（淮水管〔2003〕114号）

淮安市宏杨建材有限公司为私营企业，该公司于2003年12月2日到我市行政审批中心水利窗口递交有关报批材料，拟申请在废黄河南堤、淮安市经济开发区新港办事处御西村境内、市自来水取水口下游1500米处新建码头一座，码头长332米，宽68米，设计年吞吐量15万吨，主要用于经营黄砂、石子和块石等建筑材料。接到申请材料后，我局于2003年12月3日派员到现场查看，发现码头已建成并投入运营，属先建后报项目。该码头实际占用岸线300余米，占用河道断面20余米。该工程没有取得交通部门对码头的批准文件，也没有通过防洪影响评价报告。因此，建议省水利厅不予批准办理有关手续，而作为违章建筑，进行拆除。

特此请示，请予批复。

2004年1月13日淮安市水利局向淮安市经济开发区管理委员会发出的《关于宏杨建材有限公司违章兴建码头问题的函》（淮水政〔2004〕4号）

淮安市宏杨建材有限公司于2003年5月14日经你委以淮管（招）发〔2003〕38号文件批复，同意其在御西村五组北端废黄河南岸兴建码头，并要求在5月30日前开工建设，10月30日前竣工。该公司接你委批复后，于2003年6月初开工兴建码头，10月底将码头建成并投入运营。该公司未经水行政主管部门批准兴建码头，属于严重违法行为，对此我局意见如下：

1.《江苏省水利工程管理条例》和《江苏省河道管理实施办法》规定，任何单位和个人因生产、工作需要，确需在河道管理范围内兴建各类工程建设项目的，必须先经水行政主管部门审查同意。废黄河属于受益和影响范围在两个市以上的流域性水利工程，按照《江苏省水利工程管理条例》规定，废黄河由省水行政主管部门管理，即如在该河道沿线兴建码头应当由我局核转省水利厅，经省水利厅审批后，方可办理其他相关手续。因此，你委批准兴建码头属于越权审批。

2. 你委在接到宏杨建材公司申请在废黄河南堤兴建码头的报告后，既未要求该公司到水利部门办理审批手续，也未征求水利、交通等部门的意见，即以淮安市经济开发区管委会名义批复同意该公司兴建码头，你委的越权批复行为不仅与法律法规相悖，也给水利、交通部门的河(航)道管理工作造成了很大的困难。

3. 经查,宏杨建材公司在兴建码头过程中擅自损毁河堤堤身,影响了堤防安全。同时为了增加码头面积,该公司擅自在码头东侧填河20多米,人为缩小该段河道的行洪断面,影响了该河段的泄洪能力,其行为严重违反了国家防洪法律法规。

为维护法律法规的严肃性,确保废黄河的行洪安全,我局将依法对宏杨建材公司的上述违章行为进行查处,希望你委予以配合。

4. 废黄河是我市境内一条重要的流域性河道,请你委切实加强开发区行政区划内废黄河南堤的管理和维护,确保废黄河行洪、供水等效益的充分发挥。

特此函告。

2004年1月18日淮安市经济开发区管理委员会向淮安市水利局作出的《关于宏杨建材有限公司兴建码头问题的回复》

贵局《关于宏杨建材有限公司违章兴建码头问题的函》(淮水政〔2004〕4号)收悉。现就有关问题回复如下:

一、关于淮安市经济开发区办理该码头的立项审批问题

中共淮安市委、淮安市人民政府《关于进一步推进经济开发区、外向型农业综合开发区建设若干问题的决定》(淮发〔2002〕77号)第一条第一款要求"开发区党工委、管委会作为市委、市政府的派出机构,对开发区进行统一领导和管理,全权行使党建党务和经济、行政、社会区域管理职能。开发区管委会享有市级管理权限,除按规定必须报省以上审批的事项外,开发区内所有事务均在开发区内办结"。据此,管委会代表淮安市政府批复同意兴建码头,属权限以内履行职责。

同时,管委会对该项目进行立项批复,不等于该项目可以免办各种行政许可手续。管委会在该项目的立项批复(见淮管(招)发〔2003〕38号批文)中专门说明:"希接批复后,抓紧落实所

需资金,办理工商、税务、土地、规划、建设、环保等有关手续,确保项目早日建成。"管委会在批文中所列举的部门都是区内有所设置的部门,管委会可以督促其"抓紧落实"、"早日建成",而对区内没有设置的市属部门管委会无权督办,因此在批文中没有提及。管委会建区以来办理的数百个项目均给予了立项批复,同时各项目单位也依法办理各种行政许可审批,二者并不矛盾,也是不能互相代替的。因此,管委会的立项审批不是越权行为。

二、关于河道清理问题

2003年4月至6月,全省河道清理工作在市区明确的清理范围是大运河、里运河,不包括废黄河。因此,废黄河仅杨庄镇越河村段就有4个码头,其中,杨庄电厂码头、2个个体户码头均未办理建设手续,安徽海螺水泥集团投资的码头也在没有办好相关手续的情况下目前正在施工建设。开发区内里运河码头全部拆除后,区内许多企业受到极大影响,有些企业就是因为开发区内无码头才到区外投资,如海螺水泥集团就是因此到淮阴区落户的。山东榴园水泥公司与开发区签署了投资5000万元合作协议,也因无码头配套被改到淮阴区建设,引资单位市建设局对此颇有意见。2003年清理码头时贵局同意开发区在大运河建一座码头,有关资料已呈报,但至今未予批复。水利、交通是开发区建设重要的基础设施条件之一,请贵局从淮安市经济发展的全局考虑,早日批复为感。

三、关于堤防安全问题

经实地查看,该码头兴建地段地势较高,河堤后面的地形高于河堤。该码头为提高停泊船只的吃水深度,将原沙坡浅滩处清淤2万余立方米,用石头建起了护坡,石砌护坡基本与对岸平行,该工程是否影响行洪,有待客观公正的科学论证。

四、关于违法建设问题

对码头负责人在向淮安市水利局报送审批手续未经批准的情况

下,擅自违章建设,管委会给予了严厉批评。码头负责人表示,愿意接受相关经济处罚,如果工程确实影响行洪安全,愿按照贵部门的要求进行改建。同时也希望在无社会危害性的前提下,贵局公正、客观、实事求是地解决好该码头的建设许可问题,以维护社会稳定,实现货畅其流,促进地方经济发展。

此回复。

2004年2月12日江苏省水利厅办公室对淮安市水利局作出的《关于淮安市宏杨建材有限公司申请建设码头工程的批复》(苏水办管〔2004〕4号)

你局《关于淮安市宏杨建材有限公司申请建设码头工程的请示》(淮水管〔2003〕114号)文收悉,经研究,批复如下:

1. 淮安市宏杨建材有限公司拟申请在废黄河南堤上兴建建材码头,码头位于淮安市经济开发区新港办事处御西村境内。该码头工程已经实际占用岸线300多米,伸入河道20多米,严重影响流域性河道废黄河的行洪和防汛安全。因此,不同意兴建该码头工程。

2. 该码头工程未经水行政主管部门审批同意而已经擅自建设并已投入运行,违反了水法规,是违法行为,该码头工程属违章建筑,应立即无条件拆除。

3. 请你局督促建设单位,立即拆除该码头工程,并采取有效措施,加强河道工程管理,发现违反水法规的行为要立即制止,保证水利工程的完整与安全。

2004年2月18日淮安市水利局对淮安市宏杨建材有限公司作出的《关于淮安市宏杨建材有限公司申请建设码头工程的批复》(淮水管〔2004〕18号)

你公司2003年12月2日报送的《码头工程建设申请书》收悉。我局于2003年12月16日以淮水管〔2003〕114号《关于淮安市宏杨建材有限公司申请建设码头工程的请示》上报江苏省水利厅，现省水利厅对该码头已正式批复，由于该码头影响废黄河的行洪，违反了水法规，根据省水利厅批复精神，不同意兴建该码头工程。

2004年2月5日淮安市水政监察支队对淮安市宏杨建材有限公司在废黄河堤防违法建设码头案作出的《水事案件调查报告》

案件的由来及调查经过：2003年12月3日，淮安市政府秘书长漆冠山召集相关部门针对宏杨建材有限公司兴建码头问题召开处理协调会，此时我局得知宏杨建材有限公司建码头一事。经初步调查和现场查看，于2004年1月4日立案查处(此前按行政审批程序将该公司申报材料转报江苏省水利厅)。

(注：违建码头地点原属清河区管辖，2003年上半年区划调整后划归开发区，因此形成管理、巡查真空，造成违建码头未能及时发现。)

查明的事实和证据：经查，宏杨建材有限公司于2003年6月初未经水行政主管部门和交通部门审查同意，仅凭淮安市经济开发区管委会《关于兴建码头工程项目的批复》(淮管(招)发〔2003〕38号)，在废黄河南堤经济开发区御西村五组北兴建一处长332米、东侧宽73米、西侧宽68.15米的码头。其行为违反了《中华人民共和国水法》第三十八条第一款的规定。宏杨建材有限公司的上述违法行为有调查笔录、现场图片为证。

调查结论以及处理建议：宏杨建材有限公司未经水行政主管部门批准，擅自兴建码头，属违法建设。建议依据《中华人民共和国水法》第六十五条第二款的规定，对该公司予以处罚。

防汛清障案

2004年2月6日淮安市水利局在局长召集下,有两名副局长和淮安市水政监察支队支队长参加对淮安市宏杨建材有限公司在废黄河堤防违法建设码头案进行集体讨论后作出的《重大水事案件讨论记录》。

办案人介绍案情、调查情况及调查人员处理建议:宏杨建材有限公司于2003年6月初,在废黄河南堤淮安市经济开发区御西村五组北兴建一处建材砂石码头,码头长332米,东侧宽73米,西侧宽68.15米,占地约35亩。该码头于2003年10月底建成并投入经营。2003年12月3日,淮安市政府秘书长漆冠山召集相关部门针对宏杨建材有限公司兴建码头问题召开处理协调会,淮安市水政监察支队于当天下午派人到现场查看,并拍摄照片若干张,次日经分管副局长同意,立案查处。经调查,该公司兴建码头依据淮安市经济开发区管委会淮管(招)发〔2003〕38号《关于兴建码头工程项目的批复》,但未经水行政主管部门和交通部门批准。该公司的行为违反了水法规的有关规定,属于严重的违法行为,并且产生了不良影响。现在调查已经结束,建议依据《中华人民共和国水法》第六十五条第二款的规定,对宏杨建材有限公司依法进行处罚。

讨论意见一:宏杨建材有限公司未经水利部门审查同意,擅自建设码头,在社会上造成了很坏的影响,淮安市政府对此事很重视,要求我们依法查处。同意依法对该公司进行处罚,限期拆除码头,恢复堤防原状。

讨论意见二:宏杨建材有限公司在兴建码头过程中,擅自损坏了部分河堤,还填实了部分水面,对该段河道行洪将会产生不利影响。码头是去年10月底建成的,后来在12月初向我局报送审批材料,属于典型的先建后报行为。我局即使将他们的材料转报省水利厅,省水利厅也不会批准。对于这种先建后办手续的行为如不严肃处理,将会产生不良后果。应依法处罚,拆除码头。

讨论意见三:这座码头所在地原属清河区管辖,从2003年3

月划归淮安市经济开发区。由于开发区河道管理机构尚未健全，管理人员未到位，因此这段时间内在开发区境内的堤防基本处于无人管理的状态。从而给人钻了空子。淮安市水政监察支队巡查监督不力，也有责任。现在已成既定事实，虽然查处有一定难度，但仍应严格按照水法律法规的规定，对这起严重违法案件进行处罚。

讨论意见四：这起违章建设码头案已经造成了很大的负面影响，淮安市人民政府领导要求我们依法严肃查处。根据办案人员的调查取证，事实清楚。市水政监察支队要按照法定程序，对宏杨建材有限公司拟作出水行政处罚决定书，尽快处理。今后，要加强对流域性河道堤防的巡查检查监督，不能再出现类似事件。一旦发现违法苗头，要及时予以制止，确保河道行洪安全。

经讨论，一致认为应依法对淮安市宏杨建材有限公司兴建码头一案作出行政处罚。

2004年2月8日淮安市水利局向淮安市宏杨建材有限公司发出的《行政处罚事先告知书》（淮水罚告字〔2004〕第1号）

你单位于2003年6月在废黄河南堤因违法兴建码头的行为，违反了《中华人民共和国水法》第三十八条第一款的规定，依据《中华人民共和国水法》第六十五条第二款，本机关拟对你单位作出限期拆除码头，恢复堤身原状，罚款5万元的行政处罚。

如你单位对该处罚建议有异议，根据《中华人民共和国行政处罚法》的有关规定，你单位可以于2月12日前到我局水政处进行陈述和申辩。

2004年2月8日淮安市水利局向淮安市宏杨建材有限公司发出的《行政处罚听证告知书》（淮水听告字〔2004〕第1号）

当事人： 淮安宏杨建材有限公司。

违法行为： 未经水行政主管部门批准，于 2003 年 6 月擅自在淮安市经济开发区新港办御西村五组北废黄河南堤兴建码头，码头全长 332 米，东侧宽 73 米、西侧宽 68.15 米。

处罚依据：《中华人民共和国水法》第三十八条第一款、第六十五条第二款。

拟决定处罚： 限期自行拆除违法兴建的码头、吊车及房屋，罚款 5 万元。

2004 年 2 月 12 日淮安市宏杨建材有限公司对处罚告知作出的《水事违法案件陈述、申辩笔录》

陈述、申辩内容：

刘总：(1) 项目的来源是开发区招商引资项目，本着淮安市委、市政府全民创业的要求。(2) 我们按开发区给的时间、范围内的要求，边办项目边审批，在建设项目中，也在办理了有关手续，在 2003 年 5 月 30 日向市水利局打了报告，当时材料不齐全。(3) 我们的做法在淮安经济发展形势及市政府的号召下，有利于淮安的经济发展，不足之处在于没有完整的手续。现在整个工程已经筹建结束，投入了大量的资金。

问：5 月 30 日到窗口报材料缺什么材料？最后是什么时间报的材料？

答：可能 2003 年 12 月初。

问：投入了多少资金？

新元律师事务所施主任：作为水利部门，程序是合法的。当事人对于办理手续缺乏全面了解，希望水利部门予以理解。水利部门的处罚也是合理的。

想法：(1) 宏杨建材有限公司根据开发区的要求，响应市政府的号召，目前已投资了 500 多万元。环境影响评价报告已按要求做了。

当事人主观上对水利部门的申报手续不太了解。项目是经过开发区政府审批，符合市政府的号召，是合法的。(2)从码头所处的位置来看，希望水利部门谅解。码头对行洪、航行来说，应该没有达到严重影响的程度。也不在市政府要求拆除的码头范围内。(3)从水法、防洪法来看，码头事件也是有通融余地的。《中华人民共和国水法》也有限期整改、补办手续的规定。希望在处理时，本着有利于经济发展的要求，充分考虑业主的利益。

开发区王主任：(1)这个项目在我们的范围内，也是开发区招商项目。这个项目在市委、市政府招商引资大潮流的形势下招来的。业主投资也是经过贷款等手段筹集的。开发区可以行使市委、市政府的职能。业主主观上没有违法的想法，客观上已经形成违法事实。(2)几位投资商也符合市委、市政府的要求，每年上缴200多万元税。(3)目前容纳了203人就业。(4)2002年底到2003年初，原清河区的盐化工业园区已划归开发区。昨天群众听到一些说法，情绪上有些不稳。他们是本着经济发展的，一方面是开发区的需要，化工园区离不开这个码头；另一方面符合市委、市政府的号召；同时也是群众就业的需要。

元律师：如果能够做一下洪水影响报告，等报告出来看看影响程度。

陈总：在废黄河周边建码头不仅我宏杨码头一家，政府行政部门在这方面是不是同等对待？

2004年3月2日淮安市水利局对淮安市宏杨建材有限公司作出的《行政处罚决定书》(淮水罚字〔2004〕1号)

经查，你公司未经水行政主管部门批准，于2003年6月擅自在淮安市经济开发区新港办御西村五组北废黄河南堤兴建码头，据你公司提供的资料，码头全长332米，东侧宽73米，西侧宽68.15米。此外，你公司在兴建码头过程中，擅自损毁河堤堤身、填实河道部分水面。你公司的上述行为违反了《中华人民共和国水法》第三十八条第一款的规定,现依据《中华人民共和国水法》第六十五条第二款的规定,对你公司作出如下处罚:

1. 限令在2004年3月22日前自行拆除上述违法兴建的码头、吊车及房屋,恢复堤身原状。逾期不自行拆除,我局将依法强行拆除,所需费用由你公司负担。

2. 罚款5万元。限于2004年3月22日前到我局领取罚款缴款通知单,将罚款缴到淮安市工商银行淮汇分理处。

如不服本处罚决定,可在接到本处罚决定之日起60日内,向江苏省水利厅或淮安市人民政府申请复议,也可以在接到本处罚决定之日起3个月内直接向清河区人民法院提起行政诉讼。

重大行政处罚案件备案表

填报单位:淮安市水利局　　报送单位:淮安市人民政府办公室

案号	淮水罚字〔2004〕01号
案由	淮安市宏杨建材有限公司未经批准违章建设码头
被处罚单位	淮安市宏杨建材有限公司　　法定代表人:李荣生
处罚内容	1. 限令自行拆除违法兴建的码头、吊车及房屋,恢复堤身原状 2. 罚款5万元
处罚日期	2004年3月2日
处罚依据	《中华人民共和国水法》第六十五条第二款
备注	附:行政处罚决定书(淮水罚字〔2004〕01号)复印件

说明:此表应在作出行政处罚书之日起10日内按一案一表的方式报送政府法制机构,并同时提交行政处罚决定书副本。

2004年3月15日淮安市宏杨建材有限公司向淮安市人民政府作出的《行政复议申请书》

请求事项：(1)撤销被复议人于2004年3月2日作出的淮水罚字〔2004〕01号行政处罚决定。(2)请求暂缓执行上述处罚决定。

事实和理由：

一、关于本案的事实情况

2003年5月1日，宏杨建材有限公司(以下简称宏杨公司)与淮安市经济开发区新港办事处(以下简称新港办)签订了《土地租赁协议》，宏杨公司通过新港办提出码头建设申请，淮安市经济开发区管理委员会(以下简称开发区管委会)于2003年5月14日作出《关于兴建码头工程项目的批复》(淮管(招)发〔2003〕38号)，同意宏杨公司兴建码头，并要求于同年5月30日前开工建设，同年10月30日前竣工，并提出码头建设"必须符合开发区总体规划和环境要求"，要求宏杨公司"抓紧落实所需资金，办理工商、税务、土地、规划、建设、环保等有关手续，确保项目早日建成"，将该批复抄报市政府，抄送市计委、规划局、国土局、建设局、环保局、工商局、国税局、地税局。开发区管委会称，依据中共淮安市委、淮安市人民政府《关于进一步推进经济开发区、外向型农业综合开发区建设若干问题的决定》(淮发〔2002〕77号)第一条第一款，"开发区党工委、管委会作为市委、市政府的派出机构，对开发区进行统一领导和管理，全权行使党建党务和经济、行政、社会区域管理职能。开发区管委会享有市级管理权限，除按规定必须报省以上审批的事项外，开发区内所有事务均在开发区内办结"；又第二条第九款规定，"开发区管委会在开发区范围内全权行使与市各职能部门同等的管理权限，市各职能部门不再重复行使，……凡是市里能办结的手续必须在开发区内就地办结，切实做到'一站式'服务。须报省审批的，在市有关部门履行盖章手续"。宏杨公司依开发区管委会批复和要求，努力筹措资金，及时开工，按时竣工。宏杨公司所建"码头兴建地段地势较高,河堤后面的地形高于河堤。该码头为提高停泊船只吃水深度,将原沙坡浅滩处清淤2万余立方米,用石头建起了护坡,砌护坡基本与对岸平行"(见2004年1月8日开发区管委会给市水利局的《关于宏杨建材有限公司兴建码头问题的回复》)。

在施工过程中,市水利局也曾派员去码头施工现场。宏杨公司又按市水利局要求再次提出码头建设申请,并依市水利局指定作了《环境影响评价报告》(但当时市水利局并未要求作《洪水影响评价报告》),后宏杨公司将所有申请材料上报市水利局,市水利局于2004年2月16日作出《转发省水利厅〈关于淮安市宏杨建材有限公司申请建设码头工程的批复〉的通知》(淮水管〔2004〕16号),后又于同月18日作出《关于收回淮水管〔2004〕16号文的通知》(淮水管〔2004〕17号),表明市水利局"对该码头工程将另文批复"。

二、对行政处罚的分析

1. 市水利局于2004年2月8日作出《行政处罚事先告知书》(淮水罚告字〔2004〕第1号),并送达了《行政处罚听证告知书》。宏杨公司委托律师前往市水利局要求听证,市水利局有关人员接待并交流了情况,但言明不是听证。因此,市水利局既然作出了限期拆除码头的处罚决定,却未依法满足宏杨公司的听证要求,存在程序违法之处。

2. 市水利局依《中华人民共和国水法》第三十八条第一款,认定宏杨公司存在"擅自损毁河堤堤身、填实河道部分水面"的违法事实。宏杨公司认为,市水利局夸大了违法事实(甚至连市水利局淮水政〔2004〕4号文件也认定仅是"违章"兴建码头)。首先,宏杨公司是得到开发区管委会批复兴建码头的,而依淮发〔2002〕77号文,开发区管委会有权批准,即使"须报省审批",市水利局也只"履行盖章手续"。其次,在《行政处罚事先告知书》中,认定是"违法兴建码头",而《行政处罚决定书》又称"擅自损毁河堤堤身、填实河道部分水面",这究竟仅仅是兴建码头手续程序不当(指未得批准），还是码头对水利设施造成根本性损害而不可能得到批准。再次，依《中华人民共和国水法》第三十八条第一款规定，在河道范围建设码头，应当符合国家规定的防洪标准和其他有关的技术要求，工程建设方案应当依据防洪法的有关规定报经水行政主管部门审查同意，因此就本案来看，就存在一个宏杨公司能否有权建设该码头以及码头具体建设方案是否得当的问题。这当中有关问题《行政处罚决定书》中未予明确。

3. 市水利局依《中华人民共和国水法》第六十五条第二款作出处罚决定，而依该条款，宏杨公司是未经水行政主管部门同意，擅自修建码头，且防洪法未作规定。但依上述分析，宏杨公司是经开发区管委会批准才建设码头的，而且依《中华人民共和国水法》第三十八条第一款，仅"工程建设方案"应当报市水利局"审查同意"，因此依该条款处罚宏杨公司缺少事实根据。并且，对擅自修建码头，依该条款处罚的次序是：（1）责令停止违法行为，限期补办有关手续；（2）逾期不补办或补办未被批准的，责令限期拆除；（3）逾期不拆除的，强行拆除，所需费用由违法单位负担，并处1万元以上10万元以下的罚款，但市水利局显然存在处罚不当之处，除上述未按要求组织听证外，还将后面次序的处罚提前了。

三、关于本案的一点请求

淮安地处苏北，经济比较落后，宏杨公司的几位股东，凭着对家乡建设的热情，多方筹措资金并举债，经招商引资投入家乡建设，希望以满腔热情换回家乡经济的腾飞。宏杨公司投资500万元，年纳税近200万元，解决300余人的就业，客观上为家乡建设尽其所能，作出了较大的贡献。依近日"两会"精神，强调贯彻以人为本，也应保护私有财产和私有经济，以促进经济的发展。而宏杨公司所建码头在废黄河，不在"全省河道清理工作在市区明确的清理范围"，"废黄河仅杨庄镇越河村段，就有4个码头，其中杨庄电厂码头、2个个体户码头均未办理建设手续，安徽海螺水泥集团投资的码头也在没有办好有关手续的情况下目前正在施工建设"。因此，从行政行为的合理性与公平精神看，宏杨公司所建码头，并不违背法律的禁止性规定，也不是非拆不可，现码头已建成，建设过程中市水利局也派员到现场而并未责令停止建设，故请求市政府能给予关怀和支持，维护政府招商引资的承诺，保护私人投资的热情，以促进地方经济的发展。宏杨公司是依开发区管委会批准建设码头的，后又向市水利局提出申请，如果被拆除，不仅使投资人遭受巨大损失（也会因此可能引起赔偿诉讼），众多员工也失去就业岗位，同样对地方经济也会造成损害。正如开发区管委会称，"开发区里运河码头全部拆除后，区内许多企业受极大影响，有些企业就是因为开发区无码头才到区外投资，如海螺水泥集团就是到淮阴区落户。山东榴园水泥公司与开发区签署了投资5000万元合作协议，也因无码头配套被改到淮阴区建设，引资单位市建设局对此也有意见"（本自然段有关引文见上述开发区管委会给市水利局的《关于宏杨建材有限公司兴建码头问题的回复》）。

宏杨公司确实不是故意违法擅自兴建码头，也承认少部分占用了河道水面，但宏杨公司早已又向市水利局提出申请后，故请求暂缓执行具体行政处罚，先行安排作洪水影响评价报告，如果该码头不存在影响行洪，请求依法补办手续。而且宏杨公司为表明态度，虽因债权人听闻码头将被限期拆除而纷纷上门讨债，导致经济十分困难，但宏杨公司仍努力筹措部分罚款缴市水利局。

2004年3月15日淮安市宏杨建材有限公司向淮安市水利局作出的《暂缓执行申请书》

请求事项：请求暂缓执行淮安市水利局淮水罚字〔2004〕1号行政处罚决定。

事实和理由：2001年5月14日，淮安市经济开发区管理委员会（以下简称开发区管委会）依中共淮安市委、淮安市人民政府

《关于进一步推进经济开发区、外向型农业综合开发区建设若干问题的决定》（淮发〔2002〕77号）作出《关于兴建码头工程项目的批复》（淮管（招）发〔2003〕38号），申请人属招商引资，在批复后举债投入500万元，为振兴家乡经济建设兴建码头。开发区管委会要求，码头"须于2003年5月30日前开工建设，2003年10月30日前竣工"，"项目建设必须符合开发区总体规划和环保要求"，并要求申请人"抓紧落实所需资金……确保项目早日建成"。申请人多方筹措资金如期建成码头，建设过程中贵局也曾派员去过建设现场。申请人依贵局要求作了《环境影响评价报告》，并将有关申请材料呈交贵局。贵局又称缺少《洪水影响评价报告》，申请人又积极开展此工作，但因申请人以外的缘故，现该报告暂时未能作出。贵局于2004年3月2日作出淮水罚字〔2004〕1号行政处罚决定，责令申请人限期于3月22日拆除码头，并罚款5万元。

申请人认为，依淮发〔2002〕77号文件规定，开发区管委会作为市政府的派出机构，享有市级管理权限，在开发区范围内全权行使与市各职能部门同等的管理权限，市各职能部门不再重复行使，因此申请人依开发区管委会的批准兴建码头，不是擅自"违法兴建码头"。故为了家乡经济的振兴，保护私人投资的热情，也为贯彻"两会"精神，同时避免造成不该有的损失和讼累，现申请人已依法律规定提起行政复议，并借资主动缴纳部分罚款，恳请贵局暂缓执行处罚（限期拆除码头）。

申请人为此向贵局表达诚挚的谢意！

2004年3月15日淮安市人民政府向淮安市水利局发出的《停止执行通知书》（〔2004〕淮政行复（受）字第14号）

淮安市宏杨建材有限公司不服你机关2004年3月2日作出的淮水罚字〔2004〕1号行政处罚决定提出的行政复议申请，我们依法已予受理。申请人在提出行政复议申请的同时,申请具体行政行为暂缓执行。为避免国家赔偿,根据《中华人民共和国行政复议法》第二十一条的规定,决定自2004年3月25日起至作出行政复议决定之日前,停止该具体行政行为的执行。

2004年3月24日淮安市人民政府向淮安市水利局发出的《提出答复通知书》(〔2004〕淮政行复(受)字第14号)

淮安市宏杨建材有限公司不服你局2004年3月2日作出的淮水罚字〔2004〕1号行政处罚决定,于2004年3月22日向本市政府提出行政复议申请,本市政府依法已予受理。依照《中华人民共和国行政复议法》第二十三条的规定,现将行政复议申请书副本发送你机关,请你机关自收到申请书副本之日起10日内,向本机关提出书面答复,并提交当初作出具体行政行为的证据、依据和其他有关材料。

逾期不提出书面答复,作出具体行政行为的依据、证据和其他有关材料,根据《中华人民共和国行政复议法》第二十八条的规定,将视为该具体行政行为没有证据、依据而被撤销。

2004年3月26日淮安市水利局向淮安市人民政府作出的《行政复议答复材料》

淮安市人民政府〔2004〕淮政行复(受)字第14号提出书面答复通知书收悉。根据《中华人民共和国行政复议法》第二十三条的规定,现将我局对淮安市宏杨建材有限公司(以下简称宏杨公司)违法建设码头一案(以下简称本案)实施行政处罚的具体情况答复如下:

一、本案违法事实的认定

1. 据调查,宏杨公司为私营企业,总经理李荣生。该公司未经水行政主管部门批准,于2003年6月2日擅自在开发区新港办事处御西村五组北废黄河南岸兴建码头，2003年10月30日码头工程基本建成后即开始运营。码头全长332米，东侧宽73米，西侧宽68米。李荣生承认了上述违法事实(有关证据附后)。

2. 宏杨公司在行政复议申请书中阐述码头施工的具体情况时，引用了开发区管委会2004年1月28日给我局《关于宏杨建材有限公司兴建码头问题的回复》中的一段话："该码头为提高停泊船只吃水深度，将原沙坡浅滩处清淤2万余立方米，用石头建起了护坡。"我局认为，宏杨公司组织实施了违法码头建设工程，施工的具体事实应由宏杨公司本身举证说明，宏杨公司在行政复议申请书中所引用的上述材料是不具有任何证明效力的。

3. 宏杨公司在《行政复议申请书》中称，"施工过程中市水利局也曾派员去码头施工现场，"并"依市水利局指定作了《环境影响评价报告》"。这一说法与事实不符：其一，在2003年6月到8月间，淮河流域发生了特大洪水，我局广大干群都奔赴到抗洪抢险的第一线参加抗洪抢险，无法再顾及河道巡查工作。加之该段堤防又已由清河区移交给开发区管理，而开发区水行政主管部门人手很少，也难以开展正常的堤防巡查工作。直到2003年12月3日市政府秘书长漆冠山召开协调会，我局方得知宏杨公司擅自建设码头的违法事实，而此时该码头已基本建成投入运营。其二，我局没有指定宏杨公司作《环境影响评价报告》。在宏杨公司于12月3日到市行政审批中心咨询时，我局工作人员在不知其已违章兴建了码头的情况下，只是如实告知了当事人办理码头审批手续时应报送的有关材料。

二、本案的查处过程

2003年12月3日上午，市政府秘书长漆冠山亲自主持召开宏杨公司码头处理协调会，参加协调会的单位有水利局、交通局、开发区管委会。当天下午我局即派员赴现场调查，并对违法建设码头拍摄照片若干张。12月4日，我局依法对该案进行立案查处。2004年1月15日，我局调查人员就该码头的违法建设情况询问了宏杨公司总经理李荣生，制作了调查笔录。因此案属重大水事案件，我局相关领导于2月6日集体讨论了对该案的处罚意见。2月8日，我局制作了淮水罚告字〔2004〕1号《行政处罚告知书》和淮水听告字〔2004〕第1号《行政处罚听证告知书》，并于2月10日送达宏杨公司。告知书中明确告知了违法事实、违反的法律条款、拟作出的行政处罚以及当事人享有的陈述、申辩权和听证请求权。2004年2月12日上午，我局依法听取了宏杨公司的陈述、申辩，并制作了相关笔录。在对宏杨公司的陈述、申辩进行认真审查后，我局于2004年3月2日对宏杨公司作出行政处罚决定，并于2004年3月3日将《行政处罚决定书》送达宏杨公司。

关于听证问题，一方面，宏杨公司在收到听证告知书后未在规定的时间内向我局书面提出听证要求；另一方面，2004年2月12日上午，宏杨公司在向我局陈述、申辩时，也曾明确表示不要求听证。根据《江苏省行政处罚听证程序规则(试行)》第十四条的规定，宏杨公司超过期限未提出听证要求，视为放弃听证权利。我局并不存在程序违法之处。

三、本案适用法律情况

宏杨公司在废黄河南堤兴建码头，依法应于工程建设前主动办理报批手续。《中华人民共和国水法》第三十八条第一款规定："在河道管理范围内建设桥梁、码头及其他拦河、跨河、临河建筑物、构筑物，铺设跨河管道、电缆，应当符合国家规定的防洪标准和其他有关的技术要求，工程建设方案应当依照防洪法的有关规定报经有关水行政主管部门审查同意。"按照《江苏省水利工程管理条例》的规定，废黄河属于受益和影响范围在两个市以上的流域性河道，在河道管理范围内的所有建设项目应报省水利厅审批。故开发区管委会根本无权批准该码头建设项目。但宏杨公司仅依据开发区管委会的批复就动工兴建码头，其行为违反了《中华人民共和国水法》的上述规定。案发后，宏杨公司于2003年12月3日方向我局设在市行政审批中心的窗口报送了有关申报材料，而此时宏杨公司违法建设的码头已正式投入运营了一个多月。我局接到宏杨公司申请后，以淮水管〔2003〕114号文将宏杨公司的码头建设项目转报省水利厅，省水利厅于2004年2月12日以苏水办管〔2004〕4号文批复"不同意兴建该码头工程"，并要求我局"督促建设单位，立即拆除该码头工程"。2004年3月2日，我局依据《中华人民共和国水法》第六十五条第二款，以淮水罚字〔2004〕1号文对宏杨公司作出限期"自行拆除违法建设的码头、吊车和房屋"并处"罚款5万元"的行政处罚决定。

综上，我局认为，在本案查处过程中，我局对违法事实认定是清楚的，所取得的证据是真实有效的，处罚程序是合法的，处罚内容是恰当的。因此，请市政府依法维持我局淮水罚字〔2004〕1号的行政处罚决定，以维护水利工程的正常管理与运行，保障防洪安全。

2004年4月20日淮安市人民政府对淮安市宏杨建材有限公司作出的《行政复议决定书》（〔2004〕淮政行复（决）字第14号）

申请人淮安市宏杨建材有限公司不服被申请人淮安市水利局2004年3月2日作出的淮水罚字〔2004〕1号行政处罚决定之具体行政行为，于2004年3月22日向本市政府提出行政复议申请，本市政府依法已予受理。

申请人称，2003年5月1日，申请人与淮安市经济开发区新港办事处（以下简称新港办）签订《土地租赁协议》，申请人通过新港办提出码头建设申请，淮安市经济开发区管理委员会（以下简称开发区管委会）于2003年5月14日作出《关于兴建码头工程项目的批复》（淮管招发〔2003〕38号），同意申请人兴建码头，并要求于同年5月30日前开工建设，10月30日前竣工，并提出码头建设"必须符合开发区总体规划和环保要求"、"抓紧落实资金，办理有关手续，确保项目早日建成"等要求，该批复抄报市政府、抄送市计划、规划、国土、建设等部门。申请人依开发区管委会批复和要求，努力筹措资金，及时开工，按时竣工。申请人所建的"码头兴建地段地势较高，河堤后面的地形高于河堤，该码头为提高停泊船只吃水深度，将原沙坡浅滩处清淤2万余立方米，用石头建起了护坡，砌护坡基本与对岸平行"。在施工过程中，被申请人也曾派员去码头施工现场，申请人又依被申请人指定作了《环境影响评价报告》，后申请人将所有申请材料上报被申请人，被申请人于2004年2月16日作出《转发省水利厅〈关于淮安市宏杨建材有限公司申请建设码头工程的批复〉的通知》，后又于同月18日作出《关于收回淮水管〔2004〕16号文的通知》，表明被申请人对"该码头工程将另文批复"。申请人认为：（1）被申请人作出限期拆除码头的处罚决定，却未依法满足申请人的听证要求，存在程序违法之处；（2）被申请人认定申请人存在"擅自损毁河堤堤身、填实河道部分水面"，夸大了违法事实，申请人得到开发区管委会批复兴建码头的，而依淮发〔2002〕77号文，开发区管委会有权批准；（3）根据《中华人民共和国水法》第六十五条第二款规定，申请人是未经水行政部门同意，擅自修建码头，且防洪法未作规定，被申请人依《中华人民共和国水法》第三十八条第一款处罚申请人缺少事实根据；且对擅自修建码头行为有确定的处罚次序，被申请人显然存在处罚不当之处。

　　申请人请求，撤销被申请人于2004年3月2日作出的淮水罚字〔2004〕1号行政处罚决定，暂缓执行该处罚决定。

　　被申请人答复称，申请人未经水行政主管部门批准，于2003年6月2日擅自在开发区新港办事处御西村五组北废黄河南岸兴建码头，2003年10月30日，码头工程基本建成后即开始运营，码头全长332米，东侧宽73米，西侧宽68米，申请人也承认其违法事实。申请人在施工过程中，被申请人从未到过施工现场，没有指定申请人作《环境影响评价报告》，12月3日，申请人到市行政审批中心咨询时，被申请人在不知情的情况下，告知其办理码头审批手续时应报送的有关材料。2003年12月4日，被申请人得知申请人违建事实后，即立案查处，进行调查，并于同年2月10日向申请人送达了

《行政处罚告知书》和《行政处罚听证告知书》，明确告知了违法事实、违反的法律条款，拟作出的行政处罚和当事人享有的陈述、申辩和听证的权利，2004年2月12日上午听取了申请人的陈述、申辩，并制作了笔录，在对申请人的陈述、申辩认真审查后，于2004年3月2日作出行政处罚决定，并于同月3日送达。被申请人认为其作出的行政处罚决定认定事实清楚，证据真实有效，程序合法，处罚恰当，请市政府依法予以维持。

经查，2003年5月14日，江苏省淮安经济开发区管理委员会作出淮管（招）发〔2003〕38号《关于兴建码头工程项目的批复》，同意淮安经济开发区新港办事处兴建码头工程项目，并要求抓紧落实所需要资金，办理相关手续，确保项目早日建成，申请人依此批复，在未经水行政主管部门批准的情况下，于2003年6月开始在市经济开发区新港办事处御西村五组北废黄河南堤实施该码头项目建设，建成后的码头长332米，东侧宽73米，西侧宽约68米，2003年12月4日，被申请人对申请人兴建码头情况进行立案调查，认定申请人在建码头时未经水行政主管部门批准，违反了《中华人民共和国水法》第三十八条第一款的规定，2004年2月8日，被申请人根据《中华人民共和国行政处罚法》相关规定，制作了《行政处罚告知书》和《行政处罚听证告知书》，并于同月10日向申请人送达，明确告知了违法事实、违反的法律条款，拟作出的行政处罚和当事人享有的陈述、申辩和听证的权利，2004年2月12日，申请人对被申请人拟作出的行政处罚决定进行了陈述、申辩。2004年3月2日，被申请人作出淮水罚字〔2004〕1号行政处罚决定，认定申请人未经水行政主管部门批准，于2003年6月擅自在淮安市经济开发区新港办御西村五组北废黄河南堤兴建码头，且在兴建码头过程中，擅自损毁河堤堤身、填实河道部分水面的行为违反了《中华人民共和国水法》第三十八条第一款的规定，并依据《中华人民共和国水法》第六十五条第二款的规定，决定：（1）限令申请人在2004年3月22日前自行拆除违法兴建的码头、吊车及房屋，恢复堤身原状；逾期不自行拆除，被申请人将依法强行拆除，所需费用由申请人负担。(2) 罚款5万元，限申请人于2004年3月22日到被申请人处领取罚没款缴款通知单，将罚款交到指定银行。申请人不服，向本市政府提出行政复议申请。

另查明：2003年12月3日，申请人向被申请人提交占用河道堤防工程审批申请材料，2003年12月16日，被申请人对申请人建设码头工程一事向省水利厅请示，2004年2月12日，省水利厅办公室作出《关于淮安市宏杨建材有限公司申请建设码头工程的批复》，认为该码头工程严重影响流域性河道废黄河的行洪与防汛安全，不同意兴建，认定该码头工程属违章建筑，应立即无条件拆除，要求被申请人做好督促工作。2004年2月16日，被申请人向申请人下发《转发省水利厅〈关于淮安市宏杨建材有限公司申请建设码头工程的批复〉的通知》，要求申请人按照省水利厅批复精神，立即无条件拆除擅自建设的码头。2004年2月18日，被申请人因淮水管〔2004〕16号文件文校印上存有不妥，作出《关于收回淮水管〔2004〕16号文的通知》，并于同日向申请人下发《关于淮安市宏杨建材有限公司申请建设码头工程的批复》，不同意申请人兴建该码头工程。

因申请人在申请行政复议时一并提出暂缓执行申请，根据《中华人民共和国行政复议法》第二十一条的规定，本市政府决定自2004年3月25日起至作出行政复议决定之前，停止该具体行政行为的执行。

本市政府认为，作为水行政主管部门，被申请人有权在其法定职权范围内处理水事行政案件，本案中，申请人未经水行政主管部门批准擅自兴建码头的行为事实清楚，证据充分，申请人的行为违反了《中华人民共和国水法》的规定，被申请人依其职权进行查处符合法律规定。被申请人按照《中华人民共和国行政处罚法》相关规定，在作出行政处罚决定之前，事先告知申请人其违法行为事实、拟对其作出的处罚决定以及申请人依法享有权利，程序合法。申请人未经水行政主管部门同意擅自兴建码头的行为，被申请人已按照《中华人民共和国水法》第六十五条第二款的规定进行了补办有关手续的的报批工作，申请人提出的关于被申请人处罚程序不当的问题不符合客观实际，本市政府不予采信。按照《中华人民共和国水法》第六十五条第二款规定，只有申请人在规定的期限内不拆除需强行拆除的情况下，才并处罚款。本案中，被申请人作出限期拆除并处罚款的行政处罚明显不当，根据《中华人民共和国行政复议法》第二十八条第一款之规定，本市政府决定：

1. 维持被申请人2004年3月2日对申请人作出的淮水罚字〔2004〕1号行政处罚决定主文第一项内容。

2. 撤销被申请人2004年3月2日对申请人作出的淮水罚字〔2004〕1号行政处罚决定主文第二项内容。

对本决定不服，可以自接到本决定书之日起15日内依法向人民法院提起行政诉讼。

淮安市水利局对淮安市人民政府《行政复议决定书》(〔2004〕淮政复(决)字第14号)撤销我局淮水罚字〔2004〕1号行政处罚决定第二项内容的说明

该复议书中认定"按照《中华人民共和国水法》第六十五条第二款规定，只有申请人在规定的期限内不拆除需强行拆除的情况下，才并处罚款。本案中，被申请人对申请人作出限期拆除并处罚款的行政处罚明显不当……"并以此为由，撤销了我局对宏杨建材有限公司行政处罚决定中的罚款内容。我们认为，复议机关的这一认定与水利部《关于对〈中华人民共和国防洪法〉第五十八条有关问题请示的批复》(水政法〔2001〕426号)中的解释相悖。《中华人民共和国水法》第六十五条第二款与《中华人民共和国防洪法》第五十八条的处罚形式、处罚步骤相同，根据水利部的解释，对于该条所列的各种违法行为，均可处以罚款。因此，淮安市人民政府的该复议决定认定我局并处罚款的处罚不当，值得商榷。

由于行政处罚机关对复议决定不服没有申辩途径，因此我局只能接受市政府撤销处罚内容的上述复议决定。

附：水利部《关于对〈中华人民共和国防洪法〉第五十八条有关问题请示的批复》（水政法〔2001〕426号）

附：2001年10月11日水利部对江苏省水利厅《关于对〈中华人民共和国防洪法〉第五十八条有关问题请示的批复》（水政法〔2001〕426号）

你厅《关于请求对中华人民共和国防洪法第五十八条进行解释的请示》（苏水政〔2001〕28号）收悉。经研究，我部认为：

《中华人民共和国防洪法》第五十八条关于"可以处1万元以上10万元以下的罚款"的规定，是指对于该条所列的各种违法行为，均可以处1万元以上10万元以下的罚款。

2004年4月30日淮安市宏杨建材有限公司将淮安市人民政府作为被告，将淮安市水利局和淮安市经济开发区管理委员会作为第三人向淮安市中级人民法院作出的《行政起诉状》

一、请求事项

1. 撤销被告2004年4月20日作出的〔2004〕淮政行复（决）字第14号行政复议决定主文第一项内容，判令第三人淮安市水利局为原告办理有关手续。

2. 由被告承担诉讼费用。

二、事实和理由

2003年5月1日，原告与淮安市经济开发区新港办事处签订了《土地租赁协议》，拟在该办御西村五组北废黄河南堤兴建码头。第三人淮安市经济开发区管理委员会（以下简称开发区管委会）2003年5月14日作出《关于兴建码头工程项目的批复》（淮管（招）发〔2003〕38号），同意宏杨建材有限公司（以下简宏杨公司）兴建码头，项目总投资500万元，要求于同年5月30日前开工建设，10月30日前竣工，并提出码头建设"必须符合开发区总体规划和环保要求"，要求宏杨公司"抓紧落实所需资金，办理工商、税务、土地、规划、建设、环保等有关手续，确保项目早日建成"，同时将该批复抄报市政府，抄送市计委、规划局、国土局、建设局、环保局、工商局、国税局、地税局。原告按第三人开发区管委会批复和要求，积极筹措资金，及时开工，按时竣工。原告所建"码头兴建地段地势较高，河堤后面的地形高于河堤，该码头为提高停泊船只吃水深度，将原沙坡浅滩处清淤2万余立方米，用石头建起了护坡，砌护坡基本与对岸平行"(见2004年1月8日第三人开发区管委会给第三人淮安市水利局(以下简称市水利局)的《关于宏杨建材有限公司兴建码头问题的回复》)。

施工过程中，第三人市水利局曾派员去码头现场。原告按第三人市水利局的要求向其再次提出码头建设申请，依其要求作了《环境影响评价报告》，并将有关材料呈报第三人市水利局。当时第三人市水利局并未要求原告作《洪水影响评价报告》，后原告得知需办理该手续时，已聘请有关专业人士到码头进行现场测量，认定不影响行洪。但是，第三人市水利局于2004年2月8日作出《行政处罚事先告知书》(淮水罚告字〔2004〕第1号)，一并送达了《行政处罚听证告知书》。原告委托律师前往要求听证，但第三人市水利局只听取了陈述和申辩，并未组织听证。第三人于2004年3月2日依据《中华人民共和国水法》第六十五条第二款作出淮水罚字〔2004〕1号行政处罚决定：(1)限令原告于2004年3月22日前自行拆除违法兴建的码头、吊车及房屋，恢复堤身原状；逾期不自行拆除，第三人市水利局将依法强行拆除，并由原告负担所需费用。(2)对原告罚款5万元。

原告签收《行政处罚决定书》后，依法向被告申请行政复议，被告于2004年4月20日作出复议决定：(1)维持淮水罚字〔2004〕1号行政处罚决定主文第一项内容；(2)撤销该决定主文第二项内容。

　　第三人市水利局认定原告违反《中华人民共和国水法》第三十八条第一款的规定，存在"擅自损毁河堤堤身，填实河道部分水面"的违法事实。但原告是获得第三人开发区管委会批复后才按其要求兴建的，而依中共淮安市委、淮安市人民政府《关于进一步推进经济开发区、外向型农业综合开发区建设若干问题的决定》（淮发〔2002〕77号），第三人开发区管委会有权批准，即使"须报省审批"，第三人市水利局也只是"履行盖章手续"。原告后按第三人市水利局的要求呈报了有关码头建设的申请材料，但第三人市水利局并未作出最终批复却先行作出了行政处罚决定，也未按原告要求组织听证，这显然是违法的。依《中华人民共和国水法》第三十八条第一款，在河道范围内建设码头，"应当符合国家规定的防洪标准和其他有关技术要求，工程建设方案应当依照防洪法的有关规定报经有关水行政主管部门审查同意"。由此可见，仅"工程建设方案"当报经水行政主管部门"审查同意"，因此在没有证据证明原告所建码头不符合"国家规定的防洪标准和其他有关技术要求"就作出行政处罚，是缺乏事实依据的。依《中华人民共和国水法》第六十五条第二款，第三人市水利局依法处罚的次序应当是：（1）责令停止违法行为，限期补办有关手续；（2）逾期不补办或补办未被批准的，责令限其拆除；（3）逾期不拆除的……罚款……因此第三人市水利局只有在原告补办未被批准后才能作出责令限期拆除的处罚。被告作出的行政复议决定，虽然纠正了第三人市水利局罚款5万元的错误，但仍维持了限期拆除的错误处罚。

　　原告认为，从行政行为的合理性原则看，如果码头不影响行洪，第三人市水利局就应当依法为原告补办码头建设的完整手续。如果码头被判令拆除，那么第三人开发区管委会就应当依法赔偿原告损失。现原告依据《中华人民共和国行政诉讼法》第十四条第（三）项之规定，特向贵院提起诉讼，请依法判决。

2004年5月18日淮安市水利局向淮安市中级人民法院对淮安市宏杨建材有限公司不服水行政处罚一案作出的《行政诉讼答辩状》

一、原告未经水行政主管部门批准兴建码头，违法事实清楚，证据充分

2003年6月初，原告未经河道主管机关即水行政主管部门审查同意，在淮安市经济开发区新港办御西村五组北废黄河南堤兴建一处长332米、东侧宽73米、西侧宽68.15米的码头（见证据二、三、十）。原告在兴建码头过程中，擅自损毁河堤堤身，并填实了河道部分水面（见证据二），原告的上述行为违反了《中华人民共和国水法》第三十八条（见证据十五）、《江苏省水利工程管理条例》第十五条（见证据十六）的规定。

2003年12月3日上午，原告到市行政审批中心水利窗口向我局报送了有关兴建码头的申报材料（见证据八、九），此时原告的码头已建成并投入运营，属先建后报项目，违法事实不容置疑。

二、我局对原告作出的水行政处罚决定，适用法律正确

《中华人民共和国水法》第三十八条规定："在河道管理范围内建设桥梁、码头和其他拦河、跨河、临河建筑物、构筑物……应当符合国家规定的防洪标准和其他有关的技术要求，工程建设方案应当依照防洪法的有关规定报经有关水行政主管部门审查同意。"《江苏省水利工程管理条例》第十五条规定："确因生产、工作需要，必须在水利工程管理范围内兴建工程设施和建筑物，应当从严控制，建设单位必须先将建设项目的选址地点、工程规模、结构形式和占地范围，按分级管理权限，向水利部门提出书面申请报告，经审查批准后，方可向上级主管机关报送设计任务书。选址地点涉及公路、航道等有关部门的，由水利部门会同交通和有关部门审批。"原告在未经水行政主管部门审查同意和交通主管部门审批的情况下兴建码头，显然违反了上述规定。我局在对原告违法行为处理过程中，按照《中华人民共和国水法》第六十五条第二款的规定进行了补办有

关手续的报批工作(见证据十一)，在未被省水行政主管部门批准(见证据十二、十三)的情况下，对原告作出处罚决定并无不当。

三、我局在查处原告违法兴建码头一案中，程序合法

因原告兴建码头一案属重大水事案件，在调查取证结束后，我局相关领导于2004年2月6日集体讨论了对该案的处罚意见(见证据四)，2004年2月8日，我局根据《中华人民共和国行政处罚法》的相关规定，制作了《行政处罚事先告知书》和《行政处罚听证告知书》，并于2月10日送达原告(见证据五、六)，明确告知了违法事实、违反的法律条款，拟作出的行政处罚和当事人享有的陈述、申辩权及听证的权利。2004年2月12日，原告法定代表人及委托律师等人来我局水政水资源处，对我局拟作出的行政处罚进行了陈述和申辩(见证据七)。由于原告未向我局提出听证要求，所以我局未组织听证。

2004年3月2日，我局依据《中华人民共和国水法》第六十五条第二款的规定，对原告作出行政处罚决定，并于次日送达原告(见证据十四)。

综上所述，我局在查处原告违法建设码头一案过程中，认定事实清楚，证据确凿，适用法律正确，程序合法，恳请法院充分考虑第三人的上述意见，维护国家水法律法规的尊严，判决维持被告人〔2004〕淮政行复(决)字第14号行政复议决定。

2004年6月15日淮安市水利局诉讼代理人所作的《代理词》

审判长、审判员：

我受第三人淮安市水利局法定代表人的委托，担任其行政诉讼代理人，现就原告起诉状中涉及第三人的相关内容提出如下代理意见：

一、原告未经水行政主管部门审查同意，在河道管理范围内兴建码头，违法事实不容置疑

2003年6月初，原告未经河道主管机关即水行政主管部门审查

同意,在淮安市经济开发区新港办御西村五组北废黄河南堤兴建一处长332米、东侧宽73米、西侧宽68.15米的码头,于同年10月底建成投入运营。原告的上述行为违反了《中华人民共和国水法》等水法律法规的规定,《中华人民共和国水法》第三十八条规定:"在河道管理范围内建设桥梁、码头和其他拦河、跨河、临河建筑物、构筑物……应当符合国家规定的防洪标准和其他有关的技术要求,工程建设方案应当依照防洪法的有关规定报经有关水行政主管部门审查同意。"《江苏省水利工程管理条例》第十五条规定:"确因生产、工作需要,必须在水利工程管理范围内兴建工程设施和建筑物,应当从严控制,建设单位必须先将建设项目的选址地点、工程规模、结构形式和占地范围,按分级管理权限,向水利部门提出书面申请报告,经审查批准后,方可向上级主管机关报送设计任务书。选址地点涉及公路、航道等有关部门的,由水利部门会同交通和有关部门审批。"原告在未报经河道主管机关水行政主管部门审查同意和航道主管机关交通主管部门审批的情况下兴建码头,已经构成了违反水法规的事实,第三人依法对原告的违法行为进行处罚,并无不当。

二、第三人对原告作出行政处罚是在原告补办手续未被批准之后

2003年12月3日上午,市政府秘书长漆冠山召集相关部门针对原告兴建码头问题召开处理协调会,此时我局方知道原告兴建码头一事,当天下午我局派员到现场查看,次日立案查处。2003年12月3日上午,原告到市行政审批中心水利窗口向我局报送了有关兴建码头的申报材料(见证据八《淮安市行政审批服务中心收件通知书》和《淮安市水利局审批中心窗口受理件登记单》)。由于废黄河属流域性河道,建设项目审批权在省水利厅,第三人接到原告的申报材料后,于2003年12月16日以淮水管〔2003〕114号文转报省水利厅。省水利厅办公室于2004年2月12日以苏水办管〔2004〕4号文批复三点意见:(1)该码头工程已经实际占用岸线300多米,伸入河道20多米,严重影响流域性河道废黄河的行洪安全,因此,不同意兴建该码头工程。(2)该码头工程未经水行政主管部门审批同意而已经擅

自建设，并投入运行，违反了水法规，是违法行为，该码头工程属违章建筑，应立即无条件拆除。(3)请你局督促建设单位，立即拆除该码头工程，并采取有效措施，加强河道工程管理，发现违反水法规的行为要立即制止，保证水利工程的完整与安全。我局于2004年2月18日以淮水管〔2004〕18号文将省水利厅的上述批复告知原告。

2004年3月2日，第三人依据《中华人民共和国水法》第六十五条第二款的规定，对原告作出限期"自行拆除违法兴建的码头、吊车及房屋"及"罚款5万元"的行政处罚。由此可见，第三人作出行政处罚是在原告补办手续未被批准之后，而并非原告在起诉状中所称"市水利局并未作出最终批复却先行作出了行政处罚决定"。

三、第三人在作出处罚决定之前，依法履行了告知程序

因原告兴建码头一案属重大水事案件，在调查取证结束后，我局相关领导于2004年2月6日集体讨论了对该案的处罚意见。2004年2月8日，我局根据《中华人民共和国行政处罚法》的相关规定，制作了《行政处罚事先告知书》和《行政处罚听证告知书》，并于2月10日送达原告，明确告知了违法事实、违反的法律条款、拟作出的行政处罚和当事人享有的陈述、申辩权及听证的权利。2004年2月12日，原告法定代表人及委托律师等人来我局水政水资源处对我局拟作出的行政处罚进行了陈述、申辩。

关于听证问题，《江苏省行政处罚听证程序规则（试行）》第十四条第一款规定："当事人要求听证的，应当在收到听证告知书之日起3日内，向组织听证的行政机关书面提出听证要求，采取邮寄方式提出听证要求的，以寄出的邮戳日期为准。当事人书面提出听证要求确有困难的，也可以口头提出，由组织听证的行政机关记入笔录。"我局将《行政处罚听证告知书》送达原告后，既未收到过原告的书面听证要求，也未听原告口头提出过听证要求。原告在起诉状中称"原告委托律师前往要求听证，但第三人市水利局听取了陈述

和申辩,并未组织听证",是不符合实际的,如果原告律师来我局提出听证,为什么没有书面材料?退一步讲,即便原告口头提出过听证要求,也应当有笔录记载。由于原告从未提出过听证要求,就连2004年2月12日原告执行董事李荣生签字的陈述、申辩笔录中也没有要求听证的内容,所以第三人不存在组织听证问题。

四、关于开发区管委会是否有权批准兴建码头问题

《中华人民共和国水法》第三十八条、《江苏省水利工程管理条例》第十五条规定,在河道管理范围内兴建码头等各类工程建设项目,必须先经有管辖权的水行政主管部门审查同意。废黄河属于受益和影响范围在两个市以上的流域性水利工程,按照《江苏省水利工程管理条例》第十条第一款的规定,废黄河由省水行政主管部门管理,即在该河沿线兴建工程建设项目应由省水利厅审查批准后,方可办理其他相关手续。

此外,淮安市委淮发〔2002〕77号文件在涉及开发区管委会享有的权限时规定,开发区内所有事务均在开发区内办结,但按规定必须报省以上审批的事项除外。因此,无论按照法律法规的规定,还是参照市委的文件精神,开发区管委会都无权在废黄河管理范围内批准兴建码头等建设项目。

五、关于原告码头对河道行洪是否有影响的问题

《中华人民共和国水法》和《江苏省水利工程管理条例》规定,在河道管理范围内建设码头和其他设施,应当符合国家规定的防洪标准和其他技术要求,不得缩窄行洪河道。《中华人民共和国防洪法》规定,建设码头等工程设施,应当符合防洪标准、岸线规划、航运要求和其他技术要求,不得危害堤防安全,影响河势稳定、妨碍行洪畅通;其可行性研究报告按照国家规定的基本建设程序批准前,其中工程建设方案应经有关水行政主管部门根据前述防洪要求审查同意。原告在兴建码头之前既未经过水行政主管部门审查同意,建成后又未经过验收,在兴建码头过程中还擅自损毁了河堤堤身,填实了部分河道水面,人为缩窄了该段河道的行洪断面,降低了堤身高程，原告称其违法兴建的码头对行洪没有任何妨害是没有根据的。

综上所述，第三人在查处原告违法建设码头一案过程中，认定事实清楚，证据确凿有效，适用法律正确，符合法定程序，恳请法院充分考虑本代理人的上述意见，依法判决维持被告人淮政行复（决）字〔2004〕第14号行政复议决定。

2004年7月26日淮安市中级人民法院作出的《行政裁定书》（淮行初字〔2004〕第3号）

本院在审理原告淮安市宏杨建材有限公司与淮安市人民政府不服行政复议一案中，原告又于2004年7月23日因淮安市水利局不履行法定职责一案向淮安市清河区人民法院提起诉讼，因本案的审判须以该案审理结果为依据。依照《最高人民法院关于执行〈中华人民共和国行政诉讼法〉若干问题的解释》第五十一条第一款第（六）项之规定裁定如下：

本案中止诉讼。

2005年4月25日淮安市中级人民法院向淮安市水利局作出的《恢复审理通知书》（淮行初字〔2004〕第3号）

淮安市宏杨建材有限公司不服淮安市人民政府行政复议一案，本院于2004年7月26日因法定事由裁定中止该案的审理，现因中止审理的法定原因已消除，故依照《最高人民法院关于执行〈中华人民共和国行政诉讼法〉若干问题的解释》第五十一条第二款的规定，决定本案自2005年4月25日恢复审理。

2005年5月20日淮安市中级人民法院作出的《行政判决书》（淮行初字〔2004〕第3号）

原告宏杨建材有限公司（以下简称宏杨公司）不服被告淮安市人

民政府水利行政管理行政复议一案,于 2004 年 5 月 8 日向本院提起行政诉讼。本院受理后,依法组成合议庭,于 2004 年 6 月 15 日公开开庭审理了本案,原告法定代表人李××、委托代理人袁××;被告淮安市人民政府的委托代理人马××、张×;第三人淮安市经济开发区管理委员会委托代理人马×、杨×到庭参加诉讼。因法定事由,本案于 2004 年 7 月 26 日裁定中止审理,2005 年 4 月 20 日恢复审理,现已审理终结。

被告淮安市人民政府于 2004 年 4 月 20 日作出〔2004〕淮政行复(决)字第 14 号复议决定,认定宏杨公司未经水行政主管部门批准擅自兴建码头的行为事实清楚,证据充分,其行为违反了《中华人民共和国水法》的规定,淮安市水利局作为水行政主管部门,有权对违法行为进行查处,在作出行政处罚决定之前,对宏杨公司擅自兴建码头的行为进行了补办有关手续的报批工作,并告知了宏杨公司其违法行为事实、对其作出的处罚决定,程序合法。宏杨公司提出的关于处罚不当的问题不符合客观实际。按照《中华人民共和国水法》第六十五条第二款规定,只有宏杨公司在规定的期限内不拆除需强行拆除的情况下,才并处罚款,本案中,淮安市水利局对宏杨公司作出限期拆除并罚款的行政处罚明显不当,根据《中华人民共和国行政复议法》第二十八条第一款之规定,淮安市人民政府决定:维持淮安市水利局作出的淮水罚字〔2004〕1 号行政处罚决定主文第一项内容;撤销淮水罚字〔2004〕1 号行政处罚决定主文第二项内容。

原告宏杨公司诉称:2003 年 5 月 1 日,原告与第三人开发区管委会下属新港办事处签订了《土地租赁协议》,拟在御西村五组北废黄河南堤兴建码头。开发区管委会 2003 年 5 月 14 日作出《关于兴建码头工程项目的批复》,同意原告兴建码头,原告按其批复和要求,按时竣工。还将原沙坡浅滩处清淤 2 万余立方米,用石头建起了护坡。并按淮安市水利局的要求向其再次提出码头建设申请,作了《环境影响评价报告》,将有关材料呈报淮安市水利局。但该局未作出最终批复，也未按原告要求组织听证，即作出了行政处罚决定，其程序违法。被告作出的行政复议决定，虽然纠正了淮安市水利局罚款5万元的错误，但仍维持了限期拆除的错误处罚，请求依法判决。

原告向本院提供的证据有：(1)宏杨公司营业执照；(2)宏杨公司税务登记证；(3)2003年5月1日宏杨公司与开发区新港办事处签订的《土地租赁协议》；(4)开发区管委会《关于兴建码头工程项目的批复》(淮管(招)发〔2003〕38号)；(5)开发区管委会《关于宏杨建材有限公司兴建码头问题的回复》；(6)《新建15万吨码头项目环境影响报告书》(部分)；(7)淮安市水利局《行政处罚事先告知书》和《行政处罚听证告知书》；(8)淮安市水利局《行政处罚决定书》(淮水罚字〔2004〕1号)；(9)淮安市水利局淮水管〔2004〕16号、17号通知；(10)淮安市人民政府〔2004〕淮政行复(受)字第14号《停止执行通知书》；(11)淮安市人民政府〔2004〕淮政行复(决)字第14号《行政复议决定书》；(12)淮安市经济开发区与淮安市清河区人民政府《就盐化工业园交接工作纪要》；(13)中共淮安市委、市人民政府《关于进一步推进经济开发区、外向型农业综合开发区建设若干问题的决定》(淮发〔2002〕77号)。

被告答辩称：(1)所作行政复议决定事实清楚，证据确凿。原告未经水行政主管部门批准，于2003年6月擅自兴建码头的事实有原告陈述、视听资料等证据为证，且证据之间相互印证，原告的违建行为事实清楚，证据充分。淮安市水利局在对原告违建行为进行处理过程中，根据原告的申请按照《中华人民共和国水法》第六十五条第二款的规定进行了补办有关手续的报批手续，因不符合批准条件而未获上级水行政部门批准。(2)被告所作行政复议决定程序合法，2004年3月22日，原告不服淮安市水利局作出的淮水罚字〔2004〕1号行政处罚决定之具体行政行为向我政府提出行政复议申请，同时提出暂缓执行申请；答辩人审查受理后，依法对淮安市水利局作出的具体行政行为进行了全面审查，并依法变更了原具体行政行为，所作〔2004〕淮政行复（决）字第14号《行政复议决定》适用法律正确，程序合法。请求法院驳回原告起诉。

被告向本院提供的证据有：(1)行政复议申请书、暂缓执行申请书、收文清单及调查笔录；(2)提出答复通知书及送达回证；(3)停止执行通知书及送达回证；(4)行政复议答复及被申请人作出具体行政行为的证据、材料：水事违法案件立案呈批表、现场照片（10张）、调查笔录、重大水事案件讨论记录、行政处罚事先告知书（存根）、行政处罚事先告知书送达证、行政处罚听证告知书（存根）、行政处罚听证告知书送达证、水事违法案件陈述申辩笔录、立项申请报告、淮安市行政审批服务中心收件通知书、淮安市水利局审批中心窗口受理件登记单、《淮安市河道管理范围内建设项目申请书》、《关于兴建码头工程项目的批复》（淮管（招）发〔2003〕38号）、《关于淮安市宏杨建材有限公司申请建设码头工程的请示》（淮水管〔2003〕114号）、省水利厅《关于淮安市宏杨建材有限公司申请建设码头工程的批复》（苏水办管〔2004〕4号）、《关于淮安市宏杨建材有限公司申请建设码头工程的批复》（淮水管〔2004〕18号）、《行政处罚决定书》、行政处罚决定书送达证、提出答复通知书、《中华人民共和国水法》。(5)行政复议决定书及送达回证。以上证据证明其复议程序合法、依据充分。

上述证据经庭审质证，原告对被告提供的四号证据中第7、8号提出异议，其他证据无异议。原告称收到《行政处罚听证告知书》后明确要求进行听证，但市水利局却未组织听证，听证告知送达证也无原告签字，不能表示原告放弃听证。淮安市水利局认为原告收到告知书后并未按规定提出书面申请，也无其他证据佐证其提出过听证申请，故该局处罚程序合法。

经庭审质证，本院对被告提供的五项共21份证据的真实性、合法性、关联性予以采信。对原告所举13份证据的真实性、有效性予以采信，原告所举的第4、5、6号证据只能证明开发区管委会对原告建码头有项目批准行为，并不能说明原告获得了合法建码头的许可,故本院不予采信。

本院根据本案有效证据认定以下案件事实,2003年,淮安市经济开发区新港办事处向开发区管委会申请兴建码头,同年5月14日,开发区管理委员会作出淮管(招)发〔2003〕38号《关于兴建码头工程项目的批复》,同意开发区新港办事处兴建码头工程项目,并要求抓紧落实所需要资金,办理相关手续,确保项目早日建成。原告依此批复,在未经水行政主管部门批准的情况下,于2003年6月开始在市经济开发区新港办事处御西村五组北废黄河南堤实施该码头项目建设,建成后码头长332米,东侧宽73米,西侧宽约68米。2003年12月4日,淮安市水利局对原告兴建码头情况进行立案调查,认定原告在建码头时未经水行政主管部门批准,违反了《中华人民共和国水法》第三十八条第一款的规定,2004年2月8日,淮安市水利局根据《中华人民共和国行政处罚法》相关规定,制作了《行政处罚告知书》和《行政处罚听证告知书》,并于同月10日向原告送达,明确告知了其违法事实、违反的法律条款,拟作出的行政处罚和当事人享有的陈述、申辩和听证的权利。2004年2月12日,原告对淮安市水利局拟作出的行政处罚决定进行了陈述、申辩。2004年3月2日,淮安市水利局作出淮水罚字〔2004〕1号行政处罚决定,认定原告未经水行政主管部门批准擅自兴建码头,且在兴建码头过程中,擅自损毁河堤堤身,填实河道部分水面的行为违反了《中华人民共和国水法》第三十八条第一款的规定。依据《中华人民共和国水法》第六十五条第二款的规定,决定:(1)限令申请人在2004年3月22日前自行拆除违法兴建的码头、吊车及房屋,恢复堤身原状;逾期不自行拆除,被申请人将依法强行拆除,所需费用由申请人负担。(2)罚款5万元,限申请人于2004年3月22日到淮安市水利局处领取罚没款缴款通知单,将罚款交到指定银行。原告不服该处罚决定,向淮安市人民政府提出行政复议申请,淮安市人民政府作出部分维持的决定。

另查明:2003年12月3日,原告向淮安市水利局提交占用河道堤防工程审批申请材料。2003年12月16日，淮安市水利局对原告建设码头工程一事向省水利厅请示。2004年2月12日，省水利厅办公室作出《关于淮安市宏杨建材有限公司申请建设码头工程的批复》，认为该码头工程严重影响流域性河道废黄河的行洪与防汛安全，不同意兴建，认定该码头工程属违章建筑，应立即无条件拆除。2004年2月16日，淮安市水利局将省水利厅批复精神答复原告。

  本院认为，复议决定改变原具体行政行为的，原告不服提起行政诉讼，复议机关为被告，原作出处理决定的行政机关既不具有被告主体资格，也不具有行政诉讼第三人资格，因此，在对本案审理中，本院依法取消淮安市水利局在本案中的第三人主体资格。依据《中华人民共和国水法》第三十八条规定：在河道管理范围内建设桥梁、码头和其他拦河、跨河、临河建筑物、构筑物，应当符合国家规定的防洪标准和其他有关的技术要求，工程建设方案应当依照防洪法的有关规定报经有关水行政主管部门审查同意。《江苏省水利工程管理条例》第十五条规定：确因生产、工作需要，必须在水利工程管理范围内兴建工程设施和建筑物，建设单位必须先将建设项目的选址地点、工程规模、结构形式和占地范围，按分级管理权限，向水利部门提出书面申请报告，经审查批准后，方可向上级主管机关报送设计任务书。选址地点涉及公路、航道等有关部门的，由水利部门会同交通和有关部门审批。

  原告所建码头的废黄河属于受益和影响范围在两个市以上的流域性河流，应由省水行政主管部门管理，原告申请在此河段上兴建码头，应该符合国家规定的防洪标准和其他有关技术要求，工程建设方案需报经省水利厅审查同意后方可施工。原告在未经水行政主管部门审查同意和交通主管部门审批的情况下兴建码头的行为，显属违法，理应受到处罚。原告认为淮安市水利局未依法组织听证，其程序违法，但原告未能提供其听证申请的相关证据，淮安市水利局于2004年2月10日向原告送达淮水听字〔2004〕第1号听证告知书，原告方签收后未在告知书规定的期限内提出听证要求，也无其他书面申请，且在2004年2月12日淮安市水利局主持的陈述和申辩中也未提出明确听证要求。淮安市水利局视其放弃听证权利的理由成立。故该局依法对原告进行处罚并无不当，被告部分维持淮安市水利局处罚决定行为正确，原告诉讼理由不能成立，其诉讼主张本院不予支持。被告根据《中华人民共和国水法》第六十五条第二款对违法行为逾期不拆除的方可并处罚款的规定，认定淮安市水利局对原告并处罚款不当，同时根据《中华人民共和国行政复议法》第二十八条第一款之规定，撤销淮安市水利局作出的淮水罚字〔2004〕1号行政处罚决定主文第二项罚款内容，其所作复议决定事实清楚，适用法律正确，程序合法，本院应予维持。依据《中华人民共和国行政诉讼法》第五十四条第（一）项之规定，判决如下：

维持被告〔2004〕淮政行复（决）字第14号行政复议决定。

案件受理费用100元、其他诉讼费用600元，共计700元由原告负担。

如不服本判决，可在判决书送达之日起15日内，向本院递交上诉状，并按对方当事人的人数提出副本，上诉于江苏省高级人民法院。

2005年5月26日淮安市水政监察支队向淮安市水利局作出的《水事案件结案报告》

简要案情及调查情况：淮安市宏杨建材有限公司以招商引资项目为名，在未经水行政主管部门、交通行政主管部门批准的情况下，仅凭淮安市经济开发区管委会的批文，于2004年6月在废黄河南堤兴建码头一处，该地段划给开发区后，堤防管理形成真空，违建码头期间未能及时发现。我局立案后，我们开展了全面调查，属未批先建行为，可依据《中华人民共和国水法》的相关规定进行处罚。

处理情况：依据《中华人民共和国水法》第六十五条第二款的规定，宏杨建材有限公司补办了审批手续，2004年2月12日，省水利厅批复不同意兴建该码头。2004年3月2日，我局依法对宏杨建材有限公司作出限期自行拆除码头、罚款5万元的行政处罚决定。

复议、诉讼情况：宏杨建材有限公司因不服我局处罚决定，于2004年3月15日向淮安市人民政府提出行政复议，同时提出暂缓执行申请，被市政府采纳。4月20日淮安市人民政府作出复议决定：维持我局处罚决定中第一项内容；撤销第二项内容(罚款5万元)。

2004年4月30日，宏杨建材有限公司将淮安市人民政府作为被告，我局和经济开发区管委会作为第三人向淮安市中级人民法院提起行政诉讼。7月26日，淮安市中级人民法院因宏杨建材有限公司诉我局不履行法定职责一案裁定中止诉讼。2005年4月25日淮安市中级人民法院恢复审理此案。但不再将我局列为第三人。2005年5月20日，淮安市中级人民法院作出一审判决，维持淮安市人民政府的复议决定，宏杨建材有限公司不服一审判决，向江苏省高级人民法院上诉，后又撤回。

承办机构建议：本案因复议机关变更了我局的具体行政行为，依照《中华人民共和国行政复议法》第三十三条第(二)项的规定，应由作出变更具体行政行为复议决定的复议机关依法强制执行或者申请法院强制执行，因此建议此案终结。

■ 案例评析 ■

该案查处的亮点为：淮安市水利局在对淮安市宏杨建材有限公司作出行政处罚决定后即向淮安市人民政府法制办公室报送了《重大行政处罚案例备案表》，及时向市政府法制工作机构传递重大水事案例处罚信息，为其了解水行政执法情况以及在宏杨建材有限公司向市政府作出行政复议申请后，法制办能及时对该案进行审议，为市政府作出复议决定起到了一定的作用。

但该案的查处也存在以下几个问题：

第一，适用法律不当。主要在两个方面：一是以《中华人民共和国水法》第六十五条第二款为依据实施行政处罚有个前提,即违法行为在"防洪法未作规定的"。《中华人民共和国防洪法》早于《中华人民共和国水法》颁布实施,在防洪法中已有规定的应从其规定,在防洪法中未作规定的按此规定(本辑在违法建筑案编中已作了"重要提示")。宏杨建材有限公司擅自在废黄河上建码头的行为违反了《中华人民共和国防洪法》第二十二条第二款"关于禁止在河道管理范围内建设妨碍行洪的建筑物、构筑物,从事影响河势稳定、危害河岸堤防安全和妨碍河道行洪的活动"的规定,依据《中华人民共和国防洪法》第五十六条第(一)项的规定,作出责令停止违法行为,限期拆除(排除阻碍)所建码头、吊车及房屋,恢复堤身原状的补救措施,处5万元罚款的行政处罚。二是该款规定可根据违法行为的具体情节作出三种处理方式:①限期补办有关手续,经有批准权的河道主管机关批准,再按批准的意见办,如同意占用河道堤防管理范围,发给占用证,依法缴纳占用补偿费等,但不得罚款;②逾期不补办或者补办未被批准的(因省水利厅已经作出明确的批复),对宏杨建材有限公司不可能要求其补办手续,即使补办也不会批准,只有责令限期拆除,但也不得对其实施罚款;③只有在宏杨建材有限公司逾期不拆除的情况下,水行政主管部门可以依本款的授权,对其强行拆除或申请人民法院强制拆除,宏杨建材有限公司不仅要承担强行拆除的费用,还要并处1万元以上10万元以下的罚款。因此,淮安市人民政府作出的撤销5万元罚款的行政复议决定无疑是正确的。

编者查阅了1979年9月上海辞书出版社出版的《辞海》(上集)第627页,对分号的解释为:表示一句话中间并列分句的停顿,如:"人不犯我,我不犯人;人若犯我,我必犯人。"既然是并列分句,相互之间没有关联性。类似这样的条款还有《中华人民共和国水法》第六十四条、第六十五条、第六十七条第一款;《中华人民共和国防洪法》第五十四条、第五十七条、第五十八条、第六十一条。在处罚条款中,凡是所列的违法行为既要采取行政措施,又要处以罚款的，它的立法形式是不一样的，如《中华人民共和国水法》第六十六条、第六十九条、第七十二条；《中华人民共和国防洪法》第五十六条。

第二，淮安市水利局向宏杨建材有限公司发出的行政处罚听证告知无回执，对该公司是否要求举行听证或者在规定的限期内未提出，自动放弃听证权利等情况无记载，致使给行政复议甚至行政诉讼带来不利因素。该案卷中存档的几种法律文书中用的是存根栏。把执法文书的存根拆开后随案存档的做法不符合档案法的有关规定，它与法律文书正本有的不一致，存根中往往缺项或不完整，对以后的复查该案提供不了与发出法律文书相一致的原始资料。

第三，该案已于2005年5月26日结案。但拆除违法建筑物的行政措施不论是谁执行，案卷中都应对何时执行、执行的情况作出补充记载，以保持查处该案的完整性。

案例 39

南京板桥钢渣有限责任公司
在长江滩地违法建码头案

■ 案情简介 ■

南京板桥钢渣有限责任公司(以下简称板桥钢渣公司)拟在长江雨花段江宁河入江口下侧迎水面江滩内建2000吨级高桩岸壁式码头一座,需占用长江岸线230米、滩地面积4000平方米。2005年9月20日,南京市雨花台区发展和改革局作了同意立项的批复;11月23日,南京市口岸管理委员会组织召开有关部门岸线利用协调会,要求板桥钢渣公司做好该项目的工程可行性研究报告、防洪影响评价、岸坡稳定分析、环境影响评价、通航安全评估等专项技术论证报告,并按有关规定办理各项报批手续;12月16日,南京市港口管理局对岸线使用申请提出了初步意见;2006年1月11日,南京市规划局作了原则同意在上述岸段选址建设码头的复函。板桥钢渣公司于2006年2月12日即开始施工。随后被南京市水利局立案查处,于3月1日发出《责令停止违法行为通知书》,4月3日发出《水行政处罚告知书》,拟给予限期补办审批手续和罚款10万元的行政处罚。4月7日,板桥钢渣公司作了陈述。南京市水利局于4月24日作出罚款3万元的行政处罚决定。4月27日,板桥钢渣公司缴纳了罚款。

法律文书文件摘录

2005年9月20日南京市雨花台区发展和改革局向板桥街道作出的《关于同意新建南京板桥钢渣有限责任公司自备码头项目立项的批复》(雨发改项字〔2005〕113号)

你街道《关于新建南京板桥钢渣有限责任公司自备码头的申请》已收悉。经研究,批复如下:

1. 同意你街道新建南京板桥钢渣有限责任公司自备码头项目立项。
2. 该项目计划总投资2000万元,资金自筹。
3. 该项目建设200米高桩岸壁式2000吨级码头。
4. 该项目在原厂区内新建、不重征地、租地、不新建厂房。
5. 该项目建设周期10个月。
6. 该项目地址:南京板桥钢渣有限责任公司原厂区工农河出口段叉江处。
7. 该项目负责人:汪根海。

接此文后,请到相关部门办理有关手续,方可开工建设。

2005年12月1日南京市口岸管理委员会作出的《关于南京板桥钢渣有限责任公司码头岸线利用协调会的会议纪要》

2005年11月23日,南京市口岸管理委员会组织召开了关于南京板桥钢渣有限责任公司码头岸线利用协调会。参加会议的人员有:市口岸委沈×、吴××,市发改委钱××、赵××,市规划局赵××、王×,市水利局彭××,市港口局张×,市环保局杨××,南京海事局孙××,南京航道局胡××、袁×,长江下游水文水资源勘测局刘××、谢××,南京板桥钢渣有限责任公司汪××。

会议首先听取了南京板桥钢渣有限责任公司关于因公司发展需要，拟在南京河段新潜洲右汊原江宁河口附近的右岸新建一座2000吨级高桩岸壁式码头的情况汇报。听取了长江下游水文水资源勘测局对该项目的河势分析报告。会议就该码头项目岸线利用问题进行了认真的研究，会议纪要如下：

1. 根据南京市长江岸线资源开发利用规划，该公司拟建码头岸段在岸线规划中属于工业预留岸线，综合资源条件等级为3级，在该岸段建设2000吨级高桩岸壁式码头符合岸线利用规划。

2. 拟建码头工程段深泓傍岸，水深条件和通航条件虽能满足3000吨级码头的建设，但近年来，右侧河床冲刷崩退，深槽右移，其冲刷右移虽然逐渐减小，但尚未停止，因此对岸坡要进行抛石护岸，要监测其护岸的效果和稳定性，确保码头建设的安全性。

3. 南京板桥钢渣有限责任公司要认真做好该项目的工程可行性报告、防洪影响评价、岸坡稳定分析、环境影响评价、通航安全评估等专项技术论证报告，并按有关规定办理各项报批手续。

2005年12月16日南京市港口管理局作出的《关于南京板桥钢渣有限责任公司新建自备码头的初步意见》（宁交港〔2005〕42号）

你公司《关于新建南京板桥钢渣有限责任公司自备码头的申请》收悉，2005年11月30日我局有关人员察看了现场，现将有关意见回复如下：

1. 鉴于现水运主要依托梅山凤翔码头，新增运量难以支持新建泊位，建议以梅山凤翔码头拆除为基础开展项目前期工作，泊位性质为社会公用码头。

2. 你公司提出的"拟建2000吨级泊位使用200米岸线、新增100万吨的能力"等建设规模有待合理论证。建议根据吞吐量、船型、航道条件等合理确定建设规模，包括泊位个数、年通过能力、靠泊等级、使用岸线长度等。

3. 鉴于码头目前前沿水深条件较好，工程可行性研究阶段要深入分析航道条件对拟建泊位等级确定的要求。

4. 港口岸线利用实行部、省两级审批制度，请在项目核准前向我局具体申报岸线，并附项目工程可行性研究报告及相关资料。

岸线使用申请包括项目建设的必要性、经济及技术可行性、岸线利用的合理性、建设方案、岸线利用长度及码头前沿线上下端点坐标等内容。

相关资料主要包括：工程可行性研究报告；河势分析、防洪影响分析、航道论证等专项报告及评审意见；总平面布置图（1:500～1:2000）；工程可行性研究阶段所需的城市规划、环境保护及用地意见。

我局将按照岸线利用审批要求，在项目核准前会商市人民政府相关部门及南京海事局意见后，向省交通厅提出岸线使用申请。

2006年1月11日南京市规划局作出的《关于南京板桥钢渣有限责任公司码头选址建设的复函》（宁规字〔2006〕4号）

你公司关于新建自备码头的申请收悉。经研究，我局回复如下：

1. 你公司拟建码头位于南京河段右岸江宁河口附近，根据南京市长江岸线资源开发利用规划，选用岸段属于工业预留岸线，在此岸段建设千吨级码头符合岸线利用规划。

2. 原则同意你公司在上述岸段选址建设码头，码头建设规模应综合考虑企业发展和对社会开放的需求，充分利用岸坡水深有利条件，适当留有余量，集约使用岸线。

3. 请你公司抓紧做好各项技术论证工作，补充相关的文件和资料，完善其他行政部门的批准文件后，再向我局办理建设项目规划选址和规划用地许可手续。

特此函告。

2006年3月10日南京市水利局向南京板桥钢渣有限责任公司发出的《责令停止水行政违法行为通知书》（宁长河水政责字〔2006〕第009号）

经查，你单位未经长江段水行政主管部门批准，擅自在长江南京雨花段江宁河入江河口下侧迎水面江滩地内违章施工，违反了《中华人民共和国水法》以及省、市有关水法律法规的规定，现责令立即停止违法行为，听候处理。否则，追究法律责任。

2006年3月17日南京市长江河道管理处对南京板桥钢渣有限责任公司违法建码头案作出的《水行政违法案件审理表》

案情：南京板桥钢渣有限责任公司未经长江南京段水行政主管部门批准，于2006年2月12日起，擅自在雨花区板桥街道孙家村南京板桥钢渣有限责任公司厂区内违章修建2000吨级高桩岸壁式码头一座，码头面积为4000平方米（200米×20米），占用岸线长度230米。上述行为违反了《中华人民共和国水法》及相关法律法规的规定，构成了水事违法行为。

初步处理意见：

1. 责令停止，交清障队伍制止违法施工（必要时扣押施工机具）；
2. 限接告知书后15日内报省水利厅批准，并反馈受理审批情况；
3. 15日后不补办或未补办批准，责令拆除，费用自负；
4. 罚款10万元。

2006年4月3日南京市水利局向南京板桥钢渣有限责任公司发出《水行政处罚告知书》

经查，你公司未经长江南京段水行政主管部门批准，于2006年

2月12日起，擅自在长江南京段雨花区板桥街道江宁河入江口下侧滩地建造码头，已违章打桩80根，占用岸线230米。

以上违法事实有当事人陈述、现场勘测笔录、照片、协议书等证据为证。

本局认为：你公司的上述行为违反了《中华人民共和国水法》第三十八条第一款之规定，构成了水事违法行为。根据《中华人民共和国水法》第六十五条第二款之规定，拟对你公司作出如下行政处罚：

1. 责令你公司自收到本处罚告知书之日起15日内到江苏省水利厅补办审查批准手续，申报期间不得施工；如逾期未补办或补办未被批准的，我局将责令你公司拆除违法构筑物（桩），恢复原状；逾期不拆除的，我局将强行拆除，所需费用由你公司承担。

2. 罚款人民币10万元整。

根据《中华人民共和国行政处罚法》第三十一条、第三十二条、第四十二条之规定，你公司依法享有陈述、申辩和要求举行听证的权利。在收到本告知书之日起3日内可到南京市水利局（南京市玄武区北京东路41号29号楼，电话：83639816），或到南京市水政监察支队长江大队（下关区大马路91号，电话：58592227）进行陈述、申辩和提出举行听证要求并携带相关证据，逾期视为放弃陈述、申辩和要求举行听证的权利。

2006年4月7日南京板桥钢渣有限责任公司作出的《关于南京市水利局水行政处罚告知书的陈述》

南京板桥钢渣有限责任公司因发展需要，拟在南京河段新潜洲右滩原江宁河口附近的右岸建一座2000吨级高桩岸壁式码头。为了避开潮汛，抢抓工期，我公司在办理手续的同时也做了码头开工建设的前期工作。各项手续正在办理过程中。自接到南京市水政监察支队长江大队责令停工通知后，我公司已迅速全部停工，积极配合水政监察大队的工作。现对南京市水利局2006年

4月4日下达的水行政处罚告知书所提出的事项进行陈述，内容如下：

1. 码头是2005年9月20日经雨花台区发展和改革局立项审批，2005年11月23日经市口岸委、市发改委、市规划局、市水利局、市港口局、市环保局、南京海事局、南京航道局、长江下游水文水资源勘测局等部门的联席会议论证通过。我公司按程序通过相关部门于2005年11月10日作了《河势可行性分析报告》，2005年12月10日作了《工程可行性分析报告》，2006年1月21日作了《防洪评价书》，2006年2月27日作了《通航环境安全评估报告》，2006年3月3日作了《航道论证报告》，2006年3月6日作了《环境影响报告书》。各项报告均在4月15日完成。同时按要求，部分资料报市发改委和港口局及其相关部门，现手续在办理之中。

2. 我公司为配合长江整治，投入几百万资金对江宁河进行改道工程，对地方防洪、排涝、灌溉以及长江泄洪作出了超出企业的支持。

3. 我公司是为梅山国有大企业生产配套服务的，也是南京市重点发展的民营企业，且解决地方失业人员1200多人、下岗再就业人员200多人，为地方社会稳定和促进地方经济发展、建设和谐社会作出了巨大贡献。

4. 由于目前受国家宏观调控和市场能源经济的影响，企业目前经济很困难，生产发展所需资金已向银行借贷5000多万元，且还要继续借贷。

5. 我们将认真接受长江水政监察大队的宣传、教育，服从管理。对水政监察大队的工作积极配合，并细心接受管理，做好各项相关工作。

以上陈述，均是实际情况。由于企业稳定生产需要大量资金，发展生产还需继续向银行借贷，因此，请贵局和市水政监察支队长江大队考虑本公司的实际情况，免除对我们的经济处罚，特此致意。

2006年4月24日南京市水利局对南京板桥钢渣有限责任公司作出的《水行政处罚决定书》（宁水罚字〔2006〕第18号）

经查，你公司未经长江南京段水行政主管部门批准，于2006年2月12日起，擅自在长江南京段雨花台区板桥街道江宁河入江口下侧迎水面江滩地建造码头，已违章打桩80根，占用岸线长度230米。

以上违法事实有当事人陈述、现场勘测笔录、照片、举报材料等证据为证。

本局认为：你公司的上述行为违反了《中华人民共和国水法》第三十八条第一款之规定，构成了水事违法行为。我局于2006年4月4日向你公司送达了《水行政处罚告知书》，告知具体内容为：（1）拟对你公司罚款人民币10万元整；（2）责令限期补办占用申请批准手续。

根据《中华人民共和国行政处罚法》第三十一条、三十二条和第四十二条之规定，你公司于2006年4月7日向我局及市水政监察支队长江大队进行了以下陈述：（1）你公司于2005年9月20日经雨花台区发展和改革局立项审批，11月23日经市口岸委、市发改委、市规划局、市水利局、市环保局、南京海事局、南京航道局、长江下游水文水资源勘测局等部门联席会议论证通过，现相关手续在办理之中。（2）你公司为配合长江整治，投入几百万元资金对江宁河进行改道工程，对地方防洪、排涝、灌溉以及长江泄洪作出努力。（3）你公司是南京市重点发展的民营企业，解决地方失业人员1200多人就业，下岗再就业人员200多人，为地方作出贡献。（4）企业目前经济困难，向银行借贷5000多万元，且要继续借贷。（5）承诺接受执法部门的宣传教育，积极配合执法，接受管理，做好各项相关工作。请求鉴于五点陈述免除对你公司的处罚。另你公司未提出举办听证会，视为放弃听证要求。

我局认为：你公司的陈述基本属实，但你公司为了抢工期，在未获得水行政许可的情况下，采取了边申报边施工的错误做法，仍构成水事违法行为,应当承担行政法律责任。鉴于你公司申报手续基本就绪,且能配合水政监察人员的调查取证工作,根据《水行政处罚实施办法》第五条第(一)项、第(四)项之规定可以依法从轻处罚。现根据《中华人民共和国水法》第六十五条第二款之规定,决定对你公司做出如下行政处罚:

罚款人民币3万元;须于收到本处罚决定书起15日内缴到南京市罚没收入专户;开户行:市农行;账号:03340105901011887018;处罚种类及代码——违章处罚;代码150201;执法机关代码——A0602010007;逾期不缴纳,每日按罚款数额的3%加处罚款。

本行政处罚决定书一经送达立即生效,你公司应当按照本决定书的要求认真履行行政处罚决定。

如不服本处罚决定,你公司可在收到本行政处罚书之日起60日内,向南京市人民政府或江苏省水利厅申请行政复议或在收到本行政处罚决定书之日起3个月内向南京市玄武区人民法院提起行政诉讼。在申请行政复议或者提起行政诉讼期间,水行政处罚不停止执行。逾期不申请复议或不起诉又不履行本决定的,我局将依法向人民法院申请强制执行。

2006年4月30日南京市水政监察支队长江大队对南京板桥钢渣有限责任公司违法建码头案作出的《水行政违法案件结案审批表》

南京板桥钢渣有限责任公司未经长江南京段水行政主管部门批准,于2006年2月12日起,擅自在长江南京段雨花台区板桥街道孙家村江宁河入江口下侧迎水面江滩地建造码头,已违章打桩80根,占用岸线长度230米。上述行为违反了《中华人民共和国水法》第三十八条第一款之规定,构成了水事违法行为。

处理情况:根据《中华人民共和国水法》第六十五条第二款之规定,决定对当事人作如下行政处罚:罚款人民币3万元整。

执行情况:当事人已于2006年4月29日按宁水罚〔2006〕第

18号南京市水利局水行政处罚决定书的内容,如数缴纳了3万元罚款。

■ 案例评析 ■

南京板桥钢渣有限责任公司未经长江河道主管部门的批准,占用岸线230米、江滩4000平方米,是一起重大的水事案件。该公司兴建码头得到了4个有关部门的立项、协调和批复,奇怪的是唯独没有长江河道主管机关的部、省、市三级水行政主管部门的意见和批准,应严肃查处。南京市水利局在查处该案中存在以下问题:

第一,适用法律错误。在行政处罚决定中认定板桥钢渣公司擅自建码头的行为违反了《中华人民共和国水法》第三十八条第一款的规定,依据《中华人民共和国水法》第六十五条第二款的规定作出行政处罚决定。

《中华人民共和国水法》第三十八条第一款中有"应当符合国家规定的防洪标准和其他有关的技术要求,工程建设方案应当依照防洪法的有关技术要求,工程建设方案应当依照防洪法的有关规定报经有关水行政主管部门审查同意"。这两个"应当"的规定,就应适用《中华人民共和国防洪法》。板桥钢渣公司擅自建码头的行为违反了《中华人民共和国防洪法》第二十二条第一款关于河道管理范围内的土地和岸线的利用,应当符合行洪、输水的要求和第二款中关于禁止在河道管理范围内建设妨碍行洪的建筑物、构筑物的规定。2005年9月20日,南京市雨花台区发展和改革局在同意立项的批复中明确指出"到相关部门办理有关手续,方可开工建设";2005年11月23日,南京市口岸管理委员会组织召开的岸线利用协调会上,也要求板桥钢渣公司认真做好该项目的防洪影响评价、岸坡稳定分析等专项技术论证报告,并按有关规定办理各项报批手续;2005年12月16日,南京市港口管理局对板桥钢渣公司新建码头的初步意见中提出岸线使用申请所需的河势分析、防洪影响分析等相关资料。

但板桥钢渣公司知法违法，雇用宜兴市建工建筑安装有限责任公司于2006年2月12日开始做护坡和高桩施工，至3月13日已打桩近百根，违法情节严重。对该违法行为应根据《中华人民共和国防洪法》第五十六条第(一)项的规定，责令停止违法行为、限期拆除等补救措施，处5万元以下的罚款；或根据《中华人民共和国防洪法》第四十二条第一款的规定，由南京市防汛指挥部责令限期清除，逾期不清除的，由南京市防汛指挥部组织强行清除，所需费用由板桥钢渣公司承担。

而南京市水利局对板桥钢渣公司擅自建码头的行为实施行政处罚的依据却是《中华人民共和国水法》第六十五条第二款。该款有这样的规定，应用此款对相关的违法行为作出处罚的必须是"防洪法未作规定的"。上述已指出防洪法对板桥钢渣公司的违法行为作处罚已有明确的规定。按照《中华人民共和国水法》第六十五条第二款的规定，对违法所建码头未采取任何行政措施而仅罚款3万元也是错误的。

《中华人民共和国水法》第六十五条第二款的处罚形式分三种情况：一是责令停止违法行为，限期向有批准权的水行政主管部门补办兴建码头的有关手续，如获得批准，则按照批文的意见办，但不可对其罚款；二是对限期内未补办或补办未批准的，应责令板桥钢渣公司限期拆除此码头，也不可对其罚款；三是对逾期不拆除的，由水行政机关或防汛指挥部组织强行拆除，所需费用由板桥钢渣公司负担，只有在这种情况下，方可对该公司并处1万元以上10万元以下的罚款。

第二，该案是一起重大的水事违法案件，在查处过程中有许多不妥之处。

一是受委托办案的南京市长江河道管理处应当及时向南京市水利局报告案情和处理经过。

二是对板桥钢渣公司实施行政处罚应当依法经局负责人集体研究的决定程序；对该公司的陈述和申辩应当依《中华人民共和国行

政处罚法》的规定进行复核，提出复核意见，而不是在处罚决定中将该公司的陈述意见重复一遍，认为是"基本属实"，但都不是违法建码头的正当理由。

三是从轻处罚于法无据。在《行政处罚决定书》中"鉴于你公司申报基本就绪，且能配合水政监察人员的调查取证工作"，就对其从轻处罚，将原罚款10万元降为3万元，其理由是依据《水行政处罚实施办法》第五条第（一）项和第（四）项之规定依法从轻处罚。行政处罚告知的时间是2006年4月3日，限其收到告知书之日起15日内补办审批手续，到处罚决定的4月24日（应超过15日）只"基本就绪"，也就是还不完全达到补办要求，不能算作从轻处罚的"理由"。《水行政处罚实施办法》第五条第（一）项规定"主动消除或者减轻违法行为危害后果的"，第（四）项规定"其他依法从轻或者减轻水行政处罚的"，但从板桥钢渣公司和负责施工的宜兴市建工建筑安装有限责任公司在接到《责令停止违法行为通知书》后并未停工，依该公司负责人在调查笔录中承认为了抢工期是采取"边申报边施工"的，从上述所作所为，怎能与以上两项的从轻情节挂上号？真是莫名其妙。

第三，对板桥钢渣公司的违法建码头的受理、立案时间为2006年2月12日，但直到3月10日才向板桥钢渣公司和宜兴市建工建筑安装公司发出《责令停止违法行为通知书》，致使违法行为得到延续，也未对宜兴市建工建筑安装公司的打桩机具依法采取登记保存等行政措施，责令停止违法行为的通知只是一纸空文。

第四，该案于2006年5月11日经领导批准结案，没有对执法情况作出详细说明。3万元罚款是否到位了，对补办的审批手续是否批准同意兴建该码头，或者采取了其他什么补救措施等，案卷中均无记载，只能算是查处了一起不完整或没有结果的案件。

案例 40

南通市宏强钢结构件厂在江堤上违法建房案

案情简介

南通市宏强钢结构件厂为解决工人临时住房问题，于2005年6月中旬擅自在亚华船舶制造有限公司3号船台东侧主江堤上建房5间，占江堤面积155.76平方米（26.4米×5.9米）。7月1日南通市水利局立案后，经调查和现场勘验，宏强钢结构件厂的违法事实清楚、证据确凿。经南通市水利局水行政执法领导小组集体讨论决定，给予宏强钢结构件厂限期拆除违法建筑、罚款0.8万元的行政处罚，并于7月4日向该厂发出行政处罚告知，8月1日作出行政处罚决定。但宏强钢结构件厂在4个多月的时间内拒不履行处罚决定的义务。南通市水利局于2005年12月21日向南通市港闸区人民法院递交强制执行的申请。港闸区人民法院于12月27日受理，并决定于2006年2月20日对该案举行听证。2月10日宏强钢结构件厂向南通市水利局作出《关于减免逾期加收罚款的申请》未果，于2月13日自动拆除违法所建房屋、缴纳罚款0.8万元和逾期加处罚款2.88万元。2月14日港闸区人民法院作出准许南通市水利局撤回对宏强钢结构件厂的执行申请。

法律文书文件摘录

2005年7月1日南通市水利局向南通市宏强钢结构件厂发出的《责令停止水行政违法行为通知书》（通水处字〔2005〕第16号）

经查，你单位未经水行政主管部门批准，擅自在长江堤防上南通亚华船舶制造有限公司3号船台东侧建房5间（26.4米×5.9米）。违反了《江苏省水利工程管理条例》第八条的规定，现责令立即停止违法行为，于7月4日到南通市水利局听候处理。否则，将依法追究法律责任。

2005年7月4日南通市水政监察支队对南通市宏强钢结构件厂擅自在主江堤上违法建房案向南通市水利局作出的《水事案件调查报告》

南通市宏强钢结构件厂擅自在主江堤上建房一案，自2005年7月1日立案后，我水政监察支队于2005年7月1日至7月4日派员对该案进行了调查，现将调查情况报告如下：

当事人情况：南通市宏强钢结构件厂是陈桥乡长路村的集体企业，法人代表左志建，注册资本138万元人民币，经营钢结构件制作、钢板预处理、船舶修造。

案情经过：经查南通市宏强钢结构件厂未经水行政主管部门批准，在南通亚华船舶制造有限公司3号船台东侧主江堤上建房5间，共长26.4米，宽5.9米，占用面积155.76平方米。

调查结论及依据：南通市宏强钢结构件厂未经批准擅自在主江堤上建房的行为，违反了《江苏省水利工程管理条例》第八条第一款第(六)项的规定。

处理建议及依据：根据《江苏省水利工程管理条例》第三十条

第一款第(一)项的规定,拟给予:(1)限期拆除建在主江堤上的面积为155.76平方米房屋;(2)罚款人民币8000元整的处罚。

2005年7月4日南通市水利局水行政执法领导小组对南通市宏强钢结构件厂在主江堤上违法建房案作出的《重大水事行政案件集体讨论意见》

案件简要情况:南通市宏强钢结构件厂擅自在主江堤上建房一案,自2005年7月1日立案后,我水政监察支队于2005年7月1日至7月4日派员对该案进行了调查,经查南通市宏强钢结构件厂未经水行政主管部门批准,在南通亚华船舶制造有限公司3号船台东侧主江堤上建房5间,共长26.4米、宽5.9米、占用面积155.76平方米,情况属实。南通市宏强钢结构件厂的上述行为,违反了《江苏省水利工程管理条例》第八条第一款第(六)项的规定。根据《江苏省水利工程管理条例》第三十条第一款第(一)项的规定,可以处:(1)1万元以下的罚款;(2)限期拆除建在主江堤上的面积为155.76平方米的房屋。

集体讨论意见:(1)罚款人民币8000元整;(2)限期拆除建在主江堤上面积为155.76平方米的房屋。

2005年7月4日南通市水利局向南通市宏强钢结构件厂发出的《水行政处罚告知书》(通水罚告字〔2005〕第15号)

经查,你单位于2005年6月中旬在长江堤防(南通亚华船舶制造有限公司3号船台东侧)未经批准擅自在堤顶上建房5间(长26.4米、宽5.9米)的行为,违反了《江苏省水利工程管理条例》第八条第一款第(六)项的规定。按照《江苏省水利工程管理条例》第三十条第一款第(一)项的规定,拟给予:(1)限于2005年7月10日前拆除违章建设在主江堤上的5间房屋;(2)罚款人民币8000元整的水行政处罚。

根据《中华人民共和国行政处罚法》的规定，你依法享有陈述和申辩的权利。请在接到本告知书之日起3日内到我局陈述、申辩并提出证据。否则，视为放弃陈述或者申辩的权利。

2005年8月1日南通市水利局对南通市宏强钢结构件厂作出的《水行政处罚决定书》（通水罚字〔2005〕第15号）

2005年7月1日，南通市水政监察支队水政监察人员在实施对南通亚华船舶制造有限公司3号船台防洪封闭圈建设的检查过程中，发现在3号船台东侧主江堤上正在建设房屋，水政监察人员随后进行了调查。

经查，正在主江堤上建设5间房屋的建设单位为南通市宏强钢结构件厂，该厂为解决工人的住宿问题，在未经水行政主管部门批准的情况下，擅自在南通亚华船舶制造有限公司3号船台东侧主江堤上建设长26.4米、宽5.9米、面积155.76平方米的房屋5间，以上事实有调查笔录、现场勘查记录以及照片等证据为证。该厂的这一行为违反了《江苏省水利工程管理条例》第八条第一款第（六）项的规定。根据《江苏省水利工程管理条例》第三十条第一款第（一）项的规定以及江苏省人大常委会关于《江苏省水利工程管理条例》第三十条第（一）项的解释，经我局水行政执法领导小组集体讨论，决定给予南通市宏强钢结构件厂以下水行政处罚：（1）限于2005年8月10日前拆除违章建设在主江堤上的面积为155.76平方米的5间房屋；（2）罚款人民币8000元整。罚款在接到本处罚决定书之日起15日内缴至南通市商业银行。逾期未交的，每日按罚款数额的3%加处罚款。

如不服本处罚决定，你公司可以在接到本处罚决定书之日起60日内向南通市人民政府或江苏省水利厅申请复议，也可以在3个月内直接向崇川区人民法院提起行政诉讼。在复议和诉讼期间，本处罚决定不停止执行。

2005年12月21日南通市水利局向南通市港闸区人民法院递交的《执行申请书》。

申请执行事项：(1)依法强制拆除位于南通亚华船舶制造有限公司3号船台东侧主江堤上被执行人南通市宏强钢结构件厂擅自建造的建筑面积为155.76平方米的违章房屋5间；(2)对被执行人的财产采取强制措施，执行标的为人民币36800元。

执行依据：南通市水利局通水罚字〔2005〕第15号《水行政处罚决定书》。

事实和理由：2005年7月1日南通市水政监察支队水政监察人员在实施对南通亚华船舶制造有限公司3号船台防洪封闭圈建设的检查过程中，发现在3号船台东侧主江堤上正在建设房屋，水政监察人员随后进行了调查。经查，正在主江堤上建设5间房屋的建设单位为被执行人。被执行人在未经水行政主管部门批准的情况下，擅自在南通亚华船舶制造有限公司3号船台东侧主江堤上建设长26.4米、宽5.9米、面积155.76平方米的房屋5间。

因被执行人的上述行为违反了《江苏省水利工程管理条例》第八条第一款第(六)项的规定，申请执行人依照法定程序于2005年8月1日作出通水罚字〔2005〕第15号《水行政处罚决定书》，对被执行人作出如下处罚：(1)限于2005年8月10日前拆除违章建设在主江堤上的面积为155.76平方米的5间房屋；(2)罚款人民币8000元整。罚款在接到本处罚决定书之日起15日内缴至南通市商业银行。逾期未缴的，每日按罚款数额的3%加处罚款。被执行人于同年8月4日签收该处罚决定书。然被执行人在该处罚决定书规定的期限既未主动拆除违章建筑，也未如数缴纳罚款。

因被执行人未在法律和处罚决定书规定的期限内申请行政复议或提起行政诉讼。前述通水罚字〔2005〕第15号《水行政处罚决定书》发生法律效力。

为维护我国法律的尊严和行政机关生效法律文书的严肃性,申请执行人特依法申请贵院采取强制执行措施:强制拆除位于南通亚华船舶制造有限公司3号船台东侧主江堤上被执行人擅自建造的建筑面积为155.76平方米违章房屋5间;对被执行人的财产采取强制措施,执行标的为人民币36800元。

2006年2月11日南通市港闸区人民法院向南通市水利局发出的《听证通知书》(〔2006〕港非诉行审第4号)

你局向我院申请强制执行南通市宏强钢结构件厂一案,我院决定进行听证。现将有关事项通知如下:

1. 听证定于2006年2月20日下午2:00在本院202室进行,请准时参加。

2. 听证由审判员杨红主持,张国华担任书记员。

3. 当事人在听证中享有下列权利义务:

(1)委托一至二人作为代理人参加听证,并出具委托代理书,明确代理人的权限;

(2)申请听证主持人、合议庭其他成员或书记员回避;

(3)进行陈述、申辩和质证;

(4)对听证笔录进行审核、补充或者修改;

(5)准备有关证据材料;

(6)法律、法规规定的其他权利义务。

2006年2月10日南通市宏强钢结构件厂向南通市水利局作出的《关于减免逾期加收罚款的申请》

我单位去年因在江堤搭建房屋一事受到贵局行政处罚,在贵局领导的帮助教育下,我单位认识到违章的严重性,但因安置职工有一个时间过程,故延缓了拆除时间。去年11月,我单位组织职工将房屋屋顶拆除,职工另行安置住宿。此后,贵局严肃指出我单位拆除不彻底,要求我单位全部拆除。我单位因年底生产任务较重,未及时将墙体拆除。春节过后,职工一正式上班,我单位即组织人员将房屋残存部分全部拆除。由于我单位法制观念不强,管理不力,加之目前处于起步阶段,困难较多,在执行贵局处罚决定上有些延迟,在此我单位深表歉意。由于我单位系新办民营企业,尚处于起步阶段,经济效益不理想,围绕职工生活安置也花费了不少资金,现特具申请,恳请减免逾期加收的罚款。今后,我单位将严格遵章守法,强化管理,力争为社会作出贡献。

2006年2月14日南通市港闸区人民法院作出的《行政裁定书》(港非诉行审字〔2006〕第0004号)

因南通市宏强钢结构件厂未经有关部门批准,擅自在南通亚华船舶制造有限公司3号船台东侧主江堤建设房屋5间,南通市水利局于2005年8月1日对相对人作出行政处罚决定:(1)限于2005年8月10日前拆除违章建设在主江堤上的面积为155.76平方米的5间房屋;(2)罚款人民币8000元整,罚款在接到本处罚决定书之日起15日内缴至南通市商业银行,逾期未缴的,每日按罚款数额的3%加处罚款。宏强钢结构件厂签收该处罚决定书后,在法定期限内既未申请复议、提起诉讼,也未履行,南通市水利局遂向本院申请执行已生效的行政处罚决定。

本案在审查过程中,南通市水利局以宏强钢结构件厂已自觉履行了拆除房屋、缴纳罚款的义务为由申请撤销执行申请。本院认为申请执行人撤销申请符合法律规定。根据《中华人民共和国行政诉讼法》第五十一条的规定,裁定如下:

准许南通市水利局撤回对南通市宏强钢结构件厂的执行申请。

申请费50元、其他诉讼费100元,由申请人南通市水利局负担。

本裁定送达后即发生法律效力。

2006年2月28日南通市水政监察支队向南通市水利局对南通市宏强钢结构件厂擅自在主江堤上建房案作出的《水事案件结案审批表》

案情及调查经过：南通市宏强钢结构件厂未经水行政主管部门批准，在亚华船舶制造有限公司3号船台东侧主江堤上建房5间，长26.4米，宽5.9米，占堤面积155.76平方米。立案后，市水政监察支队进行了调查取证，确认该行为违反了《江苏省水利工程管理条例》第八条第一款第(六)项的规定。根据《江苏省水利工程管理条例》第三十条第一款第(一)项的规定，拟给予：(1)限期拆除违章建设在主江堤上的面积为155.76平方米的房屋；(2)罚款人民币8000元整的处罚。

处理及执行情况：在规定的时间内，南通市宏强钢结构件厂未能自觉履行水行政处罚条款。2005年12月21日，南通市水利局向南通市港闸区人民法院提出了强制执行申请，在此情况下，南通市宏强钢结构件厂才自动拆除了违建的房子，并缴了罚款和逾期加处的罚款合计36800元。据此向人民法院提出撤销强制执行申请，人民法院于2006年2月14日发出裁定书，同意撤回对南通市宏强钢结构件厂的执行申请。

■ 案例评析 ■

该案查处的亮点是：南通市水利局在查处南通市宏强钢结构件厂违法建房案中，适用法律正确，事实清楚，程序合法。尤其在作出行政处罚决定后，尽管宏强钢结构件厂作出了类似于申辩的要求减免逾期加收罚款的申请后，南通市水利局鉴于其理由不充分，坚持和不轻易改变原处罚决定的精神值得称道。

但该案的查处也存在以下几个问题：

一是行政处罚决定是行政机关对违法行为人直接作出的，应以第一人称的口吻。而该案却用第三人称，让人看了不是针对宏强钢结构件厂讲的，显得啰唆。同时，结尾交待的诉权等告知不完整。

二是从档案中找不到南通市水利局在接到宏强钢结构件厂的申请后对不予减免逾期加收的罚款的复核意见。

三是执行申请书中执行罚款的标的与行政处罚决定中的数额不符，应将罚款数与加处罚款数分开说明，合计为 36800 元。

案例 41

南通市常海食品添加剂有限公司
擅自在长江堤防建造水处理池案

■ 案情简介 ■

2005年8月4日海门市水政监察大队在巡查中发现青龙港江堤背水坡脚6米处正在施工，经查为南通市常海食品添加剂有限公司（以下简称常海添加剂公司）未经批准建造水处理池。海门市水利局随即对其发出《责令停止水事违法行为通知书》，并立案调查和拍摄了现场照片。调查终结后，经过集体讨论，海门市水利局决定依法作出立即停止违法行为、限期补办手续和罚款1万元的行政处罚，并于8月11日发出告知书，8月26日作出处罚决定。9月10日常海添加剂公司以流动资金紧张为由向海门市水利局作出缓缴罚款的报告。海门市水利局于2006年4月5日作出限于4月20日前缴纳罚款的通知，4月13日常海添加剂公司缴纳了罚款。

■ 法律文书文件摘录 ■

2005年8月4日海门市水利局向南通市常海食品添加剂有限公司发出的《责令停止水事违法行为通知书》（海水停字〔2005〕第20号）

经查，你单位未经批准，擅自在长江堤岸背水坡堤脚边外6米处建造水处理池的行为违反了《中华人民共和国水法》第三十七条第二款的规定,现依据《中华人民共和国水法》第六十五条第二款的规定,责令立即停止违法行为,听候处理。

2005年8月8日海门市水政监察大队对南通市常海食品添加剂有限公司违法建造水处理池案向海门市水利局作出的《水行政违法案件调查报告》

案情经过：在江堤巡查中发现,南通市常海食品添加剂有限公司未经水行政主管部门批准,擅自在长江堤防工程管理范围内建造水处理池一座。

调查结论及拟处理意见：经现场调查取证,南通市常海食品添加剂有限公司在长江堤防工程管理范围内建造水处理池一座违法事实清楚、证据确凿。拟给予：(1)立即停止违法行为；(2)限期补办手续；(3)罚款1万元的处理。

所附证据材料：停止违法行为通知书、送达回证、询问笔录、现场勘测图、现场照片。

2005年8月8日海门市水政监察大队有2名副大队长和3名水政监察员参加会议作出的《海门市水利局负责人集体讨论记录》

讨论记录：南通市常海食品添加剂有限公司未经水行政主管部门批准,擅自在青龙港东侧长江堤防背水坡脚边(距离堤岸6米处)修建水处理池一座,经现场勘测、询问、取证。该行为违反了《中华人民共和国水法》第三十七条第二款的规定,依据《中华人民共和国水法》第六十五条第二款的规定,经水政监察大队集体讨论,对该案件作如下处理意见：(1)立即停止违法行为；(2)限期补办手续；(3)罚款1万元。

2005年8月11日海门市水利局向南通市常海食品添加剂有限

公司发出的《水行政处罚告知书》（海水罚告字〔2005〕第3号）

　　经查，你单位于2005年7月15日未经批准，擅自在青龙港东侧长江大堤背水坡堤脚外6米处修建水处理池一座的行为，违反了《中华人民共和国水法》第三十七条第二款的规定，依据《中华人民共和国水法》第六十五条第二款的规定，拟对你单位作出如下处罚：(1)立即停止违法行为；(2)限期补办手续；(3)罚款1万元。

　　根据《中华人民共和国行政处罚法》第四十二条的规定，你单位依法享有陈述和申辩的权利。请你单位在接到本告知书之日起3日内到我局陈述、申辩并提出证据。否则，应视为放弃陈述或者申辩的权利。

　　2005年8月26日海门市水利局对南通市常海食品添加剂有限公司作出的《水行政处罚决定书》（海水罚字〔2005〕第3号）

　　你单位未经批准，擅自在长江堤防工程管理范围内修建水处理池一座的行为，违反了《中华人民共和国水法》第三十七条第二款的规定，以上事实有停止违法行为通知书、送达回证、询问笔录、现场勘测图、现场照片为证。依据《中华人民共和国水法》第六十五条第二款的规定，现作出以下行政处罚：(1)立即停止违法行为；(2)限期补办手续；(3)罚款1万元。

　　限你单位在收到本处罚决定书15日内到海门市海门镇育才路70号中国农业银行海门支行缴纳1万元罚款，逾期不缴纳的，每日按罚款数额的3%加处罚款。

　　如对本处罚决定不服，可以在接到处罚决定书之日起60日内向海门市人民政府或南通市水利局申请复议或在3个月内向海门市人民法院提起诉讼。如逾期不申请复议或不向人民法院起诉又不履行本处罚决定的，我局将依法申请人民法院强制执行。

　　2005年9月10日南通市常海食品添加剂有限公司向海门市水

利局作出的《关于缓缴处罚款的报告》

根据贵局作出的海水罚字[2005]第1号《水行政处罚决定书》,现因我公司二期工程建设投产,流动资金紧张。特向贵局申请缓缴处罚款到2006年4月底履行。如无不妥,请予以批准。

特此报告。

2006年4月15日海门市水政监察大队对南通市常海食品添加剂有限公司违法修建水处理池案作出的《水事案件结案报告》

简要案情及调查经过:2005年7月10日南通市常海食品添加剂有限公司未经水行政主管部门批准,擅自在青龙港长江堤防背水坡堤脚外6米处修建水处理池一座,违反了《中华人民共和国水法》第三十七条第二款的规定,经查,该公司违法事实清楚,证据确凿。

处理情况:(1)立即停止违法行为;(2)限期补办手续;(3)罚款1万元。

执行情况:当事人对我局的行政处罚已自觉履行。

■ 案例评析 ■

南通市常海食品添加剂有限公司未经批准在江堤管理范围内建造水处理池,是一个违法情节并不复杂的水事案件。但海门市水利局在查处该案中却存在以下问题:

一是适用法律错误。在江堤上建造违法建筑,应首先在《中华人民共和国防洪法》中找依据,但该案却依据《中华人民共和国水法》第六十五条第二款作行政处罚根据。适用《中华人民共和国水法》第六十五条第二款有个前提,必须是《中华人民共和国防洪法》对违法行为人的违法行为未作规定的。常海添加剂公司的行为违反了《中华人民共和国防洪法》第二十二条第二款中关于禁止在河道管理范围内建设妨碍行洪的建筑物、构筑物的规定,依据《中华人民共和国防洪法》第五十六条第(一)项的规定,应责令其停止违法行为,限期(7日、10日或15日)拆除所建水处理池,恢复工程原状,处5万元以下的罚款(视情节裁量)。

二是违法事实不清。违法标的物是一座水处理池,但该水处理池是个什么结构以及长、宽、深多少,整个档案中均无记载。从现场拍摄的照片看,该水处理池体积庞大,是一座钢筋混凝土结构的建筑物。作为重要证据的《勘验(检查)笔录》的"勘验(检查)情况"栏中,本应记载水处理池具体的测量数据及结构等情况,但该栏却记载了一段与勘验毫不相干的重复的话:"在江堤青龙港堤防背水坡脚边(距离坡脚6米处)常海食品添加剂有限公司正在现场施工,建造水处理池。"

三是讨论记录名不副实。2005年8月8日上午,海门市水政监察大队的2名副大队长和3名水政监察员在对常海添加剂公司违法建造水处理池案讨论后,提出了处理意见,冠之以《海门市水利局负责人集体讨论记录》载进档案中。

四是行政处罚内容错误。海门市水利局适用错误的法律条款作出内容错误的处罚决定。该处罚的第二项是责令违法行为人"限期补办手续",这是法律规定的一项行政措施,而海门市水利局却机械地套用这句话,真想不出违法行为人如何去履行这个处罚决定。这里有两个问题必须明确:一是究竟补办什么手续;二是"限期"应由行政机关根据具体情况作出,要求违法当事人"办理手续"限定在多少日或几月几日前办理完毕,这样的处罚决定,把期限交给了违法当事人,他可以3个月完成,也可以3年完成,难怪在案卷中查不到常海添加剂公司在何年何月何日办理手续的记载。

常海添加剂公司在长江主江堤管理范围内违法建造的是一座体积庞大、钢筋混凝土结构的永久性的水处理池,这是一起重大的水事案件。但海门市水利局对这起案件并未引起足够的重视,从长江防洪的大局出发,应责令其限期拆除、恢复工程原状。仅以1万元罚款就使其由违法变为合法,这样的处理很不妥当。

案例 42

上海远东国际桥梁建设有限公司
如皋沿江一级公路项目部危害江堤案

■ 案情简介 ■

2004年3月16日至17日,上海远东国际桥梁建设有限公司如皋沿江一级公路项目部(以下简称如皋项目部)在沿江一级公路如海运河大桥施工过程中,未经水行政主管部门批准,擅自在主江堤外坡堤脚挖长25米、宽17米、深1.2米的泥浆池,危及堤防安全。如皋市水务局依据《中华人民共和国水法》的有关规定,对其作出限期采取恢复原状的补救措施和罚款3万元的行政处罚。该案于2004年5月8日结案。

■ 法律文书文件摘录 ■

2004年2月25日如皋市水务局对上海远东国际桥梁建设有限公司如皋沿江一级公路项目部提出的《关于沿江一级公路跨越河道桥梁工程施工中涉及水利工程管理方面有关问题的意见》

你部报送的如皋境内的沿江一级公路4座跨河桥梁工程施工资料已收悉,经查阅、对比、研究,现就涉及水利工程管理范围的问题提出以下意见：

一、桥梁工程设计布局涉及水利工程方面

1. 周圩港桥：为保证周圩港的正常功能的发挥，必须确保河道中心为一直线及应有的过水面积，虽然现状主河槽有偏中心，但在今后疏浚时必须达到原设计要求。因此跨河桥梁需与河道协调一致。现设计的桥梁为4跨，河中心位置有一排桥桩，该河也是如皋港经济开发区东部地区引排水和通航唯一的河道。如这样，将严重影响正常的引排水，影响十几万亩农田的灌溉和排涝，另外过往船只偏河道一侧通航，将促使河道弯曲度加大，引排水流向凹岸侧顶冲洗刷、危及堤防安全、危及人民的生命财产。因此，必须调整修改设计平面布置，取消河中心一排桥桩，以策安全和发展需要。

2. 4号港桥：设计桥面高程5.27米（国家85高程系，下同），桥梁底高程4.37米。与现4号港闸交通桥（防汛公路桥）梁底高程6.26米相比低1.89米，如按此设计实施，该桥建成后将无法通航，还会影响排涝。为了使4号港河的功能不受影响达到该河继续通航，满足两岸物资水运的需要；保障如皋港经济开发区西片正常的引排水。应修改设计达到该桥与4号港闸交通桥梁底高程一致，服务于沿江开发的需要。

3. 碾砣港桥：碾砣港闸外桥跨如海河口，大约距如海河入江口450米左右，其桥桩以河中心线偏15度斜交，整个河14排桩，中间几跨跨距30米，根据我们对碾砣港多年的观测，由于地球引力的作用，入江口通常是东淤西塌，引排水流中心线与河中心线斜交，多少年来虽然经过多次调整，但仍然如此形式基本固定。

如海运河在如皋境内长46.7公里，涉及的引排面积达700多平方公里，是如皋境内尤其是黄沙土区主动脉，该河道畅通与否，不仅影响如皋沿江地区，而且影响整个如皋以至海安的部分地区，所以对如海口的淤积问题，多年来一直是水利部门密切关注的一个问题。

从现有图纸看，如海河大桥斜交于如海河中心线，与水流线基

本形成正交,这种状况将严重影响正常的引排水,促使如海河口的淤积。因此,如海河桥梁设计方案必须调整,一是调整桥桩间距,尽量扩大距离,建议将现有的30米扩大为40米;二是调整桥桩与河中心线夹角,变与中心线偏东15度为顺水流方向的角度,以防止桥桩阻水形成的淤积。

二、桥梁工程施工涉及水利工程和管理的问题

1. 凡桥桩位于堤防迎水坡钢筋混凝土(或砌石)坡面上的,应将该排桩施工确需(或护坡分块需要)的护坡面凿除,并采取有效措施防止上方护坡体下滑或位移。待桩施工结束后,将堤防土坡夯实,按原设计标准恢复原护坡工程,桩与护坡间采用伸缩沉降缝处理,下铺土工布、砂、石及滤层,防止泥土流失,又可互不干扰。局部护坡凿除后,在汛期高潮水位时要做好土坡的防护,防止水浪洗坍。绘出施工详图报我局审查批准。

2. 凡桥梁经过堤防,而梁底不能通行防汛抢险车辆和行人的,必须在原堤身(坡)外增设改道防汛公路,路面宽大于6米,填土分层夯实,铺设混凝土路面及做好排水坡道,纵横坡比符合公路要求,其边坡坡比达1:3.0,并植草绿化护坡。绘出施工详图报我局审查批准。改道防汛公路必须在堤顶切断交通前完成交付使用。

3. 桥梁施工中凡涉及河道、堤防管理区内的各类绿化防风浪树草及水利工程管理设施的,必须提前一周报告我局派员赴实地会同施工单位查看,清点有关树草情况,并签订有关协议后方可动工。

4. 桥梁施工排架脚手必须考虑大引水、抢排水、临高潮、遇涌潮等不利因素,要求阻水面尽可能小、牢固、可靠、安全、留足通航净宽,并设置有效、醒目的通航标志(白天、夜间),施工单位现场必须有专人负责值班,万一发生意外事故立即组织抢护。

5. 施工中所用砂、石、水泥材料和设备、临时工程以及泥土、垃圾等不得堆放于迎水坡钢筋混凝土(或砌石)护坡坡面上和护坡脚手架外2米内。一旦发现违者将按我市水利工程管理实施细则有关处罚规定严肃处理,造成不良后果的除按原状恢复外,并追究有关

责任人的责任。

6. 施工全过程中，特别是水闸在大引、大排及台风影响、长江洪水、高潮位期，施工前应按照《中华人民共和国防洪法》的要求无条件服从我市防汛防旱指挥部或堤防、闸管人员的指挥，执行有关指令，顾全大局，并做好施工度汛期各有关工作，确保安全度汛。违者造成后果的将追究有关责任人的责任。

7. 桥梁施工结束后，施工单位负责，对凡因施工需要占用了水利工程管理区(含工程)的，须按原设计、原状恢复、确保水利工程功能不削弱。

8. 施工中所有建筑材料等在卸货上岸过程中尽可能防止砂、石材料等掉入河内淤积河床，严禁建筑、生活垃圾倒入(或推入)河堤范围内和借打土围堰把弃土推入河口线内，缩小过水断面，影响引排水。工程竣工后由施工单位负责全面彻底清除干净，达到原标准。

9. 为落实工程竣工后的施工场地清理责任制，依据有关规定，施工应交工程中标价1%的施工保证金，工程竣工后经我局验收、现场清理、恢复原状合格后，退还全部施工保证金。如不合格，施工单位又愿意整改的，我局用施工保证金雇请他人完成，剩余的施工保证金全额退还施工单位。

以上意见请认真执行。

2004年3月24日如皋市水务局向上海远东国际桥梁建设有限公司如皋沿江一级公路项目部发出的《行政处罚告知书》(皋水罚告字〔2004〕2号)

经查，你部于2004年3月16日至3月17日间在沿江一级公路如海运河大桥施工过程中，未经我局批准在主江堤外坡堤脚处挖塘长25米、宽17米做施工泥浆池，挖深1.2米，其行为违反了《中华人民共和国水法》第四十三条。

我局曾多次到你项目部宣传有关水法律法规，对涉及水利工程的建设提出了具体要求,但你不采纳我局所提出的意见,屡次违反水法律法规,且本次行为已危及了堤防的安全,产生了严重的后果。根据《中华人民共和国水法》第七十二条的规定,拟对你单位处以采取补救措施并处罚款5万元的处罚。

根据《中华人民共和国行政处罚法》的规定,你单位依法享有陈述和申辩的权利、要求听证的权利。请在接到本告知书之日起3日内到我局进行陈述和申辩并提出证据,逾期视为放弃陈述和申辩的权利;如你要求听证,请收到本告知书之日起3日内将回执送(寄)如皋市水务局(地址:如城镇环城南路水利大楼5楼,邮编:226500,联系电话:7651329或7651065),逾期视为放弃听证。

2004年3月26日上海远东国际桥梁建设有限公司如皋沿江一级公路项目部向如皋市水务局作出的《关于碾砣港河堤内河滩泥浆池的情况》

一、南通市沿江一级公路如皋段建设工程任务重、工程紧

根据建设单位的计划安排和要求,碾砣港大桥于2004年11月28日全桥贯通。工程一部按指挥部节点要求,计划在3月下旬开始进行碾砣港大桥的钻孔桩施工。项目部已将占用河道施工方案交如皋市水务局审核待批准中。为加快建设进度,指挥部同意边审批边做施工准备,待市水务局等有关部门批准后,即可投入施工。根据钻孔桩施工方案,其配套项目有泥浆池等。工程一部根据现场布置图在碾砣港堤内河滩处有一泥浆沉淀池。先将其开挖,目前尚未放入黄泥浆,对防洪墙不会产生破损。

二、泥浆池的开挖情况

1. 开挖时间:根据施工计划的安排,3月下旬碾砣港大桥灌注桩开工,3月17日、18日开挖了泥浆沉淀池。

2. 根据钻孔灌注桩施工方案的场地布置,泥浆池设置在河滩。开挖面积为425平方米(25米×17米),深度为1.2米。

3. 泥浆沉淀池示意图。

4. 拟采取的措施：(1)灌注桩施工开始后迅速注入泥浆进行沉淀；(2)由于开挖深度比较浅(1.2米)，对大堤不会产生影响。

三、我们施工中存在的问题

1. 挖池施工前未向水务部门征求意见，取得市水务局谅解。

2. 未及时将项目一部的设想向项目部汇报，取得上级部门同情。

3. 工期紧、任务重，抢时间盲目进行超前准备，未按顺序施工。

四、已采取的补救措施

市水务局执法人员视察现场，发现问题，要求整改。工程一部按整改内容立即整改。

1. 迅速恢复原样，将所挖坑进行回填，已于3月23日全部恢复完毕。

2. 听候上级处理，并对有关责任人进行了教育和帮助，增强水利法制观念。

3. 对全体员工进行教育。要举一反三，不允许再有类似事情发生。

2004年3月30日如皋市水务局对上海远东国际桥梁建设有限公司如皋沿江一级公路项目部作出的《行政处罚决定书》（皋水罚〔2004〕2号）

经查，你部于2004年3月16日至3月17日间在如皋沿江一级公路如海运河大桥施工过程中，未经水行政主管部门批准在主江堤外坡堤脚处挖长25米、宽17米做施工中的泥浆池，挖深1.2米。以上违法事实有现场勘测笔录及相关照片佐证。

沿江江堤是我市防汛抗洪的重要屏障，你项目部所挖泥浆池紧靠主江堤堤脚，已实质性地危及了堤防的稳定与安全，违反了《中华人民共和国水法》第四十三条的规定。

我局曾于2003年11月17日到你项目部如皋大桥施工工地制止了你项目部向如皋港推土的行为；于2004年1月2日到你项目部驻

地向你们说明了施工中必须注意的事项；2月11日查处了你项目部如皋港国有河堤违法挖土建泥浆池的案件，说明了应当遵循的程序；2月25日对你项目部报来的施工方案提出了意见。但你项目部不听取我局的意见，没有从前几次的违法行为中吸取教训，鉴于本次违法行为的主观故意性和后果严重性，现根据《中华人民共和国水法》第七十二条的规定决定如下：

1. 请你项目部在接到本决定书之日起15日内采取补救措施(恢复工程原状)。

2. 处以罚款3万元。请你项目部在接到本决定书之日起15日内将罚款缴至中国银行海阳中路分理处，收款单位：如皋市财政局，账号：2410190826080195001。

如不服本决定，你项目部可在接到本决定书之日起60日内向如皋市人民政府或南通市水利局申请复议；或在3个月内直接向如皋市人民法院提起行政诉讼。逾期不申请复议或不向人民法院起诉又不履行本决定的，我局将申请如皋市人民法院强制执行。

■ 案例评析 ■

如皋市水务局在查处上海远东国际桥梁建设有限公司如皋沿江一级公路项目部危害江堤安全案中，通过实地查证、现场勘测、拍摄照片等手段证明该项目部的违法事实清楚、证据确凿。在对如皋项目部作出的行政处罚中，既需要告知其依法享有的陈述和申辩的权利，也同时享有要求举行听证(罚款5万元属较大数额的罚款)的权利。如皋市水务局将两项告知合并，既省事也提高效率，符合法律的规定。但应指出罚款3万元属较大数额的罚款，在听证范围，对于此项处罚有要求进行听证的权利。

如皋市水务局在审查如皋项目部报送的4座跨河桥梁工程施工资料时，及时向其提出了改进措施，体现了该局认真负责和服务于经济建设的精神面貌。

该案在查处中也存在以下几个问题：

一是适用法律不准确。对于如皋项目部危害水利工程安全的取土行为，如皋市水务局对其实施行政处罚的依据是《中华人民共和国水法》第七十二条中"尚不够刑事处罚"的有关规定，但该内容同时还有一个前提，即"且防洪法未作规定的"，因此对此违法行为必须先在《中华人民共和国防洪法》中找依据。《中华人民共和国防洪法》第三十七条就作出了不得损毁堤防等防洪工程的规定，第六十一条对上述违法行为作出了相应的行政处罚规定；在主江堤堤脚挖土建泥浆池，也是违反了《中华人民共和国防洪法》第二十二条第二款中在河道管理范围内建设妨碍行洪的构筑物的行为，可依据第五十六条第（一）项的规定作出相应的行政处罚。

二是违反法定程序。作出罚款5万元（后改为3万元）的行政处罚是对当事人的重大违法行为给予的较重的行政处罚。根据《中华人民共和国行政处罚法》第三十八条第二款的规定，如皋市水务局的负责人应当集体讨论决定。但从该案的案卷中查不到"集体讨论决定"的记录，其他法律文书中也均无记载。

三是罚款的裁量太随意，有几个问题值得注意：

其一，对如皋项目部的违法行为给予5万元罚款的行政处罚符合法律的规定。该项目部从2003年11月始至案发时的近5个月中，据处罚决定书中被指出是屡次违法，对于本次违法行为的主观故意性和后果严重性，应当对其裁量罚款额的上限。但奇怪的是，在行政处罚决定中却无理由地将罚款5万元降为3万元。

其二，如皋项目部在接到《行政处罚告知书》后，只对建造泥浆池的情况作了说明，其中的"对大堤安全不会产生影响"的结论是错误的，是一种狡辩，且未对另两项行政处罚的内容提出异议。而如皋市水务局也未对如皋项目部提出的事实、理由和证据进行复核（案卷中无复核记录及有关记载），就随意地改变了罚款数额。

其三，《行政处罚告知书》是行政机关作出的具体行政行为的一种书面形式，是在正式下达行政处罚决定前必须的程序。一方面是尊重违法行为人依法享有的陈述、申辩和要求举行听证的权利；另一方面，行政机关通过当事人的陈述和申辩或举行听证，也是一种自我救济的途径。向当事人告知后，如果当事人违法的事实、理由和提交的证据与行政处罚所认定的事实不符、理由充分和证据确凿的，经过行政机关复核后可以改变原来的行政处罚，否则不应随意改变原有的处罚决定。

案例 43

付吉保等二人损毁磨山翻水站引河左堤案

■ 案情简介 ■

　　2006年9月25日，东海县水政监察大队根据举报对付吉保、何宜高二人于9月23日雇请挖掘机、装载机擅自将磨山翻水站引河左堤岸推平，准备在引河堤上建养鸡、养猪场一案进行了依法查处。据对当事人的询问和当事人的陈述、拍摄的现场照片、证据先行登记保存、通知等证据证明当事人的违法行为违反了《中华人民共和国防洪法》的有关规定。东海县水务局于2006年9月28日作出限15日内采取补救措施，恢复河堤原状，对付吉保、何宜高二人各罚款3万元行政处罚的告知。9月29日，何宜高对罚款太重作出书面陈述，并作出于10月7日前将损毁的河堤恢复原状的保证书和缴纳保证金。10月26日，东海县水务局召开了由水政水资源科科长主持、分管副局长和水政监察大队主要成员参加的会议，决定对付吉保、何宜高二人的罚款由各3万元降至各0.5万元，两当事人于11月3日履行了行政处罚。

法律文书文件摘录

2006年9月27日东海县水政监察大队对付吉保、何宜高毁堤建养鸡、养猪场所作的《水事案件调查报告》

案件的由来及调查经过：2006年9月25日，县水政监察大队接到电话举报称有人雇请施工机械毁损磨山翻水站引河左堤，县水务局决定立案查处。县水政监察大队自2006年9月25日至27日依法展开调查、取证工作。查明当事人付吉保、何宜高自2006年9月23日至25日雇请挖掘机、装载机将磨山翻水站引河左堤岸毁损推平210米长，准备在引河堤上建养鸡场、养猪场的违法事实。

查明的事实和证据：查明当事人付吉保、何宜高自2006年9月23日至25日雇请挖掘机、装载机将磨山翻水站引河左堤岸毁损推平210米长，准备在引河堤上建养鸡场、养猪场的违法事实。证据有当事人调查笔录2份、现场照片若干、登记保存表1份。

调查结论和处理建议：上述当事人雇请挖掘机、装载机毁损推平磨山翻水站引河左堤岸的违法行为，严重影响堤防安全，违反了《中华人民共和国防洪法》第三十七条的规定。根据《中华人民共和国防洪法》第六十一条的规定，限当事人在15日内采取补救措施，将毁损河堤恢复原状，拟对当事人付吉保、何宜高分别罚款3万元。

2006年9月28日东海县水务局向付吉保、何宜高发出的《行政处罚听证告知书》（东水告〔2006〕31号）

经调查，你们二人于2006年9月23日至25日雇请挖掘机、装载机将磨山翻水站引河左堤岸严重毁损。严重违反了《中华人民共和国防洪法》第三十七条"任何单位和个人不得破坏、侵占、毁损水库大坝、堤防、水闸、护岸、抽水站、排水渠系等防洪工程和水文、通信设施以及防汛备用的器材、物料等"的规定。以上违法事实有当事人陈述笔录、现场照片、证据登记保存证明等证据为证。

根据《中华人民共和国防洪法》第六十一条"违反本法规定的,破坏、侵占、毁损水库大坝、堤防、水闸、护岸、抽水站、排水渠系等防洪工程和水文、通信设施以及防汛备用的器材、物料的,责令停止违法行为,采取补救措施,可以处5万元以下的罚款;造成损坏的,依法承担民事责任;应当给予治安管理处罚的,依照治安管理处罚条例的规定处罚;构成犯罪的,依法追究刑事责任"的规定,限你二人在15日内采取补救措施,将毁损的河堤恢复原状,并拟作出如下处罚:

付吉保罚款3万元人民币;何宜高罚款3万元人民币。

根据《中华人民共和国行政处罚法》第四十二条第一款和《水行政处罚实施办法》第三十四条的规定,你有权要求听证。如你要求举行听证,应在收到本告知书之日起3日内向本机关(牛山镇幸福南路16号)提出,逾期视为放弃要求举行听证的权利。

2006年9月29日何宜高向东海县水务局作出的《关于对水行政处罚的陈述》

你局〔2006〕31号处罚告知书,告知对我和付吉保水行政处罚各3万元,并将河堤恢复原状,对于这两项处罚我们实在承受不了。因为原承包河堤是我们栽树,种了庄稼,但经济效益低,我们当地企业又不发达,收入又少。根据上级的扶贫政策,经石良河磨山翻水站同意,准备在河堤上建养鸡场、养猪场,但当时河堤上高洼不平,所以我们对该河堤进行了平整,没想到平整河堤将会给国家带来损失危害,这说明我们的水法律意识淡薄,以后我们要注意这方面的学习。

接到贵局处罚告知书后,我们认识到了事情的严重性,并虚心接受批评教育。

当时付吉保是我找来入股的，现在受到处罚，人家找我要钱，我们各自家庭承包河堤，本身就相当困难，入不敷出，没有能力承担罚款，只能将河堤恢复原状。

另外被扣铲车只有还给我们，才能有工具恢复。铲车是租用私人的，每小时220元，人家天天向我们要钱、要车，这么多钱，我们实在无能力办到。

以上情况属实，特作陈述，请贵局领导考虑到我们的实际情况酌情处理。

2006年9月30日何宜高向东海县水务局作出的《保证书》

本人于2006年9月23日雇装载机SEM952一台在磨山翻水站引河左堤岸毁坏、推平河堤高程，本人经县水政监察大队宣传、教育，意识到了严重性，本人现决心改正，并于2006年10月7日将被损毁的磨山翻水站引河左堤岸恢复原状，并自愿缴纳恢复原状保证金（3万元），经验收合格后，请求退还保证金。若验收不合格，本人自愿将保证金3万元交付东海县水务局代为恢复原状。

2006年10月26日东海县水务局作出的《案件集体讨论记录》

案由：毁损磨山翻水站引河堤案。

汇报主要案情：2006年9月25日，县水政监察大队接到徐×电话举报，称有人破坏磨山翻水站引河堤。县水务局于2006年9月25日决定立案调查，县水政监察大队自2006年9月25日至27日经过依法调查，查清了当事人付吉保、何宜高雇请挖掘机、装载机毁损磨山翻水站引河左堤，当事人对违法事实予以认可。对违法事实的认定有违法当事人陈述、现场照片等证据。当事人的上述行为违反了《中华人民共和国防洪法》第三十七条的规定。依据《中华人民共和国防洪法》第六十一条的规定，我局于2006年9月28日以东水告〔2006〕31号文限当事人在15日内采取补救措施，恢复河堤原状，补救措施需经县水务局验收；拟作出罚款3万元的行政处罚。

刘××：听了调查人的案情汇报，该案件事实清楚，适用法律正确。但是，为什么罚款数额为3万元？请调查人员说明。

虞×：依据《中华人民共和国防洪法》第六十一条的规定，当事人上述行为可以处5万元以下的罚款。

刘××：当事人有没有要求我局组织听证？

李××：2006年9月29日向县水政监察大队提交了一份陈述材料。但是当事人没有向我局提出听证要求。当事人说明其家庭情况十分困难，且主动缴纳恢复原状保证金，保证在规定的期限内将毁损的河堤恢复原状，要求我局对他们减轻处罚。

何××：当事人现在有没有将毁损的河堤恢复原状？

徐×：经过我局验收合格，当事人已将河堤恢复原状。

刘××：对当事人可不可以减轻处罚？

朱×：当事人在被查处的过程中，能够及时认识到其行为的危害性，并积极配合调查工作的开展，按期将所破坏的河堤恢复原状，考虑到其经济承受力和教育与处罚相结合的原则，可以减轻处罚。我认为可以对付吉保、何宜高分别作出5000元的行政处罚。

李×：我认为该案事实清楚，证据确凿，当事人主动消除和减轻违法行为后果的危害，对当事人的处罚5000元比较合理。

结论意见：该案件事实清楚，适用法律正确，证据确凿，程序合法，决定对当事人付吉保、何宜高分别作出罚款5000元的行政处罚。

....

2006年11月3日东海县水务局对付吉保、何宜高作出的《行政处罚决定书》

经调查，你们二人于2006年9月23日将磨山翻水站引河左堤严重毁损，严重违反了《中华人民共和国防洪法》第三十七条"任何单位和个人不得破坏、侵占、毁损水库大坝、堤防、水闸、护岸、抽水站、排水渠系等防洪工程和水文、通信设施以及防汛备用的器材、物料等"的规定。以上事实有水行政违法案件调查讯问笔录、《责令停止水行政违法行为通知书》、现场勘验照片为证。根据《中华人民共和国防洪法》第六十一条"违反本法规定的,破坏、侵占、毁损水库大坝、堤防、水闸、护岸、抽水站、排水渠系等防洪工程和水文、通信设施以及防汛备用的器材、物料的,责令停止违法行为,采取补救措施,可以处5万元以下的罚款;造成损坏的,依法承担民事责任;应当给予治安管理处罚的,依照治安管理处罚条例的规定处罚;构成犯罪的,依法追究刑事责任"的规定,现决定如下行政处罚:

付吉保罚款5000元人民币,何宜高罚款5000元人民币。

你们二人在接到本决定书15日内依据东海县水务局开具的《东海县非税收入缴款通知书》将罚款缴到东海县建设银行。逾期每日按罚款的3%加处罚款。

如不服本决定可以在接到本决定书之日起60日内向东海县人民政府或连云港市水利局申请复议,也可在3个月内向东海县人民法院提起行政诉讼。

逾期不申请复议或不向人民法院起诉又不履行本决定的,本机关将依法申请人民法院强制执行或依法强制执行。

2006年11月3日东海县水务局对付吉保、何宜高二人损毁磨山翻水站引河左堤案作出的《水事案件结案报告》

主要案情及调查经过:2006年9月25日,县水政监察大队接到电话举报称有人雇请施工机械毁损磨山翻水站引河左堤,县水务局决定立案查处。县水政监察大队自2006年9月25日至27日依法展开调查、取证工作。查明当事人付吉保、何宜高自2006年9月23日至25日雇请挖掘机、装载机将磨山翻水站引河左堤岸毁损推平

210米长,准备在引河堤上建养鸡场、养猪场的违法事实。

处理情况:(1)对当事人雇请的违法机具(装载机)进行异地保存;(2)限当事人15日内采取补救措施,将毁损的河堤恢复原状;(3)决定对当事人付吉保、何宜高分别罚款5000元。

执行情况:(1)依法将异地保存的违法机具(装载机)退还当事人;(2)经验收合格,当事人已在规定期限内将毁损的河堤恢复原状;(3)当事人付吉保、何宜高于2006年11月3日将罚款缴纳到指定银行。

案例评析

该案的查处经历了一个多月,被毁损的堤防得到了恢复,对两名当事人实施了罚款,基本上达到了水行政执法的目的。但是,对该案的查处还存在以下问题:

一是事实不清。付吉保、何宜高雇请施工机械毁损磨山翻水站引河左堤究竟到什么程度,从询问笔录、调查报告上只有"推平210米长"的数据,其他一无所知,就凭这点事实怎能反映付吉保、何宜高二人的违法情节,东海县水务局又凭什么依据裁量对二人作出罚款各3万元的处罚?

二是东海县水务局对当事人作出的行政处罚决定极不严肃。该案是按照一般程序查处的,按照《中华人民共和国行政处罚法》第三十八条的规定,调查终结,行政机关负责人应当对调查进行审查,其中对确应受行政处罚的,要根据情节轻重及具体情况作出行政处罚决定。该条还规定,"对情节复杂或重大违法行为给予较重的行政处罚,行政机关的负责人应当集体讨论决定"。而东海县水务局在调查终结后,仅凭调查人的建议就草率地作出处罚决定,发出《行政处罚听证告知书》,但也没有告知其为什么要"告知听证"(应指明是"较大数额的罚款"),结果当事人之一的何宜高于次日作出书面"陈述",经过20多天该局开了个"案件集体讨论"会,将对付吉保、何宜高二人的罚款立马从3万元降至5000元。

　　行政机关对违法当事人作出的行政处罚是一件极其严肃的具体行政行为，哪能毫无依据地作出罚款3万元的行政处罚，听了当事人的陈述后又无正当理由地降为5000元，岂不成了儿戏。

　　三是程序违法。行政机关在作出行政处罚前，首先要做三件事，其一是向当事人告知有"陈述、申辩的权利"；其二是处罚内容属听证范围的应向当事人告知有"要求举行听证的权利"，此两项可以同时告知；其三是属于"给予较重的行政处罚"的，局负责人要集体讨论决定。东海县水务局没有履行向当事人告知有陈述和申辩的权利，也没有对个人罚款3万元的行政处罚经过"集体讨论决定"。东海县水务局于10月26日的"集体讨论"只能算作是对当事人陈述的复核，如果当事人不作陈述，也不会开此会议进行"集体讨论"。

　　四是《处罚告知书》和《行政处罚决定书》中只有作出行政处罚的法律依据（无须全文引用法律条文），而无违法的事实及证据和理由，违反《中华人民共和国行政处罚法》第三十九条的规定。

阜宁县恒茂纸业有限公司
擅自在淮河入海水道埋设管道案

■ 案情简介 ■

2005年11月9日，阜宁县恒茂纸业有限公司（以下简称恒茂纸业公司）未经批准，擅自在淮河入海水道淮阜控制工程管理所管辖范围内埋设管道。江苏省水政监察总队淮河入海水道支队接举报后，立即介入调查，通过询问和现场勘测，证实恒茂纸业公司为将废旧纸张再生利用，出于汲取清水、排放污水的需要，擅自在淮阜控制工程管理范围内埋设管道，其行为违反了《江苏省水利工程管理条例》第八条第（六）项的规定。根据《江苏省水利工程管理条例》第三十条第一款的规定，江苏省淮河入海水道工程管理处于2006年4月18日对恒茂纸业公司作出限期自行拆除所埋设管道的行政处罚。但恒茂纸业公司在4个多月的时间内，拒不履行行政处罚的义务。为此，江苏省淮河入海水道管理处于2006年8月21日向阜宁县人民法院提交强制执行申请，9月5日阜宁县人民法院作出"准予强制执行"的《行政裁定书》，10月20日至22日强制执行完毕。

■ 法律文书文件摘录 ■

2006年2月14日江苏省淮河入海水道工程管理处向阜宁县恒茂纸业有限公司发出的《责令停止水行政违法行为通知书》（淮管责字〔2006〕第1号）

经查，你单位未经批准擅自在淮河入海水道水利工程管理范围内埋设管道，违反了《江苏省水利工程管理条例》第八条第（六）项之规定，根据《江苏省水利工程管理条例》第三十条的规定，现责令立即停止违法行为，听候处理。否则，追究法律责任。

2006年3月7日江苏省淮河入海水道工程管理处向阜宁县恒茂纸业有限公司发出的《水行政处罚告知书》（淮管水罚告字〔2006〕第01号）

经查，你单位于2005年11月9日擅自在江苏省淮河入海水道工程管理处淮阜控制工程管理所管理范围内违章埋设管道，你单位的行为违反了《江苏省水利工程管理条例》第八条第（六）项之规定。根据《江苏省水利工程管理条例》第三十条之规定，江苏省淮河入海水道工程管理处拟决定对你单位作如下处罚：限期拆除所埋设的管道，恢复原状。根据《中华人民共和国行政处罚法》第三十二条之规定，你单位依法享有陈述和申辩的权利。请在收到告知书之日起3日内，向江苏省淮河入海水道工程管理处（地址：江苏省淮安市楚州区南郊）陈述、申辩并提出证据。否则，将视为放弃陈述和申辩的权利。

2006年4月18日江苏省淮河入海水道工程管理处向阜宁县恒茂纸业有限公司作出的《水行政处罚决定书》（淮管水罚字〔2006〕

第 01 号)

现查明，你单位于 2005 年 11 月 9 日擅自在江苏省淮河入海水道管理处淮阜控制工程管理所管理范围内违章埋设管道。你单位的行为违反了《江苏省水利工程管理条例》第八条第(六)项之规定。2006 年 3 月 7 日我处对你单位已下发了《水行政处罚告知书》，你单位在规定的期限内没有申请陈述和申辩。现根据《江苏省水利工程管理条例》第三十条第一款之规定，江苏省淮河入海水道工程管理处决定给予你单位以下行政处罚：限 10 日内自行拆除所埋设的管道。

如不服本决定可以在接到本处罚决定书之日起 60 日内向江苏省水利厅申请复议，或在 3 个月内向人民法院起诉。逾期不申请复议或不向人民法院起诉又不履行本决定的，我处将申请人民法院强制执行。

2006 年 8 月 21 日江苏省淮河入海水道工程管理处向阜宁县人民法院发出的《执行申请书》

申请事项：申请强制执行。

事实与理由：2005 年 11 月阜宁县恒茂纸业有限公司擅自在淮河入海水道管理处管理范围内埋设管道，该行为违反了《江苏省水利工程管理条例》第八条第(六)项之规定。我处水行政执法人员多次到该公司进行宣传教育，规劝其自行拆除所埋设的管道，但没有效果。2006 年 4 月 18 日，我处依法作出了淮管水罚字〔2006〕第 01 号《水行政处罚决定书》，阜宁县恒茂纸业有限公司拒不执行《水行政处罚决定书》的处罚决定。根据《中华人民共和国行政处罚法》第五十一条第(三)项的规定，特申请贵院予以强制执行。

2006 年 9 月 5 日阜宁县人民法院作出的《行政裁定书》（阜执字〔2006〕第 0627 号）

江苏省淮河入海水道工程管理处于2006年4月18日依据《江苏省水利工程管理条例》第三十条第一款的规定,作出淮管水罚字〔2006〕第01号水行政处罚决定。

因被申请执行人阜宁县恒茂纸业有限公司在法定期限内未申请复议又未提起诉讼,申请执行人江苏省淮河入海水道工程管理处于2006年8月22日根据《中华人民共和国行政诉讼法》第六十六条的规定向本院申请强制执行。

本院于2006年8月22日受理后,依据《江苏省高级人民法院关于非诉行政执行案件听证审查若干问题的规定(试行)》,于2006年8月24日向被申请执行人阜宁县恒茂纸业有限公司送达了听证权利告知书,该公司在规定期限内没有提出听证申请。本院依法组成合议庭对申请执行人提交的证据及法律依据进行审查认为,申请执行人作出的淮管水罚字〔2006〕第01号水行政处罚决定,认为被申请执行人阜宁县恒茂纸业有限公司在江苏省淮河入海水道工程管理处淮阜控制工程管理所管理范围内埋设管道。申请执行人对其予以行政处罚,事实清楚,适用法律正确,处罚适当。现申请执行人江苏省淮河入海水道工程管理处申请执行的具体行政行为已发生法律效力。依照最高人民法院《关于执行〈中华人民共和国行政诉讼法〉若干问题的解释》第九十三条的规定,裁定如下:

江苏省淮河入海水道工程管理处申请执行的淮管水罚字〔2006〕第01号水行政处罚决定合法有效,本院准予强制执行。本裁定送达后即发生法律效力。

■ 案例评析 ■

该案查处的亮点是:江苏省水政监察总队淮河入海水道支队在调查、取证过程中严肃认真。对当事人的询问、现场勘验、拍摄照片等取证都很详细,尤其是当事人拒绝到现场接受调查、拒绝在送达书上签字等都作了记录和证明人签字,对违法现场和被强制拆除前后的情景都用照片和摄像制成光碟作为证据。达到了证据确凿的要求。

该案在查处过程中存在以下问题：

第一，《行政处罚决定书》不规范。一是没有载明阜宁县恒茂纸业有限公司违法的事实和证据，该公司在何时何地擅自埋设管道、埋设管道的数量、占用面积等均无明确表述，属事实不清。也没有载明其依法取得的该公司违法行为的证据种类；二是措词不精练，不应以第三人称阐述，事先告知结果无须在此做交待，对当事人不服处罚决定所交待的救济途径、诉权、时效等均不符合法律规定的要求；三是处罚不到位，鉴于恒茂纸业公司的违法情节恶劣，依据《江苏省水利工程管理条例》第三十条第一款第（一）项的规定，对其作出"限10日内自行拆除所埋设管道"的行政处罚过轻，应视情况依法处以罚款。

第二，恒茂纸业公司擅自埋设管道的违法行为发生在2005年11月9日前，而江苏省水政监察总队淮河入海水道支队从11月10日接到报告后，直至12月16日方调查终结，竟用了一个多月时间。奇怪的是江苏省淮河入海水道工程管理处于2006年2月14日向恒茂纸业公司作出《责令停止水行政违法行为通知书》时，违法行为早已完成。责令当事人停止违法行为的通知，在发现时就应作出。

案例 45

苏州天宁消防有限公司违法填堵古塘河道案

■ 案情简介 ■

2006年10月9日，太仓市水政监察大队接到举报，称有一企业在太仓市汽车站北204国道西侧用建筑垃圾填堵古塘河。经城厢水利站派员查看和市水政监察大队实地勘察，举报属实，为苏州天宁消防有限公司（以下简称天宁消防公司）所为。经对天宁消防公司主要负责人的询问，查明临近该公司的近百米河坡在雨后经常下坍，在沿河倾倒垃圾主要是加固河堤之用。为此，太仓市水利局于2006年10月16日向天宁消防公司发出责令其于10月26日前"清除倾倒在河道中的建筑垃圾，恢复河道原貌"的《限期整改通知书》。天宁消防公司对此十分重视，立即组织力量将倾倒在河道中的建筑垃圾按期全部清除。

■ 法律文书文件摘录 ■

2006年10月10日太仓市水政监察大队询问苏州天宁消防有限公司总经理陈启云时作的《调查（询问）笔录》。

问：你好！我们是太仓市水政监察大队的执法人员（出示证件），

现就你单位未经批准在城厢镇古塘河擅自填堵河道一事向你了解情况，请配合。

答：好的。

问：你们在古塘河河道上搞这个工程的用意是什么？

答：当时看到一下雨河坡老往下坍，主要是想固定河岸的。

问：总的东西长度有多少？

答：约100米，但倾倒渣土的长度约在50米。

问：什么时候开工的？

答：就昨天（10月9日）下午。

问：开工前有没有向水行政主管部门报告过？

答：没有。

问：倒在河道里的渣土有多少立方米？

答：不知道。

2006年10月12日太仓市水政监察大队对苏州天宁消防有限公司擅自填堵古塘河案作出的《水事案件调查报告》

当事人情况：苏州天宁消防有限公司是一家中外合资企业，隶属于北京城建天宁消防有限责任公司江苏分公司。太仓公司坐落在太仓市城厢镇弇山路119号，法定代表人：陈启云。

案件的由来及调查经过：2006年10月9日接群众举报，即派案发地所属的城厢水利站前去察看。10日，太仓市水政监察大队也派员进行了实地勘察。

查明的事实和证据：经查，被填堵的河道叫古塘河，东西走向。被填河段长在97~100米之间，最宽处3.5米左右，最窄处1.5米左右。有现场照片及笔录为证。

调查结论以及处理建议：苏州天宁消防有限公司未经批准擅自填堵河道的行为违反了《苏州市河道管理条例》第二十二条的规定。建议立案查处。

2006年10月16日太仓市水利局向苏州天宁消防有限公司发出的《限期改正通知书》（太水改字〔2006〕第013号）

你单位未经水行政主管部门批准，擅自在城厢镇204国道古塘河桥西侧的古塘河上用建筑垃圾填堵河道的行为，违反了《苏州市河道管理条例》第二十二条的规定。

根据《中华人民共和国行政处罚法》第二十三条之规定，责令你单位于2006年10月26日前改正。改正内容如下：

清除倾倒在河道中的建筑垃圾，恢复河道原貌。

逾期不改正的，本机关将依法采取其他行政措施或实施行政处罚。

2006年10月27日太仓市水政监察大队对苏州天宁消防有限公司擅自填堵古塘河案作出的《水事案件结案报告》

简要案情及调查经过：2006年10月9日接群众举报，经查，被填河道名叫古塘河，东西走向。被填河段长97～100米之间，最宽处3.5米左右，最窄处1.5米左右。

处理情况：调查终结后，10月16日发出了限期改正通知书。

执行情况：苏州天宁消防有限公司接到限期改正通知书后非常重视，立即组织力量把倾倒在河道中的建筑垃圾全部清除，并恢复了河道的原貌。

承办机构建议：建议结案。

■ 案例评析 ■

这是一起违法行为情节比较简单，从发案到结案仅半个月就处理完结的非诉非罚案件。太仓市水政监察大队接到举报后进行了一系列的调查取证工作，证实苏州天宁消防有限公司擅自填堵古塘河道的行为违法。但天宁消防公司积极配合调查，如实反映情况。填堵河道的目的是为了加固河堤，且未造成严重后果，加之天宁消防公司知错即改，在较短的时间内将填堵的建筑垃圾全部清除，恢复了河道原貌。为此，太仓市水利局未对天宁消防公司实施行政处罚，使违法单位受到法制教育，增强法制观念，既达到了行政机关有效实施行政管理的目的，又体现了对"违法行为轻微并及时纠正，没有造成危害后果的，不予行政处罚"的立法宗旨。

《中华人民共和国行政处罚法》第二十七条第二款的上述规定中的"不予行政处罚"应理解为免予行政处罚，是指行政处罚主体考虑到某些法定情形对应受行政处罚行为的单位或个人不适用行政处罚的情况。免予行政处罚与不予处罚是不同的：不予处罚的前提是行为人没有实施应受行政处罚的行为或该行为不具有应受处罚的性质，而免予处罚的前提是行为人的行为已经具有应受处罚的性质。

免予行政处罚过度适用，将会造成"执法疲软"，所以对免予处罚必须规定法定条件。根据《中华人民共和国行政处罚法》第二十七条的规定，免予行政处罚必须同时具备三个要件：一是违法行为轻微；二是行为人有及时纠正违法行为的事实存在；三是没有造成危害后果。缺少其中任何一个要件都不能免予行政处罚。

违法取土案

案例 46

江苏亚龙航务打捞有限公司
违法在长江取土和弃置淤泥案

■ 案情简介 ■

江苏亚龙航务打捞有限公司(以下简称亚龙打捞公司)为给宏泉物流码头疏浚，于2006年6月27日在长江镇江水域船艇教导大队上游100米处挖泥取土，然后将其中的淤泥弃置于尹公洲水域。2006年6月28日被镇江市水政监察支队巡查时查获。经立案调查、现场拍照等取证后，镇江市水利局于8月16日和24日分别向亚龙打捞公司发出行政处罚告知书和听证告知书，8月31日作出责令停止违法行为、罚款0.5万元的行政处罚。亚龙打捞公司随即缴清了罚款。

■ 法律文书文件摘录 ■

2006年6月30日镇江市水政监察支队对江苏亚龙航务打捞有限公司擅自取土、弃置淤泥的行为作出的《立案呈批表》

2006年6月27日，当事人丁良鑫未经水行政主管部门批准，擅自在长江水域船艇教导大队上游100米处挖泥，并将淤泥弃置于尹公洲水域。

2006年6月30日镇江市水利局向江苏亚龙航务打捞有限公司发出的《责令停止水事违法行为通知书》（镇水字〔2006〕第4号）

经查，你单位擅自在长江排放淤泥的行为，违反了《江苏省河道管理实施办法》第二十二条的规定，现责令立即停止违法行为，听候处理。否则，追究法律责任。限3日内到镇江市水政监察支队接受处理。联系电话：0511－5291055。

2006年6月30日镇江市水政监察支队向江苏亚龙航务打捞有限公司法定代表人丁良鑫调查时所作的《询问笔录》

问：我们是镇江市水利局的水政监察队员，请看一下执法证件。

答：知道了。

问：请你谈一下挖泥的情况。

答：是2006年6月27日开始的，是给宏泉物流码头搞疏浚的，总共挖28000立方米淤泥，4.6元每立方米，淤泥运至尹公洲。

问：你疏浚的水域在什么地方？

答：船艇教导大队上游100米处。

问：你在船艇教导大队上游100米处挖泥有没有经水行政主管部门批准。

答：没有。但是有海事部门的施工许可证。

问：以上情况是否属实？

答：属实的。

问：如以上情况属实，请阅后签名。

2006年6月30日镇江市水政监察支队对江苏亚龙航务打捞有限公司违法取土、弃置淤泥案作出的《调查报告》

2006年6月28日，我局执法人员在长江巡查时，发现江苏亚龙航务打捞有限公司未经水行政主管部门批准，擅自在长江水域挖泥并弃置淤泥。现已调查结束，具体情况如下：

现查明，当事人未经水行政主管部门批准，于2006年6月27日在长江水域船艇教导大队上游100米处，从事疏浚业务，将淤泥弃置于长江尹公洲水域。

以上事实有下列证据为证：（1）对当事人的《询问笔录》证明其所从事的活动，未经水行政主管部门批准，将淤泥弃置于长江尹公洲水域；（2）在现场拍摄的照片表明，当事人所从事的活动正在进行中。

以上事实表明，当事人未经水行政主管部门批准，擅自在长江水域挖泥并弃置淤泥于长江尹公洲水域。已违反了《中华人民共和国河道管理条例》第二十五条第（一）项、《江苏省河道管理实施办法》第十一条中关于在河道管理范围内整治航道弃置淤泥等必须先经河道主管机关审查同意的规定。根据《江苏省河道管理实施办法》第二十二条第一款第（四）项的规定，决定对江苏亚龙航务打捞有限公司作出如下处罚：（1）责令停止违法行为；（2）罚款人民币5000元整。

2006年8月16日镇江市水利局向江苏亚龙航务打捞有限公司发出的《行政处罚陈述、申辩权告知书》（镇水权告字〔2006〕31号）

经查，你单位在镇江船艇教导大队附近长江水域挖泥并弃置淤泥的行为，违反了《中华人民共和国河道管理条例》第二十五条第（一）项、《江苏省河道管理实施办法》第十一条第一款的规定。根据《江苏省河道管理实施办法》第二十二条第一款第（四）项的规定，本机关拟对你单位作出如下处罚：（1）责令停止违法行为；（2）罚款人民币5000元整。

根据《中华人民共和国行政处罚法》的规定，你单位有权进行陈述和申辩。请你单位在收到本告知书之日起3日内向镇江市水利局提出陈述和申辩。

逾期视为放弃上述权利。

2006年8月24日镇江市水利局向江苏亚龙航务打捞有限公司发出的《行政处罚听证告知书》(镇水听告字〔2006〕31号)

经查,你单位在镇江船艇教导大队附近长江水域挖泥并弃置淤泥的行为,违反了《中华人民共和国河道管理条例》第二十五条第(一)项、《江苏省河道管理实施办法》第十一条第一款的规定。根据《江苏省河道管理实施办法》第二十二条第一款第(四)项的规定,本机关拟对你单位作出如下处罚:(1)责令停止违法行为;(2)罚款人民币5000元整。

根据《中华人民共和国行政处罚法》第四十二条的规定,你有权要求举行听证。请你在收到本告知书之日起3日内向镇江市水利局提出听证要求,并将回执送(寄)镇江市水政监察支队,邮编:212002,地址:镇江市京口闸东侧,联系电话:5291055。逾期视为放弃上述权利。

2006年8月31日镇江市水利局向江苏亚龙航务打捞有限公司作出的《行政处罚决定书》(镇水罚字〔2006〕31号)

2006年6月28日,我局执法人员在进行长江巡查时发现当事人未经水行政主管部门批准,擅自在船艇教导大队上游100米处长江水域进行挖泥作业,将淤泥弃置江中。遂于2006年6月30日上报局领导审批立案。

现查明,当事人的行为是为宏泉物流码头搞航道疏浚。总方量28000立方米淤泥,每疏浚1立方米4.6元人民币。疏浚的淤泥被其运到尹公洲水域倾倒。

当场要求其提供相关报批手续，对方称没有批准手续。执法人员当即要求其停止施工，并对现场进行拍照。让其第二天(6月29日)到市水政监察支队接受处理。但对方第二天(6月29日)没来。2006年6月30日，我局执法人员又到现场，将其负责人带到市水政监察支队，对其进行询问，制作《询问笔录》，并签发《停止水事违法行为通知书》，要求其停止施工。2006年9月1日，本局就江苏亚龙航务打捞有限公司的违法行为，签发了镇水罚字〔2006〕31号《行政处罚陈述、申辩权告知书》及《行政处罚听证告知书》。当事人未要求听证。

上述违法行为有下列证据为证：

证据一：对当事人的《询问笔录》，表明对方未经水行政主管部门批准擅自将疏浚淤泥弃置于尹公洲水域。

证据二：现场照片，表明对方正在作业。

综上所述，当事人的行为违反了《中华人民共和国河道管理条例》第二十五条第(一)项、《江苏省河道管理实施办法》第十一条的规定，在河道管理范围内整治航道弃置淤泥。根据《江苏省河道管理实施办法》第二十二条第一款第(四)项的规定，决定对江苏亚龙航务打捞有限公司作出如下处罚：(1)责令停止违法行为；(2)罚款人民币5000元整。限接到本处罚决定书之日起15日内将罚款缴至罚没收入专户（账号：1304679012；开户行：商行营业部）。逾期不缴纳的，每日按罚款数额的1‰缴纳滞纳金。

当事人如对本处罚决定不服，可在接到本处罚决定书之日起60日内向江苏省水利厅或镇江市人民政府申请复议，也可在3个月内直接向人民法院起诉。逾期不申请复议，也不向人民法院起诉，又不履行本处罚决定的，我局将依法申请人民法院强制执行。

■ 案例评析 ■

这是一起违法情节严重的水事案件。首先，江苏亚龙航务打捞有限公司擅自为宏泉物流码头疏浚的行为(据亚龙打捞公司法定代表人丁良鑫在询问中承认,只有海事部门的施工许可证)违反了《中华人民共和国防洪法》第二十条第(一)项中关于"整治航道,应当符合江河、湖泊防洪安全要求,并事先征求水行政主管部门的意见"的规定。其次,该案发生在长江已进入主汛期的6月下旬,取走的和弃置的淤泥量大。

镇江市水利局在查处该案中存在以下问题:

一是镇江市水利局未及时制止亚龙打捞公司的水事违法行为。亚龙公司于2006年6月27日开始挖泥取土施工,于28日被镇江市水政监察支队在巡查中查获,但镇江市水政监察支队未采取任何制止措施,直到30日再到现场,亚龙打捞公司动用大型挖泥机船施工(拍摄的现场照片为证)时,才对此签发《责令停止水事违法行为通知书》,也才"上报局领导审批立案"查处。从上述事实看,镇江市水政监察支队6月28日在施工现场只是"当即要求其停止施工",而没有签发《责令停止水事违法行为通知书》,也没有对大型挖泥船、运泥船采取扣押或制止其继续施工的果断措施,致使亚龙打捞公司争取了时间,在这三四天内突击完成了取土和弃置淤泥的违法行为。

二是违法事实不清。从该案的法律文书和案卷来看,对亚龙打捞公司的违法行为作佐证的仅为1份对亚龙打捞公司法定代表人丁良鑫的简单的询问笔录(问答总共100余字)和两张照片(6月30日摄)。亚龙打捞公司施工所用的挖泥船型号、数量和运泥船的数量等基本数据在档案中全无记载(既没有询问丁良鑫,也没有作调查),且共采集和弃置28000立方米淤泥也仅是丁良鑫提供的。这样办理案件怎么能达到"违法事实清楚"的要求呢?

三是适用法律错误。以上所述,亚龙打捞公司的违法行为发生在主汛期,又发生在长江水域内,查处该案的适用法律首先应从《中华人民共和国防洪法》中寻找依据。如若《中华人民共和国防洪法》中无明确条款,《中华人民共和国水法》应有相应规定。亚龙打捞公司擅自取土和弃置淤泥的行为，是两个违法情节：其一，其弃置淤泥违反了《中华人民共和国水法》第三十七条第一款中关于禁止向江河内弃置阻碍行洪的物体的规定，应依据《中华人民共和国水法》第六十六条第（一）项的规定实施处罚；其二，其擅自取土违反了《中华人民共和国水法》第四十三条第四款中关于禁止从事影响水工程运行和危害水工程安全的取土的规定，应依据《中华人民共和国水法》第七十二条第（二）项的规定实施处罚。

镇江市水利局对亚龙打捞公司的违法行为，认为其违反了《江苏省河道管理实施办法》第十一条的规定，并依据该办法的第二十二条第（四）项的规定（该项是指违法兴建各类建筑设施及从事各类活动的）实施行政处罚。殊不知，对河道疏浚算什么建筑设施？对亚龙打捞公司如此违法行为仅处以罚款5000元草草了事，着实令人不解。

案例 47

朱杰在排淡河左堤违法取土案

■ 案情简介 ■

2006年2月24日晚,连云港市水政监察支队市区水利工程管理处大队和市水警支队巡查组在排淡河巡查时,发现朱杰擅自使用挖掘机在排淡河左堤、开发区虎山段取土,已开挖区域长达10米、宽8米、深2米,取土量160立方米,开挖的区域边缘距河口线12米,影响排淡河堤防的安全。连云港市水政监察支队随即责令其停止违法行为,开展立案调查、取证等工作。依据《中华人民共和国水法》的有关规定,连云港市水利局于2006年4月26日作出限在10日内采取补救措施恢复河堤原状、罚款1.8万元的行政处罚。当事人朱杰于2006年5月10日缴纳了罚款,5月11日经市区水利工程管理处对取土现场检查,已恢复河堤原状,处罚决定已全部履行。

■ 法律文书文件摘录 ■

2006年3月30日连云港市水政监察支队对朱杰在排淡河左堤虎山段违法取土案作出的《水行政违法案件调查报告》

调查经过及认定事实：2006年2月24日21时，连云港市水政监察支队市区水利工程管理处大队和市水警支队联合巡查组在排淡河突击巡查时，发现有人未经水行政主管部门批准，使用挖掘机，擅自在排淡河左堤开发区虎山段连徐高速公路上游181米处违章取土。由于该地段地形开阔，河边道路有多条出口，在执法人员发现非法取土者的同时，非法取土者也发现了执法人员，于是立即分乘拉土卡车逃离现场，但挖掘机被扣留在取土现场。根据现场的情况，执法人员决定对现场进行彻夜监控，就地在车上轮流休息。夜间执法人员多次发现数辆无牌车辆停靠在取土现场周边观察，当执法人员准备上前询问时，无牌车辆立即驶离现场。2006年2月25日8时许，执法人员通过挖掘机上所印手机电话，联系到该挖掘机机主，通过电话对该挖掘机机主批评教育，约半小时后，该挖掘机驾驶员朱杰赶到现场接受处理。经现场勘测，开挖区域长10米、宽8米、深2米，开挖区域边缘距河口线12米，取土总量160立方米，影响水利工程安全，案情重大。

2006年2月25日，连云港市水利局决定立案查处，市水政监察支队在市水警支队的配合下，自2006年2月25日至3月30日经过依法调查，查清了当事人未经水行政主管部门批准，擅自在排淡河左堤虎山段违章取土的违法事实：2月24日晚，马山附近居民尹小宝（此人身份无法核实）与朱杰联系，雇其挖掘机在排淡河开发区虎山段挖取河堤土方，2月24日21时左右，朱杰操作挖掘机在排淡河左堤、开发区虎山段连徐高速公路上游181米处开始挖取河堤土方，至21时20分，在发现巡查组执法人员后，弃机逃逸。经现场勘测，开挖区域长10米、宽8米、深2米，开挖区域边缘距离河口线12米，取土总量160立方米。

调查结论及拟处理意见：上述当事人在未经水行政主管部门批准的情况下，使用挖掘机，擅自在排淡河左堤、开发区虎山段连徐高速公路上游181米处违章取土，开挖区域长10米、宽8米、深2米，开挖区域边缘距离河口线12米，取土总量160立方米，影响水利工程安全,违反了《中华人民共和国水法》第四十三条第四款"在水工程保护范围内,禁止从事影响水工程运行和危害水工程安全的爆破、打井、采石、取土等活动"的规定。

考虑到当事人的上述行为对水利工程安全影响较大,同时也考虑到当事人在被查处过程中能够及时认识到其行为的危害性并积极配合调查工作的开展,另外还考虑其经济承受力和处罚与教育相结合的原则,依据《中华人民共和国水法》第七十二条第(二)项的规定,责令当事人自收到《行政处罚决定书》之日起,限在10日内采取补救措施,恢复河堤原状,补救措施需经连云港市水利局验收。并处罚款1.8万元的行政处罚。

调查证据:调查笔录1份、勘测图1份和现场照片若干。

2006年4月7日连云港市水利局经水政水资源处组织、有分管局长和水利工程管理机构负责人等参加的对朱杰在排淡河左堤虎山段违法取土一案的情况进行会审并作出的《案件集体讨论记录》

汇报主要案情:2006年2月24日晚,连云港市水政监察支队市区水利工程管理处大队、市水警支队巡查组在排淡河巡查时,发现朱杰未经水行政主管部门批准,擅自在排淡河左堤、开发区虎山段连徐高速公路上游181米处违章取土,开挖区域长10米、宽8米、深2米,开挖区域边缘距离河口线12米,取土总量160立方米,影响水利工程安全。2006年2月25日决定立案调查,2月25日至3月30日经过依法调查,当事人对违法事实予以认可。对违法事实的认定有违法人供述、现场照片、现场勘测图等证据。当事人的上述行为违反了《中华人民共和国水法》第四十三条第四款的规定,依据《中华人民共和国水法》第七十二条第(二)项的规定,拟责令当事人自收到《行政处罚决定书》之日起,限在10日内采取补救措施,恢复河堤原状,补救措施需经市水利局验收。拟作出罚款1.8万元的行政处罚。

依据《中华人民共和国水法》第七十二条第(二)项的规定,当事人的上述行为可以处1万元以上5万元以下的罚款,拟对当事人作出罚款1.8万元的行政处罚,主要是基于以下考虑:一是当事人使用挖掘机开挖我市重要的行洪河道排淡河的河堤长10米、宽8米、深2米,开挖区域边缘距离河口线12米,取土总量达160立方米,对水利工程安全构成较大危害;二是当事人在被查处过程中,能够及时认识到其行为的危害性,并积极配合调查工作的开展,同时考虑其经济承受力和处罚与教育相结合的原则,确定罚款额为1.8万元。

结论意见:该案件认定事实清楚,适用法律正确,证据确凿,程序合法,对当事人拟作出的处罚合理,同意调查人员作出的拟处理意见。

2006年4月11日连云港市水利局向朱杰发出的《行政处罚听证告知书》(连水听告字〔2006〕第2号)

你于2006年2月24日在未经水行政主管部门批准的情况下,使用挖掘机,擅自在排淡河左堤、开发区虎山段连徐高速公路上游181米处违章取土,开挖区域长10米、宽8米、深2米,开挖区域边缘距离河口线12米,取土总量160立方米,影响水利工程安全(上述事实有调查笔录、现场勘测图、现场照片为证),违反了《中华人民共和国水法》第四十三条第四款的规定,依据《中华人民共和国水法》第七十二条第(二)项的规定,本机关拟责令你自收到行政处罚决定书之日起,限在10日内采取补救措施,恢复河堤原状,补救措施需经连云港市水利局验收。拟对你作出罚款1.8万元的行政处罚。

根据《中华人民共和国行政处罚法》第四十二条的规定,你有权要求举行听证。如你要求听证,应当在收到本告知书后3日内向本机关提出。逾期视为放弃听证。

2006年4月26日连云港市水利局对朱杰作出的《行政处罚决定书》(连水罚决字〔2006〕2号)

你于2006年2月24日在未经水行政主管部门批准的情况下,使用挖掘机,擅自在排淡河左堤、开发区虎山段连徐高速公路上游181米处违章取土,开挖区域长10米、宽8米、深2米,开挖区域边缘距离河口线12米,取土总量160立方米,影响水利工程安全(上述事实有以下证据证明:调查笔录、现场勘测图、现场照片),违反了《中华人民共和国水法》第四十三条第四款的规定,依据《中华人民共和国水法》第七十二条第(二)项的规定,本机关责令你自收到《行政处罚决定书》之日起,限在10日内采取补救措施,恢复河堤原状,补救措施需经市水利局验收。决定对你作出罚款1.8万元的行政处罚。

上述罚款,当事人在本处罚决定书送达之日起15日内持处罚决定书到市农业银行营业部(地址:市新浦区通灌北路43号)缴纳,到期不缴纳罚款的,每日按罚款数额的3%加处罚款。

如你不服本决定,可以在接到本决定书之日起60日内,向连云港市人民政府或者江苏省水利厅申请行政复议,也可以在3个月内直接向人民法院起诉。行政复议和行政诉讼期间,行政处罚不停止执行。

逾期不申请行政复议也不向人民法院起诉,又不履行处罚决定的,本机关可以申请人民法院强制执行。

2006年5月11日连云港市市区水利工程管理处向连云港市水利局作出的《关于朱杰在排淡河左堤虎山段违章取土案补救措施的验收报告》

2006年5月11日,我处根据你局的要求,对朱杰在排淡河左堤虎山段违章取土案的取土现场进行了现场检查。经查,当事人已按要求采取了补救措施,对所开挖区域进行了回填,恢复了河堤原状。

2006年6月23日连云港市水利局对朱杰违法取土案作出的《水行政违法案件结案审批表》

简要案情:2006年2月24日晚,连云港市水政监察支队市区水利工程管理处大队、市水警支队巡查组在排淡河巡查时,发现朱杰未经水行政主管部门批准,擅自在排淡河左堤、开发区虎山段连徐高速公路上游181米处违章取土,开挖区域长10米、宽8米、深2米,开挖区域边缘距离河口线12米,取土总量160立方米,影响水利工程安全。2006年2月25日决定立案调查,2月25日至3月30日经过依法调查,当事人对违法事实予以认可。对违法事实的认定有违法人供述、现场照片、现场勘测图等证据。

处理情况:2006年4月26日,依据《中华人民共和国水法》第七十二条第(二)项的规定,责令当事人自收到行政处罚决定书之日起,限在10日内采取补救措施,恢复河堤原状,补救措施需经连云港市水利局验收。对当事人处罚款1.8万元的行政处罚。

执行情况:2006年4月27日处罚决定书送达当事人。5月10日,当事人在规定期限内缴纳了1.8万元罚款。5月11日,根据连云港市水利局的要求,市区水工程管理处对当事人取土现场进行了现场检查。经查,当事人已按要求对所开挖区域进行了回填,恢复了河堤原状。

■ 案例评析 ■

这是一起查处较好的水事案例,主要有以下特点:

一是连云港市水政监察支队市区水利工程管理处大队与市水警支队巡查组联合巡查,可增强执法巡查的效率。在调查取证中,除对当事人询问外,绘制了违法现场勘测图,标明地点、位置、违法取土区域和河道的距离，违法事实清楚，一目了然。

二是在认定违法事实清楚、证据确凿后，连云港市水利局召开了一次由水政水资源处组织、分管局长和工程管理等各有关负责人参加的会议，认真审查朱杰的违法事实、证据以及实施行政处罚的法律依据，然后作出处罚决定。

三是《行政处罚决定书》中对朱杰的违法事实和证据的记载十分详细和完整，符合法律的规定。

四是对行政处罚执行的情况，在档案中有详细记载，既有对恢复河堤原状的验收报告，又在结审报告中作了说明。

但该案的查处也存在以下问题：

一是没有向当事人作出对行政处罚享有陈述、申辩权的告知，朱杰对是否要求举行听证，案卷中也没有记载。

目前，对于行政处罚项目中有符合听证内容的，行政机关应当向违法行为人发出什么样的告知持有两种意见：一种意见认为，凡行政处罚项目中有符合听证范围内容的，向违法行为人只发出是否要求举行听证的告知即可。理由是为违法行为人举行听证，他同时可以对行政处罚作出陈述或申辩。因此在行政机关对违法行为作出行政处罚前，向违法行为人作出有要求举行听证权的告知即可，而无须再告知有陈述和申辩权。另一种意见认为，不论行政处罚项目中是否有听证范围内容的，都要向违法行为人作出有陈述和申辩权的告知。理由有两点：其一，对行政处罚进行陈述和申辩是违法行为人最基本的权利。根据《中华人民共和国行政处罚法》第三十一条、第三十二条的规定，行政机关"告知当事人依法享有的权利"是一项法定的必须履行的义务，也是行政机关在作出行政处罚决定前的一项必经程序；其二，听证程序不是查处行政案件的必经程序，只有行政处罚内容中有属于听证范围的项目才经过的一道程序。行政处罚中有属于听证内容的，违法行为人虽然被告知享有要求举行听证的权利，但出于某种原因，在放弃听证权的同时，也丧失了陈述和申辩权。放弃听证权不等于放弃陈述和申辩权。行政机关在作出行政处罚决定前不向违法行为人告知陈述和申辩的知情权，违背了《中华人民共和国行政处罚法》第三十一条和第三十二条的规定，属程序违法。

二是法律文书中文字不精练。如"开挖区域长 10 米、宽 8 米、深 2 米，取土总量 160 立方米"在调查报告中反复出现了三次，在集体讨论记录中出现了两次。

三是机械地搬用法律用语。在《行政处罚决定书》中的"上述罚款，当事人在……缴纳，到期不缴纳罚款的……"的"到期"，以及交待诉权段最后一行中"……本机关可以申请人民法院强制执行"的"可以"，都是法律条款中的用语，在水行政机关对当事人作出的行政处罚决定中都应使用带有强制性的词语，一般不用"到期"，限期过后就是"逾期"会有什么样的后果；后一个"可以"是法律让行政机关选择的，行政机关对当事人表明态度，如不履行，态度应很坚决，用"我局将依法强制执行或依法申请人民法院强制执行"，没有什么"可以"或"不可以"的。

案例 48

何树清在兴石河内违法取土案

■ 案情简介 ■

2006年8月18日,何树清雇用赵连华用挖泥船在通州市兴石河兴仁镇二十大队二队段河道内取土,以4元每立方米的价格向一个新建厂供土填塘,共需土1400立方米。至案发时止,已取土4天,取土达800多立方米。8月21日,通州市水利局向何树清发出《责令停止水行政违法行为通知书》,并立案调查取证。通州市水政监察大队分别于8月31日和9月4日对该案进行集体审议,提出处理意见。通州市水利局于9月4日对何树清擅自取土的违法行为作出处以2000元罚款的行政处罚,何树清于第二天缴纳了罚款。

■ 法律文书文件摘录 ■

2006年8月31日通州市水政监察大队对何树清在兴石河中违法取土案集体讨论时作的《水事违法案件讨论记录》。

办案人员初步意见:认定何树清违章事实清楚,证据确凿,违反了《中华人民共和国河道管理条例》第二十五条之规定,根据《中华人民共和国河道管理条例》第四十四条之规定,拟给予何树清罚款2000元的处理。

讨论情况：2006年8月21日，我们接到举报，说有人在兴仁镇政府南兴石河内取土。我们立即赶到现场，发现有一条吸泥船在兴仁镇二十大队二队毛国桥家附近的兴石河内取土。我们按照程序展开了调查，了解到吸泥船船主是何树清，他所吸取的土是供应兴仁工业区内一个叫王建国新办的厂区里填塘用的。正式取土已经3天，共取土约800多立方米，填塘共需要土1400立米。取土没有经过任何部门批准，且该河道在一年前刚刚疏浚完毕。调查中还了解到，何树清是主动帮助王建国取土的，两人之间以4元每立方米的价格进行结算。查处后，何树清立即停止了违法行为，施工船只已离开施工现场。

经查明，何树清违法事实清楚、证据确凿，违反了《中华人民共和国河道管理条例》第二十五条之规定。主要证据有现场勘察图、调查笔录、身份证明、现场照片。

根据《中华人民共和国河道管理条例》第四十四条之规定，结合我水政监察大队查处后，何树清能积极配合调查、态度较好的实际情况，我们办案人员提出了罚款人民币2000元的处罚。

这条河道是刚刚疏浚过的，已经通过验收。现他又在里面取土，而且是用泥浆泵吸的方式，将会严重超深，影响河势的稳定，建议一是必须处罚，二是要恢复河道原状。

兴石河是一条2级河，是我局主管的一条河道，在这里发生的水事违法行为，应由我局处理，执法主体不错。何树清是实施违章取土的人，且他是主动为王建国取土的，取土的地点也是何树清自己选定的，执法对象也不错。关键是处罚的额度上偏轻一点，因为何树清知法犯法，而且该河道才刚刚疏浚过的。

处罚的额度是这样定的，根据现场勘察，他取了800多立方米土，按4元每立方米的标准结算，共约3000多元。考虑到支付人员工资后，没收非法所得也就是2000元。

处罚这么多，我认为是比较合适的。至于说恢复原状，最好不要了，因为你再用土来填的话，说实在话，填下来肯定是高高低低，反而不是太好，再说，到哪里取土也是个问题。如果实在要的话，我建议是不是请人测量一下，测量结果认为有这个需要的，就要求他恢复原状。

据了解，该河道疏浚也是何树清施工的，所以哪里达标，哪里未达标，他心里是最清楚的。根据调查，当事人及证人都说明这次取土是在原来疏浚未达到标准的地段，所以不会造成多大伤害，我认为恢复原状可以不作要求。

我们就定下来，处罚何树清2000元罚款，发出行政处罚告知书。

案件讨论意见： 决定对何树清进行处罚，处2000元的罚款。

2006年9月1日通州市水利局向何树清发出的《水行政处罚告知书》(通水罚告字〔2006〕第003号)

经查，你于2006年8月18日左右在通州市兴石河(兴仁镇大队段)擅自取土的行为，违反了《中华人民共和国河道管理条例》第四十四条的规定，拟给予罚款人民币2000元的行政处罚。根据《中华人民共和国行政处罚法》的规定，你依法享有陈述和申辩的权利。请在接到本告知书之日起3日内到通州市水利局陈述、申辩并提出证据。否则，视为放弃陈述或者申辩的权利。

所附证据材料： (1)现场勘察示意图；(2)现场照片；(3)调查笔录；(4)身份证。

2006年9月4日通州市水政监察大队在向何树清发出《行政处罚告知书》，何树清表示不需要陈述、申辩后，又进行一次集体审议时作出的《水事违法案件讨论记录》

办案人员初步意见： 认定何树清违章事实清楚，证据确凿，违反了《中华人民共和国河道管理条例》第二十五条之规定，根据

《中华人民共和国河道管理条例》第四十四条之规定，拟给予何树清罚款2000元的处理。

讨论情况：经上次集体审议，我们对何树清发出行政处罚告知书，何树清收到告知书后到我局进行陈述、申辩，没有提出相关理由。我们办案人员一致认为仍维持原有处罚意见。

该案查证事实清楚、证据确凿、定性准确、处理恰当和完备、办案程序合法，属于典型的违法水事活动行为，同意发出行政处罚决定书。

2006年9月4日通州市水利局对何树清作出的《水行政处罚决定书》（通水罚字〔2006〕第003号）

现查明，擅自在通州市兴石河兴仁镇二十大队二队段取土的行为违反了《中华人民共和国河道管理条例》第二十五条的规定，有现场勘察、调查笔录、照片等证据为证，根据《中华人民共和国河道管理条例》第四十四条的规定，决定给予下列处罚：处以2000元罚款。

罚款于接到本决定书之日起15日内缴至中国银行通州城区支行，收款单位：通州市财政局，账号：0181100880080。逾期不缴纳罚款的，将每日按罚款数额的3%加处罚款。

如不服本决定，可在接到本决定书之日起60日内向通州市人民政府或南通市水利局申请复议，也可在3个月内直接向通州市人民法院提起诉讼。

逾期不申请复议，也不向人民法院起诉，又拒不履行本处罚决定的，我局将依法申请人民法院强制执行。

■ 案例评析 ■

该案的违法事实基本清楚，证据较为充分。通州市水政监察大队建立水事案件集体审议制度，它虽不同于《中华人民共和国行政处罚法》中规定的对情节复杂或者重大违法行为给予较重的行政处罚，需由行政机关的负责人集体讨论决定的制度。但全体执法人员通过集体审议，可以对该案有个全面、客观的了解，对查处和作出处理都有充分发表意见的机会，有利于防止办错案和提高执法水平。但该案的查处也存在适用法律错误的问题。

该案中对何树清违法行为的认定和实施行政处罚的依据，适用的都是《中华人民共和国河道管理条例》。该条例发布于1988年6月10日，由于当时水法律法规不健全，操作性不强，如在罚则中规定有罚款的种类，但无罚款的上限和下限的具体规定。因此，行政机关对违法当事人实施罚款的行政处罚不应以《中华人民共和国河道管理条例》的有关条款作依据。该案依据《中华人民共和国河道管理条例》第四十四条的规定，可以对何树清作出责令其纠正违法行为，采取补救措施外，可以并处警告、没收非法所得，但罚款应当规避，因而对何树清罚款2000元于法无据，行政处罚无效。

随着法制建设的不断完善，近几年出台的《中华人民共和国防洪法》、新修订的《中华人民共和国水法》和《江苏省水利工程管理条例》等水法律法规的操作性都很强。对违法事实的认定和实施处罚的依据都必须准确。该案的违法事实尽管清楚，但在河道中取土是一个特例，其他水法律法规中又没有对此作出过规定，依据《中华人民共和国河道管理条例》第四十四条的规定对何树清作出"没收非法所得"的行政处罚，将其违法取土所得的3000余元予以没收，也可收到同样的效果。

案例 49

阜宁县众兴建材有限公司违法取土案

■ 案情简介 ■

2005年5月20日阜宁县水利局在汛前检查时，发现阜宁县施庄镇喻口村段射阳河滩地有船装土运走，阜宁县水政监察大队随即介入调查。经查实，阜宁县众兴建材有限公司（以下简称众兴建材公司）为寻找土源烧窑制砖，于2005年2月与在此滩地上的养殖专业户郑于田达成协议，代为郑于田清理鱼塘，以用清理鱼塘中的泥土冲抵清塘工资为条件，签订了合同书，并从4月底开始清塘取土至今。众兴建材公司的行为违反了《中华人民共和国水法》的有关规定，阜宁县水利局依法对其作出限15日内恢复滩地原状和处以3万元罚款的行政处罚决定。2005年6月23日众兴建材公司缴纳了3万元罚款。

■ 法律文书文件摘录 ■

2005年5月25日阜宁县水政监察大队对阜宁县众兴建材有限公司擅自在施庄镇喻口村段射阳河滩地取土案作出的《水行政违法案件调查报告》

案情经过：施庄镇喻口村段射阳河滩地取土，是郑于田（养殖户）和阜宁县众兴建材有限公司签订的合同，众兴建材有限公司以帮助郑于田挖深鱼塘为名，擅自在射阳河滩地上取土运回厂制作砖坯。双方是2005年2月份签订的合同，2005年4月底开始正式取土的，此行为违反了《中华人民共和国水法》第四十三条第四款的规定，目前我局水政监察大队已调查取证结束。

调查结论及拟处理意见：（1）停止取土行为，恢复滩地原状；（2）处以罚款人民币3万元整。

所附证据材料：当事人笔录、照片、取土合同。

2005年6月13日阜宁县水利局对阜宁县众兴建材有限公司作出的《水行政处罚决定书》（阜水罚字〔2005〕第012号）

现查明，阜宁县众兴建材有限公司于2005年4月20日在射阳河滩地（施庄喻口村段）擅自取土，违反了《中华人民共和国水法》第四十三条的规定。根据《中华人民共和国水法》第七十二条第（二）项之规定，决定给予以下行政处罚：（1）15日内恢复滩地原状；（2）处以罚款人民币3万元整。

如果不服本行政处罚决定，可以在接到处罚决定书之日起60日内向盐城市水利局或阜宁县人民政府申请复议，对复议决定不服的，可以在接到复议决定之日起15日内，向阜宁县人民法院起诉。当事人也可以在接到处罚决定书之日起3个月内，直接向阜宁县人民法院起诉，逾期不申请复议或不向人民法院起诉又不履行本决定的，我局将申请人民法院强制执行。

2005年7月30日阜宁县水政监察大队向阜宁县水利局作出的《水行政违法案件结案审批表》

简要案情及调查经过：阜宁县众兴建材有限公司因生产需要土

源制砖坯,由该公司职工张如灼联系与射阳河滩地养殖户郑于田以代为清理鱼塘为名,进行违法取土。我水政监察大队人员在汛前检查时发现后于2005年5月20日正式立案查处,经调查取证,认定该行为已违反了《中华人民共和国水法》第四十三条第四款的规定,责令停止违法行为,恢复滩地原状。当事人对违法事实认清后积极配合调查,依法履行行政处罚决定。

处理情况: (1)恢复滩地原状;(2)处以罚款人民币3万元整。

执行情况: 当事人自觉履行处罚义务。

■ 案例评析 ■

该案经过一个多月的调查取证,以阜宁县众兴建材有限公司缴纳3万元罚款而结案,但该案查处中的几个问题值得注意。

一是违法事实不清。众兴建材公司从2005年4月底开始清塘取土,至5月20日被发现和制止,究竟取了多少土?在询问张如灼的笔录中有"一共10条船"、"一天一趟,一条船大约10方土"的记录。但在调查报告、结案审批表中均无记载,更没有在行政处罚决定书中载明。这样的事实,如何让违法单位去恢复滩地原状,用什么"量"作为标准衡量是否已达到恢复原状呢?

二是违反了对重大违法行为给予较重的行政处罚时行政机关的负责人应当集体讨论决定的程序。众兴建材公司在射阳河滩地的鱼塘内取土(按询问笔录,充其量也就是2000立方米土)能否称得上为"重大违法行为"暂且不作理论,但对其罚款3万元则是属较重的行政处罚,从案卷中只是办案人的建议(没有理由),找不到集体讨论意见或主管领导的批示。

三是不应虚设无法达到的行政措施。行政处罚决定中的首条即是"15日内恢复滩地原状",但案卷中和结案审批表中均无恢复原状的任何记载。众兴建材公司与郑于田的挖塘取土本来就是一桩共同受益的交易。恢复原状不仅让原就缺土的众兴建材公司犯难,也让需要挖深鱼塘的郑于田不答应，其结果只能是罚款到位，恢复原状也就不了了之。

四是制作法律文书应当认真。如《水行政处罚决定书》前未冠行政机关的名称，当事人对两份告知书的态度在案卷中无记载，适用的法律款项不全，罚款3万元，写成"处以人民币罚款3万元整"（语句不通，"法律文书文件摘录"中已更正）等。

案例 50

王宗胜在石梁河水库主坝后戗台
违法取土案

■ 案情简介 ■

2006年4月19日下午,王宗胜受雇于赣榆县沙河镇孟曹埠村孟庆波,为其承包的鱼塘清淤,擅自在石梁河水库主坝后戗台孟曹埠涵洞南50米处取土垫路,形成长10米、宽8米的取土区。经连云港市水政监察支队石梁河大队调查证实,该行为已构成违法。连云港市水利局决定对王宗胜的违法工具(用于取土的铲车)登记保存,在其将挖土区填平恢复原状后,作了罚款2900元的行政处罚。

■ 法律文书文件摘录 ■

2006年4月19日连云港市水政监察支队对王宗胜擅自取土案作出的《水行政违法案件调查报告》

调查经过:2006年4月19日下午,石梁河水库管理处水政监察大队接到电话举报,反映有人在石梁河水库主坝后戗台孟曹埠涵洞南50米处取土,市水政监察大队立即赶至现场,发现当事人王宗胜受赣榆县沙河镇孟曹埠村二组村民孟庆波雇用,为其位于石梁河主坝管理范围外的承包鱼塘清淤。因鱼塘边道路泥泞,于4月19日下午5点左右,到主坝后戗台孟曹埠涵洞南50米处使用铲车取土。至执法人员到达现场前已取走拖拉机4车土方,形成长10米、宽8米的取土区。执法人员到现场后,要求当事人立即停止取土,恢复工程原状。当事人在执法人员的要求下,给予了恢复。为了避免违法取土工具铲车的消失,事后难以取证,经局领导批准,决定对铲车给予了登记保存。

调查结论及拟处理意见: 当事人王宗胜在石梁河水库主坝后戗台取土,依据《连云港市石梁河水库管理暂行办法》第十一条第一款的规定,主坝的水利工程管理范围为背水坡坝脚外200米,且后戗台为主坝的重要组成部分,其取土行为在水库主坝的水利工程管理范围内,依据《江苏省水利工程管理条例》第八条第(二)项的规定,在堤坝取土属于禁止性行为,违反了《江苏省水利工程管理条例》的上述规定。石梁河水库是全省最大的人工水库,在主坝的工程管理范围内违法取土,为水库除险加固后首次发生,带来的影响极为恶劣,可能产生的后果极为严重,应给予严厉处罚。鉴于当事人经执法人员及时制止和批评教育后,及时给予了恢复,减轻了违法行为的危害后果,符合《中华人民共和国行政处罚法》第二十七条第四款的从轻或减轻行政处罚的规定。综上所述,当事人王宗胜的取土行为违反了《江苏省水利工程管理条例》第八条第(二)项的规定,依据《江苏省水利工程管理条例》第三十条第(一)项的规定,建议给予以下处理:罚款2900元整。

证据材料: 调查笔录2份、现场照片、勘测图、登记保存证明。

2006年4月20日连云港市水利局向王宗胜发出的《水行政处罚告知书》(连水罚告〔2006〕第3号)

经查,你于2006年4月19日下午在石梁河水库主坝后戗台孟曹埠涵洞南50米处使用铲车违法取土,并在主坝后戗台上形成长10米、宽8米的取土区。上述违法事实有当事人陈述笔录、证人证言、现场勘测图、先行登记保存的作业工具——铲车和现场照片、现场摄像资料等证据为证。

你的行为违反了《江苏省水利工程管理条例》第八条第(二)项的规定,依据《江苏省水利工程管理条例》第三十条第(一)项的规定,拟对你做出如下行政处罚:罚款2900元整。

依据《中华人民共和国行政处罚法》第六条第一款、第三十一条、第三十二条的规定,你可在收到本告知书之日起3日内到连云港市水利局(新浦区海昌南路11号)进行陈述和申辩,逾期视为放弃陈述和申辩的权利。

2006年4月26日连云港市水利局对王宗胜作出的《水行政处罚决定书》(连水罚决字〔2006〕第3号)

被处罚人于2006年4月19日下午在石梁河水库主坝后戗台孟曹埠涵洞南50米处,使用一辆铲车采挖土料,形成长10米、宽8米的取土区,经石梁河水库管理处及时制止,停止了取土并恢复了工程原状。以上违法事实有当事人陈述笔录、证人证言、证据登记保存证明、现场测量示意图、现场照片、现场摄像资料等证据为证。

被处罚人的违法取土行为虽被及时制止,对所破坏的水利工程进行了恢复,但是已经违反了《江苏省水利工程管理条例》第八条第(二)项的规定,且未在规定时间内对连水罚告〔2006〕第3号的告知内容提出陈述或申辩意见,依据《江苏省水利工程管理条例》第三十条第(一)项的规定,决定给予以下行政处罚:罚款2900元整。

上述罚款,被处罚人在接到本处罚决定书之日起15日内,持本处罚决定书到新浦区通灌北路43号市农业银行营业部缴纳,逾期不缴纳的,每日按罚款数额的3%加处罚款。

如不服本处罚决定的,被处罚人可在本处罚决定书送达之日起60日内向连云港市人民政府或江苏省水利厅申请行政复议,也可以在本处罚决定书送达之日起3个月内直接向连云港市新浦区人民法院提起行政诉讼。

被处罚人逾期不申请复议或者不向人民法院起诉又不履行处罚决定的,本机关将依法申请人民法院强制执行。

2006年5月20日连云港市水政监察支队对王宗胜违法取土案作出的《水行政违法案件结案审批表》

简要案情： 2006年4月19日下午,石梁河水库管理处水政监察大队接电话举报,发现当事人王宗胜于4月19日下午5点左右,到主坝后戗台孟曹埠涵洞南50米处使用铲车取土,并已取走拖拉机4车土方,形成长10米、宽8米的取土区。执法人员经批准,对作业工具铲车进行了登记保存,要求当事人立即停止取土,恢复工程原状,当事人按照要求予以了恢复。对违法事实的认定有调查笔录2份、勘测图、登记保存证明、现场照片、现场摄像资料等证据。

处理情况： 2006年4月20日,对当事人依法送达水行政处罚告知书,当事人未在规定期限内对告知处罚内容进行陈述和申辩。4月26日,对先行登记保存的证据给予了退回。同日,依法作出水行政处罚决定并于当日送达当事人,给予当事人罚款2900元整。

执行情况： 2006年5月15日,当事人按照水行政处罚决定书的要求,将罚款缴入了指定的代收机构,处罚决定履行完毕。

■ **案例评析** ■

该案举报及时,查处迅速,致使王宗胜的违法行为得到及时制止,并在较短时间内使被损毁的石梁河水库主坝后戗台得到恢复。连云港市水利局在查处该案中适用法律正确,事实清楚。通过调查询问、现场勘测、现场摄像、采取证据先行登记保存等措施,证据齐全,为较好较快地处理该案奠定了基础,且在结案报告中对当事人在规定期限内放弃告知的行政处罚内容进行陈述和申辩的权利作了交待。

案例 51

泗洪县长江物流有限公司
在濉河左堤违法取土案

■ 案情简介 ■

泗洪县长江物流有限公司（以下简称长江物流公司）为垫北环路路基，于2004年5月17日至18日擅自在濉河左堤县工业园东区段河堤上取土约90立方米，毁堤较为严重。在泗洪县水政监察大队查处该案期间，长江物流公司认识其违法的严重性，立即组织人员和机械恢复了堤防原状。泗洪县水务局于2004年6月4日依法对其作出罚款1000元的行政处罚，长江物流公司于6月9日履行了罚款的义务。

■ 法律文书文件摘录 ■

2004年5月20日泗洪县水政监察大队对泗洪县长江物流有限公司违法取土案作出的《水行政违法案件调查报告》

案情经过：泗洪县长江物流有限公司于2004年5月17日至18日未经水行政主管部门批准擅自在濉河左堤县工业园区东区段管理范围内河堤上取土90余立方米，用于垫北环路路基，毁坏堤防较为严重。5月18日查处后，泗洪县长江物流有限公司能认识到此行为的严重性，迅速调运机械，连夜修复被损堤防。

调查结论及拟处理意见：泗洪县长江物流有限公司毁坏堤防行为已严重违反了《中华人民共和国防洪法》第三十七条、《江苏省水利工程管理条例》第八条第（二）项之规定，根据《中华人民共和国防洪法》第六十一条、《江苏省水利工程管理条例》第三十条之规定，并考虑到泗洪县长江物流有限公司能及时组织恢复，拟对泗洪县长江物流有限公司作出如下处罚：（1）3日内恢复工程原状；（2）罚款1000元。

所附证据材料：（1）谈话笔录1份；（2）非法取土现场勘测图1份；（3）现场照片3张。

2004年5月24日泗洪县水务局向泗洪县长江物流有限公司发出的《水行政处罚告知书》（洪水告字〔2004〕第007号）

本局依法查处的未经批准擅自在水利工程管理范围内取土毁坏堤防一案，已经调查终结。根据《中华人民共和国行政处罚法》第三十一条、第三十二条的规定，现将本局拟作出的行政处罚以及处罚的事实、理由、依据告知如下：

经查，你公司于2004年5月17日至18日未经水行政主管部门批准擅自在濉河左堤县工业园东区段管理范围内河堤上取土90余立方米，用于垫北环路路基，毁坏堤防较为严重。5月18日查处后，你公司能认识到此行为的严重性，迅速调运机械，连夜恢复被损堤防。你公司毁坏堤防的行为已严重违反了《中华人民共和国防洪法》第三十七条、《江苏省水利工程管理条例》第八条第（二）项之规定，根据《中华人民共和国防洪法》第六十一条、《江苏省水利工程管理条例》第三十条之规定，并考虑到你公司能及时组织恢复，拟对你公司作出如下处罚：（1）3日内恢复工程原状；（2）罚款1000元。

对上述告知事项，你单位有陈述、申辩的权利。如要求申辩，应在收到本通知之日起 3 日内向本局提出。逾期未提出的视为放弃此权利。

2004 年 6 月 4 日泗洪县水务局对泗洪县长江物流有限公司作出的《水行政处罚决定书》（洪水罚字〔2004〕第 007 号）

经查明，泗洪县长江物流有限公司于 2004 年 5 月 17 日至 18 日未经水行政主管部门批准，擅自在濉河左堤县工业园东区段管理范围内河堤上取土 90 余立方米，用于垫北环路路基，毁坏堤防较为严重。5 月 18 日查处后，泗洪县长江物流有限公司能认识到此违法行为的严重性，迅速调运机械，连夜恢复被毁堤防。泗洪县长江物流有限公司毁堤行为已严重违反了《中华人民共和国防洪法》第三十七条、《江苏省水利工程管理条例》第八条第(二)项之规定，根据《中华人民共和国防洪法》第六十一条、《江苏省水利工程管理条例》第三十条之规定，并考虑到泗洪县长江物流有限公司能及时组织恢复，决定对泗洪县长江物流有限公司作出如下处罚：(1) 3 日内恢复工程原状；(2) 罚款 1000 元。

如不服本决定可以在接到处罚决定书之日起 60 日内向宿迁市水务局或泗洪县人民政府申请复议，或在 3 个月内向泗洪县人民法院起诉。逾期不申请复议或不向人民法院起诉又不履行本决定的，我局将申请人民法院强制执行。

■ 案例评析 ■

首先，在堤防上非法取土，都被《中华人民共和国水法》、《中华人民共和国防洪法》和《江苏省水利工程管理条例》列为"禁止"之列，只要选择与违法行为相适应的一个法律或法规实施处罚即可。该案适用了《中华人民共和国防洪法》和《江苏省水利工程管理条例》两个法律法规，并无必要。泗洪县长江物流有限公司擅自在濉河堤防上取土,是一种"毁损堤防"的行为,但仅取土90立方米,未造成后果,且连夜修复,违法情节轻微。符合《江苏省水利工程管理条例》第八条第(二)项的情节,依据该条例第三十条第一款第(一)项的规定,对其责令停止违法行为,采取恢复堤防原状的补救措施,罚款1000元的行政处罚较为恰当。

其次,该案《结案审批表》中的论述不够简练。"处理情况"栏与"简要案情"栏内容重复。"执行情况"栏内说"套话",应针对"处理情况"栏的要求,明确注明:(1)被损堤防已恢复原状,经验收符合质量标准;(2)罚款1000元已于6月9日到位。

第三,该案《行政处罚决定书》中用词啰唆,不简练。行政处罚决定书是泗洪县水务局对长江物流公司作出的,对其只需称你单位或你公司即可。而这份决定书中却连续用了五次"泗洪县长江物流有限公司",使人看了觉得这份决定书不是对该公司而是对第三人讲的。

案例 52

宿迁市龙河镇大芦砖瓦厂违法取土案

■ 案情简介 ■

2006年7月份，睢宁县凌城镇永丰村段徐洪河北堰被挖。睢宁县水政监察大队接举报后迅速开展调查，经查证，系为住永丰村的宿迁市龙河镇大芦砖瓦厂厂长孙怀远用于烧制红砖所为。其行为已违反了《中华人民共和国防洪法》第三十五条第三款的规定，依据《中华人民共和国防洪法》第六十一条的规定，睢宁县水利局决定作出限期修复堤防、恢复工程原貌、处以15000元罚款的行政处罚。孙怀远于2006年11月20日前履行了行政处罚的义务。

■ 法律文书文件摘录 ■

2006年7月5日睢宁县水政监察大队对宿迁市龙河镇大芦砖瓦厂违法毁堤取土烧砖案作出的《现场勘验笔录》

2006年7月4日，睢宁县水政监察大队组织水政执法人员，前往睢宁县凌城镇永丰村调查永丰村村民孙怀远未经水行政主管部门批准擅自取用徐洪河北堰堤防永丰村段土方用于烧制红砖。经调查，违法当事人孙怀远，男，35岁，凌城镇永丰村人，在宿迁市龙河镇承包一个砖瓦厂，所取用的土方是用于烧制红砖。经调查，当事人孙怀远对擅自取用徐洪河北堰堤防永丰村段土方的违法行为供认不讳。

2006年7月5日睢宁县水政监察大队对大芦砖瓦厂违法毁堤取土烧砖案调查终结后作出的《水行政违法案件调查报告》

案由：未经水行政主管部门批准，擅自取用徐洪河北堰睢宁县凌城镇永丰村段土方用于烧制红砖。

案情经过：2006年7月，睢宁县凌城镇永丰村村民孙怀远未经水行政主管部门批准，擅自取用徐洪河北堰堤防永丰村段土方用于烧制红砖。

调查结论及拟处理意见：其行为已违反《中华人民共和国防洪法》第三十五条第三款的规定，依据《中华人民共和国防洪法》第六十一条的规定，给予以下行政处罚：(1)限期修复堤防，恢复工程原貌；(2)处以15000元罚款。

2006年4月22日《扬子晚报》（A14版）刊载的《只顾自己赚钱，不管众人安危，窑场竟在防洪堤上取土烧砖瓦》

宿迁市宿城区龙河镇徐洪河防洪大堤，该堤北侧居住着数万居民。但该镇有个窑场竟公然从堤上取土烧制砖瓦，将堤坝挖得"坑坑相连"，险象环生。附近村民遂致电本报热线反映和求助。

宿城区龙河镇吴先生告诉记者，他家住在龙河镇大芦村，村子在龙河防洪大堤的北边。龙河也叫徐洪河，呈东西走向，它是洪泽湖通往徐州的一条河，河面宽处约200米。近两年来，村上的"大芦窑场"一直在龙河堤坝上取土烧制实心砖瓦，附近几百米堤坝上被挖出一个个大坑，有村民将其形容为"剖腹"、"挖心"。堤坝一般宽约40米，但有的地方被挖得只剩下10米左右。2004年的夏天，那时堤坝还破坏得不算太严重，但大水还是从堤坝上漫了出来，附近的几个村子均遭受水淹。大芦村位于宿城区与睢宁县交界处，窑场不仅挖掉了龙河附近的排涝河大堤和宿城区内的龙河部分堤坝，甚至还沿堤坝挖到了睢宁县内，仅被挖的这段防洪大堤下面就有好几个村子，每个村子里少的有几百口人，多的有几千口人。而与龙河镇邻近的还有埠子镇、三棵树镇、罗圩镇等镇，加起来至少有五六万人口，龙河距离宁徐省级公路也仅有几百米。因此，就堤坝现在严重受损的现状，若再遇汛期，将难以抵挡，附近数以万计的人口和方圆数十公里的土地都会遭殃。为此，有村民曾向区相关部门反映过，却一直无人前来过问。

接到反映后，记者随即与宿迁市宿城区水务局水政监察大队联系，该队潘队长告诉记者，这几年从堤坝上取土已经是一种"很正常"的现象了，因为堤坝周围的大多是村镇，有时搞工程需要土方竟也到堤坝上取土。而个别窑场为了一己私利，更是常在堤坝上取土烧砖瓦。根据《中华人民共和国防洪法》第三十七条的规定，任何单位和个人不得破坏、侵占、毁损水库大坝、堤防、水闸、护岸、抽水站、排水渠系等防洪工程，擅自从防洪堤上取土的行为是违法的。但无奈他们水政监察大队人手太少，工作内容繁杂，以往没有管理到位，他们将尽快着手调查此事，如情况属实，不仅会责令窑场停止违法行为，恢复堤坝原状，还将给予其5万元以下的罚款；情节严重的，将移交公安部门依法追究其刑事责任。

2006年7月5日睢宁县水利局向宿迁市龙河镇大芦砖瓦厂发出的《水行政处罚告知书》（睢水罚告字〔2006〕第10号）

我局对你破坏徐洪河睢宁县凌城镇永丰村段北侧地方挖取堤防土方用于烧制红砖一案已调查终结，根据《中华人民共和国行政处罚法》第三十一条、第三十二条之规定，在对你作出行政处罚决定前告知你。

你的违法事实是2006年2月开始在徐洪河睢宁县凌城镇永丰村段北侧堤防取土12250立方米用于烧制红砖。该行为违反了《中华人民共和国防洪法》第三十五条第三款之规定，根据《中华人民共和国防洪法》第六十一条之规定，我局拟对你给予以下处罚：（1）限期修复所毁堤防，恢复工程原貌；（2）处以15000元罚款。你可在接到本告知书之日起7日内到我局（地址：睢宁县元府西路38号）口头或书面陈述、申辩，逾期视为放弃权利。

2006年7月18日睢宁县水利局对宿迁市龙河镇大芦砖瓦厂作出的《水行政处罚决定书》（睢水罚字〔2006〕第11号）

现查明，你单位破坏徐洪河睢宁县凌城镇永丰村段北侧堤防挖取堤防土方用于烧制红砖，取土12250立方米。

证据：当事人孙怀远笔录1份、破坏地段照片3张。

上述行为违反了《中华人民共和国防洪法》第三十五条第三款的规定，依据《中华人民共和国防洪法》第六十一条之规定，我局对你单位给予以下行政处罚：（1）限接到本决定书之日起7日内修复所毁堤防，恢复工程原貌；（2）处以15000元罚款。以上款项请于接到本决定书之日起15日内到睢宁县预算外资金管理局缴纳（账号：1106026309200190410，开户行：工商银行）。

如不服本处罚决定可以在接到本决定书之日起60日内向睢宁县人民政府或徐州市水利局申请复议或者3个月内直接向睢宁县人民法院起诉。逾期既不申请复议又不向人民法院起诉且不履行本决定的，我局将依法申请人民法院强制执行。

2006年7月28日宿迁市龙河镇大芦砖瓦厂厂长孙怀远向睢宁县水利局作出的《关于申请减免罚款的请示》

我是宿迁市龙河镇大芦砖瓦厂厂长孙怀远。2006年春，因本厂生产需要，擅自挖取徐洪河永丰段堤防土，造成了很坏的影响，本人诚恳接受贵局查处。连日来，积极组织人、机进行堤防修复，已经支出修复工程费3.6万余元，由于该厂位置偏僻，用于烧砖的土质不好，产品质量差，经营状况不好，近日来上门索债的人络绎不绝，很难筹足罚款，故请求给予减免罚款3000元。本人深表感谢。剩余罚款保证足额缴纳。

2006年8月5日睢宁县水利局向宿迁市龙河镇大芦砖瓦厂作出的《关于对大芦砖瓦厂申请减免罚款请示的批复》

你厂因破坏徐洪河堤防接受水行政处罚一案关于申请减免罚款的请示，我局已收悉，按照睢水罚字〔2006〕第11号《水行政处罚决定书》应对你厂在修复工程原貌的同时罚款15000元。鉴于你们接受处罚诚恳并积极组织工程修复，为了达到保护工程、警示他人、教育当事人的目的，经研究：同意你厂的请示，最终给予12000元罚款。

2006年11月23日睢宁县水政监察大队向睢宁县水利局作出的《结案报告》

根据新闻媒体曝光，2006年4月宿迁市龙河镇大芦砖瓦厂（厂长：孙怀远）未经水行政主管部门批准擅自取用徐洪河睢宁县凌城镇永丰村段北侧堤防土方用于烧制红砖，共计12250立方米，其行为违反了《中华人民共和国防洪法》第三十五条第三款的规定。

县水政监察大队组织水行政执法人员前往事发现场进行调查取证，经现场勘察，违法事实确凿。依据《中华人民共和国防洪法》第六十一条之规定，下达了《水行政处罚决定书》（睢水罚字〔2006〕第11号）。当事人孙怀远对违法事实供认不讳。由于当事人态度良好，积极配合执法人员调查取证，及时恢复工程原貌，并主动缴纳罚款人民币12000元整，现建议予以结案。

■ 案例评析 ■

　　该案查处的亮点是：睢宁县水政监察大队在查处宿迁市龙河镇大芦砖瓦厂毁堤取土烧砖一案中绘制的大芦砖瓦厂违法毁堤取土示意图、拍摄的违法现场照片等较为详细，可作为其违法事实的证据。

　　从案卷看，该案的查处存在以下几个问题：

　　第一，对当事人孙怀远的调查中，从询问笔录中看出孙怀远接替上任大芦砖瓦厂负责人张杰（承包厂长）后于2006年2月份开始毁堤取土，4月份停止取土，究竟取了多少土、这次从什么时间取土等，都没有询问，孙怀远说从接手大芦砖瓦厂至今（即调查日7月5日）共取用徐洪河北堰大约有1万立方左右（案卷为12600立方米），从现场勘验笔录和调查报告中看不出。现场勘验笔录中"现场"只说了一个大概，究竟"勘验"了什么？同时还笔录了与本文无关的话。

　　第二，大芦砖瓦厂从2006年2月即开始疯狂盗挖堤防，造成该段徐洪河堤防险象环生，防洪功能降低，为安全度汛埋下隐患。经群众向媒体反映和记者经调查后于2006年4月22日在《扬子晚报》（A14版）上刊登了题为"只顾自己赚钱，不管众人安危，窑场竟在防洪堤上取土烧砖瓦"的文章，引起了强烈反响。迫于舆论压力，大芦砖瓦厂毁堤取土的违法行为暂时收敛。但是，孙怀远却在主汛期的7月份（也可能更早一些时间）又继续他的违法行为，其情节是恶劣的，问题是严重的，应予重处重罚。

　　第三，徐洪河是一条从徐州市东郊经铜山、邳州、睢宁3县（市、区）至洪泽湖，以抗洪排涝、通航、调水相结合的人工河道，国家和当地政府投入大量的人力、物力、财力修建的河道，却在短短的几个月内被大芦砖瓦厂孙怀远等人盗挖得坑坑洼洼。其主管部门睢宁县水利局却视而不见，麻木不仁，即使4月22日《扬子晚报》曝光后，也没有引起其重视而采取切实措施，执法巡查制度形同虚设，致使大芦砖瓦厂的违法行为得以继续。

第四，睢宁县水利局对大芦砖瓦厂的行政处罚与减免罚款存在以下不当：一是对大芦砖瓦厂毁堤取土烧砖行为未从其情节之恶劣，后果之严重方面去裁量，只以一般的取土违法行为实施偏轻的行政处罚。砖瓦厂烧砖出售是纯粹的经营行为，试算一下，12600 立方米的土烧了多少砖，可盈利多少？孙怀远(个人承包的窑厂)损公肥私的行为应当依法追究其民事责任。二是 2006 年 7 月 5 日睢宁县水利局向大芦砖瓦厂发出的《水行政处罚告知书》中限期在 7 日内作出陈述或申辩，至 7 月 13 日大芦砖瓦厂已自动放弃陈述和申辩的法定权利，大芦砖瓦厂在 7 月 28 日又上报了一份《关于申请减免罚款的请示》，而睢宁县水利局竟于 8 月 5 日作出了一个《关于对大芦砖瓦厂申请减免罚款请示的批复》，同意减免 3000 元，其理由是"接受处罚诚恳并积极组织工程修复"。"接受处罚诚恳"不能算作理由，如果不诚恳是否要加重罚款呢？至于是否"积极组织工程修复"，从案卷中根本就查不到根据。《水行政处罚决定书》中"限 7 日内修复所毁堤防"，试问，孙怀远在 7 日内从哪拉来近 1.3 万立方米土加固堤防，且徐洪河防洪堤的标准要求很高，是否在限期内达到量、质的标准，没有权威部门的验收报告。即使是如期按质足量地恢复了堤防原貌，也是其应当履行的法定义务。这种既不是"将功折罪"，也不是"以功补过"行为能成为对其减免罚款的理由吗？三是该案属重大水事违法案件，对这类水事案件的处理不应草率，行政机关应当集体讨论作出处理意见。四是该案还有一个值得注意的问题，即睢宁县水利局在 2006 年 7 月 5 日发出的告知书、7 月 18 日发出的处罚决定书和 8 月 5 日发出的批复中，都认定大芦砖瓦厂取用徐洪河堤土烧砖是破坏行为，已超出了行政管理的范畴，应依据《中华人民共和国水法》第七十二条第(一)项或《中华人民共和国防洪法》第六十一条的规定，将该案交公安机关依法给予治安管理处罚或追究其刑事责任。

其他案

重要说明

省属水利工程管理机构经地方性法规和政府规章授权或受委托行使行政处罚权的法律依据

《江苏省水利工程管理条例》第三十条第二款规定:"经省人民政府批准设置的水利工程管理机构,对在其管理的水利工程管理范围内的违反本条例的行为,可以依照前款规定进行行政处罚。"根据该条例的授权,下列水利工程管理机构可以实施行政处罚:江苏省秦淮河水利工程管理处、江苏省太湖地区水利工程管理处、江苏省江都水利工程管理处、江苏省泰州引江河管理处、江苏省灌溉总渠管理处、江苏省淮河入海水道工程管理处、江苏省淮沭新河管理处、江苏省洪泽湖水利工程管理处、江苏省骆运水利工程管理处。

上述九个省属水利工程管理机构可以依据江苏省地方性法规和省政府规章的授权或受省水利厅的委托，行使授予的行政处罚权。

一是受委托行使行政处罚权。《江苏省防洪条例》第六条第三款规定："经省人民政府批准设立的水利工程管理机构，在其管辖范围内行使省水行政主管部门委托的具体防洪管理职责。"《江苏省水资源管理条例》第四十九条规定："本条例规定的行政处罚和行政强制措施，由水行政主管部门实施。在省水利工程管理范围内，省水行政主管部门行使的行政处罚权可以依法委托经省人民政府批准成立的水利工程管理机构行使。"《江苏省湖泊保护条例》第六条第一款规定："本省境内的洪泽湖、太湖、骆马湖、微山湖、里下河腹部地区湖泊湖荡、白马湖、高邮湖、宝应湖、邵伯湖、滆湖、长荡湖、石臼湖、固城湖，除水利部流域管理机构直接管理的外，由省水行政主管部门管理。"上述湖泊中，除太湖、骆马湖、微山湖由水利部流域管理机构直接管理。其余湖泊均由江苏省水利厅管理，各省属水利工程管理机构可根据省水利厅的分工实施工程管理和依法受委托行使行政处罚权。

二是根据授权行使行政处罚权。《江苏省河道管理实施办法》第八条第三款规定："经省、市人民政府批准设置的水利工程管理机构，可以行使同级河道主管机关授予的部分行政管理职能。"《江苏省河道堤防工程占用补偿费征收使用管理办法》第二条第一款规定："因生产、建设、经营需要，确需占用河道（含人工水道、水库、湖泊、行洪区、滞洪区）及其配套工程管理范围（以下简称'占用行为'）单位和个人（以下简称'占用人'），必须经有管辖权的河道主管机关批准，领取《河道工程占用证》，并按照本办法的规定，缴纳河道堤防工程占用补偿费（以下简称'占用补偿费'）"；第五条第一款规定："占用补偿费由县级以上地方人民政府河道主管机关负责征收"；第十三条规定："有管辖权的流域管理机构参照本办法执行"。《江苏省水文管理办法》第二十六条第一款规定："侵占、盗窃、毁坏、移动水文测报设施或者侵占其管理范围的，按照《江苏省水利工程管理条例》的规定处罚。"

案例 53

史洪科等八人在洪泽湖区内违法圈圩案

■ 案情简介 ■

泗洪县半城镇史洪科、孙加功、孙家进、孙家山、胡兆荣、王芝玉、刘其德七人（由史洪科负责）找挖泥船船主王井良于2005年8月12日在半城粮管所养殖区近湖面固堤圈圩搞养殖。8月16日经半城水务站报告，泗洪县水政监察大队立即派员到现场制止和调查，经勘验已圈圩70多米长、土方100余立方米。当对王井良的圈圩工具实施暂扣时，遭到史洪科等五人的围攻。史洪科等人因暴力抗法被公安机关依法拘留。此案调查终结后，泗洪县水务局长召集有关人员作为重大水事案件进行讨论，形成四条集体讨论的处理意见，对违法行为人作出10日内恢复工程原状，分别给史洪科等七人和王井良以罚款的行政处罚。至2005年9月2日行政处罚的项目均履行完毕。

■ 法律文书文件摘录 ■

2005年8月28日由泗洪县水务局局长主持，召集有关人员对史洪科等人违法圈圩案进行研究形成的《泗洪县水务局重大水行政案件集体讨论处理意见》

案件简要情况：史洪科、孙加功、孙家进、孙家山、胡兆荣、王芝玉、刘其德、王井良于2005年8月未经水行政主管部门批准擅自在洪泽湖管理范围（半城粮管所养殖段）违法圈圩70多米长、土方100余立方米。8月16日上午，我局水政监察大队依法对违法圈圩工具实施暂扣时，遭到史洪科、胡兆荣、王芝玉等人围攻，史洪科、孙家进、孙家山、胡兆荣、王芝玉等5人因暴力抗法被公安机关依法行政拘留。史洪科等8人的行为已严重违反了《江苏省湖泊保护条例》第十七条的规定。

集体讨论意见：

1. 此案属群体性暴力抗法，当事人被公安机关依法拘留，社会影响较大，要严肃处理。

2. 此案的土方量不大，且是在老堤加固，在处理时要考虑到。

3. 罚款要适当，要考虑到当事人的承受力。

4. 具体处理意见就按承办人意见，即依据《江苏省湖泊保护条例》第二十二条的规定，对史洪科等8人作出如下处罚：（1）10日内恢复工程原状；（2）罚款4250元，其中，史洪科、孙加功、孙家进、孙家山、胡兆荣、王芝玉、刘其德各350元，王井良1800元。

2005年9月2日泗洪县水务局向史洪科等八人发出的《水行政处罚告知书》（洪水告字〔2005〕第4号）

本局依法查处的未经批准圈圩一案，已经调查终结。根据《中华人民共和国行政处罚法》第三十一条、第三十二条的规定，现将本局拟作出的行政处罚及处罚的事实、理由、依据告知如下：你们8人未经水行政主管部门批准擅自在洪泽湖管理范围（半城粮管所养殖段）违法圈圩70多米长、土方100余立方米。8月16日上午我局水政监察大队依法对违法圈圩工具实施暂扣时，遭到史洪科、胡兆荣、王芝玉等人围攻，史洪科等5人因暴力抗法被公安机关依法行政拘留。你们的行为已严重违反了《江苏省湖泊保护条例》第十七条的规定。根据《江苏省湖泊保护条例》第二十二条的规定，拟对史洪科等8人作出如下处罚：（1）10日内恢复工程原状；（2）罚款4250元。

对上述告知事项，你有陈述、申辩的权利。如要求申辩，你应在收到本通知之日起3日内，向本局提出。逾期未提出的，视为放弃此权利。

2005年9月2日泗洪县水务局向史洪科等八人作出的《水行政处罚决定书》（洪水罚字〔2005〕第4号）

现查明，史洪科、孙加功、孙家进、孙家山、胡兆荣、王芝玉、刘其德、王井良于2005年8月未经水行政主管部门批准擅自在洪泽湖管理范围(半城粮管所养殖段)违法圈圩70多米长、土方100余立方米。8月16日上午我局水政监察大队依法对违法圈圩工具实施暂扣时，遭到史洪科、胡兆荣、王芝玉等人围攻，史洪科等5人因暴力抗法被公安机关依法行政拘留。史洪科等8人的行为已严重违反了《江苏省湖泊保护条例》第十七条第一款的规定。根据《江苏省湖泊保护条例》第二十二条的规定，对史洪科等8人作出如下处罚：（1）10日内恢复工程原状；（2）罚款4250元，其中史洪科、孙加功、孙家进、孙家山、胡兆荣、王芝玉、刘其德各350元，王井良1800元。

如不服本决定可以在接到本处罚决定书之日起60日内向宿迁市水务局或泗洪县人民政府申请复议，或者3个月内向泗洪县人民法院起诉。逾期不申请复议或不向人民法院起诉又不履行本决定的，我局将申请人民法院强制执行。

2005年9月3日泗洪县水政监察大队对史洪科等八人违法圈圩案向泗洪县水务局作出的《水行政违法案件结案审批表》

简要案情：史洪科、孙加功、孙家进、孙家山、胡兆荣、王芝玉、刘其德、王井良于2005年8月未经水行政主管部门批准擅自在洪泽湖管理范围(半城粮管所养殖段)违法圈圩70多米长、土方100余立方米。8月16日上午我局水政监察大队依法对违法圈圩工具实施暂扣时，遭到史洪科、胡兆荣、王芝玉等人围攻，史洪科等5人因暴力抗法被公安机关依法行政拘留。史洪科等8人的行为已严重违反了《江苏省湖泊保护条例》第十七条第一款的规定。根据《江苏省湖泊保护条例》第二十二条的规定，对史洪科等8人作出如下处罚：(1)10日内恢复工程原状；(2)罚款4250元，其中史洪科、孙加功、孙家进、孙家山、胡兆荣、王芝玉、刘其德各350元，王井良1800元。

处理情况：根据《江苏省湖泊保护条例》第二十二条的规定，对史洪科等8人作出如下处罚：(1)10日内恢复工程原状；(2)罚款4250元，其中史洪科、孙加功、孙家进、孙家山、胡兆荣、王芝玉、刘其德各350元，王井良1800元。

执行情况：当事人史洪科等8人于2005年9月2日自觉履行了洪水罚字[2005]4号《水行政处罚决定书》设定的义务。

结案建议：当事人史洪科等8人于2005年9月2日自觉履行了洪水罚字[2005]4号《水行政处罚决定书》设定的义务，建议结案。沿湖水务站要加大对洪泽湖的巡查，并大力宣传此案的查处情况。

■ 案例评析 ■

江苏省湖泊众多，但湖泊被违法圈圩种植、养殖的现象十分严重。为加强湖泊保护、维护湖泊生态环境、防治水害，有效发挥湖泊功能，合理利用湖泊资源，江苏省人大常委会制定并于2004年8月20日公布了《江苏省湖泊保护条例》，为沿湖各级水行政主管部门依法治湖、管湖提供了法律依据。

泗洪县水务局查处史洪科等人违法圈圩案中，适用法律正确，尤其是县水务局对该案的处理十分重视，局长亲自主持，按照法定程序集体讨论处理意见,体现了该局慎重和稳妥的工作精神。对史洪科等人违法圈圩案实施行政处罚也可适用《江苏省水利工程管理条例》,其行为违反了该条例第八条第(七)项中关于禁止擅自在湖泊内圈圩的规定,并依据该条例第三十条第一款第(一)项的规定,给予违法行为人责令停止违法行为、限期拆除已圈圩堤、恢复工程原状、处以1万元以下罚款的行政处罚。

这是一起集体违法案,给予罚款处罚时已将史洪科等七人与王井良有所区别,但也应对史洪科等七人有所区别,因其违法情节不同。史洪科、孙家进、孙家山、胡兆荣、王芝玉五人因暴力抗法受到公安机关的行政拘留处罚,但这并不能替代因违法圈圩而应受水行政机关给予的行政处罚。上述五人因违法圈圩受到查处时围攻水行政执法人员,其违法行为的情节是严重的,而将违法情节轻微的胡兆荣、刘其德与上述五人不加区别地予以相同数额的罚款,显失公平。

另外,泗洪县水务局对史洪科等八人在2005年9月2日同一天既发出《行政处罚告知书》又作出《行政处罚决定书》不妥。其理由已在相关的案例评析中作了说明,这里不再重复。对行政处罚中的"恢复工程原状",泗洪县水务局应在限期内或违法行为人告知已完成时,派员到现场组织检查验收,然后写出检查验收报告入档。

案例 54

王士来在新龙河凌城送水河管理范围内擅自开挖鱼塘案

■ 案情简介 ■

2005年3月1日,睢宁县水政监察大队接到举报称,凌城闸送水河凌闸村段北侧堤坝被人用挖掘机开挖毁损。睢宁县水政监察大队随即派员前往现场调查,证实该行为由凌城镇旗杆村徐庄组王士来擅自开挖鱼塘所为,自案发至今,已开挖长195米、宽8米、深2米的鱼塘一座,该行为违反了《徐州市堤坝管理条例》的有关规定。为此,睢宁县水利局依法对王士来作出限15日内修复所毁工程、恢复工程原貌、罚款1万元的处罚决定。王士来在规定的限期内拒不履行行政处罚的义务,睢宁县水利局于2005年8月10日向睢宁县人民法院递交《行政强制执行申请书》。2005年8月18日睢宁县人民法院作出《行政裁定书》,行政处罚决定的事项得到履行。

■ 法律文书文件摘录 ■

2005年3月1日睢宁县水政监察大队对王士来毁堤开挖鱼塘案作出的《现场勘验笔录》

2005年3月，睢宁县水政监察大队组织水政执法人员前往凌城镇旗杆村进行调查，该村村民王士来违章在堤坝管理范围内开挖鱼塘一座。经调查，当事人名叫王士来，男，32岁，睢宁县凌城镇旗杆村徐庄组人。当事人于2005年3月用挖掘机在凌城镇翻水站送水河凌闸村段北侧堤坝管理范围内开挖鱼塘，土方共计3120立方米。经实地调查，当事人王士来对擅自在堤坝管理范围内开挖鱼塘的违法行为供认不讳。

2005年3月10日睢宁县水利局对王士来毁堤开挖鱼塘案作出的《水行政违法案件调查报告》

案情经过：2005年2月，当事人王士来在未经水行政主管部门批准的情况下擅自用挖掘机在凌城抽水站送水河北侧堤坝开挖鱼塘。

调查结论及拟处理意见：该行为违反了《徐州市堤坝管理条例》第十六条第一款第(九)项的规定，依据《徐州市堤坝管理条例》第二十二条第一款的规定，限期修复所毁工程，恢复工程原貌，并处罚款人民币1万元。

所附证据材料：(1)违章开挖鱼塘照片1张；(2)当事人调查询问笔录1份。

2005年4月9日睢宁县水利局对王士来作出的《水行政处罚决定书》（睢水罚字〔2005〕第005号）

现查明你于2005年3月用挖掘机在凌城镇翻水站送水河凌闸村段北侧堤坝管理范围内开挖鱼塘，长195米，宽8米，深2米。

证据：破坏现场照片1张、当事人王士来调查询问笔录1份。

当事人的上述行为，违反了《徐州市堤坝管理条例》第十六条第一款第(九)项的规定，依据《徐州市堤坝管理条例》第二十二条第一款第(三)项的规定，决定给予以下行政处罚：(1)限接到本决定书之日起 15 日内修复所毁工程，恢复工程原貌；(2) 处罚款 1 万元整。以上款项请于接到本决定书之日起 15 日内到睢宁县预算外资金管理局缴纳（账号：1106026309200190410，开户行：工商银行）。

如不服本处罚决定的，可以在接到本决定书之日起 60 日内向睢宁县人民政府或徐州市水利局申请复议或者 3 个月内直接向睢宁县人民法院提起行政诉讼。逾期不申请复议，也不向人民法院起诉，且不履行本决定的，我局将依法申请人民法院予以强制执行。

2005 年 8 月 10 日睢宁县水利局向睢宁县人民法院作出的《行政强制执行申请书》

申请事项： 请求睢宁县人民法院依法强制执行被申请人履行睢宁县水利局睢水罚字〔2005〕第 005 号处罚决定。

事实和理由： 被申请人王士来于 2005 年 2 月在睢宁县凌城翻水站送水河凌闸村段北侧堤防管理范围内擅自开挖鱼塘，长 195 米，宽 8 米，深 2 米。其行为违反了水法律法规规定，睢宁县水利局依照法定程序，于 2005 年 4 月 9 日向被申请人下达了睢水罚字〔2005〕第 005 号《水行政处罚决定书》，被申请人在法定期限内既没有申请复议，也没有向人民法院提起诉讼，其处罚决定已合法生效。我局多次前往执行处罚决定，被申请人拒不履行处罚决定，故依法申请睢宁县人民法院对被执行人予以强制执行。

2005 年 8 月 18 日睢宁县人民法院作出的《行政裁定书》（睢非诉行审字〔2005〕第 87 号）

睢宁县水利局以王士来于 2005 年 3 月用挖掘机在凌城翻水站送水河凌闸村段北侧堤坝管理范围内擅自开挖鱼塘（长 195 米、宽 8 米、深 2 米）的行为，违反了《徐州市堤坝管理条例》第十六条第一款第（九）项的规定为由，于 2005 年 4 月 9 日依据《徐州市堤坝管理条例》第二十条第一款第（三）项的规定，对王士来作出睢水罚字

〔2005〕第005号水行政处罚决定：(1)限接到本决定书之日起15日内修复所毁工程，恢复工程原貌；(2)处罚款1万元。因被执行人在法定期限内不起诉又不履行。申请执行人于2005年8月11日依据《中华人民共和国行政诉讼法》第六十六条的规定，向本院申请强制执行。

本院依法组成合议庭审查认为，申请执行人的具体行政行为，事实清楚，适用法规正确，程序合法，其申请强制执行符合法定条件，依照最高人民法院《关于执行〈中华人民共和国行政诉讼法〉若干问题的解释》第九十三条的规定，裁定如下：

申请执行人睢宁县水利局申请执行的睢水罚字〔2005〕第005号水行政处罚决定，本院准予强制执行。

本裁定送达后即发生法律效力。

2005年8月26日睢宁县水政监察大队对王士来毁堤开挖鱼塘案作出的《结案报告》

接群众举报，2005年3月，睢宁县凌城镇旗杆村徐庄组王士来未经水行政主管部门批准，擅自用挖掘机在凌城翻水站送水河凌闸村段北侧堤防管理范围内擅自开挖鱼塘，土方共计3120立方米，其行为违反了《徐州市堤坝管理条例》第十六条第一款第(九)项之规定。

县水政监察大队组织水行政执法人员前往事发地点进行调查取证。经现场勘验，违法事实确凿，依据《徐州市堤坝管理条例》第二十条第一款第(三)项之规定，下达了《水行政处罚决定书》（睢水罚字〔2005〕第005号）。当事人王士来对违法事实供认不讳。由于当事人在规定期限内没有履行法律义务，睢宁县水利局向睢宁县人民法院申请强制执行。执行结束，当事人王士来已恢复所毁工程原貌，并缴纳了处罚金1万元整。现建议予以结案。

■ 案例评析 ■

首先，睢宁县水利局对王士来擅自在新龙河凌城送水河北侧开挖鱼塘的违法行为作出的行政处罚，适用法律正确，向当事人交代告知事项清楚，结案报告中对当事人被强制执行的情况也做了交代。

其次，睢宁县水利局在该案查处过程中存在以下几个问题：

一是《现场勘验笔录》"文"不副实。所谓现场勘验是到案发地通过详细调查的材料、数据，如时间、地点、朝向、主要标志物等充分证明当事人的违法事实的客观存在，是一种重要的证据。而该现场勘验大多数是重复对查清违法事实无关的东西。同时，该笔录与结案报告中用了对刑事犯罪嫌疑人才使用"供认不讳"的不当的词。

二是《水行政违法案件调查报告》应在"案情经过"后加"违法事实"，再把"所附证据材料"提到"违法事实"后面。查清违法事实和获取违法行为的证据是调查的主要目的，事实不清不得给予行政处罚。该案的原标题是"王士来破坏堤防案"，但从证据（仅一幅照片）中找不到破坏堤坝的事实。在堤坝管理范围内擅自开挖鱼塘构成了违法，但在询问笔录、现场勘验笔录、调查报告以及处罚决定中的违法事实，只有送水河堤防北侧开挖长195米、宽8米、深2米合计3210立方米等记载，没有其朝向、是迎水坡还是背水坡、距堤防多远、鱼塘开挖是雏形还是已成塘等情况一概没有记载，不能作为证实其违法事实的确凿证据。

三是行政机关作出的具体行政行为的法律文书标题前都应冠以行政机关的名称。

四是《结案报告》显得啰唆，无须再重复说明该案的来龙去脉，只应详细记载该案处理结果和建议结案的理由就行了。行政处罚的种类有部分没有履行的原因应该作出详细说明。

案例 55

万文来在洪泽湖大堤违法砍伐防护林木案

■ 案情简介 ■

2006年6月21日,洪泽县东双沟镇张庄村民万文来与其妻张进开着拖拉机,用锯子、斧头等工具在洪泽湖大堤37K~38K段背水坡上擅自砍伐防护林木。江苏省水政监察总队三河闸支队接到报告后,派员前往查处。通过询问当事人、现场勘验、绘出勘验图、拍摄被砍伐树木现场照片等证据,证实万文来共砍伐直径5~8厘米的林木6棵,材积约0.4立方米。江苏省三河闸管理处于2006年7月5日对万文来的违法行为作出赔偿林木损失费300元、罚款400元的行政处罚。万文来对其没有申请行政复议,也没有提起行政诉讼,于7月6日履行了行政处罚的义务。

■ 法律文书文件摘录 ■

2006年6月21日江苏省三河闸管理处对万文来毁坏护堤林木案作出的《责令停止水事违法行为通知书》(苏三水停字〔2006〕第02号)

经查,你于2006年6月21日上午擅自在洪泽湖大堤37K+970

处的背水坡和堤肩毁坏洪泽湖大堤护堤林木的行为,违反了《江苏省水利工程管理条例》第八条第(二)项的规定,现依据《江苏省水利工程管理条例》第三十条第一款第(一)项的规定,责令立即停止违法行为,听候处理。

2006年6月23日江苏省水政监察总队三河闸支队对万文来所作的调查(询问)笔录

问:万文来同志,我们是三河闸管理处的水政监察人员,这是我们的执法证件,请你看清楚。

答:看清楚了。

问:作为公民,有依法如实向行政机关作证的义务。现在我们代表三河闸管理处依法向你了解情况,你必须如实回答,如不如实回答,将由你自己承担相应的法律责任,你听清楚了没有?

答:听清楚了。

问:你是什么地方的人?家庭住址?家里有几口人?

答:我是洪泽县东双沟镇人,家住东双沟镇张庄村周桥组,家里4口人。

问:你平时做什么工作的?

答:我平时在家务农,农闲时去洪泽海珠公司做工。

问:你到洪泽湖大堤上毁坏护堤林木,是否经哪个部门同意的?

答:我没经过哪个部门同意,是我自己来砍的。

问:你擅自毁坏洪泽湖大堤林木是一种违法行为,你知不知道?

答:我知道自己错了。

问:你是什么时候来洪泽湖大堤毁坏树木的?锯了多少棵?在什么地方锯的?

答:我是6月21日上午大概10时左右,在东双沟张庄村王大桥南面,锯了6棵树。

问:你锯的是什么树?根径多大?

答：我锯的是杨槐树，根径大多在5~8公分。

问：根据我们对现场6棵树的测量。有5公分的1棵，6.5公分的1棵，7.8公分的2棵，8公分的2棵，长度都在5米左右，你是否确认？

答：我确认。

问：还有没有其他人同你一道来锯树的？

答：有我老婆张进一起来的。就我们两个人，没有其他人了。

问：你们来毁坏护堤林木用的是哪些工具？

答：我开着手扶拖拉机，带着锯子、斧头等。

问：你毁坏杨槐树准备做什么用的？

答：我家农田离村子太近了，经常有鸡跑进去吃庄稼，我们锯树回去打桩拦网，防止鸡进去的。

问：你还有没有锯过其他的树？

答：我就锯过这6棵树，其他的树没有了。

问：你未经水行政主管部门同意擅自毁坏护堤林木，违反了《江苏省水利工程管理条例》第八条第（二）项的规定，根据《江苏省水利工程管理条例》第三十条第一款第（一）项的规定，我们将对你进行处罚，你听清楚了吗？

答：我听清楚了。

问：随后，我们将会下达《行政处罚事先告知书》。根据《中华人民共和国行政处罚法》的有关规定，你可以进行陈述和申辩，你听清楚了吗？

答：我听清楚了。

以上看过，内容无误。万文来

2006年6月23日江苏省水政监察总队三河闸支队对张进所作的调查（询问）笔录

问：张进同志，我们是三河闸管理处的水政监察人员，这是我

们的执法证件,请你看清楚,

答:看清楚了。

问:作为公民,有依法如实向行政机关作证的义务。现在我们代表三河闸管理处依法向你了解情况,你必须如实回答,如不如实回答,将由你自己承担相应的法律责任,你听清楚了没有?

答:听清楚了

问:你是万文来什么人?家里有几口人?

答:我是万文来爱人,家里共有4口人。

问:你平时在家做什么工作?

答:在家务农。

问:你是什么时候到洪泽湖大堤毁坏树木的?

答:我是6月21日上午10时左右,在双沟镇二堡南面一点。

问:你和谁一起来毁坏树木的?

答:我和我丈夫万文来一起来的,就我们两个人。

问:你们到洪泽湖大堤上毁坏多少棵树木?根径多大?

答:我们一共锯了6棵杨槐树,根径大多在5~8公分之间。

问:根据我们对现场6棵树的测量。有5公分的1棵,6.5公分的1棵,7.8公分的2棵,8公分的2棵,长度都在5米左右,你是否确认?

答:我确认。

问:你带什么工具来毁坏洪泽湖大堤树木的?

答:我们带的手扶拖拉机和锯子、斧头等工具。

问:你锯这些树回去干什么用的?

答:我家农田靠村子太近了,经常有鸡跑进去吃庄稼,我锯树回去打桩拦网的,防止鸡到田里吃庄稼。

问:你擅自到洪泽湖大堤毁坏护堤树木,已违反了《江苏省水利工程管理条例》的有关规定,你作为和万文来一同违法的人,也应一同受到处罚,我们随后对万文来要进行处罚,你听清楚了吗?

答:我听清楚了。

问:根据《中华人民共和国行政处罚法》的有关规定,我们将送1份《行政处罚事先告知书》给你们,你们在接到告知书后,可以进行陈述和申辩,你听清楚了吗?

答:听清楚了。

以上内容看过,已无误。张进

2006年6月23日江苏省水政监察总队三河闸支队对万文来毁坏护堤林木案所作的勘验(检查)笔录

勘验(检查)情况:经现场勘验,当事人在。

37K+970处背水坡砍树1棵,根径5cm;37K+972处背水坡砍树2棵,根径8cm;37K+971处背水坡砍树2棵,根径6.5cm;37K+973处背水坡砍树1棵,根径7.8cm。

2006年6月24日江苏省水政监察总队三河闸支队对万文来毁坏护堤林木案作出的《水事案件调查报告》

案件的由来及调查经过:2006年6月21日,洪泽湖大堤第三护堤段护堤员严登爱在巡堤时发现有人毁坏护堤树木,严登爱当时制止并将情况向洪泽湖堤防管理所汇报,经立案,三河闸管理处组织人员去现场进行调查。

查明的事实和根据:经查,万文来于2006年6月21日上午10时左右,伙同妻子张进,带着锯子、斧头和手扶拖拉机等,在洪泽湖大堤37K+970处背水坡毁坏护堤林木6棵(直径5~8公分、材积0.4立方米)。

案件的争点及复核情况:本案无争点,经复核无误。

调查结论以及处理建议:万文来毁坏洪泽湖大堤护堤林木的行为,违反了《江苏省水利工程管理条例》第八条第(二)项的规定,根据《江苏省水利工程管理条例》第三十条第一款第(一)项的规定,建议:(1)责令万文来赔偿损失300元;(2)罚款400元。

2006年7月5日江苏省三河闸管理处对万文来作出的《行政处罚决定书》(苏三水罚字〔2006〕第01号)

经查,你于2006年6月21日擅自在洪泽湖大堤37K+970处毁坏护堤林木6棵(0.4立方米)的行为,违反了《江苏省水利工程管理条例》第八条第(二)项的规定。以上事实有调查笔录、照片为证。根据《江苏省水利工程管理条例》的规定,现决定作如下行政处罚:(1)责令赔偿损失300元;(2)罚款400元。

你接到本处罚决定书之日起15日内将罚款交到洪泽县工行(账号:1110080209000006376)。逾期每日按罚款数额的3%加处罚款。

如不服本处罚决定的,可在接到本决定书之日起60日内向江苏省水利厅申请复议,也可在接到本决定书之日起3个月内直接向洪泽县人民法院提起行政诉讼。

逾期不申请复议或不向人民法院起诉又不履行本决定的,本机关将依法申请人民法院强制执行或依法强制执行。

■ 案例评析 ■

这是一起情节简单的非诉行政案件,又是一件查处较好的案例。该案的查处主要有以下几个特点:

一是适用法律准确。

二是通过查证,违法行为人的违法事实清楚、证据确凿。对万文来、张进的调查、询问笔录简洁、明了;勘验笔录和调查报告对案发的地点、人物、时间和被砍伐树木的位置、棵数、根径大小等都作了详细记录,一目了然,不容置疑。

三是程序合法。江苏省水政监察总队三河闸支队在到达现场后,迅速对当事人发出《责令停止水事违法行为通知书》,使万文来的违法行为得到制止。然后立案调查、取证。调查终结后，迅速作出调查结论和处理建议。对行政处罚及时向当事人作了告知，在违法行为人放弃陈述和申辩后作出行政处罚决定。

四是江苏省三河闸管理处对每一起水事案件的查处都很严肃、认真。不仅是具体行政行为的文书，就连立案、结案等的审查，都由该管理处的法定代表人签发和签署。既明确了责任，也保证了每个案件查处的质量。

案例 56

盐城市东环市政工程有限公司擅自向小洋河排污案

■ 案情简介 ■

2004年7月30日,盐城市水政监察支队根据群众举报,经派员调查、询问和实地查看,证实盐城市东环市政工程有限公司(以下简称东环市政公司)在燕舞浴城南侧实施的沉井(污水处理)工程中,将未经沉淀处理的泥浆直接排入小洋河,造成该河段淤积,影响行洪、排涝功能的发挥。该行为已违反《中华人民共和国防洪法》第二十二条第二款的规定。东环市政公司在接到盐城市水利局责令停止水事违法行为的通知后,认识到擅自将泥浆排入小洋河的做法是错误的,立即写出沉井取土冲浆的情况说明和检查,同时采取措施,用挖泥船抓紧清淤,经市、区防汛防旱指挥部办公室验收,所排淤泥已清除完毕。鉴于东环市政公司的表现,盐城市水利局决定对其从轻处罚,处以3000元的罚款。8月底东环市政公司缴纳了罚款,该案结案。

■ 法律文书文件摘录 ■

盐城市东环市政工程有限公司于2004年8月2日向盐城市水政

监察支队作出的《关于沉井取土冲浆一事情况说明》

我公司根据设计规划要求,在小洋河西侧燕舞浴城至海纯路段进行污水管道施工。其中要设置混凝土工作沉井一座,沉井直径6.4米,深4.2米,出土量约135立方米。在沉井制作前用挖掘机取土约80立方米,沉井制作后,人工出土约40立方米。因沉井深,出土难度大,还剩10多立方米时,我们采用泥浆泵冲浆。当时因现场无场地堆放泥浆,所以将10多立方米的泥浆排入小洋河。

泥浆排入小洋河的做法是错误的。通过这件事,我们要引以为戒,加强教育,使下属施工单位在施工时能够重视环境保护。

2004年8月23日盐城市水利局向盐城市东环市政工程公司作出的《水行政处罚决定书》(盐水罚字〔2004〕2号)

现查明,你公司于2004年7月中旬在燕舞浴城南侧实施的污水处理工作沉井工程过程中,将未进行沉淀处理的泥浆直接排入小洋河。你公司的上述行为违反了《中华人民共和国防洪法》第二十二条第二款关于"禁止在河道、湖泊管理范围内建设妨碍行洪的建筑物、构筑物,倾倒垃圾、渣土,从事影响河势稳定、危害河岸堤防安全和其他妨碍河道行洪的活动"的规定。

鉴于你公司能积极主动按照我局要求及时采取整改措施,清除所排土方,根据《中华人民共和国防洪法》第五十六条的规定,我局决定对你公司的上述违法行为从轻处罚:罚款人民币3000元。

罚款限于2004年9月8日前缴指定银行,上交国库。

如不服本决定可以在接到处罚决定书之日起60日内向盐城市人民政府或江苏省水利厅申请复议。在自受到上述机关不予受理决定书或受理后超过行政复议期限不答复或不服上述复议机关作出的复议决定书之日起15日内可依法向人民法院提起行政诉讼;也可以在接到本决定书之日起90日内直接向盐城市亭湖区人民法院起诉。逾期不申请复议或不向人民法院起诉又不履行本决定的,我局将依法强制执行或申请人民法院强制执行。

■ 案例评析 ■

首先，盐城市水政监察支队在查处该案中能够积极宣传水法律法规，致使违法单位能够认识错误，并积极采取措施，使违法行为得到迅速终止和改正。

其次，盐城市水利局作出的《行政处罚决定书》中对被处罚单位交待的如不服行政处罚的提起行政复议和行政诉讼的途径、时效等清楚、完整，符合《中华人民共和国行政处罚法》、《中华人民共和国行政复议法》和《中华人民共和国行政诉讼法》的要求和规范。但美中不足的是，法律规定当事人不服处罚决定直接向人民法院起诉的时效是3个月，而不是90天，应严格按法律的规定表述。

第三，该案查处中存在以下问题：

一是适用法律应准确。对当事人实施行政处罚的依据应为《中华人民共和国防洪法》第五十六条第（二）项的规定。

二是处罚决定中对当事人作出"罚款限于××日前缴指定银行"，但究竟指定的是什么银行、地址及账号均未交待。

三是在调查笔录和结案报告中都查明排入河道的污泥量为30立方米或30多立方米（也不够准确），但行政处罚决定中没有量的表述。根据《中华人民共和国行政处罚法》第三十条第一款第（二）项的规定，行政处罚决定书应当载明"违反法律、法规或者规章的事实和证据"。但盐城市水利局对盐城市东环市政工程有限公司作出的处罚决定中，只载明了违反法律的有关条款，而没有载明能说明该公司违法的具体事实和证据，如上述提到的量以及获取的调查询问笔录、现场勘察图例、摄像或照片等。上述物证存放在档案袋是不够的，应当在处罚决定书中按照规定一一载明，力争做到"事实清楚，证据确凿"。

案例 57

王家俊在废黄河郑集分洪道违法种植案

■ 案情简介 ■

根据铜山县河道水库管理处的举报,2004年7月24日铜山县水利局向王家俊等5户在废黄河郑集分洪道擅自种植黄豆的行为发出《限期清除违法水事通知书》,铜山县水政监察大队随即派员到案发现场调查。经对当事人询问和现场勘测,证实王家俊在废黄河郑集分洪道右岸12+760~13+400和左岸12+241~12+760、12+760~13+400段擅自种植大豆37亩。当事人王家俊系郑集镇郑集村五组人,经过教育,王家俊对违法行为的认识较好,当即写了以后不再种植的保证书。

由于王家俊违法种植的面积较大,其行为破坏了废黄河郑集分洪道大堤的正常使用,造成了水土流失,违反了《徐州市堤坝管理条例》第十六条第(一)项的规定,铜山县水利局决定依法查处,于2004年8月26日下达行政处罚决定书,给予没收违法所得、罚款1000元的行政处罚。但王家俊在很长一段时间内没有履行处罚决定的义务。于是,铜山县水利局于2005年1月31日依法向铜山县人民法院作出强制执行的申请,铜山县人民法院于2005年3月17日作出准予强制执行的《行政裁定书》。至此,该案案结。

■ 法律文书文件摘录 ■

2004年7月24日铜山县水利局向王家俊发出的《限期清除违法水事通知书》(铜水政字〔2004〕第29号)

经查，你在废黄河郑集分洪道违章种植黄豆，破坏了河道水土保持，违反了《徐州市堤坝管理条例》第十六条第(一)项的规定，现责令于2004年7月27日前全部清除。逾期不清除的，我局将根据有关法律、法规规定，依法采取强制措施，费用由违章者承担。

2007年7月24日王家俊写的《保证书》

我承包废黄河郑集分洪河道张湾段种植大豆，保证以后不再种植，不再违章，接受管理。

2004年7月28日铜山县水利局向王家俊发出的《告知通知书》(铜水告知〔2004〕第028号)

根据《中华人民共和国行政处罚法》第三十一条、第三十二条之规定，在对你作出行政处罚决定前告知你，你的违法事实是在废黄河郑集分洪道右岸12+760~13+400和左岸12+241~12+760、12+760~13+400段违章种植大豆37亩，该行为违反了《徐州市堤坝管理条例》第十六条第(一)项的规定。按照《徐州市堤坝管理条例》第二十条第一款第(一)项之规定，拟对你进行行政处罚：(1)没收违法所得；(2)罚款1000元整。你有权进行陈述和申辩，若陈述和申辩，希在收到该《告知通知书》后7日内到铜山县水利局(水政监察大队)进行陈述和申辩。逾期视为放弃陈述或申辩的权利。

2004年8月26日铜山县水利局向王家俊发出的《水行政处罚决定书》(铜水罚字〔2004〕第038号)

现查明王家俊于2004年6月12日在废黄河郑集分洪道右岸12+760~13+400和左岸12+241~12+760、12+760~13+400段违章种植大豆37亩。违反了《徐州市堤坝管理条例》第十六条第(一)项,根据《徐州市堤坝管理条例》第二十条第一款第(一)项之规定,决定给予以下行政处罚:(1)没收违法所得;(2)罚款人民币1000元整。

如不服本处罚决定,可在接到本决定之日起60日内向铜山县人民政府或徐州市水利局申请复议,对复议决定不服的,可在接到复议决定之日起15日内,向铜山县人民法院起诉。也可在3个月内直接向铜山县人民法院起诉。逾期不申请复议或不向人民法院起诉又不履行本处罚决定的,我局将依法申请人民法院强制执行。

罚款限于2004年9月18日前自行缴至铜山县水利局财务科。

2005年1月31日铜山县水利局向铜山县人民法院作出的对被执行人王家俊的《申请执行书》

请求事项:(1)请求执行行政罚款1000元;(2)执行费由被执行人承担。

事实与理由:我局于2004年8月26日下达的铜水罚字〔2004〕第038号《水行政处罚决定书》,已发生法律效力,被处罚人王家俊拒不执行罚款的处罚决定。特申请铜山县人民法院强制执行。

2005年3月17日铜山县人民法院作出的《行政裁定书》(铜非诉行审字〔2005〕第76号)

铜山县水利局于2004年8月26日依照《徐州市堤坝管理条例》第二十条第一款第(一)项之规定作出铜水罚字〔2004〕第038号《水

行政处罚决定书》，决定没收被申请人王家俊违法所得并罚款人民币1000元，因被执行人在法定期限内不提起诉讼也不履行，申请执行人于2005年3月10日根据《中华人民共和国行政诉讼法》第六十六条的规定向本院申请强制执行。

本院依法组成合议庭审查认为，被执行人违反《徐州市堤坝管理条例》第十六条的规定，在废黄河郑集分洪道岸上种植农作物，事实清楚，申请人对被执行人作出行政处罚决定程序合法，适用法律、法规正确，依照最高人民法院《关于执行〈中华人民共和国行政诉讼法〉若干问题的解释》第八十六条的规定，裁定如下：

申请执行人铜山县水利局申请执行对王家俊作出的铜水罚字〔2004〕第038号《水行政处罚决定书》，本院准予强制执行。

本裁定送达后即发生法律效力。

■ 案例评析 ■

从该案查处的情况看，违法事实清楚，运用询问当事人及其写出保证书、绘制违法种植示意图、拍摄现场照片等证据齐全，办案程序合法，为较好地查处此案发挥了重要的作用。

通过查阅案卷，该案的查处还存在以下问题：

一是行政机关作出的具体行政行为的法律文书，如《限期清除违法水事通知书》、《行政处罚决定书》前都应标明行政机关的名称。

二是处罚决定中的"没收违法所得"没有实际内容，罚款人民币1000元裁量过轻。"没收违法所得"是行政处罚中的一个种类，运用到具体案件中应当有实际内容，依法没收的"违法所得"是"物"还是"款"必须明确，该案中从作出处罚决定到结案都没有交待，实际上是一句空话。

从王家俊的违法事实看，违法种植面积达37亩，该段堤防已不能正常使用，且造成水土流失，情节和后果都是严重的。这里有两个问题需要搞清楚：其一，当事人认错态度的好坏不是行政机关对其裁量处罚轻重的标准。《中华人民共和国行政处罚法》第三十八条规定，对"确有应受行政处罚的违法行为的"，其违法行为的情节轻重才是行政机关作出行政处罚裁量罚款多少的依据。王家俊在被询问时，"对违法事实供认不讳"（注：不可用对刑事案件中犯罪嫌疑人的语句）。"认错态度较好"，不是行政机关自由裁量罚款的依据。实际上王家俊只不过耍了个小手腕，他在保证书中表示"接受管理"，他是否按期"全部清除"违法种植的 37 亩黄豆，案卷中没有记载。但他却拒缴罚款，直至被法院强制执行。其二，该案的处罚依据是《徐州市堤坝管理条例》，如果规定的罚款上限就是 1000 元，水行政机关可以运用其他水法律、法规作依据，作出与违法事实相当的罚款数额。

三是要求法院强制执行的项目与处罚决定中的处罚内容不一。处罚决定中的处罚内容是两项，一为没收违法所得，二为罚款。而强制执行的项目只有罚款而取消了没收违法所得，为什么？

四是王家俊违法种植 37 亩黄豆，水行政机关限其在 3 日内全部清除。但有没有在限期内达到全部清除或部分清除，在案卷中没有交待。

编　后

在编辑《江苏水事案例选编(第二辑)》的过程中，从各单位送来的水事案件档案中发现四个问题：一是有相当一部分法律文书(主要是行政机关向违法行为人发出的责令停止水事违法行为通知书、行政处罚告知书、行政处罚听证告知书、行政处罚决定通知书等)是将该法律文书的存根取下入档的，这种做法有违于《中华人民共和国档案法》的有关规定。作为行政机关具体行政行为的法律文书在成册用完后，其存根联也应成册入档，以备查。二是存根联与发出的法律文书原文有出入。有的单位为图省事，将关键性的词句省略了，无法查证原文。应将送交违法当事人的法律文书作为正本，以形式相同、内容完整、词句不漏的副本入档。三是法律文书不规范。法律文书的格式陈旧、未按规定要求更新；装订顺序混乱，未按时间先后排列；文字潦草，词不达意。目前，已进入办公现代化时代，各单位应将法律文书的标准格式储存在电脑中，不应再存在预印的格式、预填的空白、预选的(单位)或(个人)等类似现象的发生。四是结案报告中违法行为人对履行行政处罚决定的情况，有相当一部分交待得不清楚，记载得不全面，执行与处罚的内容不吻合，应当按照规定的要求加以改正。

编后

在编辑本辑时,得到了江苏省13个市和部分厅直管理处的水政监察支队的大力支持,为本辑提供了大量的素材,同时也得到了刘朝阳、沈建良、晏浩纹、董万华、朱玮、陈中华、李广林、文立军等同志的大力协助,为本辑的打印、校核等做了大量工作,这里一并表示感谢!

编者

2008年10月